군자론의 관점에서 본 인성에 대한 성찰

죽간에 나타난 원시 유가의 인성론

강신석 지음

신아사

이 저서는 2012년 정부(교육부)의 재원으로 한국연구재단의 지원을 받아 수행된 연구임(NRF-2012S1A6A4016906).

머리말

우주의 생명으로서 영생을 꿈꾸며 – 기억 전달자, 대나무 책과의 접속

우주라는 시공에서 입자, 원자, 분자들이 만들어낸 생명체의 이합집산, 반복과 차이의 현상으로서 인류가 쌓아온 정신사적 글월이 눈앞에 펼쳐진다. 어떤 조상의 숨결이 대나무 책에 생각을 기록하여 무덤 속에 남겨둠으로써 영원을 꿈꾸고자 하였다. 그들의 염원에서 인간 존재, 행동양식에 대한 해답을 찾아 나선 구도자의 모습을 발견하게 된다. 자신들의 사유체계의 일면이 시공을 넘어 이어지기를 기다려왔다.

우주의 거대한 생명이라는 물줄기의 흐름 속에서 인간 존재의 의미를 되새김질하게 하는 이야기의 힘과 마주했을 때의 감격을 잊을 수 없다. 인류 정신사의 광맥을 찾은 기쁨의 탄성이 온몸에 메아리로 휘감겨 울려 퍼졌던 환호가 심연으로부터 떠오른다. 당시의 환희는 운명과도 같은 인연을 선택함으로써 난제를 풀어야 하는 부담과 탄식으로 되돌아왔다.

필자는 죽간이라는 책에서 전달하고자 한 정보는 현재화된 기억으로서 '인간 본질에 대한 물음과 그 대안'이라는 문제의식에 집중하였다. 죽간에 나타난 '군자'의 이미지는 세계와 끊임없이 교섭하면서 자신을 타자로 치환하여 바라볼 줄 알고 '愼獨의 길'을 선택하는 자의 그림자이다. 군자의 모습은 인간 존재의 의미를 깨닫고 자신을 둘러싼 세계와의 교섭 속에서 두렵고 떨리는 경계하는 마음으로 발현되고 있다. 말하자면 무덤 속에 남겨진 문자들의 파편들은 지금, 여기에 '인간 본질과 군자의 잔영'이 드리워지길 희망하고 있는 메시지이다. 군자가 걸어가는 한 편의 인생이라는 장면은 드라마 속에서 연출가의 의도가 삶의 현장에 시시각각으로 직면한 실존의 과제를 조율해가는 변주의 공연장이 될 것이다. 그가 던지는 질문은 정답이나 결론을 한 번에 도출하는 것이 아니라, 영겁의 시공에서 현재 진행형으로 읽어내야 하는 과정이며 풀어내야 하는 숙제가 될 것이다.

1. 기획의도, 연구과정

이번에 출판하게 된 인문 저술성과 확산연구 결과물은 '2001~2004년 한국 학술진흥재단 인문학육성사업'에 선정된 '지하에서 출토된 戰國시대 楚竹簡을 대상으로 진행한 연구' 과제의 성과로부터 실마리를 연 것이다. 후속 연구로서 2006년 한국 학술진흥재단 지원 과제인 '上博簡 <詩論>의 釋文考釋에 대한 검토', 2007년 '上博楚簡 <詩論>과 <毛詩序>의 비교 연구 - 평론의 관점, 서술체계를 중심으로', 2008년 '上博楚簡〈性情論〉의 釋文考釋, 性情에 대한 개념분석을 통한 先秦 人性論 고찰'이 연속으로 선정되어 수행 완료됨으로써 학계에 내놓은 것이 두 번째 연결고리였다. 2001년부터 시작한 죽간 자료에 관한 연구결과를 바탕으로, 先秦시기 문학과 사상사의 전개양상 등에 대한 큰 그림을 그려보고 싶은 그럴듯한 소망을 품게 되었다. 원시 자료로서 죽간의 문헌학, 경학, 문학 분야에 있어 그 가치를 알고 있었던 터라 외연을 확대해보려는 시도는 어쩌면 당연한 과욕이었을지 모른다. 이어 '2012년 인문 저술사업' 지원 과제 선정이라는 행운을 만나게 되어 선진시기 원시 유가 군자론의 관점에서 바라본 인성론을 오늘날 인문 사회적 입장에서 해석해보고, 리더십으로서의 그 적용 가능성을 탐색하고자 험난한 장정에 닻을 올렸다.

2012년에는 연구의 중간 결과물로서 학계에 내놓은 '원시 유가의 인성론 전개 - 楚나라 竹簡 異本 <인성론>을 중심으로' 라는 제하의 글이 2013년 연구재단의 우수논문지원사업에 선정되는 거듭되는 행운이 있었다. 이 과제 수행이 갖는 의미는 인문학 연구자로서 오랫동안 관심을 가져왔던 '우주의 현상적 존재로서 인간이란 무엇인가?' 라는 질문에 해답을 탐색해 나아가는 한 과정을 일단락 지었다는 데 있다. 초나라 지역 지하 죽간 자료를 해독하는 매우 어려운 과정을 통해 시공을 넘어 편저자의 생각을 읽고, 혜안으로 미래를 바라볼 수 있는 행운을 얻을 수 있었다. 다시 말해 동아시아 사유의 원형으로부터 한 줄기 빛을 발견하는 기쁨을 누릴 수 있었다. 2012년의 성과물은 유가의 원형으로 간주할 수 있는 '楚나라의 竹簡 異本'인 '郭店本(<性自命出>)과 上博本(<性情論>)' 가운데 인성에 관한 부분을 추출하여 그 주제와 내용, 구조를 입체적으로 살펴본 연구결과를 학계에 내놓은 것이다. 약술하면 죽간의 저자는 인간 본성의 보편적 요소와 특수성을 밝히고 있다고 보았다. 인성의 고정적 요인을 '天'이라는 개념으로 정의 내리고, 하위 범주를 變因과 變樣으로 분류하고, 性의 가변적 요인을 시스템적으로 모델화하여 설명을 시도해 보았다. 또한, 인성의 특수론으로서 군자론을 제시함으로써 오늘날 리더십으로서의 활용 가능성을 제시하였다는 점이 인문 대중화에 기여할 수 있는 길을 열었을 뿐만 아니라 지식 확산의 문을 활짝 열 수 있는 성과를 거둘 기회를 가져다줄 인문 저술지원사업의 선정이라는 '천운'을 잡게 된 것이다.

2012년 인문 저술지원사업의 선정은 그간 인문학 토대연구로서 죽간 자료의 해독작업, 학제간 융복합연구로서 지하자료를 통한 원시유가의 인성에 관한 연구방법과 방계학문으로의 활용 가능성을 학계로부터 인정받은 것이라 할 수 있다. 이를 계기로 향후 '인문학 대중화 사업 발굴', 나아가 '우주 시공의 사유, 자연계와 인간계 전체에 대한 조감과 예측을 위한 지적 탐구'에 매진할 작정이다.

이번 저술 작업의 지향점은 첫째, 인문학의 활용 및 학문적 소통. 둘째, 연구성과 확장 및 대중성 확보에 두고자 하였다. 이러한 원칙에 따라, 출토된 원시 자료를 토대로 다른 학문으로의 융합 확산을 시도하고자 하였으며, 가독성, 통일성을 유지하면서 대중에게 인문정신 함양이라는 거시적 목표를 세웠다. 저자에게 부여된 '우발적 당위성, 필연적 숙명'으로 받아들였지만, 사명감에 부응할 수 없을 것 같은 자책이라는 풍랑과 뜻하지 않았던 주석과 번역의 난해함이라는 파고를 만나 포기하고 싶었던 쉽지 않은 고통스러운 여정이었다. 이제 처음에 세웠던 완성도에만 붙잡혀있을 수만은 없다는 판단에, 현 단계에서 '미숙아' 상태의 결과물을 내놓게 되었다.

2. 연구 대상, 저술 과정

향후 진행해야 할 거시적 연구대상은 지하자료인 BC 4세기 후반에서 BC 221年 전후, 즉 戰國 中期 후반기의 것으로 추정되는 楚竹簡(≪郭店楚簡≫ 총 804 餘枚 13,000 餘字 와 ≪上海博物館藏楚竹書≫ 총 1,200여 매 35,000여 자)이다. 이 가운데 이번 2년의 단기 저술연구의 주요 대상은 위 지하출토 자료 가운데 인성론에 관한 같은 내용의 異本《上海博物館藏戰國楚竹書(一)》본 총 40매, ≪郭店楚簡≫본 총 67매이다.

연구의 1차 목표는 기존 학계, 본 연구자의 선행연구 등에서 얻은 원전에 대한 주석을 기초자료로 활용하여 판본 간 비교 탐색, 先秦시기 문학과 사상사의 전개양상 등에 대한 분석을 통해 문헌학, 경학, 문학 분야에 있어 그 가치를 평가하기 위한 심층연구를 진행하는 것이다. 심층 목표는 원시 유가의 인성론을 군자론의 관점에서 해석해보고, 오늘날 현대사회에 그 적용 범위와 가능성을 확대 시도해 보는 것이다.

연구가 진행되면서 곽점초간 가운데 유가류 <오행>이 군자론을 이해하는 데 인성론과 긴밀한 연관관계를 갖는다는 사실을 새롭게 확인할 수 있었다. 이를 추적하고 일일이 정리하면서 고증을 해 나가다 보니, 예정에 없던 제5부 12장. <오행> 문자 해독 및 번역이 별도의 편장으로 추가되게 되었다. 따라서 제3부 리더십으로서의 군자론 에도 원래 계획에 없던 군자론의 내용이 추가로 삽입될 수밖에 없었으며, 제3부 7장과 8장이 여러 번 편집수정을 거치면서 집필 과정에 있어 난관에 부딪히게 되었다. 제3부에 각 장을 세부적으로 독립시킬 것인가 아니면 하나로 묶을 것인가, 만일 하나로 편집할 경우 제목, 주제는 어떻게 처리해야 할 것인가 등의 문제는 향후 수정 보완을 거치면서 계속 고민해야 할 부분으로 생각한다.

원래 계획했던 원고 분량이 전체적으로 늘어나고 책의 체계가 더 완비됐지만, 예상외의 시간과 노력이 투자되어야 할 필요성이 제기되었다. 그 결과, 현재 이번 저술연구의 가장 핵심 부분인 <제3부>의 집필완성도가 60%대에 머물게 된 것이다. 이 부분의 기본적인 구상은 마친 상태이므로 이후 자료수집과 정리, 편집을 병행하면서 보충해야 할 부분이다. 마지막으로 제4부 10장에서는 앞으로 수행해야 할 후속 작업의 조감을 간략하게 제시해 보았다.

(1) 저술목표의 수정

애초 연구계획 1차 목표인 판본연구, 주석, 문자해독 및 분석, 번역 등 1차 기초 선행 작업을 진행 하여왔으나, 초고를 집필하면서 저술분량을 초과하게 되는 결과를 초래하였다. 이번 저술에서는 5부에 주석 등의 선행연구를 정리하여 처리하는 방법을 선택하였으며, 판본문제 등 학술 연구 부분은 다음 저술연구 과제에서 다루어 출판할 계획이다.

(2) 도표의 처리

이번 저술에서 다루게 될 제2부 6장과 제3부 8장의 원시 유가 인성론의 내용과 구조, 리더십의 관점에서 본 군자론의 논리 전개의 핵심 내용을 4개의 도표로 정리했다. 이 책 전체를 요약할 수 있는 키워드이자 도상이라고 할 수 있겠다. 사실 집필이 진행되면서 도표의 구상과 배치는 기술적인 측면에서 처리가 간단하지 않은 문제점이 도출되기도 하였다. 아울러 앞으로 시리즈로 기획될 출판물을 저작 집필하는 동안 필요한 도안은 지속해서 증가할 전망이다. 이러한 문제를 해결하기 위해서 앞으로 출판사와 상호 협의하여 전문가의 도움을 구하여 완결 짓도록 지속해서 노력할 것이다.

(3) 편집 방향, 방법의 수정

원래는 죽간 스캔자료와 함께 문자해독, 해석 등 고증 자료를 제시하고 원전을 분석하고자 하였다. 그러나 연구를 진행하면서 범위가 확장되어 집필분량이 방대해지는 실정을 깨닫고 단계별로 시리즈로 엮어낼 수 있다는 판단을 하게 되었다.

(4) 원전자료의 처리

저술목표, 편집방법이 수정됨에 따라 이번 저술에서는 연구 관련 기초자료 목록만을 부록에 수록함으로써 향후 연구과제의 방향성을 제시하는 것으로 편집을 마무리하고자 한다.

(5) 새로운 죽간 자료 〈오행〉의 추가

초기 기획 단계에는 인성론 자료로 竹簡 異本인 上博簡 <性情論>, 郭店簡 <性自命出>을 대상으로 연구를 진행 하여왔으며, 이후 <五行>을 해독하는 과정에서 인성론과 긴밀한 맥락관계를 발견하였다. 제목에서 보듯이 五行은 '天行(하늘의 운행)'과 '人行(인간의 행위)'을 구분하여 군자이 걸어가야 할 길을 제시한 것으로 이번 저술연구과제에서 뺄 수 없는 자료로 판단되어 연구대상 범위를 확대하여 추가하기에 이르렀다.

(6) 제4부 남은 과제, 부록의 처리

연구 진행, 집필과정에서 새로 드러난 다른 학문으로의 적용방안, 대중성을 확보하기 위한 전문용어의 처리문제, 서술상의 다듬기 등 앞으로 해결해야 할 문제들이 산적해 있다.

(7) 제5부 초죽간 원시 자료 원문 문자해독, 번역의 분리
(8) 연구자료 목록, 참고 도판의 분리

저술계획 수립 당시에는 스캔 도판과 함께 원문을 해독하면서 분석을 시도하고자 하였으나, 분량이 너무 많아지는 문제가 대두하였으며, 논점도 분산될 가능성이 제기되었으며, 편집, 집필의 일관성을 유지하는데 장애 요인으로 작용할 가능성이 예상되었다. 따라서 이번 저술은 연구서의 성격이 아닌 연구 성과의 대중적 확산에 방점을 두었기 때문에, 연구목록 및 도판은 부록으로 따로 처리하기로 하였다. 다만 저술의 볼륨을 고려하여 일부 관련 자료의 목록만을 부록으로 별첨하고, 도판은 차후 편집하여 삽입할 계획이다.

(9) 미완의 과제

원래 목표했던 1) 판본 비교문제, 2) 시공상 유가 인성론에 대한 지형도 완성, 3) 인성론의 방계학문으로의 적용, 인성론의 현대 사회로의 활용 가능성 탐색 등은 연구자의 핵심과제였다. 특히 2) 원시 유가로부터 宋明 理學, 현 당대 포스트모더니즘으로까지 이어지는 인성론의 학맥은 시간적인 체계성을 가지고 있다고 판단하고 있으며, 동아시아 인성론의 창조적 확대 재생산 과정과 나아가 세계 정신사에서 다뤄져 왔던 인성론에 대한 공간적 흐름을 담아내는 일은 인류사에 있어 거대 담론으로서의 의의가 있을 수 있다고 본다. 이번 연구결과를 바탕으로 지속적인 관심을 기울여 이 부분을 그려내고자 한다.

楚 竹簡의 원시 자료에 관해 비교적 상세한 고증을 통해 문자해독과 번역작업이 이루어졌다. 이를 전문적으로 다루기 위해 우선 제5부 판본대조, 주석자료 해독과 번역 편을 신설했다. 현재 A4 기준 100매 분량의 저술이 진척됐으며 약 90% 가량의 완성도를 보인다. 이 부분은 선행연구에서 註釋 작업을 진행하면서 전면적으로 다루었다. 원래는 매우 전문적인 고증과 관련된 내용이므로 특히 전문 학자층을 염두에 두고 기획했다. 그렇지만 주석 작업을 그대로 실을 경우 볼륨이 너무 커질 수 있을 뿐만 아니라 일반 독자들은 난해하거나 불필요하게 여길 수 있으므로, 연구성과 자료만을 따로 분리해 책의 맨 뒷부분 제5부에 배치하였다. 앞으로 가능하다면 후속연구에서는 원전자료에 대한 해독을 실은 제5부와 죽간원문의 스캔, 그리고 연구관련 참고자료 모음인 부록 부분을 별도로 따로 엮는 것도 고려하고 있다.

인류의 유산인 대나무 책에 기록된 정보를 읽어낸다는 것은 복제(replication)와 번역(translation)을 통해서만 가능한 한 지극히 난해한 일이다. 복제란 원 자료에 대한 정확한 이해를 바탕으로 당시의 언어로 풀어내는 작업으로서 원문에 대해 정확한 註釋을 수행하는 것을 말한다. 이러한 복제 단계의 釋文考釋 작업은 해독(decoding)과 이해(comprehension)로 구성된다. 먼저 문자에 대한 해독을 한 다음, 앞뒤 문맥 속에서 의미를 파악하고, 전체 문장의 외연적 의미와 내포적 의미를 추정할 수 있도록 한다. 다음으로 번역이란 지금의 언어로 다양한 관점을 가지고 접근하여 지금 이곳에 적용해보는 재 창조적 작업을 가리킨다. 그것은 시간과 공간을 초월하는 영원한 주제의식에 대한 호기심, 탐구에 대한 집념이 없으면 불가능하다. 해석은 지금 여기의 언어로 재현해 내어야 하는 데, 이는 암호화된 기억의 정보를 읽는 수수께끼를 푸는 것처럼 자칫 빠질 수 있는 억측과 오류를 제거해야만 하는 고통스러운 수고를 동반한다. 번역가는 모든 사유 전체를 조망할 수 있는 큰 안목과 시야를 확보해야만 한다. 타당성을 판단하여 최선을 선택해야 하는 결단력이 필요하되 모든 가능성을 열고 하나의 정답만을 고집하지 않는 유연성을 발휘해야만 한다. 한마디로 달인의 장인정신을 소유해야만 하는데, 이 점에 있어 저자의 역량은 미흡하고 초라할 뿐이다. 변명하자면, 원문 번역에 대한 무흠의 완결성은 대나무 책의 저자가 그랬듯 누군가의 독법을 염원의 심정으로 기다리며, '현재진행형인 미완의 과제'로 남겨두고자 하는 것이다.

이 책의 출판은 인디자인 프로그램을 쓰는 관계로 한글과 호환할 때 글자의 누락이 문제였다. 아울러 원전에만 있는 암호와 같은 문자를 옮기는 것이 가장 큰 난관이었다. 일일이 그래픽 이미지 글자로 전환하여 떼다 붙여야 하는 작업이 수반되어야 했다. 편집자의 땀과 정성이 없으면 불가능했던 일이다. 온몸에 뾰루지를 감내해야만 했던 남궁연 선생의 노고에 감사의 박수를 보낸다. 아울러 원자료를 출력하면서 발생한 잘못된 부분은 집필자의 전적인 책임임을 밝혀 둔다.

끝으로 인문 저술 출판의 어려움을 마다치 않고, 오로지 '인류사적 사명'을 가지고 격려해주신 도서출판 신아사 정현걸 대표께도 감사의 마음을 전한다.

32살의 못다 핀 찬란하고 아름다운 빛을 남기고 가신 둘째 형 강신준
2015년 5월 27일 옷깃을 여미고 고운 자태 그대로 떠나신 어머니 심복순

두 분 영혼의 숨결이 흐르는 강물 위, 들꽃 한 송이를 띄워 보내며

2016년 9월

차례

죽간에 나타난 원시 유가의 인성론

A study on the pre-Chin Confucian concepts in the Ren-xing-lun (As a human nature, especially leadership) written on bamboo works

– 군자론의 관점에서 본 인성에 대한 성찰

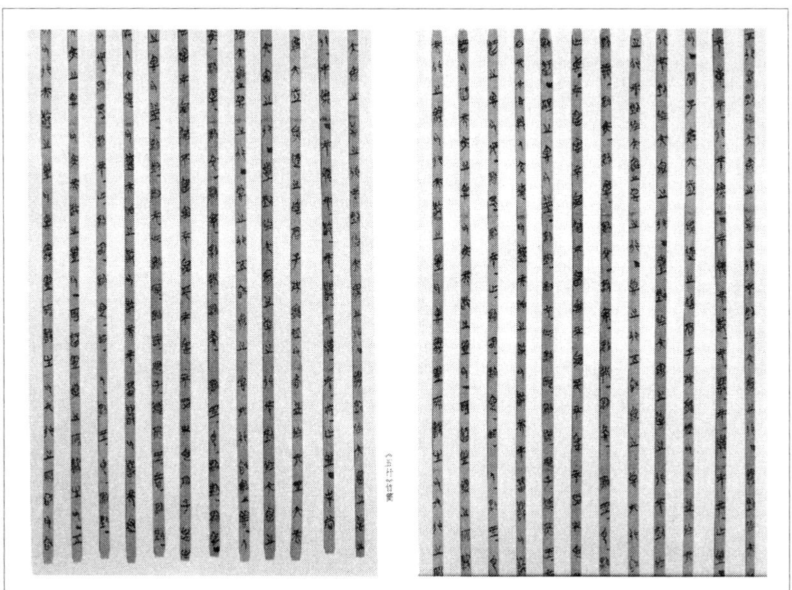

제1부

초죽간 인성론, 어떻게 읽을 것인가?

1. 초죽간은 어떤 자료인가?

1) 竹簡書

지금까지 발견된 죽간서 중 그 역사가 가장 오래된 것은 戰國 楚竹簡이다. 戰國 초죽간은 지금의 湖南·湖北과 河南 등의 지역에서 발견되었다. 戰國 楚竹簡 중 시기적으로 가장 빠른 것은 曾侯乙墓 竹簡으로 약 BC 433년으로 추정되며, 이는 전국초기에 해당된다. 그 외의 다른 楚簡들은 戰國中晩期에 해당된다.[1]

초나라 簡帛을 최초로 발견한 기록은《南齊書·文惠太子傳》에 보이고 있으나, 이와 관련된 실물이 전해오지 않기 때문에 확인 할 수 없다. 사실상 楚簡帛은 1940년대 이후에 발견되었다. 簡數나 字數 등에 대해서 소개하는 책마다 약간의 차이가 있다. 이는 파손되었거나 인식 판단하기가 곤란한 簡이나 字가 있어서 이에 대한 학자간의 의견이 각각 다르기 때문에 나타난 현상이다. 簡帛의 주요자료를 제시한 아래 도표를 참고할 수 있다.[2]

출토지역		출토시기	下葬時期	竹簡 枚數	字數
江陵 藤店 M1		1973	戰國早期	24	47
信陽 長臺關 M1		1957	戰國早期	148	약 1,700
江陵 天星觀 M1		1978	戰國中期	401	약 4,500
荊門 包山 M2	竹簡	1987	戰國中期	448	12,472
	竹牘			1	154
江陵 望山 M1		1965	戰國中期	425	약 1,000

1) 馬今洪,《簡帛發见與研究》, 12쪽 참고.

2) 李運富,《楚國簡帛文字資料綜述》(《江漢考古》, 1995.4)을 근거로 작성함.

江陵 望山 M2	1965	戰國中期	69	약 900
慈利 石板村 M36	1987	戰國中期	4,557	약 2,000
德山 夕陽村 M2	1984	戰國中期	2	54
臨澧 九里 M1	1980	戰國中期	100	?
江陵 秦家嘴 M1	1986	戰國中期	7	?
江陵 秦家嘴 M13	1986	戰國中期	18	?
江陵 秦家嘴 M99	1987	戰國中期	16	?
荊門 郭店楚墓竹簡	1993	戰國中晚期	약 804	약 13,000
江陵 九店 楚墓 M56	1981	戰國晚期	205	약 2,700
長沙 仰天湖 M25	1953	戰國晚期	43	약 280
長沙 五里牌 M406	1952	戰國晚期	37	약 95
長沙 楊家灣 M6	1954	戰國	72	약 37
江陵 鷄公山 M48	1991	戰國	?	?
老河口 楚墓	1992	戰國	10	?
湖北 黃州市 楚墓	1993	戰國	?	?
荊沙市 楚墓	1993	戰國	?	?
江陵 馬山 M1 竹簽	1982	戰國	1	8
江陵 雨臺山 M21	1986	戰國	4	38
江陵 塼瓦廠 M370	1992	戰國	6	?
江陵 范家坡 M27	1993	戰國	1	?
河南 新蔡 大墓	不明	不明	?	?
上海博物館藏戰國楚竹書	1994	戰國中晚期	약 13,000	약 35,000
長沙 子彈庫 帛書	1942	戰國中晚期	?	960
曾侯 乙墓	1978	戰國早期	240	6,696

이상의 楚竹書 가운데《郭店楚墓竹簡》과《上海博物館藏戰國楚竹書》의 학술적 가치가 가장 높은 평가를 받는다.《郭店楚墓竹簡》(이하《郭店楚簡》으로 간칭함)과《上海博物館藏戰國楚竹書》(이하《上博楚簡》으로 간칭함)의 楚竹書가 출판되어 소개된 이후로, 중국뿐만 아니라 세계 중국 학술문화연구에 커다란 반응을 불러일으켜, 21세기는 이 초나라 죽간문헌 연구가 인문학계의 중요 학술분야

로 떠오르게 되었다. 이러한 학계의 관심을 가리켜 "초죽간 열풍(楚簡熱)"이라고 부른다. 《곽점초간》과 《상박초간》의 저술시기는 BC 4세기 후반에서 진나라가 중국을 통일하기 전인 BC 221年 이전에 해당될 것으로 추정되며, 《湖北雲夢睡虎地秦簡》 (약 BC 256~BC 217年)과 《甘肅天水放馬灘秦簡》 (약 BC 239年 前後)보다는 이르며, 《河南信陽長臺關楚簡》보다는 약간 후로, 《湖北江陵望山楚簡》이나 《湖北荊門包山楚簡》과 같은 시기인 戰國中期 후반에 속하는 초죽서이다.[3]

上博簡은 上海博物館藏戰國楚竹簡을 줄인 말로, 郭店簡과 함께 20세기 말 세상에 빛을 보게 된 지하자료로서, 秦簡보다 앞선 先秦楚나라 竹簡을 가리킨다. 이는 학계에 甲骨文과 敦煌文書의 발견 이후 최대의 발견이라고 일컬을 만큼 큰 반향을 일으켰다. 《上博楚簡》은 1994년 홍콩 문물시장에서 上海博物館이 구매한 것으로, 언제 어디에서 출토되었는지 정확히는 알 수가 없지만, 문자의 형태·죽간의 형식과 經書의 내용 등을 참고하여 볼 때, 《郭店楚簡》과 유사한 楚竹書라고 판명되었다. 이 죽간은 파손된 것까지 합하여 모두 약 1,300枚이다. 구입할 당시에는 부식되어 문자를 잘 알아볼 수 없었지만, 화학적 처리와 정리 과정을 거쳐 지금은 대부분 문자를 인식할 수 있게 되었다. 이 죽간의 길이는 긴 것은 57.2㎝이고 짧은 것은 23.8㎝로 총 35,000여 자 된다.

---

3) 周왕조는 일반적으로 제1대 武王으로부터 제37대 赧王까지를 말하는데, 그 중 제13대 平王이 낙양으로 도읍을 옮기기 이전의 시대를 西周시대라 하고, 도읍을 옮긴 후 진나라에게 나라를 빼앗긴 기원전 221년 까지의 514년간을 東周라고 한다. 동주는 다시 春秋시대와 戰國시대로 나눈다. 춘추시대는 평왕이 도읍을 옮기던 BC 770년부터 晉나라 대부 위사·조적·한건이 그들의 라이벌인 智伯을 없애고 그 땅을 삼분한 후 제후로 봉합을 받은 BC 403년 까지의 368년 간을 말하고, 전국시대란 춘추시대 이후 진나라가 천하를 통일한 BC 221년 까지를 말한다. 춘추시대란 명칭은 공자가 노나라의 역사기록을 기본으로 해서 편찬한 연대기인 《春秋》에서 유래한 것이고, 전국시대란 前漢末期 向이 편찬한 《戰國策》에서 유래한다.

《上博楚簡》은 1999년 1월 5일 上海《文匯報》에 〈戰國竹簡露眞容〉이라는 문장으로 세상에 처음으로 소개되었으며, 1999년 1월 8일에 《澳洲新報》에 〈上海博物館藏從香港購回罕見戰國竹簡初露眞容〉이란 제목으로 실렸다. 이러한 문장들에서는 죽간의 내용이 모두 80종에 달하며, 전국시대의 古籍으로 儒家·道家·兵家·雜家 등을 포함하였다고 밝혔다. 물론 이 중《緇衣》·《易經》·《孔子閑居》 등은 今本도 있지만, 대부분이 이미 전해 내려오지 않는 佚書들이다.

《上海博物館藏戰國楚竹書》(上海古籍出版社)가 2001년 11월에 처음으로 출판되었으며, 당시 상해박물관장 이었던 馬承源은 2001년 11월 이후부터 매년 2004년 12월까지 모두 네 권의《上海博物館藏戰國楚竹書》를 주편하였다. 여기에는 제1권에는《孔子詩論》·《緇衣》와 《性情論》 등 세 편의 칼라사진 圖版과 釋文考釋 등이 설명되어 있다. 이 가운데《孔子詩論》은《詩序》와 내용이 유사하고,《緇衣》와《性情論》은《郭店楚簡》에도 보이는 것으로, 이 두 판본을 비교하고 대조한 도판이 수록되어 있다.《孔子詩論》은 편자가 공자의《詩經》에 대한 견해를 인용하여 자신의 시론을 전개시킨 것으로, 현존하는《詩序》와는 순서가 다른 것으로 발표되었다. 이 죽간을 처음으로 정리한 마승원은《孔子詩論》의 순서를《頌》《大夏(雅)》·《小夏(雅)》과《邦(國)風》으로 정리하였다. 이외에도 현행본 중에 보이는 〈小序〉의 내용과 체제가 다른 부분이 발견되어, 〈詩序〉 연구에 있어 귀중한 자료로 평가된다.

1998년《곽점초간》이 대중에 공포되었고, 이어서 2001年에《上博楚簡》이 세상에 발표된 후 楚竹書 연구는 새로운 국면에 접어들게 되었다. 이 두 초죽서는 지하에 묻힌 시기가 거의 같고, 양적인 면에 있어 《上博楚簡》이《郭店楚簡》의 약 두 배 이상이나 되며, 내용은《周易》과《緇衣》 이외에 이미 모두 유실된 경서이기 때문에 중국 고대 학술사를 이해하는데 중요한 의의를 지니고 있다.

최근 인터넷에 '簡帛硏究(jianbo.org)'라는 《郭店楚簡》과 《上博楚簡》에 관한 논문을 발표하는 전문 사이트가 생겨 이에 대한 많은 연구논문이 발표되고 있다. 중국, 일본학계 뿐만 아니라 국내에서도 활발한 연구가 진행되고 있으며, 言語文字의 考證·隷定, 현존 판본과의 비교연구, 사상사적 고증과 학맥연구가 주종을 이루며, 文字의 '點畫'·'結構'·'形態'·'書體'나 '風格' 같은 書法(서예)에 관한 연구나 문자학사적인 연구도 진행되고 있는 상황이다.

2) 簡帛書와 楚竹書

중국의 殷商의 甲骨文, 漢晋簡牘, 敦煌文件, 故宮紫禁城에서 발견된 淸朝 檔案, 《郭店楚簡》, 《上博楚簡》은 20세기 문헌학의 새로운 이정표를 세웠다.

簡帛書에 대한 연구, 簡牘學(簡帛書를 연구하는 학문)은 政治·經濟·軍事·文化·文學·歷史·文字 등 동아시아 인문학 전반에 걸쳐 중요한 단서를 제공하였다. 簡牘은 수세기를 거쳐 지하에 묻혀 보존된 원시 자료로서 동아시아 인문정신의 기본 토대와 규모 그대로의 원형을 살펴볼 수 있는 계기를 마련하였다. 이러한 지하자료의 발견은 그동안 쟁점이 되어온 논의를 보완하거나 새로운 가설을 세우는데 중요한 근거를 제시해줄 수 있기 때문이다.

孔壁出書·汲冢出書와 殷墟甲骨 등과 같은 지하자료에 대한 연구와 성과는 楚竹書 연구에 상당한 의의를 갖는다. 뿐만 아니라 근 2-30년간에 발견된 각종 簡帛文獻 역시 《郭店楚簡》《上博楚書》연구에 있어 훌륭한 밑거름이 되어왔다. 예를 들어 고대문화 연구자료로 커다란 의의를 갖는 1972年 臨沂 銀雀山 漢墓에서 발견된 兵書, 1976年 雲夢 睡虎地 秦墓에서 발굴된 法律書, 1972年 武威 旱灘坡 漢墓에서 발견된 醫學書, 1973年 長沙 馬王堆 漢墓出土 帛書 등에 포함되어 있는 大量의 醫書, 1973年 江陵 鳳凰山 漢墓에서 출토된 田租·賦稅·徭役·商貿와 관련된 經濟史料 등이 있다.

중국에서 문자는 종이가 발견되기 이전에 주로 갑골, 청동기, 옥석, 인장, 대나무, 나무, 견직물 같은 재료를 사용하여 새기거나 쓰거나 주조하였다. 은상(殷商)시기에는 갑골이 서주(西周) 때에는 모공정과 같은 청동기가 주 재료로 사용되었으나, 대나무와 나무, 비단이 가장 오랜 동안 보편적으로 사용되었다.

대나무 재료를 간(簡; 竹簡), 나무 재료를 독(牘; 木牘), 비단이나 견직물을 백(帛) 혹은 縉이라 하며, 이곳에 새겨진 문자를 각각 간서(簡書)·죽서(竹書)·간독(簡牘)·간백(簡帛)·백서(帛書) 혹은 간백서(簡帛書)라 한다. 이러한 재료를 총칭적으로 간백이라 하기 때문에, 이러한 문자를 간백서라 총칭하기도 한다.

간백서는 춘추전국(春秋戰國)시기에 보편적으로 사용되었으나, 현재 출토된 자료로는 전국시기의 것이 가장 이르다. 20세기에 들어서 초간(楚簡)과 진간(秦簡), 한간(漢簡), 삼국위진간(三國魏晉簡) 등이 대량으로 발견되었지만, 간백서의 발굴과 발견역사는 상당히 일찍부터 시작되었다.

西漢 武帝 말년(BC 140-BC 87)에 簡牘을 먼저 발견했다는 기록이 있다. 이것이 중국에서 簡帛을 발견했다는 가장 빠른 기록이다. 공자의 저택에서 《尙書》·《禮記》·《論語》와 《孝經》 등 戰國시대의 古文으로 쓰여져 있는 수십종의 고서가 발견되었다. 《漢書·藝文志》·《尙書正義序》·杜預의 《春秋經典集解後序》 등이 이 내용을 기록하고 있다. 그 후 西晉 武帝 司馬炎 太康2年(281) 때 汲君에서 도굴꾼 不准이라고

하는 사람이 魏王의 墓冢에서 10여만자 되는 양의 古書를 발견하여, 그 후 학자들에 의하여《紀年》十三篇·《易經》二篇·《易繇陰陽卦》二篇·《卦下易經》一篇·《公孫段》二篇·《名》三篇·《師春》一篇·《瑣語》十一篇·《梁立藏》一篇·《繳書》二篇·《生封》一篇·《大曆》二篇·《穆天子傳》五篇·《圖》一篇·《周食田法》·《周書》·《論楚事》와《周穆王美人盛姬死》등 75편으로 정리되었다. 이를《汲冢書》라 한다.[4] 그 중 魏나라의 史書인《竹書紀年》은 중국고대 紀年을 재정립하는데 매우 중요한 역할을 하였다. 그 후 계속해서 漢代의 죽간이 발견되었다. 하지만 본격적이고 계획적으로 죽간을 발굴하기 시작한 것은 20세기에 들어와서이다. 지하자료의 발굴은 지속적으로 진행되고 있으므로 아직도 문헌 수집, 정리 등은 인류문화유산 연구분야에 있어 미완의 숙제이다. 簡帛書를 발견연도의 순서에 따라 대략 아래와 같이 소개할 수 있다.

- 西漢武帝(BC 140-BC 88)末年, 魯共王壞孔子宅, 得古文《尙書》及《禮記》·《論語》·《孝經》凡數十篇. (據《漢書 藝文志》)
- 漢宣帝(BC 73-BC 49)時, 河內某女子拆舊屋, 得《易》·《禮》·《尙書》等古佚書各一篇. (據《論衡 正說篇》)
- 西晉武帝(265-290)太康二年, 汲郡人不准盜掘戰國魏襄王墓, 得竹簡數十車, 經整理爲75篇, 10餘萬言, 有《竹書紀年》·《穆天子傳》等. (據《晉書 束晳傳》及《世說新語 雅量》注引《文士傳》)
- 晉武帝元康年間, 有人在嵩高山下, 得一枚東漢明帝顯節陵中的策文簡. (同上)
- 南朝宋建元元年, 襄陽楚王冢出土戰國時期竹簡《考工記》十餘簡. (據《南齊書 文惠太子傳》)
- 劉宋升明二年冬, 延陵縣(卽今江蘇武進)季子廟的井中得一木簡. (據《南史 齊高帝紀》)
- 北周末年, 居延一古屋遺址中得有字竹簡. (據《太平廣記》卷368引 唐德裕《玄怪錄》)
- 北宋崇宁初, 甘肅皐蘭天都山, 出土載有東漢章帝章和年號的木簡札. (據邵博《邵氏聞見後錄》卷27)
- 北宋政和年間, ■右出土東漢安帝永初二年(108)的討羌檄書. (據黃伯思《東觀餘論》卷上·趙彦衛《云麓漫鈔》卷7及陶宗儀《古刻叢鈔》)

4) 朱淵淸,《中國出土文獻與傳統學術》, 29-43 쪽 참고.

- 1901年2月, 英人斯坦因 (Mark Aurel Stein) 在新疆尼雅發掘簡牘44枚, 1906年10月, 斯坦因又于尼雅收走簡牘11枚, 在故樓蘭遺址發現木簡173枚.
- 1901年3月, 瑞典人斯文赫定 (Sven Hedin) 于古樓蘭遺址發掘魏晉簡牘121枚.
- 1907年3-5月, 斯坦因于敦煌西部榆樹泉盆地掘走木簡·紙·文書近千件, 僅漢文木簡便達708枚. 1914年3-4月, 斯坦因又在同一地區及玉門等地出土漢代木簡166枚.
- 1909年日人大谷光瑞等在新疆海頭故誠發現"李柏文書"和木簡5枚.
- 1913-1915年, 斯坦因第三次來華, 于海頭發掘木簡150枚.
- 1920年, 周炳南在敦煌小方盤古城掘得木簡17枚 (現存敦煌博物院) .
- 1930年4月, 中國·瑞典合組的西北科學考察團于居延獲漢簡萬餘枚, 出土地共30處. 其中破城子出簡5200枚, 紅城子出簡3500枚. 現已編爲《居延漢簡甲編及釋文》兩冊.
- 1930·1934年, 黃文弼兩次于羅布沼爾獲漢簡71枚.
- 1942年, 向達于敦煌南湖古董攤收購木簡10餘枚.
- 1944年夏鼐·閻文儒于小方盤城以東得木簡49枚.
- 1949年前, 湖南長沙子彈庫戰國楚墓被盜掘帛書一幅, 現藏美國紐約大都會博物館.
- 1949-1966年, 先後于湖南長沙五里牌·仰天湖·楊家湾, 河南信陽長臺關, 湖北江陵望山等六座楚墓中, 出土七批戰國楚簡共800餘枚 (詳見商承祚《戰國楚竹簡匯編》) .
- 1959年7月, 甘肅武威磨咀子東漢墓出土以竹木簡書寫的《儀禮》九篇, 總字數約27,400餘.
- 1972年, 武威旱灘坡東漢墓出土木簡78枚, 木牘14方, 內容全爲醫方.
- 1972年4月, 山東臨沂銀雀山西漢墓出土竹簡4974枚, 多爲兵書.
- 1973-1974年, 居延地區先後采集·發掘·核查出土簡牘近20000枚, 其中包含70多部完整和基本完整的簡冊. 現編爲《居延新簡—甲渠侯官》兩冊.
- 1973年,河北定縣八角廊西漢宣帝時的中山怀王劉修墓出土竹簡100餘枚, 有《論語》《文子》等書.
- 1973年, 湖南長沙馬王堆出土漢代帛書26件, 120,000餘字.
- 1973年, 湖北江陵紀南城鳳凰山三座漢墓中, 共出土竹簡428枚, 木牘9方.
- 1974年湖南長沙馬王堆3號漢墓出土竹簡遺冊410枚·《養生方》竹木簡200枚和木牘7方.
- 1975年12月, 湖北雲夢睡虎地出土秦簡1155枚, 絶大部份是有關法律的文書.
- 1977年, 安徽阜陽雙古堆出土竹簡6000餘枚, 有《詩經》《周易》等書.
- 1978年夏, 青海大通縣上孫家寨出土漢代木簡400枚, 內容多與軍事有關.
- 1979年10月, 敦煌馬圈湾出土簡牘1217枚.
- 1983-1985年, 湖北江陵張家山五座漢墓共出土竹簡2787枚, 至今尙未全部發表.
- 1986年, 甘肅天水放馬灘出土秦簡460枚.
- 1989年冬, 湖北雲夢龍崗出土秦簡283枚·木牘1枚.

- 1990年, 湖北江陵楊家山出土秦代簡牘75枚, 沙市關沮秦漢墓出土秦漢竹簡500枚.
- 1990-1992, 敦煌效谷縣懸泉置先後三次出土漢代簡牘近20,000枚.
- 1993年春, 江蘇連云港尹湾村兩座漢墓出土木牘24方·竹簡133枚, 共40,000餘字.
- 1993年, 湖北江陵王家台出土秦代竹簡800餘枚.
- 1993年10月, 湖北荊門郭店出土戰國楚簡800餘枚, 其中有字簡730枚, 計13,000餘字, 後出版書名爲《郭店楚墓竹簡》.
- 1994年初, 上海博物館從香港文物市場購得一批出土時間和地點皆不明的戰國楚簡, 完殘總數約一千二百餘枚, 後出版書名爲《上海博物館藏戰國楚竹書》.
- 1996年, 湖南長沙走馬樓出土三國孫吳嘉禾紀年簡牘10萬枚以上. 長沙市文物考古研究所等,《長沙走馬樓三國吳簡》, 文物出版社1999年版.
- 1999年, 湖南沅陵縣虎溪山西漢墓(M1)出土《黃薄》(殘簡241片, 其中整簡120枚)長14釐米,《閻氏五勝》(殘簡1095片, 其中整簡500枚)長27釐米,《美食方》(殘簡300片, 推測整簡在300枚以上)長46釐米. [5]
- 2000年, 甘肅天水市武都縣琵琶鄉趙坪村出土木簡12枚, 雙面書寫, 完全者長23·1或22·9釐米. [6]
- 2001年, 陝西西安市杜陵南郊雁塔區漢墓出土漢牘日書1枚, 長23釐米. [7]
- 2002年, 湖南長沙市龍山縣里耶戰國秦代古城一號井(J1)出土極少量戰國楚文書(竹簡)和較多秦文書(木簡和木牘36,000餘枚), 一般長23釐米, 但也有長46釐米以上的異形簡牘. [8]
- 2002年, 湖北棗陽市九聯墩楚墓(M2)出土性質不詳的竹簡1,000餘枚. [9]

---

5) 湖南省文物考古研究所等《湖南沅陵縣虎溪山漢墓發掘刊報》,《文物》2003年1期, 36-55.

6) 周天游主編《尋覓散落的瑰寶—陝西 史博物館征集文物精萃》, 西安三秦出版社, 2001年, 126頁: 王子今·申秦燕《陝西 史博物館藏武都漢簡》,《文物》, 2003年4期, 48-51.

7) 張銘洽·王育龍《西安杜陵漢牘〈日書〉'農事篇'考辨》,《陝西歷史博物館館刊》, 第9輯, 2002年, 107-113.

8) 湖南省文物考古研究所等《湖南龍山里耶戰國—秦代古城一號井發掘刊報》,《文物》, 2003年1期, 4-35.

9) 湖北省文物考古研究所《湖北棗陽市九聯墩楚墓》,《考古》, 2003年第7期, 10-14.

2. 곽점초간 발굴과정, 자료의 정리

1) 郭店 楚墓

楚나라는 春秋시기 5패와 戰國시기 7웅의 하나로서 기원전 11세기에 건국하여 기원전 3세기에 멸망될 때까지 800여년의 역사를 지니고 있다. 초나라는 남방 강대국으로 풍부하고 찬란한 물질문명과 정신문명을 선도하면서 북방과는 다른 독창적 역사문화유산을 남겼다.

《史記·楚世家》는《子文王熊貲立, 始都郢(아들 문왕 웅이 등극하여, 도읍을 영에서 시작하였다)》라고 기록하고 있다. '郢'은 당시 紀南城이라고도 불렀으며, 오늘날의 荊州市 紀南鎭에 위치한다. 楚 文王이 즉위한지 2년 후, 기원전 689년에 도읍을 영으로 옮겼고, 秦에 멸망 때까지(기원전 278년) 이 지역은 400여 년 동안 도읍지로 존재하였다.

沙洋은 荊山 산맥의 끝자락에 위치에 있으며, 紀山은 초나라의 명산이다. 초의 도읍 紀南城은 바로 紀山의 남쪽에 위치하고 있었기 때문에 紀南이라는 이름을 얻었다. 沙洋의 평원과 구릉지인 紀南城은 초의 도읍으로 문명의 번성지이다. 城 외곽인 沙洋은 초의 도읍지로서 경제적 번영과 문화적 번성을 누렸다. 기남성을 중심으로 紀山 長湖 연안 약 백 여리 되는 지역은 약 20여명의 초왕들이 생활하였던 곳이다. 초나라 왕공귀족들은 사후 이곳을 묘로 선택하였으며, 신분이 낮은 서민들은 풍수가 덜 수려한 언덕 구릉지에 장례되었다.

곽점 1호묘는 바로 湖北省 沙洋縣 紀山鎭 郭店村에 위치하며, 남쪽으로는 초나라의 옛 도읍지 기남성과 900키로 떨어져 있다. 1993년 10월 湖北城 荊門市 박물관은 이러한 고대 초나라 묘지 도굴을 예방한다는 차원에서, 沙洋縣 紀山鎭 (원명 沙洋區四方鋪鄕) 郭店村 일대 이미 도굴된 소형 묘장에 대한 고고발굴을 개시하였다. 문물을 정리 작업은 劉祖信, 王傳富가 책임졌고 周光杰, 李兆華, 高山, 李芳, 劉永新, 陳衛國, 姚運志등이 참가하였으며 荊門市 문화국의 유광부, 정해봉 등이 현장의 행정협조를 책임졌다.

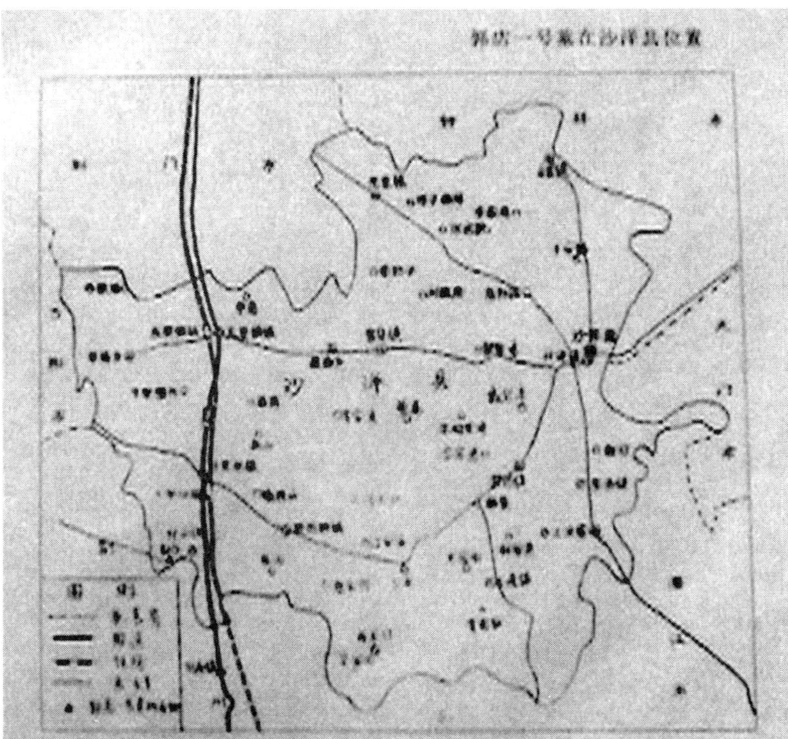

2) 戰國 郭店 楚墓 1號

오늘날까지 보존되어 온 초왕릉 ,귀족묘지, 평민묘장은 초나라 묘의 밀집형 분포를 이루고 있다. 군집형태의 초묘는 그 구조가 하나의 나무모양을 형성하고 있다. 다시 말해 초왕릉묘를 뿌리라 한다면, 귀족묘지는 가지, 평민묘지는 잎이라 할 수 있다. 이는 마치 초묘가 한 지역에 밀집되어 있는 지하박물관, 도서관, 자료실 형태를 띠어 초나라 문화의 집적상태를 보존하여 온전한 문물을 전시해주고 있는듯하다.

곽점 1호 묘는 지금까지의 고고발굴과 현장 조사 자료에 근거하여 東周시기 초나라 귀족 묘지로 밝혀졌다. 곽점 1호 묘지는 一座 土坑竪穴 木槨墓이다. 발굴 유물 가운데 칠귀걸이, 칠함, 정방형의 구리거울, 구리바늘, 용모양의 옥대 갈고리, 칠현금, 비둘기 지팡이 등 문물의 형태와 무늬는 전국시기 초나라 문화풍격을 우리에게 생생하게 제공하여준다. 이묘지의 조성연대는 전국중후기로 지금으로부터 약 2천3백년전으로 추정되었다. 따라서 이 묘의 출토된 죽간 《곽점초간》의 제작년대는 당연히 下葬年代 이전으로 거슬러 올라간다.[10]

김경수는 한묘 백서와 곽점 초묘 죽간을 전국시대 말기에서 한대 초기에 이르는 문헌으로 보았다. 帛書는 荀子와 韓非子에서 통일 秦까지의 道家的 法家를 반영한 문헌이 많았고, 竹簡은 孟子부터 荀子에 이르는 道家的 儒家사상을 반영한 문헌이 주류를 이루는 것으로 파악하였는데(김경수 2008. 589쪽), 필자의 견해로는 실제 문헌을 검

---

10) 郭店楚簡의 성립연대에 관한 상세한 문제들은 李承律《郭店楚墓竹簡儒家思想研究-郭店楚簡研究序論》(東京大學博士論文 2001.2.)을 참조. 墓葬의 조성시기에 관해서 중국학계의 발굴보고 등은 대체로 戰國中期 後半 BC 350-275년 사이로 보고 있으며, 이승률은 하장연대를 戰國中期 遍滿說의 문제점을 열거하면서, 이 보다 70-120년 정도 이후 전국후기에서 말기로 내려올 수 있다고 보았다(이승률 2006. 223-226쪽).

토해 볼 때, 도가와 유가가 융합된 측면이 강하고, 도가는 유가적 현실성을 반영하고 유가 역시 자연과 조화를 이뤄야 한다는 성격을 반영하고 있다고 판단하여 저술시기에 관해서는 이승률의 견해, 저자와 사상적 측면에서는 김경수의 의견에 동의한다.

곽점묘 1호는 湖北省 荊門市 沙洋區 四方鄉 郭店村에 위치해 있다. 이곳은 남쪽으로는 楚나라의 故都인 紀南城이 약 9㎞ 떨어져 있으며, 東周 때의 楚나라 귀족의 묘지 군락 가운데 土坑竪穴木槨식의 형태로 발견되었다. 부장품인 칠귀걸이, 칠함, 정방형의 구리거울, 구리바늘, 용모양의 옥대 갈고리, 칠현금, 비둘기 지팡이등 유물의 형태와 무늬로 볼 때, 전국시기 초나라 문화풍격을 담고 있다. 이 가운데 鳩杖 2점과 漆耳杯는 묘주의 나이와 신분을 가늠할 수 있는 증거물로, 먼저 지팡이는 존로나 경로의 상징물, 또는 권력이나 신분의 상징으로 보거나 의식을 위한 병기로까지 간주할 수 있으나 아직 결정적 근거를 찾지 못하고 있는 실정이며, 다음으로 칠이배의 뒷면 바닥에 세겨진 '東宮之杯'라는 글자의 의미를 해석하는데 논의가 집중되었다. 문제는 세 번째 글자가 '不', '帀' 두 가지 해석 가능하다는 것이다. '不'로 볼 경우, '杯'의 통가자가 되어, 동궁의 하사품, 또는 묘주의 개인 소장품으로 간주할 수 있겠고, '帀'으로 볼 경우 '師'로 읽게 되어 묘주는 태자의 스승, 군대, 또는 악사나 공사의 신분으로까지 간주될 수 있을 것이다.

楚나라 계열의 문자인 두 글자의 자형은 유사하여 아직까지 구분이 어려운 상황이고, 다만 필획의 삐침의 모양을 고찰하여 자형의 용례를 정확히 대조할 수만 있다면 향후 자료의 성격을 규명하는 데 중요한 단서를 찾을 수 있을 것으로 기대한다. 이상의 출토당시 조사를 근거로 荊門市博物館編《郭店楚墓竹簡》에서는 郭店 古墳의 조성시기를 BC 350 - BC 300로 보았으며, 李學勤, 龐樸은 BC 300년 전후, 또는 戰國 중기 대략 孟子(BC 385-304)의 후기로 추정하였다.

한편 王葆弦은 죽간의 내용 가운데, 일부 儒家類 著作 중에는 荀子 이후의 사상을 반영하고 있다는 것에 근거하여 이보다 좀 더 내려 잡아 BC 278-BC 227 설을 주장하고 있다. 현재까지 중국학계에서는 李學勤의 설을 수용하고 있으며, 孔子 이후 孟子 생존시기, 아무리 늦어도 荀子에 이르는 시기에 조성되었을 가능성에 동의하는 흐름이다. 국내 이승률(2006. 223-226쪽)은 戰國 中期偏晚 下葬연대에 관한 가설의 문제점을 열거하면서 이 보다 70-120년 정도 이후 戰國후기에서 말기로 내려올 수 있다고 보았다.

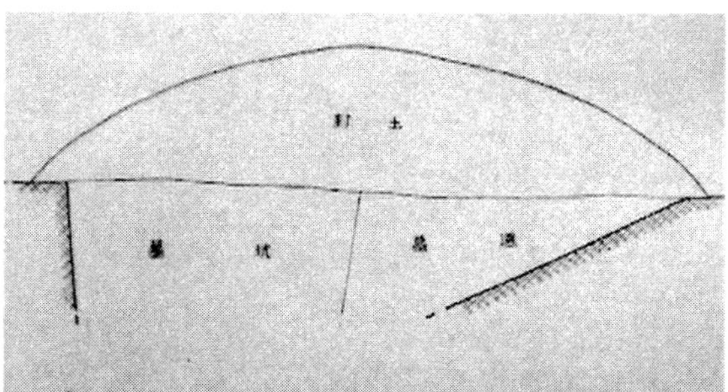
封土堆与墓坑及墓道关系示意图

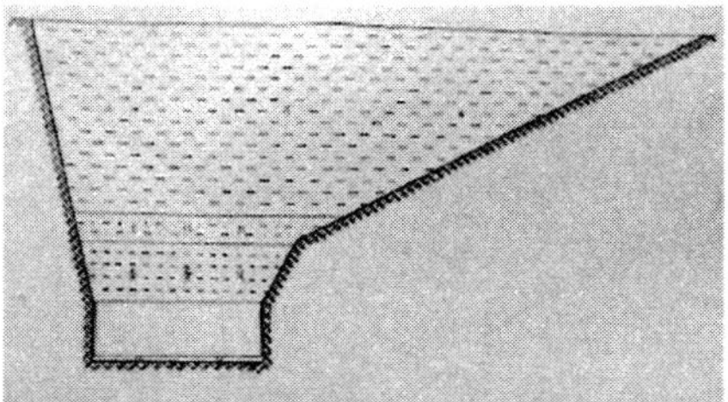
墓坑内填充青膏泥五花土剖面图

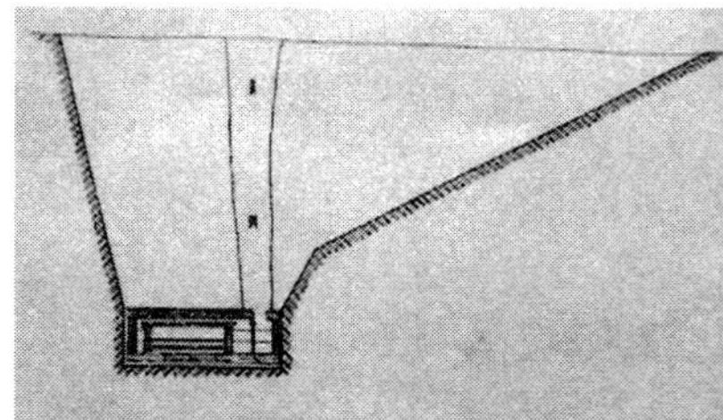
郭店一号墓盗洞土

3) 죽간의 복원, 편제, 정리본의 출현

곽점1호묘는 수직 구멍으로 만들어진 흙구덩이이고, 묘 앞에 난 비스듬한 비탈길이 있다. 묘 구덩이 안은 五花土로 메워져 있고 (두가지 이상의 색깔 흙이 서로 혼합되어 만들어졌다) 발굴당시의 상황을 담은 사진을 소개한다.

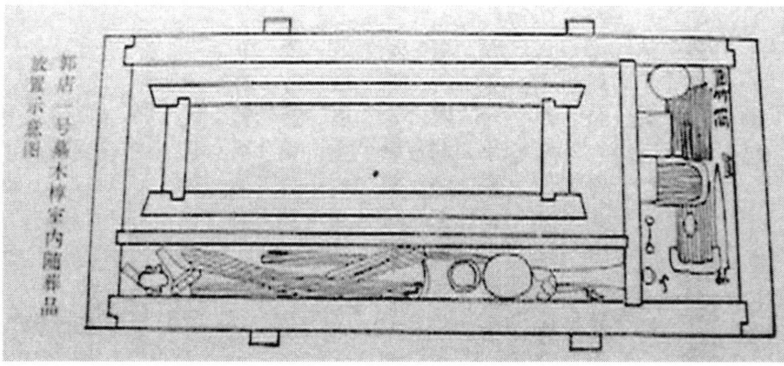

목곽실 윗면과 네 둘레는 우량의 푸른색의 기름진 흙으로 메워져 밀봉했다. 매장기구인 일관일곽은 모두 큰 목판을 이용하였다. 곽실 내부는 사이를 갈라놓아 윗면, 옆면과 관실 3부분으로 이루어졌다. 죽간은 묘 목곽실내의 윗채 북쪽에서 발견되었다.

2천 여년 간 유지되면서 내려온 고인물이 베어들었고 도굴할 때 곽실안으로 진흙물이 스며들어 부식을 피할 수 없었으며, 죽간은 윗부분이 물에 젖어 있었으며, 흙갈색의 충적된 진흙이 가득 메워져있어 출토 당시 문자가 정확하게 보이지는 않았다. 전문가들은 동일한 묘에서 출토된 대나무 상자의 잔존 부분을 가지고 수 차에 걸친 화학실험을 통해 확신을 가진 후에 죽간을 여러 개로 분류하여 진흙을 제거하는 등 화학실험과 색체 원상 회복을 위한 기술처리를 진행하였다. 기술자들의 화학처리를 성공적으로 마친 후 죽간은 유해물질이 제거된 원래의 모습을 들어내었다. 죽간에 쓰여진 문자는 분별이 가능한 상태로 회복되었다. 그러나 죽간의 상태는 묘 속에서 몇 천년동안 장기적인 물의 침투로 인해 그 편선이 모두 부패한 모습 그대로였다.

죽간의 편련은 물의 침투와 도굴에 의해 파괴되고 흐트러져 순서를 알아볼 수 없었다. 수백 매의 죽간에 쓰여 진 내용과 목차를 읽고 분별할 수 없었으며 추정을 가능하게 하는 단서만을 찾을 수 있었다. 복원을 위해 실내에서 정리할 때는 우선 출토 순서에 따라 편호(일반적으로 '原始號'라는 번호를 메김)를 정했으며, 각 죽간의 문자를 식별하여 읽은 후 문장의 의미를 해석하였으며, 이에 근거하여 내용순서에 따라 죽간의 번호를 발견 당시의 순번을 내용에 따라 다시 정리하여 '整理號'라고 불렀다. 몇 개의 단절되어 파손된 죽간은 한 토막으로 이을 수 있을 경우 한 개의 번호를 임시로 정하고, 한 토막으로 이을 수 없는 것은 한 단락에 한 개의 번호를 부여하였다. 글자가 없는 죽간은 원래의 위치를 확실히 알 수 없기 때문에 정리한 후 일률적으로 번호를 달지 않았다. 죽간이 출토될 깨 흩어지고 순서가 없었고 게다가 대부분이 산실되어 간문의 식독과 편을 잇는 작업에 어려움이 더했고 특히 간문 編連의 어려움이 과중하였다.

《荊門市 博物館郭店楚簡整理硏究小組》의 류조신, 팽호, 왕전부 세 사람은 각각 죽간이 출토된 순서에 따라 문자를 해독 하였다. 죽간이 이미 흩어져 매 죽간을 단위로 나누어 간문을 본떠 분류하고, 매 죽간의 문자를 식별하였다. 이들은 토론을 거쳐 죽간의 순서를 임시로 정했다. 죽간의 해독 작업 완료 후 간문의 編連 작업을 진행하였다. 해독된 간문은 끊어진 단어와 어구로 이루어졌으며 순서가 없었다. 결국 죽간의 형상과 구조와 간문의 내용에 근거하여 편련작업을 진행하였다.

대부분 산실되었고 어떤 것은 끊어진 상태였으므로 편련 작업은 그야말로 난맥상이었다. 간문의 편련에 종사하는 팽호, 유조신 두 사람은 우선 각자 편련한 다음 토론을 여러 번 거친 후 한 개 한 개의 흩어진 간문을 한 토막의 편련으로 엮어내었다. 먼저 죽간의 편련작업을 완성한 후에 문자의 해독작업을 진행하였다. 팽호, 류조신 두 사람은 먼저 간문을 해독한 후 연구원들이 집중적으로 투입되어 해독 작업을 도왔으며, 5년의 과정을 거친 후 문자해독, 편련과 해석작업을 마칠 수 있었다. 초고는 모두 裘錫圭의 감수를 거친 후, 지하 발굴 초죽간 문헌자료를 정리한 책이《郭店楚墓竹簡》이라는 이름으로 북경 문물출판사에서 출판되었다.

4) 1호 묘의 주인, 하장(下葬)시기의 추정

곽점초간이 발굴된 무덤의 위치, 묘의 조성시기, 부장품, 묘주의 나이와 신분 등은 자료의 성격을 규명하는 데 결정적인 단서가 될 수 있기 때문에 주목을 받아왔다. 부장품 가운데 鳩杖 2점과 漆耳杯는 묘주의 나이와 신분을 가늠할 수 있는 증거물이다. 먼저 구장은 존로나 경로의 상징물, 또는 권력이나 신분의 상징으로 보거나 의식을 위한 병기로까지 간주할 수 있지만 어느 한가지로 확정지을 수 있는 근거를 찾지 못하고 있는 실정이다.

다음으로 칠이배의 뒷면 바닥에 세겨진 '東宮之杯'라는 글자의 의미를 해석하는데 논의가 집중되었다. 세 번째 글자를 '不', '帀'으로 두 가지 해석이 가능하기 때문이다. '不'로 보면, '杯'의 통가자가 되어, 동궁의 하사품, 또는 묘주의 개인 소장품으로 볼 수 있겠고, '帀'으로 볼 경우 '師'로 읽게 되어 묘주의 신분을 태자의 스승, 군대, 또는 악사나 공사로까지 간주될 수 있을 것이다.

楚나라 계열의 문자인 두 글자의 자형은 유사하여 구분이 어려운 상황이고, 다만 필획의 삐침의 모양을 고찰하여 그동안 자형의 용례를 정확히 대조할 수 있다면 차이점을 판단하여 결론을 내릴 수 있을 것으로 본다. 이 묘지는 기산 옛 墓地群 가운데 곽점 1호 묘지 편입되었으며, 지금까지의 고고발굴과 현장 조사 자료를 근거로 東周시기 초나라 귀족 묘지임이 드러났다. 곽점 1호 묘지는 土坑竪穴木椁식 墓이다. 칠귀걸이, 칠함, 정방형의 구리거울, 구리바늘, 용모양의 옥대 갈고리, 칠현금, 비둘기 지팡이등 유물의 형태와 무늬로 볼 때, 전국시기 초나라 문화풍격을 띠고 있음을 알 수 있다. 따라서 이묘지의 연대는 전국중후기(《荊門郭店一号墓》(《文物》 1997년 제7기) 참고)로 측정되며, 지금으로부터 약 2천 3백년 전의 유물로 추정하고, 이 묘에서 출토된 죽간(《곽점초간》이라고 한다)의 제작년대는 당연히 적어도 下葬年代보다는 이른 시기였을 것으로 추측하였다.

이러한 조사자료를 근거로 荊門市博物館編《郭店楚墓竹簡》에서는 郭店 古墳의 조성시기를 BC 350 - BC 300로 보았으며, 李學勤, 龐樸은 BC 300년 전후, 또는 戰國 중기 대략 孟子(BC 385-304)의 후기로 추정하였다. 이 외에도 王葆弦은 죽간의 내용 가운데, 일부 儒家類 著作 중에는 荀子 이후의 사상을 반영하고 있다는 것에 근거하여 이보다 좀 더 내려잡아 BC 278 - BC 227 설을 주장하고 있다. 현재까지 중국학계에서는 李學勤의 설을 수용하고 있으며, 孔子 이후 孟子 생존시기, 아무리 늦어도 荀子에 이르는 시기에 조성되었을 가능성에 동의하는 흐름이다. 이승률(2006. 223 - 226쪽)은 戰國 中期偏晚 下葬 연대에 관한 가설의 문제점을 열거하면서 이 보다 70-120년 정도 이후 戰國후기에서 말기로 내려올 수 있다고 보았다. 김경수(2008. 288 - 443, 589쪽)는 중국학계의 묘장 연대, 묘주, 저자문제에 관한 견해를 제시하고 각 원문의 사상내용을 근거로 조목조목 반박하면서, 한묘 백서와 곽점 초묘 죽간을 戰國시대 말기에서 漢代 초기에 이르는 문헌으로 보았다.

帛書는 순자와 한비에서 통일 진제국까지의 도가적 법가를 반영한 문헌이 많았고, 竹簡은 맹자부터 순자에 이르는 도가적 유가사상을 반영한 문헌이 주중을 이룬다는 관점을 전개하였다. 곽점초간 성립연대에 관한 상세한 제문제는 앞 김경수의 저술과 李承律《郭店楚墓竹簡儒家思想研究-郭店楚簡研究序論》(東京大學博士論文 2001.2.)을 참조할 수 있다.

1998년 5월《郭店楚墓竹簡》이란 책이 출판된 후 학술계에 큰 반향을 일으켰으며 이 때를 기점으로 곽점초간 연구열이 일어나기 시작하였다. 학자들은 문자학으로부터 고고학, 간독학, 문헌학 및 문화사상학, 철학사, 초나라의 문화경제 발전사 등 각 방면에 걸쳐 심도있는 연구와 토론을 진행하였으며 죽간을 출토한 곽점 1호묘의 주인의 신분에 대해서도 관심을 가지게 되었다. 현재까지 묘주인에 관해서는 여러 가지 이설이 등장하고 있다. 楚 太子 横의 스승이라는 견해가 학술계에서 주류를 형성하고 있으며, 이 외에도 屈原, 宋玉 혹은 陳良 등이라는 의견도 제시되었다.

한편 초나라 태자의 스승도 아니고 굴원 송옥 혹은 진량도 아닌 제3의 인물일 가능성도 제기되고 있다. 한마디로 단정짓기는 어렵지만, 여러 가지 물증을 근거로 이 인물을 추정해보면, 초태자가 데리고 있던 문객중의 한사람이며(隨葬品 가운데 東宮이라는 글자모양이 새겨진 耳杯의 존재), 세상을 뜰 때 이미 칠순이 넘었고(隨葬品 가운데 鳩杖의 존재), 생전에 학문과 식견이 높고 풍부하였으며(隨葬品 竹簡의 존재), 음악을 애호한 (隨葬品 七弦琴의 존재) 인물로 파악된다. 과연 이 사람은 누구일까?

관심을 끄는 구체적인 수장품으로는 첫 번째 상자와 옆상자에 집중되어 있었으며 묘안에서 나온 17개의 칠귀걸이 가운데 한개는 첫번째 상자에서 나온 것이고 나머지 16개는 모두 옆 상자에서 나온 것이며, 아래에 문자를 새긴 귀걸이가 있는데 그것은 바로 옆 상자에서 발견된 것이며 10호로 명명하였다. 형태는 여타 귀걸이들과 같았는데 밑에 글자가 4개 새겨져 있었다. 발굴 보고서《荊門郭店一号楚墓》에는

'東宮之杯'라고 발표하였다.

발굴자들은 옆 상자에서 나온 10호 귀걸이의 밑 부분에 새긴 글자를 武漢대학의 羅運环교수에게 문의하였고, 그는 '東宮之師'라고 해독하였다. 이로써 '東宮之師'라고 새겨진 글자를 근거로 묘주인의 신분과의 연관성을 고찰하여 묘지의 주인공을 초태자의 스승을 맡은 적이 있는 인물로 추정하였다. 아울러 묘의 주인공은 유가, 도가를 겸해서 배웠으며 박식한 학자로서《老子》,《子思子 》등 서적을 소유한 것으로 미루어 볼 때, 이러한 자료들은 태자가 송독하는 교재로 사용하였을 것으로 추측하였다.

1998년 5월 미국에서 소집한 곽점초간《老子》국제학술연구토론회의에서 어떤 학자들은 이 문제에 관하여 한걸음 나아가 묘주인이 초태자의 스승일 가능성이 있다 라는 의견을 제시하였다. 어떤 학자들은 <郭店一号墓楚墓所出漆耳杯文及墓主身分和竹簡的年代>, 즉 곽점 1호묘에서 출토된 칠귀걸이 문자와 묘주인의 신분과 죽간의 연대추정 분석이라는 글에서 고대문헌과 고대문자의 측면에서 杯 밑 부분에 새긴 문자를 고증하였다. '東宮之師'라는 杯에 새겨진 문자가 바로 초태자의 스승을 가리킨다고 견해를 명확히 하였다. 또 어떤 학자들은 묘주인은 태자의 스승 혹은 동궁의 스승일 가능성은 없다고 한다. 그 이유는 만약 곽점 1호묘의 묘주인이 태자의 스승이라면 그 지위는 마땅히 대부 혹은 경 서열에 있어야 하며 죽은 후의 묘장의 규모는 대체적으로 包山 2호 초묘, 望山 1호 초묘와 일치해야 하는데,《士礼》의 기준에 따라 일관일곽을 사용하지는 않았기 때문이다.

만약 '東宮之師'를 동궁의 공사로 추정할 경우, 묘안의 화려하고 정제한 수장기물등과는 연결시키기 어려운 문제에 부딪치게 되며, 공사의 지위는 그리 높지도 않은데 상등귀족이 사용하는 물품을 가질 수는 없으므로 묘안의 부장된 서적들과도 필연적인 관계는 없을 것이라는 추정이 가능하다. 그렇다면 '東宮之師'라는 글자가 새겨진 칠귀걸이의 출처는 묘주인이 생전에 얻은 것 또는 선물로 받은 것일 수 있다. 새겨진 문자는 당시의 '物勒工名'라는 제도에 따른 것이며, 이것은 동궁공사의 손에서 나온 것일 수 있음을 시사한다. 묘안에는 동검, 동창이 각각 2개, 바늘 한 개, 화살촉 132개가 있는 것을 보면 묘주인은 여자일 가능성은 희박하고 아마 남자일 것으로 추정된다. 그렇다면 이 묘의 규모, 묘장제도의 통례나 세공기술이 뛰어난 수장품을 근거로 볼 때, 묘의 주인공은 초나라 귀족가문 출신일 것이며 아직 큰 작위를 받지는 못했지만 학문을 애호한 유가문중의 자제, 인물이었을 것으로 추정된다.

李零은 초기 발굴자의 고증이「동궁의 스승」보다 더 합리적이라는 견해를 제시했다. 묘주인과 태자의 스승 혹은 동궁의 스승과는 관계가 없다고 보았다. 가령 새긴 문자가 정말로 '東宮之師'라고 할지라도 태자의 스승으로 단정 지을 수는 없으며, 더욱이《戰國策·楚策二》..《楚頃襄王爲太子之時, 質于齊. ......太子曰..「臣有傅, 請追而問傅」傅愼子曰 ..「獻之地.....」》라는 기록을 근거로, 초나라 경왕의 태자의 스승일 것으로 추정하거나, 심지어 태자의 스승 傅라고까지 하는 것은 억측에 불과하다고 지적하였다. 게다가 '太子宮甲'혹은 '太子宮甲'의 통수일 가능성은 더욱이 없다. 만약 묘주인의 신분이 태자를 지키는 동궁의 사병으로 이뤄진 부대의 지휘관이라고 표명하려 했다면, 이는 귀걸이보다는 병기에 새겨져 있어야 하는데, 예를 들어 청동으로 만든 검이나 창 등에서는 표시되지 않았다.

또한 '東宮之師'를 동궁의 악사 혹은 공사로 추정하는 것 역시 가능성이 희박하다. 彭浩는 묘주인의 신분이 높지 않았기 때문에 상등귀족의 물품이 수장되지 않았으며, 죽간들과는 필연적 연관성을 찾기에는 부족하다고 주장하였다.《左傳·僖公二十二年》"楚子使師縉表

之俘馘."라는 기록을 보더라도, 초나라 子使인 師縉은 포로들의 왼쪽 귀를 잘라 공훈을 나타냈다. 師縉은 楚 악사로 진은 악사의 이름이다. 만약 묘주인이 악사였다면 師자 다음에 인명이 따라 왔어야 한다. 또한 이런 문자는 묘안에서 출토된 한 개의 칠현금에서 출현했어야 했을 것이다. 만약 공사라면 당시의 '物勒工名' 제도에 따라 師자 다음에 인명이 기재되어 있어야 설득력이 있다.

그렇다면 杯밑에 새겨진 문자를 '東宮之師'로 해독한 것에 문제가 있는 것은 아닐까?

초나라 문자 중 不자의 필법은 윗면의 가로획이 하나 적거나 혹은 아래 가로획이 하나 모자라고, 때로는 밑의 가로획이 한 점이거나 혹은 위아래의 두 개의 짧은 가로획이 전부 없다. 不자는 곽점초간에서 모두 428번 출현하였고, 7개의 예를 제외한 나머지 421개의 不자 가로획 밑에 면의 왼쪽삐침, 오른쪽삐침 두 획은 모두 교차되는 필법을 취하고 있다.

초나라 문자 중 幣자의 필법은 두 가지 형태가 있다.

첫 번째는 不자와 아주 쉽게 구분이 된다. 두 번째 종류는 不자의 필법과 흡사하다. 하지만 두 글자를 구별하는 것은 어렵지 않다. 후자의 경우 幣자의 필법은 두 가로획 밑의 왼쪽삐침, 오른쪽삐침 두 획이 교차되지 않는다. 幣자는 곽점초간에서 도합 4번 출현하였는데, 거의 첫 번째 필법이 사용되었다.

귀걸이 밑에 새긴 문자는 왼쪽삐침, 오른쪽삐침은 교차된 것으로 파악되므로 이 문자는 不자로 읽어야 한다. 2001년 11월 22일 오후 湖北沙洋 楚文化學會에 참가한 전문가들은 형문시 박물관을 참관하면서, 엽 상자 10호의 귀걸이 실물을 자세히 관찰했다. 전문가들은 모두 귀걸이 밑에 새긴 문자에 대한 논쟁의 초점은 왼쪽삐침과 오른쪽삐침이 교차된 후에 위로 올라갔는지의 여부를 가리는 것이었다.

이 왼쪽삐침이 올라갔는지 그 여부를 막론하고 이 두획이 교차된 것은 의심할 여지가 없다고 판단된다. 幣자의 필법은 楚系문자 가운데 왼쪽삐침과 오른쪽삐침 두 획이 교차된 것을 한 개도 발견되지 않았다. 不자의 필법과 제일 비슷한 포산 52호간의 글자에서도 이 두 획이 교차된 것을 발견하지 못했다. 따라서 잔 밑에 새겨진 문자는 '東宮之杯'로 해독하는 것이 타당한 것으로 보인다. 고대문자에서 편방이 감소하거나 생략된 정황이 많이 발생하는데 예를 들어 묘에서 출토된 죽간 가운데 '不' 또는 '杯'의 간화 편방의 필법에 따라 '杯'자로 읽는 것은 자연스러운 것이다.

아울러 '東宮之杯'는 당시 '物勒工名'제도와도 부합한다. 말하자면 이 잔은 '東宮'에서 나왔다는 것을 의미한다. 예를 들어 유명한 '長信宮灯'은 이 등이 장신궁에서 사용하되었다는 것을 암시한다. 또 최근 몇 년에 老山 漢墓 가운데 '東宮'이라는 두 글자가 새겨져있는 한 개의 귀걸이가 출토되었는데, 이는 '東宮'이 당시 빈번히 사용되었음을 시사해주는 예이다.

그렇다면 동궁은 어디를 가리키는가? 이곳은 선진시기 천자이외에 제후들의 후비의 육궁 혹은 삼궁중 하나의 궁침에 쓰였던 명칭외에도 태자 궁실의 이름으로 사용되기도 하였다. 태자는 東宮에 거주하였으므로 동궁은 태자를 상징하였다. 선진시대에 태자는 일반적으로 동궁에 거주하므로 습관상 사람들은 자주 동궁으로 태자를 비유하였다.

동궁이 楚태자를 가리킨다면 이 잔을 얻은 묘주인은 당연히 동궁, 다시 말하면 태자가 궁중의 물건을 하사했다면, 초태자와 밀접한 왕래가 있었던 인물로 추정할 수 있다. 그렇다면 묘주인은 어떤 신분의 사람이었을까?

이미 발굴된 수천 개에 달하는 초나라 묘장품에서 동일한 규격의 묘는 오직 선진시기 고서가 출토된 한 개의 묘일뿐이다. 이것은 바로 이묘주인의 신분은 특수하다는 것은 의미한다. 그렇다면 묘주인은 생전에 어떤 직업에 종사했을까? 전란이 횡행하던 전국시기에 학문이 있는 사람들은 대체적으로 다른 사람의 스승이 아니면 부유한 집안의 문객으로서 주인을 위해 계책을 세워주고 봉록을 받았다. 예를 들면 맹자, 장자는 당시 바로 유명한 학자로서 많은 제자들을 거느렸으므로, 학맥의 수장으로서 '師'라는 존칭을 부여할 수 있을 것이다. 따라서 묘주인이 문객에 속하는 사람이었을 가능성이 농후하다.

전국시기 부유한 집에서는 당시 문객을 收養하는 이런 습관이 성행하였다. 문객이란, 즉 이 집에서 사는 식객으로서 고대의 부유한 귀족의 집에서 살아가면서 그들을 위해 일하는 사람을 가리킨다. 《戰國策》, 《史記》에는 식객 또는 문객에 관한 내용이 출현한다. 《史記·孟嘗君傳》에도 "食客數千人, 無貴賤一與文等"과 같은 기록을 보면, 이런 식객들은 각 방면의 우수한 인재들로 구성되었으며, 어떤 사람은 무공이 강한 무사도 있었고 말을 잘하는 사람도 있었으며 시서를 많이 알고 계책을 세워주는 모사도 있었음을 알 수 있다. 어떤 인재든 문객은 당시 지위를 보장 받았다. 필자는 荊門博物館 龍永芳 撰稿의 견해를 참고하여 정리해보면 묘주인이 문객중의 모사였을 것으로 추정하는데 그것은 첫째, 묘장의 규격에 근거한 것이다. 곽점 1호묘는 장방형의 수직으로 구멍이 나있는 흙구덩이 묘이다. 봉토는 일찍 평지가 되었다. 동쪽을 향하는 묘의 길이 있고 계단은 없다. 묘주인이 사용한 것은 一棺一椁이다. 《荀子·禮論》의 기록에 의하면 "天子棺椁七重, 諸侯五重, 大夫三重, 士再重" 천자일곽은 칠중, 제후는 오중, 대부는 삼중이고 사는 이중이다. 즉 士는 일관일곽이라는 것이다. 이로부터 묘주인은 사급의 귀족계층에 속한 인물이었음을 짐작할 수있다. 태자의 문객으로서 그 지위는 사급에 밖에 속할 수 없으며 대부 이상이 될 수 없는데, 이는 묘장의 규격과도 부합하기 때문이다.

둘째로, 수장품에 근거한 것이다. 이 묘는 비록 여러번 심하게 도굴당했지만 여전히 대량의 기물이 출토되었다. 그 중에는 예기, 악기, 차마기, 생활용구, 생산도구, 장식품, 죽간, 상장기등 이 있다. 이런 수장품은 묘주인이 생전생활의 여러 분야에 걸처 사용하던 것이다. 고대 사람들은 사후도 생전의 생활모습을 담으려는 습관이 있었다. 묘지에서 출토된 예기 차마기는 묘주인의 생전의 사회적 지위를 나타내주며, 악기 칠현금의 출토는 묘주인은 음악을 좋아하는 풍아한 선비라는 것을 설명해준다. 아울러 병기의 출토는 당시 사회 현실, 즉 사회가 불안정하여 전란이 끊이지 않았음을 암시해준다 그리고 죽간의 출토는 우리들에게 새로운 정보를 알려준다. 묘주인은 생전에 이 죽서를 가지고 있었을 뿐만 아니라 또 박식하고 재능이 많은 선비이다. 또 매장된 생활용구인 칠귀걸이로 보아 묘주인은 죽은 후 계속 동궁의 물건을 사용하는데 이는 묘주인은 동궁 즉 태자와의 관계가 상당히 밀접하다란 것을 설명한다. 지위가 사급에 속하는 귀족이고 박학다식하고 태자와 밀접한 왕래가 있었던 사람은 문객밖에는 없었다. 태자의 스승 혹은 궁중의 많은 대신들은 비록 박학다식하고 태자와 왕래가 밀접하지만 그들의 신분은 모두 대부급에 속함으로 이는 묘장의 규격과 부합되지 않기 때문이다.

셋째로, 죽간의 내용에 근거한 것이다. 진시황이 중국을 통일하기 전에 각국의 학술 사상은 매우 활발하였으며, 각 학파들은 국가에서 모두 일정한 토지를 소유하였으며 초나라 통치계급들은 여러 학술사상을 한곳에 수집하고자 했으며, 그 중에서 통일 대업을 이룰 수 있는 방법, 즉 전쟁을 승리로 이끌 책략을 끊임없이 모색해야할 필요성이 있었기 때문이다.

3. 곽점초간 제작과정, 문자, 체재, 내용

1) 제작과정, 문자

東漢이전에는 종이가 아직 발명되지 않아 비단, 마, 죽, 나무 등의 재료에 문자를 기록하였다. 이처럼 비단이나 마 등의 천에 글자를 쓴 책을 가리켜 '帛書'라 부른다. 예를 들어 長沙 馬王堆 西漢 帛書 등이 그런 예이다. 또한 좁고 긴 대나무조각에다가 쓴 책을 '簡書' 혹은 '竹書'라고 불렀다. 곽점 초묘죽간이 그 대표로, 간서의 제작은 우선 대나무조각을 가공하는 것이다. 대나무를 잘라 통으로 만들고 다시 통을 조각으로 한 다음 불에 쬐어 수분을 없애고 간편을 드는 인쇄술이 발달한 오늘날의 출판보다 복잡하고 어려운 제조과정을 거친다.

대나무를 자르고 쪼개어 책으로 만든 후 필묵을 묻히면 문자가 되는 것이다. 대나무는 즙이 있어 벌레가 잘 탄다. 그러므로 죽간을 만드는 사람들은 모두 그 대나무를 불에 말린 후 즙을 없애버리고 푸른 색깔도 없애면 글쓰기 좋고 벌레가 먹지 않는데, 이것을 殺靑과정이라고 부르며 汗簡과정이라고도 한다. 그 다음은 간책을 편련하고 문자를 쓰는 것이다. 죽간은 실제로 두 가지 체제가 존재한다. 첫째는 간이고 다른 한 종류는 책이다. 간은 한 조각을 가르키는 것이고 책은 편련을 가리킨다. 다시 말하면, 간은 단독으로 한 조각이고 책은 여러 개를 한데 편련해서 부른 이름이다. 초나라의 죽간서는 대부분 먼저 묶고 한대 이어서 책으로 만들고 다시 문자를 쓴다. 즉 여백 간편을 비단 배실로 묶어서 책으로 만든다. 곽점 간서는 이처럼 먼저 묶어서 이은 후 문자를 새긴 것이다. 곽점 간서에는 묶은 선 위 아래의 문자마다 모두 일정한 거리가 있으며 한 개의 실도 문자를 누른 현상이 발견되지 않았다. 〈緇衣〉, 〈語叢四〉 두 편에서는 뒷면에 쓴 죽간은 다른 죽간의 글자보다 작았는데, 이는 죽간의 조각이 규격제한 때문에 문자를 쓰려고 해도 다 쓰지 못하여 뒷면에다 쓴 것이다. 이것은 먼저 간편을 엮어놓고 그 후에 문자를 썻기 때문에 발생한 현상이다. 그러므로 초나라 죽간서의 제작순서는 素簡 (단일한 공백죽간의 형태) — 編冊 (편련의 형태, 素冊) — 書寫 (문자의 기재, 필묵과정) — 成冊 (文冊)이라는 일련의 과정을 거친다.

郭店楚簡의 문자는 전형적인 초나라 지방의 문자이다. 전국시기 초나라는 중원 여러 나라와 구별되는 문화체계를 형성하였다. 초나라는 지역이 넓고 여러 방면으로 조성된 공동체이다. 초문화는 華夏문화의 기초에서 남방의 묘, 그릇 등 여러 민족 문화의 요소가 융합된 형태를 띠었다. 楚 문화는 낭만적이고 격정적 활력이 문자와 필법에 베어나오게 됨으로써 북방과는 그 풍격이 다른 문자와 필법풍을 조성하였다. 초간 문자와 周代 金文은 같은 맥락이며 금문과 동등하거나 비슷한 글자모양을 많이 가지고 있음과 동시에 자기만의 특색 있는 문자의 품격을 형성하였다. 郭店楚簡의 문자가 바로 주나라 금문의 특징을 보유한 초나라의 지방 문자이다. 郭店楚簡의 문자는 篆書體이며 어떤 필획은 隸書의 風格을 구비하고 있어 엄격히 말하면 전서가 아니라 전서로부터 예서로 향하는 과도기적 예변의 형태를 띤다고 해야 할 것이다. 그 글자체가 우아하고 수려하여 先秦시기 필법의 독창성을 유지하고 있다.

2) 체재

(1) 길이

〈老子〉甲은 죽간 39개가 공존한다. 죽간 양단 모두 깍아져 계단 형태를 띠고 있으며 簡의 길이는 32.3cm이다. 편선의 두길 사이는 간격이 13cm이다. 편끝에는 편호가 있는데 鉤識이다. 편중에는 章号가 있으면 墨塊으로 하고 句讀号가 있으면 一短横 또는 墨塊으로 하고 重文号가 있으면 兩短横으로 하고 合文号가 있으면 一短横으로 한다. 〈老子〉甲은 郭店에서 출토된 楚簡 자료 가운데 한 종류로 현행본 《老子》 19章, 66章, 46章 中段과 下段, 30章 上段과 中段, 15章, 64章 下段, 37章, 63章, 2章, 32章, 25章, 5章 中段, 16章 上段, 64章 上段, 56章, 57章, 55章, 44章, 40章, 9章에 해당한다.

《郭店》 중 竹簡이 가장 긴 것은 32.5㎝으로〈緇衣〉·〈五行〉·〈性自命出〉·〈成之聞之〉·〈尊德義〉와〈六德〉 등 여섯 篇이 이에 속한다. 이들은 모두 두 곳에 묶은 흔적이 남아 있다. 이를 編線이라한다. 그 중에서〈性自命出〉·〈成之聞之〉·〈尊德義〉와 〈六德〉 등 네 편은 편선과 편선사이의 거리가 17.5㎝으로 되어 있는 것으로 보아 이들은 종류가 같은 것으로 보인다.

〈緇衣〉는 편선 사이가 거리가 12.8～13㎝ 이고, 〈五行〉은 12.9～13 ㎝인 것으로 거의 비슷하기 때문에 이 두 편은 같은 종류일 것이다. 〈緇衣〉와 〈五行〉은 子思의 저작으로 알려져 있다. 죽간의 길이로 저작의 종류를 결정하였을 가능성이 높다. 즉 죽간의 길이가 같으면, 내용도 같은 종류라는 것이다. 〈性自命出〉·〈成之聞之〉·〈尊德義〉와 〈六德〉 등 네 篇도 죽간의 길이로 보아 經典류에 속한다.

〈老子甲〉은 32.3㎝으로 앞에서 소개한 죽간의 길이보다 약간 짧다. 그러나 편선 사이의 간격은 13㎝으로 〈緇衣〉와 〈五行〉와 기본적으로 같다. 따라서 이 세 편의 죽간은 같은 종류에 속한다는 것을 알 수 있다. 죽간의 길이로 보아 〈老子甲〉은《郭店》 竹簡 중 儒家에 속하는 〈緇衣〉·〈五行〉 등의 같은 經典에 속할 것이다. 이상에서 살펴본 칠 편의 죽간은 양쪽 끝이 모두 사다리 모양으로 다듬어져 있다. 〈忠信

之道〉와 〈唐虞之道〉 등이 편평하게 다듬어져 있는 것과 다르다. 이와 같은 죽간이 다듬어진 상태로도 이들이 같은 종류의 경전에 속함을 알 수 있는 증거 중에 하나이다. 〈老子甲〉은 위에서 소개한 다른 경전보다 약 0.2㎝가 짧다. 이 정도의 길이는 아주 미세한 것이기 때문에 구별의 기준이 되지 않을 수도 있으나, 혹은 이 차이가 바로 도가와 유가를 구별하는 표지인지도 모를 일이다.

죽간의 양쪽 끝을 사다리 모양으로 다듬은 것으로는 〈魯穆公問子思〉와 〈窮達以時〉가 또 있다. 〈魯穆公問子思〉는 子思와 魯穆公이 주고 받은 問答을 기술한 것으로 子思의 正直한 人格을 알 수 있는 내용이다. 〈窮達以時〉는 君子는 窮困하거나 通達할 때에도 節操를 지켜야 한다는 내용을 담고 있다. 이 두 편은 모두 26.4㎝으로 앞에서 소개한 죽간보다도 상당히 짧은 길이다. 하지만 〈魯穆公問子思〉·〈窮達以時〉·〈緇衣〉·〈五行〉·〈性自命出〉·〈成之聞之〉·〈尊德義〉와 〈六德〉 등 8篇은 모두 직간접으로 子思와 관계가 있다. 內容 역시 子思의 生平이나 學術思想을 기록한 것이다. 고대의 경서들은 대부분이 그 학파의 宗師로부터 시작하여 그 제자에게 전해지고, 최후에는 사람들의 기록한 내용들을 합하여 이루어지게 된다. 내용은 대부분이 宗師의 學術思想·嘉言懿行·遺聞軼事와 그 후학들이 다시 풀이한 詮釋 혹은 闡發한 내용 등 다양하다. 사다리 모양의 죽간 형태는 이 8 편이 나타내는 공통적인 표지로 이는 모두가 '子思學派'의 經典에 속할 가능성이 높다. 위에서 소개한 9편을 다시 정리하면 아래와 같다.[11]

11) 《郭店墓地竹簡》, 《〈簡帛書法選〉編輯組》篇, 2002年10月, 文物出版社, 참고.

篇名	죽간의 길이와 編線과 거리	마무리 모양	枚數	표점부호
緇衣	簡길이 32.5 cm 編線거리 12.8-13 cm	사다리	47枚	章號; 重文; 合文號
五行	簡길이 32.5 cm 編線거리12.9-13 cm	사다리	50枚	章號; 句讀號; 重文號; 合文號
性自命出	簡길이 32.5 cm 編線거리 17.5 cm	사다리	67枚	分篇號; 章號; 句讀號 重文號; 合文號
成之聞之	簡길이 32.5 cm 編線거리 17.5 cm	사다리	40枚	篇號; 合文號
尊德義	簡길이 32.5 cm 編線거리 17.5 cm	사다리	39枚	重文號; 合文號
六德	簡길이 32.5 cm 編線거리 17.5 cm	사다리	49枚	篇號; 章號; 重文號; 合文號
老子甲	簡길이 32.3 cm 編線거리 13 cm	사다리	39枚	篇號; 章號; 重文號; 合文號
魯穆公問子思	簡길이 29.9 cm 編線거리 9.6 cm	사다리	8枚	章號; 句讀號; 重文號
窮達以時	簡길이 24.6 cm 編線거리9.4-9.6 cm	사다리	15枚	章號; 句讀號; 重文號

〈老子乙〉은 30.6cm 은 이고, 〈老子丙〉과 〈太一生水〉는 26.5cm로, 〈老子甲〉와는 그 길이가 다르다. 〈老子乙〉은 今本〈老子〉의 59章·48章의 앞부분·20章 앞부분·113 章·41章·52章 중간부분·45章과 54章에 해당되는 부분으로, 그 내용은 君子의 立身處事의 道에 관한 것이다. 이 내용은 相反對立·無爲과 淸靜할 것을 강조한 것으로 〈老子〉의 宇宙論과는 거리가 멀다. 〈老子丙〉은 自然과 無爲에 관한 내용이다. 〈老子乙·丙〉은 양 끝을 편평하게 다듬을 모양으로 사다리모양이 아니다. 죽간의 형태로 보아 〈老子甲〉과는 다른 종류임을 알 수 있다. 그러나 〈老子乙〉의 두 묶은 선의 거리는 13cm로 〈老子甲〉과 같고, 죽간의 길이는 30.6cm이다. 이 길이는 앞에서 언급되었던 〈緇衣〉등의

사다리 모양의 것과 혹은 〈老子甲〉에 비하여 짧다. 이는 아마도 《郭店》 竹簡은 儒家典籍을 주요 경전으로 하였다는 것을 알 수 있다. 또한 죽간의 길이로 보아 〈老子甲〉은 비교적 중요한 經典으로 간주하였으나, 〈老子乙·丙〉는 비록 모두 《老子》類에 속하나 傳注類에 속하는 것으로 간주한 것으로 보인다.[12] 만약에 이상과 같은 죽간의 길이로 《곽점》 죽간의 經典類와 傳注을 비교하였다면, 긴 길이는 비교적 중요하고, 짧은 것은 상대적으로 그 중요도가 떨어진 것으로 판단된다. 이외에도 양끝 모양 또한 경전을 중요도를 결정하는 중요한 표지였음을 알 수 있다. 즉 사다리 모양은 '經'이고 편평한 모양은 '傳'이다.

죽간의 모양이 편평한 것으로는 〈忠信之道〉과 〈唐虞之道〉가 또 있다. 〈忠信之道〉는 28.2～28.3㎝이고, 〈唐虞之道〉 28.1～28.3㎝이다. 길이는 거의 대동소이하다.

老子乙	簡길이 : 30.6 ㎝ 編線거리 13 ㎝	편평	18 枚	分章; 句讀; 重文; 合文
老子丙	簡길이 20.6 ㎝ 編線거리 10.8 ㎝	편평	14 枚	章號; 句讀; 重文
太一生水	簡길이 26.5 ㎝ 編線거리 10.8 ㎝	편평	14 枚	篇號; 句讀號; 重文合文號
忠信之道	簡길이 28.2-28.3 ㎝ 編線거리 13.5 ㎝	편평	9 枚	重文號
唐虞之道	簡길이 28.1-28.3 ㎝ 編線거리 14.3 ㎝	편평	29 枚	篇號; 合文號

〈語叢四〉과 〈語叢二〉는 모두 15.1～15.2㎝로, 이 길이는 〈곽점〉 죽간 중 가장 짧다. 〈語叢二〉는 간 마다 많게는 8자가 있는데, 이 숫자

12) 〈老子乙〉의 竹简은 〈忠信之道〉와 〈唐虞之道〉보다 길고, 〈老子丙〉은 〈语叢〉 4篇보다 길다.

는 길이가 17.2～17.4㎝인 〈語叢一〉과 길이가 17.6～17.7㎝인 〈語叢三〉과 같다.[13] 이들 죽간은 字間의 거리가 비교적 멀고, 문자의 크기도 크다. 이러한 형태는 〈語叢〉만이 지니고 있는 풍격이다. 다른 〈語叢〉과는 달리 〈語叢四〉는 글자가 많게는 15-16자가 있고, 字間의 거리가 좁다. 《郭店》竹簡 중 〈忠信之道〉와 〈老子甲〉이 30여자를 한 죽간에 기록한 것 이외에는 나머지는 20-25 자 쯤 된다. 〈語叢四〉는 그 중간 단계로 15-16자가 이다. 이는 비록 죽간의 길이는 다른 〈語叢〉과 동일하나, 문자 수로 보아 다른 〈語叢〉과 다름을 알 수 있다.

語叢一	簡길이 17.2-17.4 ㎝ 編線거리 7.8-8.1 ㎝	편평	112 枚	分段; 句讀號; 重文號; 合文號
語叢二	簡길이 15.1-15.2 ㎝ 編線三道	편평	54 枚	分段號; 句讀號
語叢三	簡길이 17.6-17.7 ㎝ 編線三道	편평	72 枚	分段號; 句讀號; 重文號
語叢四	簡길이 15.1-15.2 ㎝ 編線거리 6.0-6.1 ㎝	편평	27 枚	分章號; 句讀號; 重文號; 合文號

(2) 字形, 字體

李零은《郭店楚簡校讀記》에서 竹簡의 모양과 字體는 그 죽간이 어떤 종류에 속하는 가를 가름하는 가장 중요한 조건일 것으로 추정하였다. 대부분의 학자들이 篇과 卷을 나눌 때 내용만을 가지고 판단하는 경우가 있는데, 그 결과 종종 오류에 빠지는 경우가 있다고 지적하였으며 곽점초간의 자체와 모양에 따라 아래 다섯 종류로 분류해내었다.[14]

13) 也有一简不止抄写八个字的, 但为数甚少, 當属例外. 详见下文 "字體"一节.

14)《郭店楚簡校讀記》, 3-5쪽 참고.

첫째: 老子甲, 老子乙, 老子丙, 太一生水, 語叢四.

둘째: 緇衣, 五行, 魯穆公問子思, 窮達以時.

셋째: 唐虞之道, 忠信之道.

넷째: 性自命出, 成之聞之, 六德, 尊德義.

다섯째: 語叢三, 語叢一, 語叢二

위에서 분류한 기준과 대동소이하다. 과거 1尺은 약 23.1㎝에 해당된다. 만약 尺寸와《郭店》죽간을 비교하여 살펴보면 다음과 같다.

1) 32.3-32.5㎝ → 一尺四寸
2) 30.6㎝ → 一尺三寸
3) 28.1-28.3㎝→ 一尺二寸
4) 26.4-26.5㎝→ 一尺一村
5) 17.2→17.7㎝→ 七, 八寸
6) 15.1→15.2㎝→ 六, 七寸

木牘은 대부분이 공문·유령·개인의 서신용으로 쓰여진 반면, 죽간은 문학 저작이나 편폭이 비교적 긴 서적의 내용을 적었다. 고대 간독의 길이는 일정한 규율이 있어, 그 용도나 중요성에 따라 차이를 두었다. 일반적인 전통 고적의 기록에 의하면, 경전저작은 보통 2尺4寸·1척2촌 혹은 8촌에 기록하였다. 鄭玄의 설에 의하면,《六經》은 2척 4촌에 기록하였고,《효경》은 1척2촌에《논어》는 8촌에 썼다고 한다. 이것으로 보아 경전의 중요도에 따라 그 죽간의 길이를 달리하였음을 알 수 있다.《효경》과《논어》는 서기 1세기에 경전의 대열에 끼었다. 王充은 "大者爲經, 小者爲傳記; 二尺四寸, 聖人之語(긴 것은 경을 적고, 짧은 것은 전기를 적었다)"라고 하였다. 武威에서 발견된《儀禮》의 간은 길이가 54cm로 漢制의 二尺四寸에 해당된다. 그러나 이러한 간독의 수치 길이 규정은 혹은 漢代에 이르러 기준화되지 않았나 생각된다. 지금 《곽점》의 죽간 중 수치상으로 볼 때 二尺四寸에 해당되는 죽간은 없다. 아마도 漢代 이전에는 죽간의 길이의 장단에 경서의 중요도를 결정하였을 뿐이지, 二尺四寸이란 숫자에는 맞추지 않았던 것 같다. 즉 상대적으로 긴 죽간에는 經書를 기록하고, 상대적으로 짧은 것에는 傳注를 기록하였을 것이다. 최근에 발표된 《上海博物館藏戰國楚竹書》1, 2권의 죽간 길이를 살펴보면 더욱 뚜렷하다.

篇名		簡의 길이	마무리 형태	簡數와 字數
孔子詩論		약 55.5cm	원형(혹은 타원형)	29 枚 1006 字
子羔		제일 긴 簡: 약 54.2cm	상동	14 枚 395 字
魯邦大旱		약 55.4-54.9cm	상동	6 枚 208 字
緇衣		약 54.3 cm	상부 양변 타원형	24 枚 978 字
性情論		약 57 cm	상동	45枚[15] 1256 字
民之父母		약 45.8 cm	상동	14 枚 397 字
從政	甲篇	약 42.6 cm	상동	19 枚 519字
	乙篇	약 42.6 cm	상동	6 枚 140 字
昔者君老		약 44.2 cm	상동	4 枚 158 字
容成氏		약 44.5 cm	상동	53 枚 2,065 字

위 표에서 알 수 있듯이 《상박초간》 죽간의 길이에 따라 세 종류를 분류할 수 있다. 하나는 길이가 57cm 쯤 되는 것으로 〈性情論〉편이 이에 속한다. 이 내용은 《곽점》의 〈性自命出〉과 같은 내용으로 人性論에 관

한 내용이다. 두 번째는 약 54.2에서 55.5cm로 〈孔子詩論〉·〈子羔〉·〈魯邦大旱〉과 〈緇衣〉 등 4篇이 있다. 세 번째는 약 42.6cm에서 45.8cm로 〈民之父母〉·〈從政甲乙〉·〈昔者君老〉·〈容成氏〉 등 4篇이 이에 속한다.

《상박초간》의 죽간 길이를 참고하여 볼 때, 간 편마다 길이의 차이는 구별하였으나, 그 중요도를 죽간의 길이로 판단하였는지 아직도 확실은 할 수 없지만, 《상박초간》을 참고하여 《곽점초》의 내용을 비교해 보면, 다섯 번째 종류에 속하는 〈語叢三〉·〈語叢一〉과 〈語叢二〉 이외에는 모두 중요한 경서로 간주하였으나, 단지 간 편을 구별하기 위하여 길이가 다른 죽간을 사용했을 가능성이 높다. 〈語叢三〉·〈語叢一〉과 〈語叢二〉는 그 내용이 경전의 註釋에 해당되기 때문이다.

(3) 標點 부호

郭店楚簡에서는 네 가지 문장부호 鉤識, 墨塊, 短橫, 兩短橫를 사용하였다. 필사자의 필법의 경향으로 인하여 각종 부호 사용이 규칙적인 형태를 띠지 않았으며, 따라서 일률적이지 않은 부호의 의미를 파악하는 작업은 쉽지 않다. 다만 다음과 같은 상황을 규범화시켜 추정해 볼 수는 있겠다.

첫째, 편장을 가르는데 사용되었다. 죽간에서는 편장을 가르는데 사용하는 부호는 두 가지 종류가 사용되었는데 대개 鉤識과 墨塊의 형태를 예로 들 수 있다. 일반적으로 문장의 마지막 오른쪽 아래에 표시한 후 다른 문자를 새겨 넣지 않았다. 예를 들어 죽간의 여덟 편의 간문은 편장을 가르는 부호를 사용하였다. 鉤識을 사용해 편을 가른 것은

15) 5枚의 殘簡 포함.

네 편이고 〈老子〉 甲, 〈成之聞之〉, 〈性自命出〉, 〈六德〉에서 그 예를 찾아 볼 수 있다. 〈老子〉甲 ,〈性自命出〉편에서도 鉤識이 한번 출현하였고, 〈老子〉甲 23편 "我谷(欲)不谷(欲), 民自朴"과 〈性自命出〉簡 35 "慟, 慍之終也"에 사용되었다. 墨塊을 표시하여 篇号를 나눈 것은 4篇으로, 〈太一生水〉, 〈魯穆公問子思〉, 〈窮達以時〉, 〈唐虞之道〉에 보인다. 〈魯穆公問子思〉, 〈唐虞之道〉 두 편의 말미에는 墨塊가 簡面에 횡단으로 표시되었다.

둘째, 문장을 맺는데 쓰였다. 문장을 가르는 부호는 墨塊로 대개 문장 끝의 오른쪽 아래에 놓이며, 부호 뒤에 글자를 쓰지 않거나 숫자를 쓴 경우, 혹은 여백을 남겨두지 않고 계속 쓰는 경우도 있다. 일곱 편의 죽간자료는 문장을 가르는 부호로 사용되었다. 예를 들어 〈老子〉 甲 , 〈老子〉 乙 , 〈老子〉 丙 , 〈緇衣〉, 〈五行〉, 〈六德〉, 〈語叢四〉에서 사용되었으며, 〈六德〉을 제외하고는 문장을 가르는데 쓰는 墨塊는 면을 끊는 때를 제외하면 나머지의 경우는 모두 문장 끝의 오른쪽 아래에 표시되었다.

셋째, 단락을 가르는데 사용되었다. 〈語叢一〉, 〈語叢二〉, 〈語叢三〉에서 단락을 가르는 부호로 사용되었다. 〈語叢一〉, 〈語叢二〉, 에서는 일률적으로 一短橫이 사용되었으며 〈語叢三〉에서 대부분은 短橫으로 단락을 가르는 것을 표지하였으며 소수의 墨塊으로 문장을 가르는 것을 표지하였다.

넷째, 구두를 만드는데 사용되었다. 대부분의 간문은 句讀号를 갖고 있다. 대개는 短橫으로 끊고, 어떤 경우에는 墨塊가 사용되었다. 어떤 간문은 短橫도 있고 또 墨塊도 句讀號로 사용하되었다. 예를 들면 〈老子〉甲, 〈語叢三〉이고, 墨坏만을 구두호로 사용하고 있는 것은 〈五行 〉에 출현한다. 각편 혹은 다수 혹은 소수의 문장 중에서 모두 短橫을 구두호를 만드는데 사용되었는데. 〈老子〉 乙 , 〈老子〉 丙, 〈太一生水〉, 〈魯穆公問子思〉에서는 가끔 작은 墨点이 사용되었다.

다섯째, 重文号로 사용되었다. 〈窮達以時〉, 〈唐虞之道〉, 〈成之聞之〉, 〈語叢二〉 4편은 重文号가 사용되지 않고 나머지 편은 모두 重文号가 사용되었다. 重文号에는 두 가지 종류가 있는데 短橫과 兩短橫이다. 〈老子〉甲, 〈老子〉 丙, 〈太一生水〉, 〈緇衣〉, 〈魯穆公問子思〉, 〈五行〉, 〈語叢三〉, 〈語叢四〉중에는 兩短 橫이 사용되었고, 〈忠信之道〉, 〈性自命出〉, 〈六德〉중에서 一短橫이 사용되었다. 〈老子〉 乙, 〈尊德義〉, 〈語叢一〉중에서 短橫과 兩短橫은 모두 重文부호로 사용되었다.

여섯째, 合文号를 만드는데 사용되었다. 合文号는 短橫 또는 兩短橫을 만드는데 사용되었다. 〈老子〉 乙, 〈太一生水〉, 〈緇衣〉, 〈窮達以時〉, 〈唐虞之道〉, 〈成之聞之〉, 〈語叢四〉에서는 兩短 橫이 사용되었다. 〈老子〉甲, 〈五行〉, 〈性自命出〉, 〈六德〉, 〈語叢一〉에서는 一短橫이 사용되었으며, 〈尊德義〉에서는 短橫과 兩短 橫이 병행으로 合文号로 사용되었다.

〈語叢一〉, 〈語叢二〉, 〈語叢三〉세 편은 책장의 위, 아래에 공백이 있고 그 밖에 나머지는 일률적으로 머리 부분에만 있고 아랫부분에는 없다. 필체나 필획의 필법 등 그 풍격으로 볼 때, 이런 형태의 죽간은 여러 사람의 필사 합작품일 가능성이 높다.

簡牘 符號는 죽간의 문자를 기록하는 보조적인 기호로써, 문장 내용을 이해하는데 도움이 되도록 하는 것이며 문자 자체는 아니다.[16] 초

16) 戰國 죽간 부호에 관한 연구는 何琳儀《戰國文字通論》, 252-263 쪽 참조. 楚簡 부호

죽간에서 사용되고 있는 특수부호에 대하여 살펴보도록 한다.

《郭店》 竹簡에서 사용되고 부호는 비교적 규칙적이라고 할 수 있다. 《곽점》 죽간의 문장부호를 먼저 크게 두 종류로 나눌 수 있다. 하나는 문자 부호와 또 하나는 문장 標點부호이다. 전자는 '重文'·'合文'·'省形' 등이 있고, 후자는 分段·分章하거나 分篇(全篇의 끝)하는 부호가 있다.

먼저 문장 표점부호에 대하여 살펴보기로 한다.

'標點符號'는 첫째 分章을 표시하는 네모난 흑점이 있다. 《郭店楚墓竹簡》 (文物出版社)은 이를 '分段符號'라고 부르고 있다. 이 기호가 《곽점》 죽간 중에서 가장 많이 출현하고 있으며, '分章'의 역할을 하고 있다. 이러한 分章부호는 〈老子〉甲乙丙과 〈緇衣〉·〈五行〉·〈六德〉·〈語叢四〉 등에 보인다.

《老子》에 보이는 分章부호 중에서 현행본 노자와 전후 내용의 분류와 대조해 볼 때, 《노자》丙이 비교적 규범적이다. 예를 들어, 〈노자·병〉제3간 '臣'자 아래와 같이 흑색 네모난 사각형을 표시하고 있는데, 이 부호는 모두 네 곳에 보인다.[17] 〈老子甲〉은 章號과 句讀 부호를 확실치 구분하여 사용하고 있지 않다. 章號의 모양과 크기도 일정치 않다. 예를 들어 제1-2간에 첨가한 句讀부호 '(怀■)'·'(又■)'·'(子■)'·'(豆■)'는 分章을 표시하는 제2간의 부호 '(欲■)'와는 그다지 구별이 되지 않는다. 〈老子乙〉도 分章의 기호가 일정치 않다. 예를 들어, 第3簡에 '(也■)'와 第5簡 '(畏—)의 분장부호는 서로 다른 형태이다. 第3簡에서는 (也—)와 같이 句讀 부호로 사용되고 있다. 書寫者가 어떤 의도를 가지고 부호를 첨가하였는지, 혹은 今本이 분리하는 章의 개념과는 같지 않은지 지금으로서는 알 수가 없다. 〈老子甲乙〉의 분장의

에 관한 연구로는 陳偉《包山楚簡初探》(第二章, 第一节 "标识符號與断句")가 있다. 武汉大学出版社, 1996年8月.

17) 李零 책, 〈老子〉丙組 26 쪽 참고.

부호는 다른 篇들보다 비교적 엄격하지 않다.

〈緇衣〉는 매 章마다 분장 부호 흑점을 첨가하였다. 〈치의〉는 모두 23장으로 되어 있기 때문에 정확하게 모두 23개 분장기호를 사용하고 있다. 《곽점》죽간 중 흑점이 가장 많이 사용되고 있으면서도 가장 규칙적이다. 예를 들어, 第2簡에 第1章을 표시하는 부호 '(孚■)'가 있다.

〈五行〉은 기본적으로 매 章 뒤에 분장부호를 첨가하고 있으나, 〈老子甲乙〉과 같이 句讀부호와 구별을 하지 않고 있다.[18] 예를 들어, 제3간 '(行■)'와 같이 句讀부호를 첨가하고, 제4간에 '(行■)'와 같이 분장부호를 사용하고 있다.

〈六德〉은 두개의 흑점만이 보이고 있다. 첫 번째는 第26簡 "道亡(從木)止"[19] 뒤에 보이고 있는데, 裘錫圭는 "止"자 위 두자는 篇題라고 보고 있다.[20]그러나 《禮記 · 樂記》·《管子 · 牧民》·《鬼谷子 · 符言》의 章節과 비교해 볼 때 章名이지 篇題가 아니기 때문에 分章符號라는 것을 알 수 있다.두 번째 흑점은 第33簡 "是以梗也" 뒤에 보인다.[21]

〈語叢四〉은 竹簡이 모두 27枚로 되어 있다. 第3簡·第4簡·第7簡·第9簡과 마지막 27簡는 분장의 부호를 첨가하지 않고 있다. 이는 제일 끝이기 때문에 구별하지 않아도 되는 경우때문일 가능성이 있다. 혹은 마지막 빠진 문자 10자를 보충해야 하기 때문에 아직 마치지 않았다는 생각일 수도 있다.[22]

---

18) 〈郭店楚墓竹简〉, 151쪽. 〈注释〉一: "本篇简文以小黑方块为分段的符號, 但有时也用作分句的符號.(本篇의 简文은 分段 符號로 작은 네모난 흑점을 사용하고 있으나, 때로는 이 부호가 分句의 符號로도 사용된다.)"

19) 원본《郭店楚墓竹簡》(1998년)은 26簡이나,《簡帛書法選》編輯組가 편집한《郭店楚墓竹簡》(2003년 6월)을 24쪽 簡에 편집함.

20)《郭店楚墓竹簡》, 189쪽,《注释》一五, 裘錫圭의 按語 참고.

21) 원본《郭店楚墓竹簡》(1998년)은 33簡이나,《簡帛書法選》編輯組가 편집한《郭店楚墓竹簡》(2003년 6월)을 31쪽 簡에 편집함.《五行》은 두 판본의 簡數가 서로 다르다.

22)《信陽楚简》중에도 分章의 符號로 이러한 네모난 흑점으로 사용하고 있다. 예를 들

두 번째 표점 부호로 分篇부호가 있다. 이 부호는 全篇이 마쳤을 나타내는 표지이다. 예를 들어, 〈太一生水〉·〈魯穆公問子思〉·〈窮達以時〉과 〈唐虞之道〉에 보이고 있다. 分篇 부호 중 〈魯穆公問子思〉篇 끝에 첨가된 흑점 '(矣■)'과 같이 비교적 크다. 상대적으로 〈唐虞之道〉 篇末 符號 '(也■)'는 비교적 가늘고, 〈太一生水〉의 '(上■)'는 〈老子〉甲 등의 분장부호 크기에 가깝다.

두 번째 문장부호로는 작은 흑점이 있다. 이 흑점은 일반적으로 句讀의 標識로 《郭店》 竹簡 매 편에 모두 보인다. 이러한 句讀 부호는 기타 다른 초간에 종종 보인다. 이 부호는 斷句를 표시하는 것으로 비교적 句讀하기 어려운 문단에 첨가하여 문장을 이해를 돕는다. 이외에도 校讀용으로 쓰는 경우도 있다. 문장의 이해를 돕기 위한 것으로는 예를 들어, 《信陽楚簡》의 遣策類에 隨葬器物의 명칭과 數量를 표시하는 곳에 작은 흑점을 추가하여 이해를 돕고,[23] 《包山楚簡》 第85簡에 29 여명의 이름이 나열되어 있는데, 誤讀과 混同를 하지 않도록 첨가하였다. 校讀용으로는 예를 들어, 〈老子〉甲 第8簡 "其事好【還】"에 "還"字가 빠졌기 때문에 "와 같이 쓰고, 〈老子〉乙 第6簡 "是謂寵辱【若】惊" 중에 "若"字가 빠졌기 때문에 "와 같이 작은 흑점을 사용하고 있다.[24] 이외에도 〈窮達以時〉 第7簡 "釋版筑而爲朝卿, 遇秦穆【也】" 중 "也"자가 탈락되었기 때문에 상대적을 큰 흑점을 사용하여 '(穆■)'으로 쓰고 있으나, 분장부호와는 관계가 없기 때문에 校讀 용으로 사용하고 있음을 알 수 있다.

세 번째는 표점부호로서 "乙"字의 형태와 비슷한 흑점 갈구리 부

어, 简2.01 简2.017 简2.020 등(刘雨《信阳楚简释文与考释》,《信阳楚墓·附錄》北京, 文物出版社, 1986年3月.)

23) ≪信阳楚墓≫의 图版 119에서 图版 128 참고(北京, 文物出版社, 1986年3月).

24) ≪郭店楚墓竹简≫, 119쪽, ≪注释≫七, 裘锡圭의 按语 참고.

호를 사용하고 있다. 漢代에는 이 부호를 "乙" 혹은 "구지(鉤識)"라고 칭하였다. 이 부호는 일반적으로 책을 읽은 進度를 표시하거나 혹은 校讀 용으로 사용하곤 하였다. 이 표지는 《郭店》 竹簡에서 篇末에 표시하여 全篇이 모두 마쳤음을 표시한다. 예를 들어, 〈成之聞之〉에는 '(常√)'와 같이 〈六德〉篇은 '(難√)'와 같이 추가하고 있다. 《性自命出》篇에는 두 곳이 보이고 있다. 즉 第35簡과 第67簡에 각각 보인다. 내용상으로 보아 응당히 이 부호가 있는 곳에 각각 두 편으로 나누어야 한다. 이러한 부호는 望山 1號 楚墓 중의 卜筮禱祠簡과 江陵 九店 56號 楚墓 중의 〈日書〉簡에 보인다.

다음은 《곽점》 죽간에 보이는 문자 부호에 대하여 살펴보도록 한다.

먼저 합문을 표시하는 부호가 있다. 합문을 표시하는 기호로는 한 점을 사용하여 '一'나 두 점을 사용하여 '='로 표시하지만, 합문의 기호를 사용하지 않고 합문의 형태를 취하는 경우가 있다. 아래 그림은 《郭店楚簡文字篇》[25]에서 보이는 합문이다. 합문의 경우로는 모두 21개가 있다. 그 중에서 '小人'과 '君子'을 나타내는 합문은 합문부호로 한 획이나 두 획으로 표시하는 경우가 있다. 합문부호를 사용하지 않은 경우가 있다. 갑골문 등에도 상당히 많은 합문이 있다.

다음은 문자부호로서 重文 부호가 있다. 重文 기호는 금문에 이미 보편적으로 사용되었다. 예를 들어, '子子孫孫'를 ''와 같이 쓰고 있다. 《곽점》도 금문과 같이 문자를 중복하는 경우와 문장을 반복하는 경우가 있다. 예를 들어, 〈노자〉갑은 '地地'·'天天'와 '道道'를 ''·''·'

25) 張守中 등인 편저, 文物出版社, 2000년 5월, 201-203 쪽 참고.

'로 쓴다. 이외에도 한 획점을 사용하여 중문을 표시하는 경우가 있다. 아래 그림은 〈五行〉 13簡이다. 상대적으로 가느다란 획은 중문을 나타내고, 큰 점은 문장부호이다. 그 내용은 "則察, 察則安, 安則溫, 溫則悅, 悅則戚, 戚則新(親), 新(親)則愛, 愛則玉色, 玉色則形, 形則仁.■"이다. 〈五行〉 22簡은 문장을 중복하는 중문 부호를 사용하고 있다. 내용은 "不簡, 不簡不行, 不行不義. ■ 不遠不敬, 不敬不嚴, 不嚴不尊, 不尊不恭, 不恭無禮. ■未嘗"이다.

이외에도 문자의 일부 획을 생략하고, 수식부호를 사용하여 다른 필획으로 대체하는 경우와, 원점을 사용하여 필획 중에 수식을 가하거나, 가로 획 위에 한 획을 첨가하여 수식을 하는 경우를 문장부호로 보는 경우도 있으나, 앞에서 우리가 토론한 '문장부호'나 '문자부호'와는 성격이 다른 자체 변혁발전과 관계가 있기 때문에 여기에서는 생략하기로 한다. 예를 들어, (馬)·(百)나 (民) 중에 사용하는 문자부호는 성격이 다르다.

3) 내용

초간은 그 내용에 따라 크게 두개의 유형으로 나눈다. 한개의 유형은 묘주인이 수장품에 기록한 遣策이다. 예를 들면 湖北 荊門의 包山楚簡, 河南 新蔡楚簡 등이다. 다른 한 유형은 각종 경서, 윤령 등으로 예를 들면 湖北 云夢 睡虎地 秦簡, 荊門 郭店楚簡 등이다. 곽점초묘에서 출토된 죽간자료는 모두 13,000자로서 대부분이 모두 치국과 인간의 도덕 수양을 단련하는 것인데 대부분 처세에 관한 내용이 주류를 이루고, 자연으로부터 사회, 사회로부터 개인에 이르기까지의 광범위한 내용을 다루고 있으며, 간략히 소개하면 다음과 같다.

《老子》는 淸靜無爲, 居下不爭, 少私寡欲의 처세철학을 주장하였

다. 簡本《老子》에서는 儒家사상과 극한적인 대립현상이 발견되지는 않고 있다. 이는 先秦 儒家와 道家思想이 유행한 區域과 이 두 사상의 관계, 유가 도가의 사상변혁 등에 관한 새로운 증거로 간주될 수 있다. 다시 말해 그동안의 학술사 기술을 전면적으로 재검토해야할 필요성이 있게 된 것이다. 簡本《老子》에서는 "絶仁棄義"와 같은 구절이 없는 예들로 보아 초기 道家는 "仁義"를 반대하지 않았으며, 오히려 儒學과 서로 상통하지 않았을까하는 가능성을 짐작하게 한다. 老子學이 南北 혹은 前後를 기점으로 分派가 형성 되었을 가능성이 그동안 학자들 간에 제기되어왔는데, 이제 簡本《老子》와 帛書本《老子》의 異同을 통하여 그 증거를 찾을 수 있게 된 것이다.

〈太一生水 〉의 주제는 太一經水成天地, 神明, 陰陽, 四時, 寒熱, 濕操와 같은 존재의 탄생과 현상을 담아내고 있으며, 성세의 과정을 묘사한 것이다. 만물의 생장과 소멸은 반드시 사시변화의 규율을 준수해야 하며 춘하추동 사시 환경의 덕과 부합되어야 한다고 말하고 있다.《郭店楚簡》중 道家에 속하는 〈太一生水〉는 그 동안의 先秦 哲學 宇宙生成論에 관한 미비점을 보충할 수 있는 자료로써,《老子》에서《淮南子》까지의 사상적 발전 전개의 교량적 역할을 하고 있는 자료이다. 이 죽간을 통하여 老子 思想을 더욱 계통화할 수도 있고, 老子와는 다른 또 하나의 철학적 獨創性을 엿볼 수 있다. 이와 같이 〈太一生水〉는 당시의 철학적 개념과 수준을 이해할 수 있는 문헌으로 중국 철학사에 있어 매우 중요한 위치를 차지하고 있다.

〈唐虞之德〉은 요순우 3세대가 서로 선양한 이야기를 통하여 통치자들이 인재를 사용하려면 친해야 하며 존중해야 하며 어떻게 생명의 존재 및 운명 본연의 문제를 대처해야 하는 가를 제시해주고 있다.

〈忠性之德〉은 충과 성으로써 민중을 교화하며 군주의 입장에서 군신에게 충성을 무조건 요구해서는 않되고 윗사람이 아랫에게 베풀어야할 도덕적 도리를 요구한 것이다.

〈窮達以時〉는 군자란 빈곤, 고난 등을 통하여 선과 덕을 이룰 수 있음을 얘기해주고 있다. 善達로부터 빈곤에 이르는 것은 '時'라는 절대적 조건에 달렸으며 도를 수양하고 덕을 세우는 것이 때에 부합해야 함을 지적하고 있다. 다시 말해 현명한 군자 일지라도 만약 그 시기를 만나지 못하면 그 현명함을 보여줄 수 가 없으며 만약 시기를 만나면 아무 어려움이 없이 그 현명함을 보여줄 수 있는 것이다. 때가 이르는 것 또한 세상의 도가 펼쳐지는 것과도 관련이 있다. 도가 있는 세상이면 군자는 그 현명을 발휘하여 현달할 수 있으며 도가 없는 세상이면, 군자는 그 현명함을 발휘할 수 없을 뿐만 아니라 살육을 당할 수도 있다는 것을 설파하고 있다. 하지만 이것이 자기의 도덕 수양에 주의할 필요가 없다는 말은 아니라 적극적으로 '知生命'하여 운명적 때를 놓치지 말고 기다리라는 것을 강조한다.

〈成之聞之〉는 군자가 귀한 것은 求之與已에 있다고 생각한다. 군자가 민중에게 마음을 얻자면 자기 마음을 함부로 부리지 않고 조절해야만 하며, 실천적 모범으로 가르치는 것을 중시하며, 자기를 사랑하고 존중해야할 뿐만 아니라, 더욱이 남을 사랑하고 존경해야 함을 제시한다.

〈性自命出〉은 이성론에 관한 저술이다. 하늘, 명, 마음, 성, 정의 관계에서 인성을 분석하였다. 인간의 자연 본성은 인간의 자연 법칙에서 나왔으며 인간의 자연 생명 법칙은 또한 자연계가 부여한 것이라고 생각한다. 그래서 인간은 자신을 존중하고 자연을 존중하며 교육을 받아야 한다. 인간의 외부적 행위는 내심사상의 진실한 표현으로써, 인간으로 하여금 자연 혹은 사회 인으로써 어떻게 근심 없이 생활하고 교화하는가를 알게 하며, 자신의 내심 사상과 외부적 행위를 일치하게 하며, 착오를 적게 범하게 한다. 군자는 지존자로서 절대고독을 향유할줄 알아야 하며, 다른 사람과 왕래할 때에는 사귐에 주의해야함을 강조한다.

〈六德〉은 주로 부부, 부자, 군신 상호간의 사회적 관계(social network)를 설명하고 있다. 인간 사이의 관계망, 즉 인륜(人倫)에서 제일 중요한 것은 夫, 婦, 父, 子, 君, 臣 여섯 종류의 사람들이며 그들은 각자가 다른 직책을 가지고 있으며 다른 도덕적 요구를 가지고 있다.

〈語叢〉 4편의 내용은 모두 세련된 격언 경구로서 묘 주인이 생전에 대량의 서적을 열독한 후 세련된 어구를 골라서 기록한 것이다. 어떤 것은 한마디를 기록한 어록형태를 띠었고, 어떤 것은 한 단락만을 기록하였다. 예를 들면 〈語叢一〉 三十六~四十一간은《易》,《詩》,《春秋》의 내용을 고도로 개괄하였다.《《易》所以會天道人道也.《詩》所以會古今之志也.《春秋》所以會古今之事也.》 또 예를 들어 〈語叢三〉 九~十三간은 한 단락만을 기록한 것인데 설명한 것은 어떤 사람과 왕래하면 유익하고 어떤 사람과 왕래하면 유해하며 어떻게 하면 유익하고 어떻게 하면 유해한가 하는 것이다. “与爲義者游, 益. 与庄者處, 益. ....自示其所不足, 益. 与亂自處, 損. 与不好學自游, 損. ....自示其所能, 損”, 즉 정의로운 사람과 함께하면 유익하고, 정중한 사람과 살면 유익하다. 스스로의 부족함을 나타내면 유익하고 무질서한 사람과 함께하면 손해를 입는다. 공부를 좋아하지 않는 사람과 함께하면 무익하고 오히려 손해를 입고 스스로 유능함을 나타내면 손해를 본다. 〈語叢四〉의 뒷부분은 자연 현상 혹은 생활 중의 일로서 비교해 보면 일을 처리할 때 안목을 넓혀야 하며 자기가 어떤 위치에 처해 있어도 사람을 잘 써야 하며 상대방의 말과 안색을 살펴보고 그의 의중을 잘 헤아려야 한다고 주장한다.

간서의 내용을 살펴보면 현실적인 처세나 치세지학이 자주 등장한다. 특히 우리의 주목을 끄는 대목은 군신지간, 가정과 국가나 사회와의 관계에서, 가정, 혈연관계가 최우선이라는 관점을 제시하였다는 점이다. 이는 후세 임금과 국가가 우선이라는 사상과는 다른 것이다. 군신지간의 관계는 절대적인 것이 아니며 무조건적 상호 의존 관계도 아니며 그와 친구지간의 상호 선택이나 계약관계와 부합되며, 부자지간의 변할 수 없는 혈육관계보다 못하다는 상대적인 관점을 견지하고 있다. 예를 들어 아버지와 임금의 일을 처리해야할 경우 '爲父絶君'이라는 극단적 처방까지를 제시하고 있는 것이다. 아버지를 위하여 군주와는 단절할 수 있으나, '不爲君絶父' 즉 군주를 위해서 아버지와 단절할 수 없다는 것이다. "爲宗族殺朋友, 不爲朋友殺宗族"이라는 관점, 즉 종족을 위해서는 친구를 죽일 수 있지만, 친구를 위하여 종족을 죽일 수 없다는 것이다. 가정과 사회에서 모순이 있을 경우, 우선적으로 선택해야할 원칙을 제시한 것이다.

묘에서 출토된 16편의 문헌 가운데 〈老子〉, 〈緇衣〉는 현행본이 존재한다. 이외에 〈五行〉은 湖南 長沙 馬王堆漢墓帛書에서 출현했던 것 이외의 나머지는 모두 이천 여년이나 단절된 채 사라진 고대자료들로서 잃어버린 사상사적 맥락을 추적하는 데 중요한 단서를 제공한다.

곽점죽간의 저자가 처한 역사적 환경은 그들이 평생 배운 것을 황재와 왕실을 위해 복무 해야만(貨于帝王家) 자신의 인생 가치를 구현할 수 있음을 간접적으로 암시하고 있다. 태자의 모사로서 이런 전적을 책략의 교과서로 삼지 않았을까 조심스럽게 추정해본다. 가정이지만 태자는 합법적인 왕위 계승자로써 특수한 신분이 그들이 배우는 지식은 필연적으로 치국 쪽을 향하게끔 규정되어 있었다. 우연인지는 모르지만 어쨌든 이런 문헌자료들이 대부분 치국과 밀접한 연계가 있음을 알 수 있다. 예를 들면 도가류 문헌 〈老子〉 (甲, 乙, 丙), 유가류 문헌 〈緇衣〉, 〈魯穆公問子思〉, 〈唐虞之道〉, 〈成之聞之〉, 〈尊德義〉, 〈六德〉, 〈語叢〉등 문헌자료의 대개는 치국사상을 함의하고 있음은 물론이다.

묘 주인이 활동하였던 시대적 배경, 그 무대는 정치적 측면에서 많은 제후들이 서로 패권을 쟁탈하면서 百家爭鳴하던 혼란한 사회적 환경이었다. 각국의 통치자들은 서로 권력과 이익을 쟁탈하기 위하여, 현명한 사람을 등용하고, 사회 변혁과 부국강병을 실천하고자 하였다. 당시의 지식인들은 "各引一端, 崇其所善, 以此馳說, 取合諸侯"와 같은 기치 속에서 저마다의 견해와 식견을 치국의 방법론으로 제시하였다.

더욱이 이 시기 초나라는 외래문화에 대해 유연한 개방적 태도를 취하여 다양한 문화사상이 뿌리를 내리고 꽃피울 수 있었다. 외래문화에 대한 초문화의 포용력은 다양성을 담보할 수 있었다. 이러한 초나라의 개방적 토양아래에서 꽃 피울 수 있었던 사상적 다양성은 죽간 가운데 당시 초나라에서 통치적 지위를 차지한 도가 학파의 대표작 〈老子〉 (갑, 을, 병), 〈太一生水〉이 있으며, 그 외 14편은 모두 유가 경전으로서 전국시대 중원의 유학이 초나라에서도 성행 할 수 있었음을 시사한다.

원래 도가학설은 초나라 지역에서 발원하였다. 초나라의 治國, 興國의 경험은 바로 '道'로서 나라를 다스리는 것이다. 곽점초죽간본《老子》는 노자의 가장 이른 판본에 해당한다. 편폭은 비록 지금 것의 5분의 2밖에 안되지만, 이를 근거로 당시 노자학설의 심오한 원시 형태의 진면목을 일견할 수 있게 되었다. 노자가 처한 당시의 시대는 "王道衰微, 諸侯力政", 즉 왕실이 쇠퇴해 지고 제후들이 정권을 쟁탈하고, 사회 질서가 아주 혼란한 시대로서 도가 학파들은 당시 현실을 구원해낼 수 있는 치국 사상을 제기한 것이다. 노자는 '以道治國'을 주장하였으며'無爲而治'의 방법론을 제시하였다. 그의 치국 방침은 바로 "視素保朴, 少私寡欲"이다. '道'는 노자의 사상 체계에서 지고무상의 지위를 차지하고 있으며, 그 경계는 언어를 뛰어넘는 추상의 상징세계이다. 오늘날의《老子》와는 차이가 있으며, 죽간본《老子》는 학설을 논술할 때 단도직입적으로 '道'를 논하지는 않았다. 그는 당시의 암흑한 현실 상황에 근거하여 자기의 치국 방침인 "絶智弃辨, 民利百倍. 絶巧弃利, 盜賊无有. 絶僞弃詐, 民复孝慈. 三言以爲辨不足, 或令之或乎屬. 視素保朴, 少私寡欲."을 주장하였으며, "智, 辨, 巧, 利, 僞, 詐"와 같은 당시 사회 혼란의 근본원인을 제시하여, 이러한 잘못을 버리고 오로지 "視素保朴, 少私寡欲"해야만 나라는 잘 다스릴 수 있다고 하였다. 여기에서 '無爲'라 함은 아무것도 하지 않으면서 마음대로 하는 것이 아니고, 자연에 순응하는 것이며 사물의 발전 법칙에 순응하는 것을 가리킨다. 이것이 바로 '道'이며, 우주 만물의 근본원리이며 우주의 보편적 법칙을 상징한다고 보았다. 따라서《老子》(甲)에서는 "道恒無爲也, 諸侯能守之, 万物將自化"라고 하면서, 치국하려면 성인의 도리를 행해야 한다고 주장하였다.

노자 철학 중에는 '反戰'사상이 포함된다. 춘추 전국시기는 사회가 불안정하고, 크고 작은 전쟁이 여기저기에서 끊임없이 일어났으므로 나라에 파괴를 가져다주었고 백성들에게는 재난을 가져다주었다고 보았다. 전쟁을 반대한 것은 백성의 이익과 염원에 부합되는 것이다. 노자의 '反戰'은 참혹한 전쟁의 위험만을 반대한다는 것을 의미하지는 않는다. 군자는 부득이한 상황에서는 전쟁의 방법으로써 자신의 목적을 달성해야만 하며, 승리한 상황에서 병력으로 위세를 부리거나 사람을 마음대로 죽이는 것을 반대한 것이다. 이러한 '反戰'사상은 '民本'이라는 치국사상로 연결된다. 춘추 시기의 사상가 들은 인간을 중시 하였으며, 공자는 仁愛를 주장을 주장하였다면, 노자는 '民本'사상을 강조 하였다. 현명한 통치자는 비록 백성을 통치하는 지위에 있지만 자신을 백성을 위한 공복으로서 백성의 뒤에 존재해야한다는 것이다. 비록 백성보다 지위는 높지만 언어가 겸손하고, 백성을 예의로 대해야 함을 강조하였다.

춘추전국시기에는 제후국들의 지리환경, 역사연원, 풍속습관 등은 모두 달랐으며 치국의 방법에도 차이를 보였으며, 학술사상도 다양하게 자리 잡았다. 북방 유가문화의 특징은 민풍이 소박하고 사치하지 않으며 당당하고 영웅적 기개를 지녔다면, 여유있고 우아한 민풍을 특징으로하는 도가 문화는 남방에서 발전하였다. 북방유학은《공자》를 대표로 한다면, 남방의 도가는《노자》를 대표로 한다. 전국시대 초나라에서는 유가, 도가 학설은 관점의 차이는 존재했지만, 상호 배척하지 않았으며 오히려 공존을 지향하였다. 말하자면 초나라의 지식인들은《노자》의 치국사상을 견지하면서도 성을 존중하고 덕을 중요시하고 '仁義'를 배척하지 않았다. 죽간본《노자》는 현행 노자보다 유가를 반대하는 내용이 많지 않았으며, 인을 단절하고 의리를 버려야 한다(絶仁弃義)고 주장하면서도 '絶僞弃詐' 거짓과 가식과는 단절할 것을 주장하였는데, '僞·詐'는 유가에서도 배척의 대상이었다.

묘 주인이 처한 전국중후기는 마침 초나라가 쇠약해가는 시기였다. 이때 중원의 유학은 초나라에서 아마 비교적 성행하였을 것이며 묘 주인은 유가 학설에 대해 깊이 탐색한 후 초나라의 날로 쇠약해 가는 운명을 개변시키기 위해 유가의 일부 치국사상에 관한 경전을 태자의 수업에 끌어 들였을 것으로 추정된다. 곽점초간의 유가 전적중에서 대량의 저작은 유가의 정치 논리 사상을 선언한 것으로 공자를 대표로 하는 유가학설인 '仁'의 핵심 사상을 받아들였고 '禮樂'을 숭상하고 '德治仁政'을 주장하였으며, 통치계급들에게 자신이 도덕수양을 강화 할 것을 요구하였으며, 덕을 본으로 하고 민중을 인도하여 교화시키는 것을 중시하며 현명한 사람을 쓸 줄 알아야 하고 겸허하게 간언을 받아들여야 함을 주장하였다.

4. 楚竹簡 異本 人性論 – 〈性情論〉, 〈性自命出〉

1973년 말 中國 湖南省 長沙市 馬王堆 3호 漢墓에서는 戰國時代로부터 漢 初에 이르는 시기로 추정되는 대량의 帛書와 竹簡이 발견되었다. 그로부터 20년이 흐른 1993년 겨울, 湖南省 荊門市 郭店의 古墳에서 戰國 楚竹簡(총 804여 매 13,000여 자)가 발굴되었다. 이듬해 1994년 上海博物館은 湖北省 江陵 일대에서 출토되었을 것으로 추측되는 戰國 楚竹簡(총 1,200여 매, 35,000여 자)을 홍콩 골동품 시장에서 구입하였다.

이 楚竹簡 가운데, <性自命出>과 <性情論>은 孔子의 사상을 계승한 孔門 계열인 子游, 公孫尼子와 子思의 사상과 밀접한 관계가 있는 자료이다. 馬承源 主編《上海博物館藏戰國楚竹書(一)》, 218쪽. 《上博簡》에서는《郭店簡》의 <性自命出>과《上博簡》의 <性情論> 두 판본 사이에는 文字·分章·文句 등에서 서로 차이가 있다고 설명하고 있다. 李零은《郭店楚簡校讀記》, 105쪽에서《郭店楚墓竹簡》의 <性自命出>이라는 篇名은 두 번째 죽간의 내용에서 발췌한 것이지만, 문장의 내용을 근거해 볼 때, <性>으로 하는 것이 타당하다는 견해를 제시하였으며, 같은 책 105~120쪽에서 전체 문장을 크게 上下篇으로 나누고, 20장으로 分章하여 자세히 註釋하였다.

1) 저술시기

기존 중국학계에서는 <인성론>의 저술시기를 戰國중후기설, 사상사적으로는 思孟학파의 문헌으로서 孔子와 荀子를 잇는 잃어버린 연결고리로서 간주하려는 것이 주류현상이다. 荊門市博物館編《郭店楚墓竹簡》의 초기 연구는 思孟학파 저작설이 우세하였으며, 李學勤 등은 무덤의 조성연대 등을 근거로 사맹이전 저작설을 주장하였으며, 李零 등은 공자제자 七十제자 저작설을 제기하였다. 비슷한 맥락에서 涂宗流(劉海章)(<評"郭店楚簡"-《郭店楚簡校釋》前言>)은 곽점초간의 墓主와《老子》의 작자문제를 거론하면서, 곽점초간 유가류는 도가와의 사상적 교섭 중이었음을 지적하면서, 孔子로부터 曾子, 子思, 그리고 孟子에 이르는 儒家 학맥의 道統을 잇는 洙泗학파를 그 저자로 추정하였다. 한편 국내에서는 중국학계의 묘장 연대, 묘주, 저자문제, 저술시기 등에 관한 견해에 대하여 문제를 제기한 학자들이 적지 않다. 예를 들어, 김경수(2008. 288-443, 589쪽)는 죽간 각 원문의 사상내용을 근거로 반박하면서, 漢墓 帛書와 郭店 楚墓 竹簡을 戰國 말 漢代 초기에 이르는 문헌으로 간주하고, 帛書는 荀子에서 통일 진제국까지의 도가적 법가를 반영한 문헌이 많았고, 竹簡은 孟子부터 荀子에 이르는 도가적 유가사상을 반영한 문헌이 주중을 이룬다는 관점을 전개하였다.[26]

2) 편제, 편명

(1) 편제

1973년 말 中國 湖南省 長沙市 馬王堆 3호 漢墓에서는 戰國時代

26) 郭店楚簡의 저술시기에 대한 논의를 앞 장에서도 살펴보았듯이 이에 대한 객관적 정론을 도출하기 위해서는 문헌학적 판본비교, 죽간 전체의 내용과 체재, 사상사적 맥락, 자료의 성격 등에 관한 정밀한 검토가 선행되어야만 할 것이다. 곽점초간의 성립연대 등에 관한 상세한 제 문제는 본문 김경수의 저술과 承律《郭店楚墓竹簡儒家思想研究-郭店楚簡研究序論》(東京大學博士 文 2001.2.) 참조.

로부터 漢 初에 이르는 시기로 추정되는 대량의 帛書와 竹簡이 발견되었다. 그로부터 20년이 흐른 1993년 겨울, 湖南省 荊門市 郭店의 古墳에서 戰國 楚竹簡(총 804여 매 13,000여 자)이 발굴되었다. 이듬해 1994년 上海博物館은 湖北省 江陵 일대에서 출토되었을 것으로 추측되는 戰國 楚竹書(총 1,200여 매, 35,000여 자)를 홍콩 골동품 시장에서 구입하였다.

위 지하출토 자료 가운데 선진 유가의 인성론에 관한 동일한 내용의 이본이 발견되었다. 《上海博物館藏戰國楚竹書(一)》(이하 上博楚書)판본은 모두 1,256자(重文 13자, 合文 2자 포함), 총 40매의 죽간(이 가운데 5매는 파손이 심하여 문자의 판독과 죽간의 배열이 어려움)으로 이뤄져있고, 《郭店楚簡》판본은 총 67매로, 죽간의 길이는 32.5cm로 兩端이 사다리 모양으로 다듬어져 있고, 두 곳은 묶여져 있었을 것으로 추정되며, 編線 간의 길이는 17.5cm이다. 濮茅左는 《郭店楚簡》판본의 내용을 근거로, 《上博楚書》판본 가운데 현재 죽간은 남아 있지 않지만 분명히 존재했을 것으로 추정되는 2매의 죽간을 제3, 4간의 사이에 배열하였다. 이 사라진 죽간은 대략 38자씩 모두 76자가 있었을 것으로 추정된다. 죽간의 길이가 온전한 것은 모두 7매로, 제1, 8, 9, 10, 20, 24, 28간이다. 이 完整한 죽간을 근거로 추정해 볼 때, 죽간의 평균 길이는 약 57cm이었을 것으로 추정되며, 이는 《上博楚簡》 가운데 가장 긴 죽간에 해당한다. 《上博楚簡(一)(二)》는 죽간의 길이에 따라 첫째, 약 57㎝(<인성론>). 둘째, 약 54.2-55.5㎝(<詩論>·<子羔>·<魯邦大旱>·<緇衣> 등). 셋째, 약 42.6㎝-45.8㎝(<民之父母>·<從政甲乙>·<昔者君老>·<容成氏> 등)로 분류된다. 이러한 차이는 내용과 체재, 혹은 저술의 가치나 중요도면에서 편저자의 의도가 개입됐을 가능성을 배제할 수 없겠으나, 현재로서는 정확한 목적을 추단하기 어렵고 다만 각 편의 구분을 위한 것으로 추측할 뿐이다.

陳偉는 <性自命出諸簡編連問題及校釋>(《郭店竹書別釋》, 2003年, 177-179쪽)에서《上博楚簡》과의 내용을 비교하면서,《上博楚簡》을 기준으로《郭店楚簡》의 編連과 分章에 대하여 죽간번호 제1에서 36호까지를 前篇으로, 제50에서 67호까지는 中篇으로, 제37에서 49호까지를 後篇으로 분류하였으며, 李零은《郭店楚簡》만을 단독으로 하여 그 내용을 크게 上下篇으로 분류하였다. 본 연구에서는《上博楚簡》을 중심으로《郭店楚簡》과 비교하여 다루고 있으므로, 陳偉의 견해를 따르기로 한다.

분편, 분장에 관해서 학계에서는 종지부로 판단되는 편장부호(■)의 형식을 근거로 곽점초간본의 체재를 1간부터 35간을 상편, 36간부터 67간을 하편으로 분류하는데 대체로 동의하고 있으며, 장을 따로 구분하지는 않고 있다. 李零(2002, 105-120쪽)은 곽점초간본 만을 대상으로 上下篇, 20章(처음에는 21장으로 보았으나, 나중에 제8,9장을 하나의 장로 묶어 수정함)으로 분류하여 상편은 상박초서본과 내용이 유사하고, 하편은 내용이 차이가 존재하는 것을 근거로 전반부를 안정된 텍스트로 후반부를 조정중인 텍스트로 봐야한다는 견해를 제시하였고, 글의 시작을 상징하는 '凡'자의 용례를 근거로 20개의 장으로 분류하였다.

한편 李學勤을 중심으로 일단의 학자들은 상하편의 내용을 고려하여 독립된 두 편의 문헌으로 간주해야 한다고 주장하였다(이령은 상하분편에는 동의, 별개의 독립 문헌설에는 반대). 廖名春(<郭店簡<性自命出>的編連與分合問題>)은 상중하 삼편설을 주장하였다(李天虹(2003, 8-13쪽) 동의). 陳偉(2003, 173-179쪽)는 두 판본의 내용, 특히 서술논리의 전개라는 측면을 고려하여, 상박초서본을 기준으로 곽점초간본의 編連과 分篇을 1간에서 36간까지(특별히 36, 34, 35간의 순서로 주장)는 前篇으로, 50간에서 67간까지는 中篇으로, 37간에서 49

간까지는 後篇으로 분류하였다. 이밖에도 涂宗流·劉祖信(2001, 143쪽)은 삼분편, 12분장론을 주장하는 등 아직까지 분편분장의 가설에 대한 定論은 없다고 볼 수 있다. 연구자는 두 판본에 대한 석문고석의 비교작업이 선행된다면, 내용이나 주제에 따른 편련, 편장과 같은 체재에 관한 후속문제는 저절로 해결될 수 있을 것이라는 입장이며, 그동안《上博楚書》를 중심으로 석문고석을 진행하였으므로 편의상 陳偉의 견해를 따랐다.

(2) 편명

죽간의 편명이 발굴 당시 붙여 있었던 것은 아니다. 정리과정에서 글 전체(<性情論>) 혹은 구절의 내용(<性自命出> 2간)을 근거로 단 것이다. 죽간의 文意를 근거로 廖名春(<荊門郭店楚簡與先秦儒學>)은 <性情>으로, 李零(2002, 105쪽)은 <性>으로 부를 것을 주장하였으며. 郭沂(《郭店楚簡與先秦學術思想》 230쪽)는 고대전적의 편명을 정하는 통례에 따라 <有性>으로 정정할 것을 제안하였다. 출토자료의 편명이나 소제목은 대개 문헌 말미나 첫 번째 죽간의 후면 혹은 마지막에 기입하거나 책명이나 편명을 별도의 죽간에 기입하기도 한다(池田知久(<郭店竹簡五行硏究>), 김경수(2008, 416쪽 재인용)). 출토당시 제목이 발견되지 않았을 경우, 주제나 통례를 근거로 편제를 달 수 있을 것이다. 이러한 맥락에서 연구자는 첫째, 죽간이 "凡人雖有性"으로 시작하고 있고, 둘째, 본문에서 거론되고 있는 주제가 인간의 보편적 본성에 관한 입론으로부터 출발하여 인성의 교화라는 특수한 측면에서 이상적 정치를 실현할 리더십에 대한 종론으로 귀결되는 담론적 성격이 짙다고 판단하여, 기존 학계에서 통행되고 있는 편명인 <性情論>, <性自命出> 대신, 가제 <인성론>으로 통일하여 명명하고자 한다.

3) 인성론 독해

儒家書들은 孔孟으로부터 漢代, 宋代에 이르기까지 원시자료로부터 經典化되는 과정 가운데 적지 않은 수정과 윤색을 거쳤을 것으로 추정된다. 학계에서는 先秦 楚竹簡 儒家文獻 가운데 <性自命出>, <性情論>의 발견이 이 글의 편저자로 추정되는 子游, 公孫尼子, 子思 학파의 사상적 요소가 당시 어떻게 상호 교섭되었는지, 그리고 이후 孔孟으로까지는 어떻게 연결되었는가를 알아내는 데 중요한 단서를 제공해 줄 수 있을 것으로 기대하고 있다. 다시 말해 필자의 관점으로 명명한 초죽간 이본 인성론 판본은 사라진 先秦 사상의 일단을 엿볼 수 있는 자료로 글의 구성과 내용을 토대로 인성론의 주지를 파악해보면 다음과 같다.

(1) 총론 – 나, 세계, 존재란 무엇인가?

세계는 왜 존재하고, 나는 왜 여기에 있으며, 물음을 던지는 그는 누구인가?

인간 존재의 규명은 모든 인류의 공통된 물음이며 이에 대한 해답을 찾는 것이 인문정신의 중요한 대상이자 목표라고 볼 수 있다. 이러한 근원적인 물음은 동아시아의 원시 유가에서도 심도있게 제기되고 다뤄져왔는데, 그 시발점이 될 만한 근거를 오늘날 발굴된 戰國 楚墓竹簡과 같은 문헌자료에서 찾아볼 수 있다. 그 지난한 인성의 규정문제의 제기와 해답을 찾아가는 과정은 여전히 유효하며 진행형이다.

초죽간 인성론에서 정의되고 있는 '性'의 개념은 일차적으로 하늘이 인간 모두에게 부여한 것으로서, 환경과 조건에 따라 좋아하거나 싫어하는 것, 착하거나 착하지 않는 것, 기뻐하거나 분노하거나 슬퍼하는 것으로 나타나는 것을 의미한다. 이러한 관점은《禮記·中庸》은 "天命을 性이라 한다(天命之謂性)."의 天命論的 '性'을 의미하며, 한편으로는《論語·陽貨》의 "성품은 원래 서로 비슷하지만, 학습의 과정을 통하여 멀어지게 된다(性相近也, 而習相遠)."라는 것과 같이 후천적 환경 속에서의 학습을 통해 변화 가능한 '性'을 포함하기도 한다.

이처럼 '性'을 天賦된, 또는 習慣化된 것으로 파악하고 있는 관점은, 이후《荀子》에서도 계승 발전되고 있다. "性은 우리가 어찌할 수 없지만 교화시킬 수는 있다. 노력을 쌓아 간다는 것은 본래 타고나는 것은 아니지만 노력할 수는 있다는 말이다. 노력으로 습속을 바로잡아 간다면 본성을 교화시킬 수 있다. 한결같이 스승과 법도만을 받들고 이단은 거들떠보지 않는 것이 노력을 쌓아가는 방법이다. 습속은 사람의 뜻을 바꿔 놓고 편안히 오랫동안 그렇게 지내면 사람의 바탕까지도 바뀌게 되는 것이다(性也者, 吾所不能爲也, 然而可化也, 情也者, 非吾所有也, 然而可爲也. 注錯習俗, 所以化性也. 並一而不二, 所以成積也. 習俗移志, 安久移質.)"(《荀子·儒效》). 이는 告子의 "인간의 본성은 본래 착한 것도 착하지 않은 것도 아니다(性無善無不善)"의 주장과 인식의 궤를 같이 하는 것이다. 반면, 孟子의 性善說이나 荀子의 性惡說의 인식처럼 善惡으로 확정된 性의 개념, 즉 천생적인 자질(天之降才)로서의 善 혹은 惡이라는 개념과는 차별성이 존재한다.

濮茅左(馬乘源 主編《上博楚簡》1, 221쪽)는 '正志', 혹은 '奠志'(性自命出)는 인간의 마음으로부터 발휘되는 사물에 대한 정확한 인식을 뜻하는 개념으로 간주하여, "반드시 모범을 본받은 후에야 바로 잡아지고, 禮義를 얻은 후에야 다스려진다(必將待師法然後正, 得禮義然後治)."라고 풀이하고 있다. 즉 인간은 누구나 예외 없이 하늘로부터 性을 부여받았지만, 마음의 작용에 따라 객관사물에 대한 인식의 정확성여부는 달라질 수 있다고 본 것이다. 한편 전체 죽간의 문맥을 고려한 해석을 시도해보면, 제1간에서는 '性'과 '心', 그리고 '志'와 '物', '習'의 관계에 대하여 상세한 설명을 부연하고 있다. '性'이란 喜怒哀悲의 情氣이며, 접촉됨으로써 외부로 나오는 것이고, 외계 물질에 의해서 그것이 취해지는 것이라고 설명하고 있다. 개인에 있어, '心'은 내면에서 아직 확정된 것이 아니며, 사물에 대하여 정확한 인식을 내릴 수도 없다. '志'는 外界의 환경적인 요소인 '物'과의 접촉이 있은 후에야 만들어지는 것이며, 즐거움이 있은 후에야 행해지며, 습관이 쌓여진 후에야 고정화 된다고 보았다. 말하자면 인성론에서는 '性'은 인류가 공통으로 부여받은 일종의 잠재적 능력으로 보고, '心'을 개인의 주관적이며 구체적인 행동으로 발현되는 원동력으로 간주한 것이다.

다시 말해 초죽간에 반영된 선진 원시유가의 관점에서 바라본 성은 '生之謂性'이라고 규정하고 있으며, 성의 개념 속에는 사람이 태어나면서 갖게 되는 생명현상의 다양한 양상, 즉 형색이나 그 기능, 욕구, 자질 등이 두루 포함된다고 본 것이다. 인성론에서는 한걸음 나아가 性보다 習을, 또한 性보다 勢를 더 중시하는 점은 性과 習의 관계 및 性과 勢의 관계를 언급하고 있다.

또한 "喜怒哀悲의 氣는 性이다"라고 한 인성론의 명제처럼 "性卽氣"라고는 말할 수 없어도, 기로써 성을 논하며 아울러 성을 구체적인 실체로 파악하는 사고를 가지고 있었음을 확인할 수 있다. 즉 氣가 모여서 性을 이룬다거나 性이 확립되어야 氣가 외부와 서로 감응한다고 보았다.

인성론의 총론에서는 인성의 보편성, 즉 보편론으로서의 인간 본성에 관하여 개념을 규정하고 있다. 즉 하늘로부터 부여받은 명령으로서 생명과 운명을 제시하고 있다. 그렇다면 인성은 하늘의 명령으로서 천성은 변화 가능한 것인가?

선진시기 孔子로부터 孟荀으로 이어지는 원시유가 인성론의 학맥의 계보 가운데 죽간 인성론의 출현이 정치사회적인 함의, 즉 선진 유가 인성론의 시발점과 전개과정에 대한 정치사회적 함의라는 주제는 왜 이 시기에 '性'에 대한 근원적인 탐구가 집중적으로 진행되었는가라는 질문으로부터 착안한다. 장원태(2003. 39-77쪽)는 기존 선진 본성론에 대한 다양한 연구가, 주로 '性'의 정의에 치중하여 전국시대 본성론 기원에 대한 설명에 한계가 있었음을 지적하고, 이와 관련된 개념의 변화과정을 용례를 통해 사회변동의 측면에서 고찰하였으며, 당시 사상사적 국면을 밝히고, 이러한 요인들이 가져온 새로운 구도의 요구라는 입장에서 개념의 단절과 연속성 문제를 다루고 있다. 이러한 입각점은 인성론 전개를 원지평에서 포괄적으로 조망하려는 새로운 접근방법의 시도로서 그 의의가 있다고 본다.

전국시기 초죽간의 발견은 원시유가의 인간과 우주의 존재에 대한 인식, 인간 본성, 즉 인성론에 대한 새로운 인식과 연구의 지평을 열 수 있는 기회를 제공하였다. 연구자는 기존 학계의 선행연구와 그동안의 석문고석을 진행하면서 여전히 논란의 여지가 있지만 차후의 과학적인 검증을 기대하면서, 지하에서 출토된 곽점초묘와 상박초서를 근거로, 묘의 주인을 사급신분으로서 태자가 초빙했던 문객, 또는 태자를 곁에서 모셨던 지략가(참모)였을 것으로 추단한다. 그는 아마도 유가, 도가류의 서적을 탐독했던 지식인으로서 태자를 보필하였을 것으로 짐작된다. 태자는 미래의 합법적인 임금이 될 인물이었으며, 그가 열독 또는 편저한 서적은 당연히 치국을 위한 자료이었을 것이며, 오늘날 도가류로 편입된 노자 역시 죽간에서 보여주고 있듯이 치세지도의 관점을 포함하고 있으며, 따라서 원시 유가와 노자는 상당부분 상호 융합된 성격을 가졌을 것으로 추론한다.

전국시대는 百家爭鳴의 시기로, 통치자들은 권력과 이익을 대변할 수 있는 사상을 갈구하였고. 당시의 지식인들은 저마다 이상적인 치리방법을 자유롭게 제안하였다. 예컨데 郭店楚簡 <老子>(甲, 乙, 丙), <太一生水>편은 우리의 인식지평 위에 도가의 원형을 확인시켜준 저술로서, 道의 存在와 運行, 道와 治國, 修身의 관계를 논술한 것이다. 특히 반전, 민본, 不爭, 寡欲 등으로 요약되는 치국사상은 근본적으로 聖人의 도리를 행하는 군자의 관점, 즉 王道라는 리더십의 실현에 맞닿아 있다. 이점은 원시 유가 사상과의 상호교류의 가능성을 확인시켜준다. "노자의 전체 사상 발전의 체계는, 거시적으로는 우주로부터 시작하여 인생론에 이르고, 미시적으로는 인생론으로부터 시작하여 정치론에까지 이른다. 형이상학적 언설로서 노자사상 형성의 진정한 동기와 목적은 결국 인생과 정치의 요구에 부합하기 위한 것이었음을 이해할 수 있다"는 陳鼓應《老子注解及評价》(《郭店楚墓竹簡·老子甲》 68쪽 재인용)의 견해가 설득력을 갖는 이유이기도 하다. 연구자는 출토자료 <인성론>의 성격을 규명함에 있어 먼저 춘추전국시대라는 시간과 초나라라는 공간이 가지는 의미를 천착하는 지점으로 시선을 돌리고자 한다. 전란으로 왕도가 쇠약해지고 세상이 혼란에 빠졌을 때, 유한한 삶, 죽음 앞에서 자신과 자신을 둘러싼 세계, 자아와 대상의 존재의미를 새롭게 자각하고 인식해야할 필요성이 대두될 수 있을 것이며, 이러한 측면에서 인간의 본성에 대한 탐구가 절실하였을 것이다. 인간의 본성은 무엇인가. 마음, 감정, 의지는 무엇이며, 본성과는 어떤 관계를 가지는가, 희노애비는 마음의 표현인가, 감정의 결과인가, 인성은 결정된 것인가, 후천적으로 변화가능 한 것인가, 그것이 가능하다면 그 방법은 무엇인가, 만약 본성이 고정적인 것이 아니라면 어떻게 하면 본성이 가진 한계를 극복할 수 있을까 등의 물음을 던졌을 것으로 보인다. 이러한 현실인식 속에서 불꽃처럼 타오른 주제는 아마도 인간 본성에 대한 존재론적 탐구, 그것의 한계와 초월이라는 문제였을 것이다. 삶의 궁극적인 한계상황 속에서 의미를 되새기고 극복의 대안을 찾은 것이 유가, 도가사상이라면, 공통의 인식 속에서 하나의 목적을 지향한 두 가지 대안의 길을 저마다 제시했을 것이라고 본다.

<인성론>에서는 '天'·'命'·'性'·'情'·'心'·'志'·'習'·'物'·'道'·'氣'·'義'·'勢' 등 인간 본성을 규정하기 위한 다양한 개념들이 세부적이면서도 집중적으로 다뤄지고 있다는 점이 눈길을 끈다. 한편 공자의 "性相近, 習相遠"이라는 단언적 차원을 넘어 天命으로서의 성을 규정함은 물론 나아가 성과 정, 심과 지, 물과 세, 기와 의, 습과 도 등의 상관관계를 밝힘으로써 본성의 깊이와 넓이를 상세히 다루고 있으면서도, 아직은 孟荀의 性善, 性惡과 같은 결정적 규정화는 시도되지 않고, 다만 성인, 군자의 품성이 性仁, 性善으로 전제됨으로써 인간 보편본성이 아닌 특수 본성으로서 그의 도덕행위와 심신의 관계를 설명하고, 예악교화론을 전개하기 위한 이론적 근거로서 제시되고 있을 뿐이다.

(2) 본론 - 人性論 스토리

① 人性으로부터 君子의 길로

출토자료 인성론의 구조는 총론에서 보편 인성론을 전개하고, 본론에서는 교화를 주지로 설정하여 특수 인성을 지향하는 군자론으로 귀납하려는 논리적으로 치밀하게 구성된 글로서 한 편의 글, 혹은 가능성은 희박하지만 두 편의 결합된 글일 것으로 추정한다. 현재로서는 후자의 가능성은 두 가지 판본의 총론부분의 순서는 같지만, 본론부분이 순서나 내용의 차이를 보이는 원인으로 작용하지 않았겠는가 하는 추측을 할 뿐이다. 이 점에 관한 타당성 여부를 결정짓기 위해서는 판본 비교분석을 통한 문자해독, 석문고석 등 면밀한 재검토가 요망된다.

우선 전자의 가능성에 무게를 두어 판단해 볼 때, 저자는 先秦 儒家의 心性에 대한 보편적 일면인 '性好不好, 性善不善', 그 대상으로서 환경과 조건(物勢), 그 발현으로서 氣(희노애비), 그 발현과정으로서 悅, 習 → 心志의 메커니즘을 제시하였으며, 여기에 후천적인 학습과 교육(人道, 四術)을 강조하고자 하였다. 다시 말해 서론, 즉 총론에서는 인간본성에 대한 개념들을 규정함에 있어, 성의 연원, 성의 구성요소, 성의 발현 메커니즘, 성의 향상가능성과 그 동인(變樣과 變因)을 밝힌 후, 본론에서는 구체적인 방법론으로서 행위론(도덕수양론), 심신론, 예악교화론을 전개하고 있으며, 결과적으로는 이상적인 군자형 모델을 제시하는 것으로 주제를 수렴시키고 있음을 확인 할 수 있었다. 따라서 연구자는 이 자료의 성격을 원시 유가에 있어 존재론과 인식론으로서 인간의 본성과 그 구현과정에 대한 탐구이며, 동시에 전국시대 남방 초나라라는 시공간의 정치사회적인 배경하에서 저술된 글로서, 궁극적으로는 혼란한 세상을 구할 이상적 군자를 대망한 리더십(지도자)론으로 독해하고자 한다.

② 리더십의 발현 – 〈五行〉

1973년 겨울, 湖南 長沙 馬王堆 3호 漢墓에서는 다량의 帛書가 출토되었으며, 이 가운데 본문과 해설로 이뤄진 <五行>편이 발견되었다. 1993년 발굴된 郭店楚簡 <五行>편은 본문인 經만으로 구성되어 있다. 출토자료의 저술시기를 근거로 竹簡本 <五行> 원문이 저작된 뒤에, 원문에 약간의 가필을 하고 해설을 덧붙여 經과 說로 이뤄진 帛書 合本 <五行>이 출현하였을 것으로 추정된다.

죽간 <五行>은 모두 50매, 5,400여자로 되어 있으며, 죽간 양 끝은 사다리 모양으로 다듬어져 있다. 죽간의 전체 길이는 32.5㎝이며, 중간 두 곳에 簡들을 묶은 흔적이 있다(編線). 이 편선과 편선 사이는 약 12.9㎝～13㎝이다. 문장부호로는 墨塊로 표시된 章號, 짧은 가로 획(혹은 두꺼운 짧은 가로선 의 墨塊형태) 句讀, 짧은 하나 혹은 두 개의 횡획(제10간)으로 표시된 重文과 合文부호가 사용되고 있으며 篇號는 없다.

편명

첫째, 馬王堆 漢墓 帛書 老子甲本卷 뒤 逸書1에 대하여 발굴 당시 제목이 없었기 때문에, 내용을 근거로 魏啓鵬은 <思孟五行說的再思考>(《四川大學學報》 제4기, 철학사회과학판)에서 <德行>이라고 불렀다. 둘째, 위 逸書에 대하여 韓中民은 <長沙馬王堆漢墓帛書研究>(《馬王堆漢墓研究》, 湖南人民出版社)에서 <五行>이라고 명명하였다. 이후 郭店楚墓에서 동일한 내용의 죽간이 출토되자, 서두부분의 시작을 근거로 대부분의 학자들은 제목을 <五行>이라고 단정하였다. 셋째, 이케다 토모히사(池田知久)는 <郭店竹簡五行研究>(中國哲學 제21집, 遼寧教育出版社)에서 郭店 楚墓竹簡의 모든 문헌에는 제목이 없었다는 점, 책명 또는 편명은 대개 문헌 말미나 첫 번째 죽간의 후면 혹은 마지막에 기입하거나 책명이나 편명을 별도의 죽간에 배열하는 점 등을 들어 편명이 아닌 소표제일 가능성을 처음 제기하였으며, 김경수도 이에 동의하는 입장이다.

연구자는 일단 서두만을 근거로 제목을 단정 짓는 것은 문제의 소지가 있다고 판단하고, 내용을 근거로 제목으로 추정하는 것은 일리

있는 주장으로 받아들여, 편제가 아닌 소표제일 가능성이 우선 열려 있는 견해로 제시하고자 한다. 다만 현재 학계에서 제목에 대한 논의가 일단락되지 않아 정설이 없지만, 본 석의에서는 죽간의 내용을 인간의 도덕적 태도, 군자의 바람직한 행위론과 관련되었다고 간주하여 덕행보다는 더 포괄적인 의미를 가진 제목을 놓고 고민하던 끝에, 논의의 혼란 가능성을 피하기 위해 편의상 이하 제목을 <五行>으로 暫定하기로 한다.

자료의 성격

죽간 <오행>의 성격을 규정하기 위해서는 먼저 저술시기, 저자, 판본 논의를 살펴볼 필요가 있으며, 그 타당성은 주석작업을 통한 실제 내용을 근거로 규정할 수 있을 것이다.

(1) 馬王堆 帛書本 자료의 성격규명에 대한 논점은 다음과 같이 세 가지로 요약할 수 있다. 첫째, 韓中民(<長沙馬王堆漢墓帛書概述>, 《文物》 제9기, 41쪽)은 馬王堆 帛書 逸書의 편제를 <五行>이라 붙이고 《荀子·非十二子》의 '案往舊造說, 謂之五行 …… 子思唱之, 孟軻和之'를 근거로 子思와 그 학파의 저작으로 보았다. 帛書本 <五行>은 經과 說 두 체재로 이루어져있다는 점에 착안하여 아사노 유이치(淺野裕一)는 <帛書五行篇的思想史の位置>(《島根大學教育學部紀要》 제19권)에서 經은 子思 門人이, 說은 子思 門人 및 동시대 孟子의 저작으로 추정했다. 둘째, 龐樸은 <馬王堆帛書解開了思孟五行說之謎>(《文物》 제10기) 등에서 思孟학파의 저작이라고 주장하였다. 자세한 설명은 李存山 <從簡本五行到帛書五行>(《郭店楚簡國際學術硏討會論

文集》 2000) 참조. 셋째, 이케다 토모히사(池田知久)(《馬王堆漢墓帛書五行篇研究》 東京, 汲古書院, 1993)는 이 글의 소표제 '五行'은 荀子가 언급한 '五行'이 아니며, 내용도 독창적 사상이 아닌 잡가적 성격이 짙은 글로 荀子이후 西漢 초기의 저술로 간주하였다.

(2) 郭店 楚簡本 자료에 대해서 韓中民은 思孟학파설을 주장하고 龐樸은 思孟說에 동조하는 입장이고, 魏啓鵬, 姜廣輝는 荀子의 '五行'과 무관한 戰國初 子思와 그 門人에 의한 합작설을 주장한다. 이에 반해 김경수는 <五行>이 荀子가 말하는 '五行'이든지 孟子이후의 문헌임을 인정하든지 둘 중 하나만을 선택해야 한다는 견해를 피력하고 있다. 김교수는 그간 중국학계의 주장은 엄밀한 고증이 아닌 억측과 괴담으로 일관된 신뢰할 수 없는 조작된 관점이라고 비판하면서 이 자료가 荀子와는 무관한 것으로 단정한다. 이 자료가 告子보다는 孟子의 노선을 따르면서도 天道와 人道의 구별, 善과 德의 구분하여 덕을 상위 개념으로 파악하였으며, 천과 인의 중계자로서의 聖 개념 등을 거론하면서 道家 특히 장자학파로부터 지대한 영향을 받은 孟子 이후의 문헌으로 간주하였다.[27]

다음으로 곽점초간이 발굴된 무덤의 위치, 묘의 조성시기, 부장품, 묘주의 나이와 신분 등은 자료의 성격을 규명하는 데 결정적인 단서가 될 수 있기 때문에 주목을 받아왔다. 부장품 가운데 鳩杖 2점과 漆耳杯는 묘주의 나이와 신분을 가늠할 수 있는 증거물이다. 먼저 구장은 존로나 경로의 상징물, 또는 권력이나 신분의 상징으로 보거나 의식을 위한 병기로까지 간주할 수 있지만 어느 한가지로 확정지을 수 있는 근거를 찾지 못하고 있는 실정이다. 다음으로 칠이배의 뒷면 바닥에 세겨진 '東宮之杯'라는 글자의 의미를 해석하는데 논의가 집중

27) 김경수 2008. 345-364, 413-426쪽 참조.

되었다. 세 번째 글자를 '不', '帀'으로 두 가지 해석이 가능하기 때문이다. '不'로 보면, '杯'의 통가자(通假字)가 되어, 동궁의 하사품, 또는 묘주의 개인 소장품으로 볼 수 있겠고, '帀'으로 볼 경우 '師'로 읽게 되어 묘주의 신분을 태자의 스승, 군대, 또는 악사나 공사로까지 간주될 수 있을 것이다. 초계문자인 두 글자의 자형은 유사하여 구분이 어려운 상황이고, 다만 필획의 삐침의 모양을 고찰하여 그동안 자형의 용례를 정확히 대조할 수 있다면 차이점을 판단하여 결론을 내릴 수 있을 것으로 본다.

다음으로 五行의 개념을 통해 본격적으로 전개된 五行論의 성격을 살펴보면, '五行'이라는 어휘는《尙書》의 <甘誓>, <洪範>편에 처음 등장하였다. 의견이 분분한 개념으로 크게 두 줄기로 연원을 살펴볼 수 있다. 우선 우주 만물의 본질요소로 파악한 물질사적 견해이다. 여기에서 '五行'의 '五'는 木・火・金・水・土의 다섯 가지의 氣를 가리키며, 行은 '순환'이란 의미를 나타낸다고 보았다. 五行氣의 관념은 殷代(B.C. 14~11세기) 이래 사시사철의 王政(즉 봄은 농경의 시작, 여름은 祭祀, 가을은 추수, 겨울은 水土의 修理)에 기초한 다섯 가지 사물에 氣의 관념이 결합하여 戰國시대(B.C. 4~3세기)에 성립하였다. 이로부터 五行은 자연 현상, 사회 현상, 정신 현상 및 천하의 모든 사물을 설명하는 데 쓰였으며, 모든 것을 五行으로 配當하는 시도가 시작되었다(五行, 五味, 五聲, 五臟 등의 파생어가 출현. 전국시대 말엽에 鄒衍의 '五德終始說'에서 夏・殷・周 삼대의 왕조 교체가 五行의 순환으로 설명되고 五行의 상호관계가 논해지게 되었다. 먼저 선행하는 것을 극복한다고 하는 '五行相剋說'이 나타났고, 뒤이어 한대(B.C. 2세기 이후)에 이르러, 선행하는 것에서 생긴다고 하는 '五行相生說'이 나타났다. 또한 五行설이 음양설과 결합하여 '陰陽五行說' 등장하여, 五行의 配當 및 그 순환설도 더욱 체계화되지만, 이것은 동시에 五行을 통해 事

態를 탐구한다고 하는 색채가 퇴색되는 과정이기도 하였다.

다음으로 정치사상적 한 측면에서 간주되는 경향의 사적 흐름이 있다. 洪範은 중국 유교의 5대 경전 중 하나인《書經》의 1편으로서 儒家의 천하적 세계관에 의거한 정치철학을 말한 글로서 홍범구주(洪範九疇)라고도 한다. 정치는 天의 常道인 五行 · 五事 · 八政 · 五紀 · 皇極 · 三德 · 稽疑 · 庶徵 · 五福 등 九疇에 의해 인식되고 실현된다는 것이 그 주요 내용이다. 홍범편은 처음《漢書》<五行志>에 나타나 있는 것처럼 한대 災異사상과 연관되어 각광을 받았으나, 宋代에 들어와《大學》《中庸》다음으로 많은 주석과 해석이 가해질 정도로 재차 주목받기에 이르렀다. 이는 宋代 집권관료제의 확립과 관련하여 災異說에 입각한 漢代 君主觀의 한계를 극복하고 새로이 宋學的 군주관을 수집하려는 시도의 일환으로서 홍범이 재평가되었기 때문이 아닌가 생각된다. 예를 들면, 張景이 洪範解에서 人事와 재이의 관련을 부정하고 현실정치의 중요성을 강조한 것을 효시로 하여 胡瑗은 洪範口義에서 漢代 災異說의 전제인 天의 신비성을 완전히 부정하고 군주의 교화에 비중을 부여하였다. 이러한 재이설 비판의 관점은 歐陽修에 이르러 더욱 철저하게 되었는데,《漢書》五行제의 구성이 잘못되었다고 공박하고 그가 편찬한《新唐書》<五行志>에서는 단순히 자연이변만을 열거하고 그 事應을 삭제함으로써 이후 역대 正史에 중대한 영향을 끼쳤다. 한편, 宋代 홍범에 대한 관심은 군주정치의 이념과 관련하여 점차 皇極에 대한 관심으로 발전되어 이후 송학적 정치사상의 형성에 커다란 영향을 주게 되었다. 황극은 한대에는 '大中', '君中'이라 해석하였으나, 胡瑗은 황극을 道로서 해석하여 이를 군주정치의 이념으로서 적용하여 그 의의를 적극적으로 평가하였다. 황극을 중시하는 관점은 이후에도 蘇洵 · 契嵩 · 葉適 · 陸九淵 · 朱子 등 대체로 당시의 대표적인 사상가에게 계승되었는데, 대체로 정치사상의 근본적 이념을 이에 부여하려 한 점에서 공통점을 찾아볼 수 있을 것이다.

유교에서 5개의 기본적인 인간관계를 가리키는 것이 五倫이고, 이 인간관계의 질서의 내용을 가리키는 항상적인 것이 五常이다. 원래 莊子 天運편에 처음 언급되어 나오는 五常이라는 명칭은 인간의 덕목이 아닌 자연계의 다섯 가지 구성요소를 가리켰다. 先秦 孟子 告子上편에는 仁義禮智의 四德이 보인다. 漢代의 董仲舒는 木火土金水의 五行에 대비하여 信을 추가하여 五常이라 불렀다. 중국의 혈연적, 신분적 사회 질서를 수립하기 위한 인간관계로서 나타나는 '父子有親, 君臣有義, 夫婦有別, 長幼有序, 朋友有信'에서 보여지는 부자・군신・부부・장유・붕우의 5개의 인간관계를 五倫이라 하며 그 속에서 보이는 親・義・別・序・信을 五常으로 불렀다. 이것들은 사람이 지켜야 할 道, 즉 인륜이고 사람들 사이의 질서인데, 이 질서는 차별을 기초로 하고 있는데, 예를 들어《荀子》에 있는 "베어 내어 똑같게 하고, 굽혀 따르게 하고, 같지 않은 것을 하나로 한다. 바로 이것이 인륜이다(斬而齊, 而而順, 不同而一, 夫是之謂人倫)."라는 것에 잘 표현되고 있다. 앞에서 밝힌 인간관계 속에서는 부자의 윤리와 군신의 윤리가 기본이고, 이 질서유지를 위해, 아랫사람(子, 臣)이 실천해야 할 마땅한 덕목으로서는 孝와 忠을 들 수 있다. 五倫 五常의 질서는 상하의 차별을 기조로 하는 것이므로 덕목 태도로서는 敬과 順이 요구된다.

五常에 대한 설명으로는 父義, 母慈, 兄友, 弟恭, 子孝의 5개의 덕목으로 보는 입장과 仁・義・禮・智・信의 5개의 덕목으로 하는 입장이 나누어져 왔다. 후자는 孟子의 仁義禮智의 四德에 漢의 董仲舒가 五行說에 기초하여 信을 첨가한 것인데, 개인(君主, 君子, 士大夫)의 생활에 있어서의 수양의 규범으로 중시되었다. 이와 같이 오륜 오상은 모두 사람이 항상 마땅히 지켜야 할 道이지만, 오상은 오륜과 결부된 경우에는 오륜 질서의 내용을 유지시키는 개인으로서의 德, 즉 개인의 도덕을 의미한다고 보겠다.

그렇다면 郭店 五行의 개념은 물질론, 정치사상론 가운데 어떤 위치에 자리매김할 수 있겠는가? 연구자는 이러한 五倫, 五常, 五行에 대한 논의가 이 자료에서는 어떻게 전개되고 있는지 살펴봄으로써 원시유가에서 다루고 있는 궁극적 지향점을 추적해보고자 한다. 이번 연구는 이러한 출토자료가 가진 의미를 주석작업을 통하여 고찰함으로써 출토자료의 시기, 저자와 같은 문제 뿐만 아니라 자료가 함의하고 있는 사상적 성격을 규명하는 데 일조를 가하고자 한다.

帛書本은 명제와 원리로 되어 있는 '經'부분과 앞 명제나 원리에 대한 해설로 되어 있는 '說'부분으로 구성되어있어 어쩌면 백서본이 죽간본의 간행이후 주석의 성격을 띤 글을 추가한 것이 아닌가라는 추정을 하게 된다. 龐朴(2000) 역시 帛書 <五行>을 經, 說 두 부분으로 분류하였는데, 죽간본에는 經 28장만 존재하며, 백서본 <五行>을 기준으로 죽간본의 순서를 배열할 경우 제1-9, 13, 10-12, 17-19, 14-16, 20-26까지의 서두부분과 말미는 같지만, 중간 제13, 17-19의 위치가 다르게 배치되어 있고, 문장이나 단어도 약간의 차이가 있음을 밝혔다.[28]

(3) 왜 지금 리더십인가? - 기억된 현재

필자는 초죽간 인성론의 편저자가 제시한 인간이 '天'으로부터 부

28) 龐樸은 장의 순서가 바뀐 것은 착간 혹은 두 판본간이 근거한 원본의 차이, 또는 편집자의 의도에 의한 것이라고 추정하였다. 이 가운데 帛書본은 仁義禮智聖의 순서대로 논의를 진행하고, 竹簡본은 聖義를 먼저 제시한 후 仁義禮智를 거론하는 순서를 밟은 것은 두 판본의 필자가 五行의 가치와 중요성을 다르게 인식한 결과라는 견해를 제시했는데, 참고할만한 가치가 있다고 본다. 《竹帛五行校注及研究》萬卷樓圖署公司. 2000. 92쪽 참고.

여받은 보편 '性'의 지평에 대한 모델과 變因과 變樣에 대한 모델을 제2부에서 다루고자 한다. 다음으로 군자의 행위론으로서의 人道와 심신론으로서의 心術을 제시하였다고 파악하였다. 이는 선진 원시유가에서 바라본 인간의 性情에 대한 탐구를 시도한 자료로서 그 가치를 인정받을 수 있을 것으로 사료된다. 죽간(郭店簡, 上博簡)의 편저자는 인간의 성정은 일차적으로 하늘로부터 명령된 고정된 것으로서, 부차적으로는 외부적 계기(物,勢)와의 접촉을 통해 好惡와 善不善을 판단하고, 喜怒哀悲의 氣로 발현되는 것으로 파악하였는데, 그것을 판단하는 기준은 외물과의 인식(知)과 교호 감응(悅) 그리고 생활세계 속에서 실천(行)이라는 행위를 통해 순차적 순환반복의 과정 속에서 이루어지는 것으로 설명하고 있다. 즉 性은 매개체인 心을 통해 情과 義로 발현되고, 오랜 시간 순환반복(行習)함으로써 가치판단을 세우게 됨으로써, 결국 志에 고정된 지향성을 갖게 된다는 것이다.

그런데 이러한 성은 고정불변의 성격이 아니며, 서로 다르고, 성의 속성(體性)은 동일하나, 그 마음의 쓰임(用心)이 다르기 때문에, 성은 움직일 수 없는 고정적인 반면 마음의 작용으로 다양하게 변화가능한 것(性一而心分殊)이라고 보았으며, 이러한 다양성은 마음 작용의 차별에 의해 결정된다는 가능성을 열어두었으며, 이러한 논리적 근거를 후천적인 교화로 가능하다고 보았다는 것이다. 인간의 보편적인 천명으로서의 무규정적 性(好惡,善不善)을 전제한 후, 性의 발현과정으로의 情(喜怒哀悲)과 心(作→悅→行→習→志), 性의 발현 대상으로서의 환경조건(物,勢)을 1차적인 성의 변화가능성의 원인으로 제시하고 있는 것이다.

濮茅左(馬乘源 主編, 2001, 221쪽)는 '正志', 혹은 '奠志'(性自命出)를 인간의 마음으로부터 발휘되는 사물에 대한 정확한 인식을 뜻하는 개념으로 간주하여, "반드시 모범을 본받은 후에야 바로 잡아지고, 禮

義를 얻은 후에야 다스려진다(必將待師法然後正, 得禮義然後治).” 라고 풀이하고 있는데, 인간은 누구나 예외 없이 하늘로부터 性을 부여받았지만, 마음의 작용에 따라 객관사물에 대한 인식의 정확성여부는 달라질 수 있다고 보았다. 연구자도 초죽간에서 정의내리고 있는 ‘性’과 ‘心’, 그리고 ‘志’와 ‘物’, ‘習’의 관계에 대하여 ‘性’은 喜怒哀悲의 情氣로서 외부와 접촉함으로써 발현되는 것이고, 외계 사물에 의해 그것이 취해진다고 규정내리고 있다고 보았다. 즉 ‘心’은 아직 확정된 것이 아니므로 사물에 대하여 정확한 인식을 내릴 수 없는 것이며, ‘志’는 外界의 환경적인 요소인 ‘物’ 혹은 勢와 접촉한 후에야 조성되고, 마음으로부터 기쁨이 있어야 행동으로 구현되는데, 여기에서 ‘性’ → ‘心’ → ‘作’ → ‘悅’ → ‘行’ → ‘習”이라는 과정이 순환 반복하여 積習됨으로써 고정화된 지향성을 띤다고 해석하였다.

그렇다면 郭店楚簡 <五行>의 편저자의 해석은 어떤가? 이번 주석 연구를 통해 연구자는 원시 유가 인성론의 보편성, 특수성의 탐구라는 논의에 한 발짝 더 근접할 수 있는 가능성을 확인할 수 있었다. 왜냐하면 우선 인성 가운데 행위의 합목적적 보편성이라는 측면에서 <오행>에서는 인간의 행위단계를 ‘인의예지’ 4행을 조화롭게 하는 ‘善’의 단계, 즉 ‘人道’가 있고, 聖이 추가된 ‘仁義禮智聖’ 5행이 조화된 ‘德’의 단계, 즉 ‘天道’가 있다고 보았기 때문이다. 그런데 연구자는 인간 행위의 덕행 가운데 ‘善’과 ‘聖’의 구분이라는 측면에서, 죽간의 주지에 따른 제목 <五行>에서 ‘行’의 의미를 첫째, 하늘이 움직이는 ‘運行’하는 길로서의 ‘天道’와 둘째, 인간이 이러한 ‘천도’의 명령을 듣고 따라 걸어가야 할 바른 ‘行爲’로서의 길인 ‘人道’에서 그 의미를 해석해야 할 필요성을 인식하게 되었다. 뿐만 아니라 人道와 天道를 구분하는 관점은 예기와 맹자에서도 발견되고 있다. 예컨데 《禮記·喪服四制》 “은혜롭다는 것은 어질다는 것이요, 이치가 있음은 의롭다는 것이요, 절제가 있다는 것은 예를 안다는 것이요, 권위롭다는 것은 지혜로운 것이다. 그러므로 인의예지를 실천한다함은 사람의 도리를 갖추었다는 것이다(恩者仁也, 理者義也, 節者禮也, 權者智也. 仁義禮智, 人道具矣).”에는 인의예지를 人道라고 규정하였다. 또한 孟子는 盡心下에서 “인이 부자에 있어서, 의가 군신에 있어서, 예가 빈주에 있어서, 지가 현자에 있어서, 성인이 천도에 있어서는 천명이지만 인간의 본성이 있기 때문에 군자는 그것을 명이라 부르지 않는다(仁之於父子也, 義之於君臣也, 禮之於賓主也, 智之於賢者也, 聖人之於天道也, 命也, 有性焉, 君子不謂命也).”와 같은 언급에서 볼 수 있듯이 聖을 天道와 관련지어 정의내리고 있음을 확인할 수 있다. 따라서 ‘仁義禮智聖’의 다섯 가지 도덕 기준 가운데, 인도와 천도의 구분은 당시 유가의 보편적인 인식이었음을 알 수는 있겠으나, 그럼에도 불구하고 출토자료와 문헌자료 사이의 영향관계를 한마디로 단정지어 논하기에는 여전히 어려움이 있다고 본다.

다음으로 郭店楚簡 <五行>의 본론에서는 본격적으로 인도의 특수성이라는 측면에서 군자론을 상세히 전개하고 있다는 것이다. <오행>의 편저자는 군자란 愼獨의 주체자이자 尊賢의 대상이기도 하며, 왕은 이러한 현자를 알아보고 발탁할 수 있어야 진정한 치자의 자격을 갖추게 되는 것이라고 역설하고 있다. 다음으로 군자의 성품은 내면과 외면에서 온유돈후함이 흘러나와야 하며, 행동으로는 ‘仁義禮智聖’의 ‘善德’과 ‘聖德’을 조화롭게 쌓아 이러한 다섯 가지 길, 즉 천도와 인도의 ‘五行’을 걷는 실천자이며 내면에서 축적된 善, 智慧, 聖明, 聰明을 조절하여 마음으로부터 몸을 다스리는 자이어야 한다는 주장을 전개하고 있는 것이다.

필자는 그동안 역주작업을 통해 죽간 원본과 백서 해설본의 분장의 차이, 착간 등의 문제가 여전히 상존함을 확인하였기 때문에 대의 파악, 해석에 대한 논의 등은 최대한 억측의 범위를 벗어날 수 있도록 노력하였지만, 여전히 향후 지속적인 수정보완이 필요함을 절감하고 있다. 출토자료에 대한 문헌학적인 성과에도 불구하고 중국학계의 풍토가 아직은 '信古'의 경향, 일인일의의 한계에 놓여있다는 인상이 짙고, 일본 학계나 국내 연구자들의 논점이 상당히 이점을 보완될 수 있을 것으로 기대하고 있으나, 논점을 따라 읽기에는 벅차다는 인상을 지울 수 없으며, 개인 연구로서는 이러한 문제점을 타개하기에는 어려움이 산재하고 있음을 솔직히 고백하고자 한다. 뿐만 아니라 지하자료 출토문헌의 역주작업의 기본 토대에 머무르지 않고 이를 바탕으로 그 시대에 들어가 의미를 천착하고 오늘날의 의미로 재해석하고 현실에 적용하는 것이 무엇보다 중요하다는 것을 강조하고 싶다. 따라서 연구자는 이번 역주작업을 통하여 '五行'론이 선진시기 원시유가의 인성론의 한 줄기로서 어떠한 의미와 역할을 할 수 있었는지 점검해보고, 저자가 밝히고 고자하는 군자론의 자기성찰과 윤리적 실천(행동강령)이라는 측면에서 그 지향점을 찾아낼 수 있었기 때문에, 이 자료가 오늘날에 '리더십'으로서의 활용 가능성은 충분히 있을 것으로 기대한다.

고전은 현재의 치열한 삶을 살아가기 위한 지침, 지혜의 보고. 영원히 현재라는 순간, 과정의 연속, 반복과 차이만 있을 뿐이다. 전국시대라는 시공의 무대와 출연하는 주인공 인물들만 다를 뿐 사건의 발생경위나 유형, 처리방식은 한결 같이 동일함을 깨닫게 된다. 이런 의미에서 전국시대 초죽간의 얘기는 여전히 반복되며 따라서 그 가치는 여전히 유용하다. 시공이 달라도 여전히 부딪치는 숙명적 과제상황, 여전히 극복할 수 없는 인간의 한계상황을 대처하는 매뉴얼이자 해설서이다.

제2부

원시 유가의 인성론

5. 초죽간 인성론의 계보, 그 출현과 진화의 궤적

錢穆(<先秦諸子繫年>)은 孔子(BC 551—BC 479) 사후 戰國시기(BC 478—BC 221년) 약 250 년간은 儒家문인들은 사상적 융성기를 맞이하였다고 주장하였다. 《荀子》<非十二子>, <解蔽>篇 등에는 당시 유력한 유가들이 소개되고 있으며, 《韓非子·顯學》에도 "儒分爲八, 墨離爲三"이라는 언급이 기술되고 있음을 보면 孔子 이후에 儒家思想은 상당히 다양한 분열과정을 겪었을 것으로 추정된다.[29] 孔子 사후 그의 사상을 잇는 크게 두부류의 대조적 노선을 걷는 학파가 등장한다. 첫째로 主觀的 忠恕를 강조하는 曾子를 중심으로, 子思, 孟子에 이르는 제자들이다. 맹자는 공자의 仁을 계승하여 性善을 주장하여 대안으로 내면적 수양을 통한 擴充공부를 제시하였다. 둘째로 客觀的 예를 강조하는 子游를 중심으로, 荀子에 이르는 일단의 문인들이다. 순자는 공자의 禮를 계승하여 性惡을 주장하여 대안으로 외부 환경에 적응하고 교화시키기 위한 積習공부론을 제시하였다.

錢穆의 견해를 근거로 戰國시대 원시 유가 학맥의 계보를 간략히 추적해 보면 대체로 3기로 구분된다. 前期는 이른바 '70문도'와 그 후학들, 즉 孔子의 弟子와 또 그 제자들이 중심이었고, 中期는 孟子가, 晩期는 荀子가 주류를 형성하였다. 70문도는 有子·子弓·子張·子夏·子游·曾子와 子思 등으로 이 가운데 대표자로는 子夏(BC 507—BC 420), 子游(BC 506—BC 445),曾子(BC 505—BC 436), 子張(BC 503—BC 450), 子思(BC 483—BC 402)이다. 또한《漢書 · 藝文志》에는 孟子

29) 《韓非子·顯學》에 의하면 유가의 분파를 8개로 세분하여 子張, 子思(孔伋), 顔氏, 孟軻, 漆雕氏, 仲良氏, 公孫尼子, 樂正氏를 소개하고 있다. 蔡仁厚《孔孟荀之比較》 422쪽, 武內義雄《中國思想史》 101-102쪽. 陳奇猷 校注《韓非子集釋》 1,080-1,083쪽. 박동인(305-306쪽) 재인용.

이전의 유가로는 漆雕子(BC 510 — BC 450),宓子(BC 502 — ?)[30], 景子(不明), 世子(不明), 公孫尼子(不明)[31] 등이 소개되고 있으며, 그 후로 孟子(BC 390 — BC 305), 荀子(BC 340 — BC 245)가 뒤를 이었다.[32]

先秦 儒家문헌자료는 거시적으로는 孔孟으로부터 漢代, 宋代에 이르기까지 원시자료로부터 經典化 되는 과정 가운데 적지 않은 수정과 윤색을 거쳤을 것으로 추정될 뿐만 아니라, 미시적으로는 특히 유가 인성론이 공자 사후 子游, 公孫尼子와 子思학파 혹은 도가사상의 일정부분이 상호 교섭되면서 이후 孟荀으로까지 어떤 양상으로 맥락이 연결되었을 지에 대한 의문점을 남겨주었다. 그간 학계에서는 "七十子와 그 弟子"의 작품 혹은 洙泗문인의 저작물로서[33] 초나라 대나무 책에 기록된 <인성론>를 지목하고, 유가 문헌자료가 갖는 여러 의문점을 해결하는데 지하자료는 중요한 단서를 제공해 줄 수 있을 것으로 기대를 모으고 있다.

중국 원시 유가사상의 인성론에 대한 논의는 그 역사가 先秦시기

30) 司馬遷《史記 · 仲尼弟子列傳》 참조.

31) 郭沫若(《公孙尼子與其音乐理论》·《郭沫若全集》历史编第一卷, 492쪽)은 "公孙尼子는 공자의 직계제자로 자사보다 약간 이른 사람일 것으로 추정된다 (公孙尼子可能是孔子的直传弟子, 當比子思稍早)."라고 주장하였고, 蒙文通(《蒙文通全集》第一卷, 71쪽)은 "公孙尼子는 칠십제자 중 한 사람으로 子思와 같은 시기의 사람이다(公孙尼子为七十子弟子, 與子思盖同时)."라고 하여 두 학자 모두 공자의 제자로 생존시기를 자사와 관련지었다.

32) 錢穆 <先秦諸子繫年>(≪錢賓四先生全集≫5卷) 693-698쪽. <諸子生卒年世先後一覽表> 참조.

33) 荊門市博物館編 ≪郭店楚墓竹簡≫의 초기 연구는 思孟학파 저작설이 우세하였으며, 李學勤 등은 무덤의 조성연대 등을 근거로 사맹이전 저작설을 주장하였으며, 零 등은 공자제자 七十제자 저작설을 제기하였다. 비슷한 맥락에서 涂宗流(劉海章) (<評"郭店楚簡"-≪郭店楚簡校釋≫前言>)은 곽점초간의 墓主와 ≪老子≫의 작자문제를 거론하면서, 곽점초간 유가류는 도가와의 사상적 교섭중이었음을 지적하면서, 孔子로부터 曾子, 子思, 그리고 孟子에 이르는 儒家 학맥의 道統을 잇는 洙泗학파를 그 저자로 추정하였다.

공자로부터 거슬러 올라갈 수 있다. 孔子(기원전 551-479년)는 일찍이 "사람이 타고난 본성은 서로 비슷하나 배워 익히는 바에 따라 서로 멀어진다[性相近, 習相遠]"고 말했지만, 인간이 타고난 본성[性]이 무엇인지 정의를 내리지 않았고 性을 善惡이라는 윤리적 맥락에서 말한 바도 없다. 이런 까닭에 기존의 중국사상사에서 孟子(기원전 약 371-약 289) 사상의 고유한 의미는 바로 공자가 그다지 언급하지 않았던 인성의 문제를 본격적으로 논의함으로써 그것을 유가 사상사의 중심 주제로 다루는 이정표를 세웠다.

중국 고대 유가의 인성론에 대한 기존의 연구에서는 공자의 문하에서 나온 인성론 가운데 맹자의 성선론은 공자 사상을 계승한 유가의 대표적인 인성론으로 이해되어왔다. 송대 이후에는 도통설에 입각하여 공자와 증자에 이어 맹자가 성왕의 도를 잇는 계승자로 부각되었고, 성선론이 송대 이후의 주도적인 인성론으로 자리잡게 되자 맹자의 주장과 다른 인성론은 이론적으로 그다지 주목을 받지 못했다. 그런데 공자와 맹자 사이의 유가들이 어떤 사상을 전개했는지에 대해서는 전해오는 자료가 없었기 때문에 공자와 맹자를 곧바로 잇는 단일한 전개 양상이 이제껏 주류를 형성하여 왔던 것이다.

그런데 1973년 長沙 馬王堆의 漢墓에서 발굴된 帛書 자료들 및 1993년 郭店의 楚墓에서 출토된 楚簡 및 上海博物館 所藏 楚簡(上博 楚簡으로 약칭) 자료들로 인하여, 공자와 맹자 사이의 유자들이 어떠한 사상을 전개했는지에 대한 부분적인 검토와 기술이 가능하게 되었다. 특히 郭店 楚簡과 上博 楚簡들이 정리, 발표됨에 따라 고대유가의 인성론에 대한 이해는 새로운 국면에 진입하게 되었다. 물론 출토된 초간자료들만을 가지고 당시의 주류적 인성론을 확정짓기에는 다소 무리는 있겠지만, 기존 문헌들과의 비교를 통해 공백으로 남아 있던 공맹사이의 새로이 제시되는 선진시대 유가들의 풍부하고 다양한 인성에 대한 논의들의 주요 쟁점과 흐름을 파악할 수는 있게 되었다는 것이다. 그 중 가장 중요한 사실은 바로 공자로부터 맹자에 이르는 시기의 유가들이 활발하게 人性에 대한 사상적 편린을 전개했다는 것과 先秦 원시 유가의 주류적 인성론 역시 性善論에 그치지는 않았으며 다양한 해석과 논의가 진행되어왔다는 것이다. 그렇다면 본격적으로 원시 유가 특히 초죽간에 반영된 성정에 대한 인식으로부터 인성에 대한 논의의 시발점을 추적해보도록 하겠다.

1) 楚竹簡에 반영된 '性'·'情'에 대한 인식

1973년 長沙 馬王堆에서 帛書 <五行>篇이 발견되었을 때 이미 龐朴은 이 문헌과 <新書>의 일부 내용과의 관련성을 조심스럽게 언급한 바 있으며, 그 成書 연대와 작자에 대한 龐朴의 견해에 강한 의심을 표명했던 이케다 도모히사(池田知久)도 <五行>篇」과賈誼의 영향관계에 대해서는 긍정적으로 진단했다[34] 1993년 郭店에서 또 다시 帛書 <五行>篇과 유사한 내용의 楚簡 <五行>篇 및 유가 계열의 죽간 가운데 <六德>篇이 출토되자, 가의가 이들 楚簡과의 접촉과 영향관계의 가능성이 농후하게 제기되었다.

《郭店簡》의 <性自命出>과《上博簡》의 <性情論>은 孔子 사후 약 130年이 지난 후 莊子나 孟子가 활동하던 시기에 해당하는 자료로서 추정되며,[35] 이 두 楚竹簡에 나타난 인성론의 중심 주제인 性情에 대한 의미를 추적함으로써 선진시기 원시 유가들의 인성에 대한 인식의 일단을 엿볼 수 있게 되었다. 그 의미, 개념을 풀이하기 위해서 먼저,

---

34) 龐朴, ≪帛書五行篇研究≫(济南: 齊魯書社, 1980 제1판: 1988 제2판), 12~13쪽 ; 池田知久, ≪馬王堆漢墓帛書五行篇研究≫(東京: 汲古書院, 1993), 36~47쪽.

35) 劉信芳 〈郭店簡'善述者不說'及其相關問題〉, 36쪽.

고문헌에서 등장하고 있는 문자적 연원을 알아보기로 한다.

이제까지 출토된 簡帛書에서 '性'은 흔히 '眚' 혹은 '生'으로 쓰였으며, '情' 역시 '靑'으로 쓰이기도 하였다. '眚(性)'은 '省'이나 '姓'과도 호환되어 '百姓'은 百省' 혹은 '百眚' 등으로 쓰이기도 하였다.[36] 甲骨文으로부터 金文, 戰國文字에 이르기까지 '眚·省'은 同源字로 쓰였고,[37] '省'과 '性'이 서로 假借되어 사용되는 용례는 흔하였으며[38] 楚竹簡에서는 '眚(省)'은 '生' 혹은 '性'으로 쓰였다. 이처럼 戰國時代 古文字 가운데 '省·眚·生·性' 등은 모두 이체자로 통용하여 쓰였으며, 楚竹簡에서는 '靑'과 '情'이 서로 호용되기도 하였는데, 많은 언어학자들은 '生·牲·胜·姓·性·情' 등의 문자들을 同源字로 간주하고 있다.[39] 甲骨文·金文·簡書 등 전국시기까지의 자료를 근거로 '生'과 '性' 및 '情'의 古文字 語源의 의미를 살펴보면, 모두 초목이 땅에서 발아되어 생장하는 모습으로 그려져 있다.[40] 이들 문자들은 모두 SENG 또는 이와 유사한 음성이었을 것으로 추측되며, 출생 혹은 발생과 같은 의미에서 나왔고 나중에는 本性이라는 의미가 추가되어 사용되었을 것으로 추정 된다. 문자의 발생과정은 먼저 '生'이 만들어졌고, 이후에 거의 동시 혹은 약간의 차이를 두고 '性·靑·情'이 추가로 만들어졌을 것으로 추

36) 吳辛丑 ≪簡帛典籍異文硏究≫, 115-116쪽.

37) 何琳儀 ≪戰國古文字典≫, 825쪽. 湯餘惠 主編 ≪戰國文字編≫의 '生(389쪽)'과 '眚(性)(219쪽)' '靑(324쪽)', '情(700쪽)' 등의 字體에 대한 설명부분 참조. 同源字는 방언의 차이로 말미암거나, 의미가 확대되어 사용됨에 따라 새로운 개념을 표시하기 위하여 새로운 문자의 출현이 요구될 때, 대개 본래 있는 문자의 개념을 이용하여 추가로 만들어지는 경우에 해당되는 문자학 용어이다. 예를 들어 揹는 背와 구별하기 위하여 手변을 추가하여 만들어진 경우를 가리키는데, '牲'·'胜'·'姓'·'性'·'情' 등도 모두 '生'에서 의미가 확대되어 파생된 同源字 관계의 문자들이다.

38) 高亨 ≪古字通假會典≫, 64-65쪽.

39) 藤堂明保 ≪漢字の語源硏究≫, 492-493쪽.

40) 高明 ≪古文字類編≫, 185쪽.

정된다. 이들 문자는 본래 같은 의미를 표시하는 한 단어(詞)의 역할을 하였으나, 후에 추가로 분화되면서 두 개 이상의 음성이 파생되었고, 의미도 미세한 변화를 수반하면서 각각의 문자로 독립 분화되었을 것으로 판단된다.[41] 이제 楚竹簡에 나타난 '性', '情' 각각에 대한 개념을 고찰하여 性情論의 의미를 파악하고, 先秦儒家의 人性論과 비교해 봄으로써 그 의미와 가치를 살펴보기로 한다.

(1) '性'에 대한 인식

楚竹簡에 보이고 있는 '生'·'靑'·'性'·'情'은 역시 모두 同源字 관계의 개념으로 사용되고 있음을 확인할 수 있다.

> 性은 命으로부터 나온 것이며, 命이란 곧 하늘에서 내려온 것이다. 道는 情에서 시작된 것이며, 情은 性에서 나온 것이다.
>
> 《郭店楚簡》: 眚(性)自命出, 命自天降. 衍(道)司(始)於靑(情), 靑(情)生於眚(性).
> 《上博楚簡》: [illegible](性)自命出, 命自天降. 道司(始)於情=(情 , 情)生於眚(性).

李零은 <性自命出>[42]에서 性의 출현 횟수를 총 24번으로 산출하였는데, 그 구체적인 性의 내용과 함축의미에 대하여 다음과 같이 정의내리고 있다.

사람은 모두가 동일한 性을 가지고 있으나, 마음이 사람의 의지를 결정할

41) 王力 ≪同源字典≫, 333쪽.

42) 文物出版社의 ≪郭店楚墓竹簡 性自命出≫, 上海博物館의 ≪上海博物館藏戰國楚竹書 性情論≫과 李零의 ≪郭店楚簡校讀記·性≫을 모두 지칭할 경우, <性自命出>로 통칭하기로 하며, 구별이 필요할 때에는 ≪郭店簡≫·≪校讀記≫·≪上博簡≫으로 각각 다르게 약칭하기로 함.

수 있는 것이 아니다. 물질과 접촉을 한 후에 작용이 일어나는 것이고, 즐거움이 있어야 행하여지는 것이며, 습관이 되고 난 후에 정해지는 것이다.[43]

《上博簡》의 <性情論> 전체 문장 가운데, 윗 구절에서만 '性'字는 '[illegible](生)'으로 쓰여 있으며, 다른 곳에서는 모두 '[illegible]'(《上博簡》), '[illegible]'(《郭店簡》)과 같이 '眚'으로 적혀 있다. 《上博簡》에서는 여기에 쓰인 '[illegible]'자에 대하여, 《郭店簡》에서 '[illegible]'로 쓴 것을 근거로 '性'이라고 해석하고 있다. 濮茅左는 《上博簡》〈性情論〉에서 '生·性·眚' 등 이 세 字는 이미 古文에서는 통용되던 同源字 관계로 설명하고 있다. 아울러 그는 <性情論>에서의 '性'의 개념에 대하여, 《周禮》《論語》《中庸》《莊子》《荀子》 등의 자료에서 제시된 견해와 밀접한 관계가 있을 것이라는 추정아래, '사람의 본성' 혹은 '하늘로부터 부여받은 본성'으로 파악하였다.

生은 性으로 읽고, 生·性과 眚은 古文에서 通用된다. 《周禮·地官·大司徒》는 '辨五地之物生'이라 했는데, 鄭玄은 "杜子春은 生을 性으로 읽는다."라고 주석했다. 《莊子·達生》은 '達生之情者'라 했고, 《淮南子·詮言訓》은 生을 또한 性으로 쓰고 있다. 楚竹簡書 <性情論>의 性은 '사람의 本性'이나 혹은 '天命의 性'을 의미한다. 《禮記·中庸》은 "天命을 性이라 한다."라고 했고, 《論語·陽貨》는 "성품은 서로 비슷하지만, 학습이 차이가 있다."라고 했다. <性情論>의 두 번째 竹簡은 "眚(性)은 命에서 나온다."라고 하여 특별히 性의 유래에 대하여 설명하였고, 또 같은 竹簡에서도 "情은 眚(性)에서 생성된다."라고 하여 性의 파생에 대하여 설명하고 있다. 이 문장 아래에 "憙(喜)惹(怒)哀悲의 **氣**(氣)가 眚(性)이다."라는 구절이 있고, 《郭店簡墓竹簡·性自命出》에는 "好와 亞(惡)이 眚(性)이다."라고 했으며, 세 번째 竹簡에서는 "善과 不善은 眚(性)이다." "이른바 眚(性)은 주가 되고 만물은 이것에서 취해진다."라고 했으며,

---

43) 李零 ≪校讀記≫, 105쪽. "凡人雖有性, 心無定志, 待物以後作, 待悅以後行, 待習以後定."

네 번째 竹簡은 "세상에 眚(性)은 하나다."라고 언급하면서 性의 개념에 대하여 내포된 의미와 공통된 성격을 비교적 상세히 다루었다. 이러한 개념은《荀子·禮論》의 "性이란 본래 質朴한 것이다."《荀子·正名》의 "태어나면서 지니고 있는 천부적인 그것을 性이라 한다. 이와 같은 생리적인 性이 본질적인 조화를 이루어 외부로부터의 자극과 주관적으로 반응한 다음 발생되는 아직 배우지 않고도 원래 그런 것을 性이라한다."《荀子·性惡》의 "인간에 있어 배울 수도 조작할 수도 없는 것을 性이라 한다."와《荀子·儒效》의 "性이란 내 자신이 스스로 만들어 낼 수 있는 것은 아니지만 배움을 쌓아가면서 변화를 꾀할 수는 있다. 情이란 본래 내가 소유하고 있는 것이 아니지만 학습의 누적을 통하여 이루어낼 수는 있다. 습관화된 행위를 통하여 본성을 변화시킬 수는 있다. 집중함으로써 습관을 쌓을 수 있으며, 이러한 습관이라는 것은 사람의 심지를 변화시킬 수 있고, 오랜 세월동안 안정적으로 유지된다면 사람의 기질까지도 바꿀 수가 있다."라는 주장과 매우 유사하다.[44]

裘錫圭는 '心亡奠志'에 대하여 "마음에는 정해놓은 뜻이 없다. (心無定志)"[45]라고 해석하였으며, 李零도 이 해석을 그대로 수용하였다. 두 학자의 견해대로 본다면, 性이란 본래부터 善한 것, 혹은 惡한 것이라는 이른바 性善說이나 性惡說의 결정론적 개념이 아닌 미분화된 통

---

44) 馬承源 主編≪上博簡(一)≫, 220쪽. "生, 讀爲 性, 古 '生' · '性' · '眚'通用, ≪周禮·地官·大司徒≫ '辨五地之物生', 鄭玄注 '杜子春讀生爲性' 又≪莊子·達生≫ '達生之情者', ≪淮南子·詮言訓≫ '生' 作 '性'. 簡文中所言之 '性' 當指 '人之本性' · '天命之性', ≪禮記·中庸≫: '天命之谓性' ≪論語·陽貨≫: '性相近也, 而習相遠' 第二簡曰: '眚(性)自命出', 特別指出了性之所由, 同簡又曰: '情生於眚(性)', 指出了性的派生. 本簡下文所言 '憙(喜)惹(怒)哀悲之気(氣), 眚(性)也', ≪郭店簡墓竹簡 性自命出≫ '好亞(惡), 眚(性)也', 下第三簡 '善不善, 眚(性)也', '凡眚(性)爲宔(主), 勿(物)取之也', 第四簡 四海(海)之內, 其眚(性)一也', 指出了性之內涵及共性, 比較全面地闡明了性的概念. 這與≪荀子·禮論≫ '性者, 本始材樸也', ≪荀子·正名≫ '生之所以然者謂之性; 性之和所生, 精合感應, 不事而自然謂之性', ≪荀子·性惡≫ '不可學, 不可事, 而在人者, 謂之性', ≪荀子·儒效≫ '性也者, 吾所不能爲也, 然而可化也, 情也者, 非吾所有也, 然而可爲也. 注錯習俗, 所以化性也; 並一而不二, 所以成積也. 習俗移志, 安久移質 的說法頗爲相近."

45) 荊門市博物館編《郭店簡》, 182쪽.

합적 개념으로 파악하고 있음을 알 수 있다. 이는 孟子와 설전을 벌인 告子가 性을 맴돌고 있는 물로 비유하여 性을 善과 不善으로 나눌 수 없다고 주장한 것과도 흡사한 태도이다. 濮茅左도 《上博簡》의 <性情論>을 정리하면서 《上博簡》의 '心亡正志'에서 '正志(奐·正志)'를 '정확한 인식(正確的認識)'이라고 해석하였으며, '心亡(無)正志'에 대해서는 "마음이란 반드시 모범을 본받은 후에야 바로 세워지고, 禮義를 얻은 후에야 다스려진다(心將待師法然後正, 得禮義然後行)."라고 의역하였다.[46] 즉 心은 고정불변한 것이 아니므로 정확히 인식될 수 없으며, 외부세계로부터의 객관적인 사물(物)이 있은 후에야 형성되는 것으로 파악하여, 즐거움이 있은 후에야 행동으로 나타나고, 習性이 이루어진 후에야 고정되는 것으로 인식하였다. 이처럼 戰國 楚竹簡에 제시되고 있는 性과 心의 관계는 모두 외부 세계와의 관계 속에서 파악하고 있으며, 이 가운데 性은 잠재된 靜적 능력으로, 心은 행동화될 수 있는 動적 개념으로 사용되었음을 알 수 있다.

> 즐거움·노함·애석함과 슬픔 등의 氣란 곧 '性'을 의미한다. 이러한 '性'은 물질과 접촉을 한 후에 외부로 발현되어지는 것이다.[47]

楚竹簡의 자료에서 제시되고 있는 性의 개념은 喜怒哀悲의 情氣를 가리키며, 외부의 사물과 접촉됨으로써 표출되어 나오는 것으로 설명되어지고 있다. 여기서 말하는 性이란 이른바 食色自然의 性도 아니고, 善惡道德의 性이 아닌, 단지 善할 수도 不善할 수도 있는 요소인 '氣(情氣)'를 의미한다. 이는 마치 金石의 소리와 같은 것(金石之聲)으로 비유되기도 하며, 반드시 외부적인 어떤 요소와의 접촉을 통해서만 표출될 수 있는 개념으로 파악되는 것이다.

---

46) 馬承源 앞의 책, 221쪽.

47) 李零 앞의 책, 105쪽. "喜怒哀悲之氣, 性也. 及其見於外, 則物取之也."

(2) '情'에 대한 인식

《上博簡·性情論》에는 '情'의 의미로 사용된 글자를 '心'을 추가한 형태인 ''으로 쓰고 있으며, 《郭店簡·性自命出》 중에는 第23簡에만 ''으로 쓰는 것을 제외하면, 모두 '(靑)'으로 假借하고 있다. 가능한 한 앞서 '性'에 대한 개념을 설명하기 위해 인용한 문장을 제외시키고, 주로 '情'에 대한 개념을 집중하여 다루고 있는 楚竹書 아래의 문장을 살펴보도록 하자.

> 性은 命으로부터 나온 것이며, 命이란 곧 하늘에서 내려진 賦命을 가리킨다. 道는 情에서 비롯된 것이며, 情은 性에서 나온 것이다. 그 시작은 人情을 근본으로 하는 것이지만, 그 궁극적인 목적은 곧 義를 세우고자 하는 것이다. 그래서 人情을 통달한 자만이 義를 발흥시킬 수 있는 것이며, 사람의 義를 통달한 자만이 人情을 거둬드릴 수 있는 것이다.[48]

<性自命出> 40簡과 <性情論>의 34簡에서 출현하고 있는 '情出於性'의 개념은 '情生於性'과도 유사한 것으로, 즉 性은 사람의 本性으로서 인간의 마음속에 잠재되어 있어 외계의 사물로부터의 자극을 받아 밖으로 표출되는 반면, 情은 인간의 情感으로서 그 원천인 性의 발현으로 보고 있는 것이다. '喜怒哀悲之氣'는 원래 性인데, 이 氣라는 존재가 외부로 나타나게 되어 '喜怒哀悲'로 표현되는 것을 情으로 간주한 것이다. 《荀子》 가운데에도 情과 性의 관계와 내용·성질 등에 관한 언급이 보이고 있다.

> 性이란 하늘에서 성취한 것이고, 情이란 性의 바탕이며, 욕심이란 情의 반응함이다(性者, 天之就也; 情者, 性之質也; 欲者, 情之應也).(<正名>)

---

48) 李零 앞의 책, 105쪽. "性自命出, 命自天降. 道始於情, 情生於性. 始者近情, 終者近義. 知情〔者能〕出之, 知義者能入之."

性은 내가 마음대로 조종할 수 있는 것이 아닌데도, 가히 변화될 수 있고, 情이란 내가 가진 것이 아닌데도 가히 익힐 수 있는 것이다(性也者, 吾所不能爲也, 然而可化也. 情也者, 非吾所有也, 然而可爲也).(<儒效>)

그러므로 仁者는 반드시 사람을 공경한다. 사람을 공경하는 데에 도가 있다. 어진 이는 귀하게 여기고 공경하며, 어질지 못한 자는 두려워하며 공경한다. 어진 이는 친하면서 공경하고 어질지 못한 이는 멀리하여 공경한다. 그 공경하는 태도는 같지만 그 마음의 정은 다른 것이다(故仁者必敬人, 敬人有道, 賢者則貴而敬之, 不肖者則畏而敬之, 賢者則親而敬之, 不肖者則疏而敬之. 其敬一也, 其情二也).(<臣道>)

탕임금이나 무왕이 존재하면 천하는 따라서 다스려지고 걸이나 주같은 임금이 존재하면 천하는 따라서 어지러워진다. 이러한 일은 어찌 사람의 情이 진실로 이와 같음이 있고 저와 같음이 있는 것이 아니겠는가! (桀紂在上曷損? 湯武存, 則天下從而治, 桀紂存, 則天下從而亂. 如是者, 豈非人之情, 固可与如此, 可與如彼也哉).(<榮辱>)

聖人들은《詩》《書》《禮》《樂》을 각종 人倫 관계에 따라 비교 고찰하여 논의하고 조합하였다. 그 선후 질서를 관찰하여 그 발전과 연변을 알아냈고, 그 의리를 체득하여 규장을 제정하였으며, 그 人情을 조리있게 정리하여 발현하거나 수습할 수 있게 하였다. 그런 후에 다시 백성을 교화한다. 교화는 백성으로 하여금 마음속으로부터 덕과 선한 心志가 생겨나도록 하는 것이다. 禮는 人情에서 비롯된 것이며, 또한 人情을 근본으로 하여 발흥하게 하는 것이다(聖人比其類而論會之, 觀其先後而逆順之, 體其義而節文之, 理其情而出入之. 然後復以敎. 敎所以生德於中者也. 禮作於情, 或興之也).[49]

이 문장은《詩》·《書》·《禮》·《樂》의 요점을 개괄한 후 이에 대한 '比'·'觀'·'體'·'理' 등과 같은 사물에 대한 인식 과정에 대하여 서술하고 있다. '比'는 '並列' 혹은 '排列'의 의미로, '比類'는 동일한 사물을 서로 대비 배열하여 그 의미를 귀납하는 작용을 뜻한다. '觀'은 '觀察' 혹은

49) 李零 앞의 책, 106쪽.

'分析'을 의미하고, '先後'는 事理의 始終을, '逆順'은 어떤 것이 사리에 맞고 맞지 않은지를 구별하여 사리를 판단하는 것을 의미한다. '體'는 '體會'를, '理'는 '理解'를 뜻한다. '出入'은 '往來'로, 즉 '變化·掌握·行動'의 의미로 확장되어, '情'과 '義'를 파악할 수 있는 통로의 의미로 쓰였다.[50]

2) 先秦 儒家 人性論과의 관계

<性自命出>, <性情論>에서 주장하고 있는 性情論이 孔子로부터 시작된 先秦儒家 특히 孟荀의 人性論 사상에서는 어떻게 투영되고 있는지 고찰하여 봄으로써 상호간의 관계를 탐색해 보기로 한다.

楚竹簡에서는 '天', '命', '性', '情', '道'에 이르기까지 그 상호관계를 설명하면서, '性'을 하늘로부터 내려진 '命'으로부터 생겨난 것으로 '性'을 핵심으로 간주하고 있다. '性'과 命', 또는 '天, 命, 性, 情, 道'의 개념과 관계에 대하여 언급하고 있는 예는, 先秦의 기타 자료들에서도 쉽게 찾아 볼 수 있다. 예를 들어《周易·乾》에는 "대자연의 운행변화는 각각 性命을 결정한다(乾道變化, 各正性命)"라고 했는데, 孔穎達은《正義》에서 "性은 타고난 본질로 강함과 부드러움, 느림과 빠름과 같은 차이인 것이며, 命이란 사람의 天稟으로 마치 貴賤과 夭壽와 같은 것이다(性者, 天生之質, 若剛柔遲速之別; 命者, 人所稟受, 若貴賤夭壽之屬是也)"라고 하였고[51],《荀子》의 〈彊國〉과 〈正名〉에서는 각각 "사람의 운명은 하늘에 있고, 국가의 운명은 禮義에 있다(故人之命在天, 國之命在禮)"·"性이란 하늘이 이루어진 것이며, 情은 性의

50) 馬承源 앞의 책, 233-235 쪽.

51) 黃壽祺, 張善文 撰《周易譯註》, 5쪽 재인용.

본질이다(性者, 天之就也 ; 情者, 性之質也)”라고 하여 性과 情의 본질을 규정하였으며[52], 《中庸》에서는 “하늘이 사람에게 선천적으로 부여한 것을 본성이라 하고, 이 본성에 따라 처세하고 행위하는 것을 道라고 하며, 사람들로 하여금 이 본성에 따라 실행하게 하고 이 도를 부단히 실현하게 하는 것을 敎라고 한다(天命之謂性; 率性之謂道; 修道之謂敎)”라고 하여 性과 道, 敎의 관계를 밝히고 있다.[53] 이는 ‘天命爲性’이라는 개념과 일맥상통하는 견해이다. 이러한 개념은 孟子의 性善說이나 荀子의 性惡說의 확정된 개념과는 다른 것으로, 性을 하늘이 부여하여 정해준 것일 뿐임을 강조하고 있는 것이다. 이는 또한 《孟子》에서 “넉넉한 해에는 자제들이 풍년에 힘입어 온순해지는 것이 많고, 흉년에는 자제들이 포악해지는 것이 많으니, 이는 하늘이 내린 천성적인 자질이 그렇게 다른 것이 아니고 그 마음을 빠뜨리는 것이 그렇게 만드는 것이다(富歲, 子弟多賴; 兇歲, 子弟多暴. 非天之降才爾殊也, 其所以陷溺其心者然也)”라는 문장 가운데 ‘天之降才’와 같이 천생적인 자질의 의미로 善하다 혹은 惡하다는 정의와도 무관한 것이다.

“道始於情, 情生於性”은 道와 情과 性의 관계를 설명하는 것으로, 性은 情을 낳고, 道는 情에서 시작된다는 주장이다. 이러한 개념적 관계는 《郭店簡》의 《語叢二》 구절 중의 “情生於性, 禮生於情”이라는 정의와도 일치하는 견해이다. 두 문장을 비교해 볼 때, 禮는 곧 道로 대체 시킬 수 있는 것이며, 이때 道는 天道가 아니라 人道로써 인간의 일체의 행위를 가리킨다. 이처럼 人道에 대한 언급으로는, “唯人道爲可道也”(《郭店簡》〈性自命出〉41-42簡, 《上博簡》〈性情論〉35簡), “是

52) 王忠林 譯註《新譯荀子讀本》, 334쪽.

53) 楊祖漢 著, 황갑연 옮김《중용철학》, 162-163쪽.

以君子, 人道之取先"(《郭店簡》〈尊德義〉8簡)[54] 등이 있는데, 《荀子·儒效》에서 "道는 하늘의 道도 아니고 땅의 道도 아니다. 사람이 이룬 道이며, 군자의 道이다(道者, 非天之道也, 非地之道也, 人之所以道也, 君子之所道也)"라는 견해와도 상통한다.

하늘(天)은 인간 이외의 세계로, 命이란 사람이 소유하고 있는 生命이나 運命으로, 이러한 命은 하늘이 인간에게 부여한 것(命自天降), 즉 하늘이 인간의 생명과 운명을 주관하는 것으로 보았다. 情과 性의 관계에 대한 발생론적 인식, 즉 '情生於性'이라는 관념은 《郭店簡》40簡과 《上博簡》34簡의 "情之方也, 情出於性" 등의 구절에 잘 드러나 있다.

> 좋아하고 싫어함은 性이다. 좋아하고 싫어함은 곧 외계의 물질에서 비롯된 것이다.[55]

好(좋아함)와 惡(싫어함)이란 인간의 本性이며, 物은 好惡의 대상이라 하였다. 감정의 활동에 속하는 好惡는 情欲의 범주로 파악하였으며, 인간의 內在 요소로 인식하였다. 好惡를 性으로 간주하는 경우는, 《禮記·樂記》의 "만약에 좋아함과 싫어하는 욕망이 제한을 받지 않으며 접촉하는 외계의 사물에 계속해서 유혹을 받을 때, 자아를 돌아보지 않으면 天生의 理性은 소멸하고 마는 것이다(好惡無節於內, 知誘於外, 不能反躬, 天理滅矣)."라는 문장과[56] 《荀子·榮辱》의 "사람이면 모두 같은 것이 있다. 즉 배가 고프면 식욕이 있고, 추우면 따뜻하게 하고 싶고, 지치면 쉬고 싶고, 이익을 좋아하고 손해를 싫어하는 것 등은 사람이 태어나면서 지닌 본성으로 후천적으로 이렇게 되는 것

54) 荊門市博物館編 앞의 책, 173쪽.

55) 李零 앞의 책, 같은 쪽. "好惡, 性也. 所好所惡, 物也."

56) 王夢鷗 註譯《禮記今註今譯》. 613-614쪽.

이 아니다. 이는 禹·桀도 이와 같은 것이다(凡人有所一同, 饑而欲食, 寒而欲暖, 勞而欲息, 好利而惡害, 是人之所生而有也, 是無待而然者也, 是禹桀之所同也)."[57]·"모든 사람의 才性과 智慧는 君子나 小人의 구분이 없다. 영예를 좋아하고 모욕을 싫어하는 것, 이익을 좋아하고 손해를 싫어하는 것은 君子나 小人 모두 한결같은 것이다(材性知能, 君子小人一也, 好榮惡辱, 好利惡害, 是君子小人之所同也)."[58] "그 형체는 사람으로 좋아함과 싫어함이 모두 같다(其形體又人, 而好惡多同)"[59] 등의 경우와 같이 儒家經典에서는 흔히 보이는 예이다. 楚簡書는 사물이나 욕망에 대한 이익을 추구하는 구체적인 원인은 性에 있으며, 객관적인 원인은 바로 物에 있다고 설명한다.

> 선함과 선하지 않음 또한 '性'이다. 선하고 선하지 않음은 곧 情勢에서 비롯된 것이다.[60]

《郭店簡》에서 결손 된 부분 ㅁㅁㅁ 는《上博簡》第三簡 (……不善生也所……)의 내용을 근거로 복원시킬 수 있다.[61] 앞에서 살펴본 "好惡, 性也. 所好所惡, 物也"와 같이 '物誘性動'의 物을 勢로 글자만 바꾸었을 뿐 동일한 인식이 전개되고 있는 것이다. 이러한 관점은《禮記》〈樂記〉의 "人心之動, 物使之然也", "感於物而動, 性之欲也, 物至知知, 然後好惡形焉", "物之感人無窮, 而人之好惡無節", "夫民有血氣心知之性, 而無喜怒哀樂之常, 應感起物而動, 然後心術形焉" 등의 구절에서도 잘 나타나고 있다. 楚竹簡 두 종류 판본간의 동일한 관

57) 王忠林 譯註《新譯荀子讀本》, 86쪽.

58) 王忠林, 같은 책, 85쪽.

59) 王忠林, 같은 책, 84쪽.

60) 李零 앞의 책, 같은 쪽. "善不〔善, 性也.〕所善所不善, 勢也."

61) 馬承源 앞의 책, 73쪽.

념은 性을 외계로 표현되어질 수 있는 것, 즉 情으로 파악한 것이며, 《禮記》와의 관점상 차별은 心이 外物에 영향을 받을 뿐만 아니라, 性까지도 동요될 수 있다는 데 있다.

楚竹簡에서는 '物誘性動'인 勢의 표현으로 다루고 있는 아래와 같은 문장이 보인다.

> 性을 발현시키는 것은 勢이고, ……物의 情勢를 勢라한다.[62]

李零은 出을 絀로, 物之勢를 物之設로 의역하였다. 원 자료를 근거해 볼 때, 竹簡의 筆寫者는 物이란 직관적으로 볼 수 있는 물질로 사람의 본성에 영향을 미쳐 변화시킬 수 있는 것이며, 勢란 외부의 물질(物)로 구성되어진 환경이나 환경 속에 존재하는 태세로서 인간의 본성을 동요시킬 수 있는 것으로 간주하였다. 따라서 본성 즉 性을 동요시키는 것은 勢이고, 이러한 勢는 물질(物) 즉 환경으로부터 생겨난 것이라고 본 것이다.

> 이른바 性이 주체가 되는데, 물질은 性을 취한다. 金石악기가 만약에 두드리지 않는다면 소리를 내지 못하는 것과 같이, 사람에게는 비록 本性이 있지만, 마음이 취하지 않으면 발현될 수 없다.[63]

竹簡 필사자의 위 문장도 이미 앞에서 살펴 본 문장들과 마찬가지로 '物誘性動'의 개념에 대하여 서술하고 있다. 性은 모든 것의 핵심으로 외계의 物을 통하여 밖으로 나오는 것으로, 이는 마치 금석이 소리를 지니고 있지만 두드리지 않으면 소리를 내지 못하는 것과 같은

---

62) 李零 앞의 책, 106쪽. "絀性者, 勢也……物之設者之謂勢."

63) 李零 앞의 책, 105쪽. "凡性爲主, 物取之也. 金石之有聲, 〔弗扣不〕〔鳴. 人〕之唯雖有性, 心弗取不出."

것이라고 비유하여 설명하고 있다. 비록 性이라는 것이 존재하지만, 정신의 작용이며 활동요소인 心과 접촉하지 않는다면 외부로 표출되지 않는다는 것이다. 사람에게 있어 性情은 內在되어 있는 본성이나, 心志는 외계 사물로부터 영향을 받는 주관적인 감정이기 때문에 후천적인 학습과 수양을 통하여 好나 惡 가운데 好를, 그리고 善과 不善 가운데 善과 같은 本性을 발현시켜야 한다는 주장이다. 이러한 관점을 비유로 들어 설명하고 있는 아래 문장을 살펴보자.

> 소가 천성적으로 크고, 기러기가 날 수 있는 것은 그 性(본성)이 하게 하는 것이다. (사람은 본시 천성이 같기 때문에) 학습을 통해서만 그렇게 할 수 있게 되는 것이다. 모든 물질이 서로 다르지 않는 것이 없다. 강한 나무가 세워지는 것은 그 강한 그 속성으로 인한 것이며, 부드러운 것이 묶여질 수 있는 것은 그 부드러움으로 인한 것이다. 천하 모든 만물의 속성이 이와 같이 원래는 하나이나 心志가 서로 다름은 가르침이라는 것이 그렇게 만든 것이다.[64]

《郭店簡》의 일부분은《上博簡》에는 서술되지 않고 있거나 부서져 보이지 않고 있다. 죽간의 자료를 근거해 볼 때, 필사자는 만물 가운데 짐승과 날것을 예로 들어, 소가 태어나 성장하는 것, 기러기가 태어나 날 수 있는 모든 것은 本性에 의한 것으로 파악하고 있다. 그래서 '四海之內'의 모든 물질의 本性은 하나인 것으로 파악하였다. 그러나 마음을 어떻게 반응하고 사용하는가는 각각 다를 수 있기 때문에, 후천적인 수양과 학습을 통하여 善 혹은 不善에 도달할 수 있는 것으로 보았다. 이러한 예를 사람에게 적용시켰을 때, 하늘로부터 부여 받은 人性은 누구나 같으나, 그 人心은 교육 받은 정도와 대상이 다르기 때문에 일치하

---

64) **李零** 앞의 책, 105쪽. "牛生而長, 雁生而伸, 其性〔使然, 人〕而學或使之也. 凡物無不異也者. 剛之樹也, 剛取之也. 柔之約, 柔取之也. 四海之內, 其性一也. 其用心各異, 教使然也"

지 않고 각각의 개성에 의해 다르게 형성되는 것으로 보았다. 하늘로부터 부여받은 天命은 곧 性을 가리키며, 이러한 性은 心에 의하여 통제된다고 본 것이다. 즉 心이 발동하지 않으면, 본성인 好惡나 善不善이 작동되지 않게 된다는 것이다. 그리고 이러한 心을 움직이는 원인이 바로 교육이라고 보았다. 유교에서는 교육은 德敎를 가리키는데, 《郭店簡》 18簡에도 "가르침이란 덕이 마음에서부터 생겨나게 하는 것(敎, 所以生德於中者也)"이라고 하여, 일치된 교육적 관점을 드러내고 있다. 뿐만 아니라 이러한 도덕적 교육의 차별성으로 말미암아 사람의 마음 역시 달라질 수 있다는 인식을 제시하고 있다. 이처럼 楚竹簡에서는 교육의 가치와 효용을 강조하고 있는데, 이는 교육활동을 인간 본성의 도덕적 가치의 실현에 있어 중요한 매개체로 파악하고 있음을 반영한 것이다.

> 무릇 성은 움직이거나 만나거나, 주고받거나 단련하거나 발현하거나, 키우거나 자라게 한다. 이른바 性을 움직이는 것은을 받아들이는 것은 悅이고, 性을 교류하게 한 것은 故이며, 性을 단련하는 것은 義이며, 性을 발현하게 하는 것은 勢이고, 性을 양성하는 것은 습관(習)이고, 性을 자라게 하는 것은 道이다. 이른바 世間에 나타내어지는 것은 物이라 하고, 자기 자신에게 순응하는 것을 悅이라 하며, 物의 情勢를 勢라 하고, 인위적으로 하는 것을 故라고 하는 것이다. 義란 무릇 모든 善함의 표징이며, 習이란 性을 갈고 닦는 것을 가리키고, 道란 모든 만물에 내재되어 있는 고유의 규칙을 의미하는 것이다.[65]

《郭店簡》〈尊德義〉에 "이른바 백성을 감동시키면 민심은 순응한다. 민심이 恒常心을 갖고, 性을 양육하고 배양하기를 추구하고 義를 중

---

65) 李零 앞의 책, 105-106쪽. "凡性, 或動之, 或逆之, 或交之, 或厲之, 或絀之, 或養之, 或長之; 凡動性者, 物也, 逆性者, 悅也, 交性者, 故也, 厲性者, 義也, 絀性者, 勢也, 養性者, 習也, 長性者, 道也. 凡見者之謂物, 快於己者之謂悅, 物之設者之謂勢, 有爲也者之謂故. 義也者, 群善之蕝也. 習也者, 有以習其性也. 道者, 群物之道."

시하고 理를 모으게 된다(凡違(動)民必訓(順)民心, 民心又(有)恒, 求其羕, 童(重)義集釐(理)).”[66]와 같은 구절과도 문맥이 상통한다.

楚竹簡은 모든 행위의 근본은 禮義이며, 이러한 예의를 바탕으로 행동할 때에만, 性을 성장시킬 수 있다는 견해를 밝히고 있으며,[67] 즉 動·逆·苳(交)·蓖(厲)·出·羕(養)·長 등은 모두 本性이 변화할 수 있는 수단이자 방법으로 파악하고 있는 것이다. 이러한 사상은《荀子》의〈禮論〉에서는 “절차가 변할 때에 수식하여 악함을 몰아내고, 절차에 따라서 움직일 때에 악과 멀어지게 됨으로써 공경을 이루게 됨이니, 오랫동안 지나도록 평상심을 갖게 됨은 인생을 넉넉하게 하는 것이다(故變而飾, 所以滅惡也, 動而遠, 所以遂敬也, 久而平, 所以優生也).”라고 하여, 예의 가치와 효용을 개인적으로 사악함을 제거하고 사회의 존경과 귀함을 취득하는 근거로까지 수용 발전시키고 있음을 확인할 수 있다. 이밖에도《荀子》의〈君子〉와〈大略〉에서도 “일이 이로운 것을 알게 되면 움직여 나가는 것을 알게 된다(事知所利, 則動知所出矣).”·“백성을 예로서 다스리지 아니하면, 그 움직임은 잘못된 길로 빠지게 된다(治民不以禮, 動斯陷矣).”의 문장과도 동일한 관점으로 계승되어 전개되고 있는 것이다.

《論語》,《孟子》에서는 習에 대하여 언급은 하고 있으나, 性과 직접 연관시켜 설명하고 있는 부분은 보이지 않으며,《大戴禮記》중에는 習과 性과 관계에 대하여 孔子의 말을 인용하여 언급하고 있는 다음과 같은 부분이 있다.

> 孔子가 이르기를 천성과 같은 것은 소수만이 이룰 수 있으니 습관을 규범이 되도록 하여야 한다. 이것이 殷周에 도가 장구할 수 있었던 까닭이다[68]

66) 荊門市博物館編 앞의 책, 174쪽.

67) 馬承源 앞의 책, 226-229쪽.

68) 孔子曰: 少成若天性, 習貫之爲常. 此殷周之所以長有道也.《保傅第四十八》

盧變은 이 문장을 주석하면서 "사람의 本性은 할 수 없는 것도 있는데, 소수만이 그것을 이룰 수 있을 따름이다. 이는 天性적이고 自然적인 것이다. 《周書》는 규범적인 습관이 되어야 한다는 것은 천성으로부터 시작되어야 한다고 지적하였다. 太子가 스승을 선택함은 바로 이러한 까닭 때문인 것이다(言人性本或有所不能, 少數成之, 若天性自然也.《周書》曰: 習之爲常, 自氣血始. 其太子有擇師友亦然)"[69]이라고 설명하고 있는데, 다시 말해 敎를 習으로 대체 시킨 것일 뿐 개념에 있어서는 동일한 관점이 전개되고 있는 것이다. 이와 같은 설명은 孔子의 '習相遠'에서의 習과는 다른 개념으로, 孔子가 정의하고 있는 習은 상대적으로 매개적 성격이 강하며, 敎와의 연관성을 고려한다면 習은 정면적인 개념으로 사용되었다. 그런데 죽간에서 제시되고 있는 習의 개념은 敎化와 培養을 통하여 天性에 순응 할뿐 아니라 변화까지도 시킬 수 있는 후천적 습관을 포괄하는 의미로 사용되었다.

《孟子》에서는 存心으로 養性할 것을 주장하여 "그 마음을 다하는 자는 그 성을 아나니, 그 성을 알면 하늘을 알게 된다. 그 마음을 보존하여 그 성을 기르는 것은 하늘을 섬기는 근거가 된다. 요절과 장수는 별개의 것이 아니며, 자신을 수양하여 기다리는 것은 천명을 세우는 것이다(盡其心者, 知其性也. 知其性, 則知天矣. 存其心, 養其性, 所以事天也. 夭壽不貳, 修身以俟之, 所以立命也).(《盡心上》 13.1)"라고 하였으며, 아래의 예문과 같이 養의 정진에 초점을 두어 강조하였다.

> 지금 모맥을 파종하여 씨앗을 덮으면, 그 땅이 같고 심는 시기가 또한 같은 경우에는 쑥쑥 자라나서 夏至에 이르러 모두 익게되는 것이다. 비록 같지 아니하더라도 땅이 비옥하고 척박함에 있으며, 雨露의 기름과 사람의 가꾸는 일이 같지 않은 까닭 때문이다(今夫麰麥, 播種而耰之, 其地同, 樹之時又同,

69) 王聘珍 撰 王文錦點校《大戴禮記解詁》, 51쪽.

浡然而生, 至於日至之時, 皆熟矣. 雖有不同, 則地有肥磽, 雨露之養, 人事之不齊也).(《告子上》 11.7)

그러므로 진실로 그 기르는 기회를 얻으면 자라지 않는 것이 없고, 진실로 그 기르는 기회를 잃으면 소멸하지 않는 것이 없다(故苟得其養, 無物不長; 苟失其養, 無物不消).(《告子上》 11.8)

先秦 原始 儒家文獻으로 추정되는 죽간을 근거로 하여 살펴보면, 物은 직관할 수 있는 외계의 사물로 인간의 본성을 변화시킬 수 있는 매개체로 인식되고 있으며, 悅이란 本性과 영합하여 흥미를 유발시킬 수 있는 매개체로, 勢란 외계의 사물로 구성되어진 환경이나 그 환경이 소유하고 있는 態勢로 本性을 동요시킬 수 있는 매개체로, 故는 일정한 목적에 의하여 설계되어져 敎化하기 위한 수단으로 사용되어지는 典章文物이나 文化傳統과 같은 것, 예를 들어《詩》《書》《禮》《樂》을 구체적으로 가리키는 것으로 설명되고 있다. 道는 만물의 합리적인 질서로 敎化의 수단이 되며, 義는 인간의 도덕적 표준이며 행위의 규범으로서 敎化의 목표로 본 것이다. 사람의 천성은 好惡가 있는데, 어떤 것을 좋아할 것인가 싫어할 것인가는 物에 의하여 결정되어지며, 좋은 사람이 될 것인가 혹은 나쁜 사람이 되는가는 勢에 의해 판결 되어지는데, 이는 人性에 영향을 미치는 환경적 요소로 파악한 것이다.

사물이 지니고 있는 의리를 밝히 살피는 것은 義道의 기준이다. 義道는 敬愛의 준칙이다. 공경하는 마음은 또한 만물을 대할 때 반드시 갖추어야 할 원칙이다. 敦厚는 仁心의 準則이며, 仁心은 人性 道理의 準則이며, 仁心은 또한 人性에서 나온다. 忠誠은 믿음의 準則이며, 믿음은 진실한 內心의 규칙이다. 人心의 진실(情)은 또한 人性에서 생겨난 것이다.[70]

---

70) 李零 앞의 책, 107쪽. "詧(察), 義之方也. 義, 敬之方也. 敬, 物之節也. 篤, 仁之方也. 仁, 性之方也, 性或生之. 忠, 信之方也. 信, 情之方也, 情出於性."

李零은 方을 '手段·工具'의 의미라고 해석하여 性은 仁을 수단으로 삼고, 仁은 篤을 수단으로 삼으며, 仁은 바로 性에서 출발하는 개념으로 간주함으로써, 性을 이러한 관계의 핵심요소라고 설명하였다. 또한 "忠, 信之方也. 信, 情之方也, 情出於性"이라는 문장에 대하여 설명하면서 情은 信을 수단으로 삼고, 信은 忠을 수단으로 삼는 것이며, 情은 이 두 가지 개념을 잇는 중심 주체라고 이해하였다. 그러나 이 情 또한 性에서 나온 것으로 인식하였다.[71] 濮茅左는 方을 '比, 즉 比喩' 혹은 '方法, 常規, 準則' 등으로도 해석할 수 있다고 하였다.[72]

《荀子·正名》에서는 '好·惡·喜·怒·哀·樂'을 태어나면서 부여받은 性이 자연스럽게 반응하는 것의 작용인 情이라고 설명하고 있는데, 이는 楚竹簡의 '情生於性'의 개념과도 일치하는 것이다.[73]

> (군자는) 말로서 설명하지 않아도 그를 믿는 것은 그가 아름다운 性情을 지니고 있기 때문이다. 백성들을 가르치지 않아도 한결같은 것은 본성이 善하기 때문이다. 賞賜를 하지 않음에도 백성들이 성실하게 일하는 것은 풍요로운 마음을 지녔기 때문이다. 형벌을 가하지 않아도 백성들이 敬畏하는 것은 이미 경외하는 마음이 자리 잡고 있기 때문이다. 비록 지위가 낮아도 백성들이 그를 존경하는 것은 德이 있기 때문이다. 가난하나 백성들이 그를 옹호하고 따르는 것은 그가 道義를 지니고 있기 때문이다.[74]

위 문장은 情에 관한 내용으로, 그 가치와 영역에 대하여 광범위하

71) 李零 같은 책, 120쪽.

72) 馬承源 앞의 책, 267쪽.

73) 王忠林 註譯 앞의 책, 330쪽.

74) 李零 앞의 책, 107쪽. "未言而信, 有美情者也. 未教而民恒, 性善者也. 未賞而民勸, 含富者也. 未刑而民畏, 有心畏者也. 賤而民貴之, 有德者也. 貧而民聚焉, 有道者也." 여기에서 '勸'은《小爾雅·廣詁》에서는 "勸, 力也"라고 풀이하고 있어 힘써 일한다로 해석할 수 있으며, '含福'은 군자가 부귀를 탐구한다는 '貪富'의 의미로 파악하여 자칫 부정적 의미로 오해의 소지가 있다. 따라서 "(군자는) 복을 소유하고 있어 관대한 마음을 품고 있다"로 해석하기로 한다.

게 설명하고 있는데, 즉 美情·性善·含福·心畏·有德과 有道 등의 결과는 모두 眞情의 산물로 파악하고 있다. 이러한 眞情의 개념은《中庸》에서 말하고 있는 '率性之謂道'와도 연결되는 것이다.

楚竹書에서 설명하고 있는 君子의 기준은, 감정과 관련하여 그 정의를 내리고 있다. 백성을 다스리는 자가 백성들과 情으로 통할 수 있다면, 비록 과실이 있어도 백성들은 통치자를 미워하지 않는다. 또한 백성에게 情이 있다면, 통치자가 하는 일이 없다 해도 백성들은 그를 신뢰할 수 있게 되는 것이다. 지도자가 입을 열어 법령을 선포하지 않아도 백성으로부터 믿음을 획득할 수 있다면, 그는 아름다운 情을 소유한 자로서 일부러 敎化를 시행하고자 하지 않아도 백성들의 변함없는 마음을 얻을 수 있게 되므로, 이러한 지도자의 性을 善한 것으로 정의내리고 있는 것이다. 이는 백성과 그들을 다스리는 자의 마음에 반드시 性情의 修養과 交感의 필요성을 강조한 것으로, 이러한 주장은 情을 최고의 가치로 인정하는 唯情主義적 관점과 일치하는 것이다. 이처럼 楚竹書에서 다루고 있는 군자의 덕목으로서의 性情의 중시는, 申叔時가 楚莊王이 태자를 가르칠 때 당부하고자 했던 교육의 목적과 이상을 제시하고 있는《國語》의 내용과도 일맥상통하는 것이다.

> 楚國大夫 士亹의 물음에 답하였다. 역사를 교육하는 것은 그로 하여금 선행은 칭찬하고 사악함은 억제하여 다른 사람이 마음을 경계하기도하고 격려할 수 있도록 하고자 하며, 先王의 世系를 교육하는 것은 그로 하여금 현명한 덕행은 밝히고 우매한 자는 없애 선행을 하면 기뻐하고 악행을 하면 두려워하게 하기 위함이고, 시가를 교육하는 것은 선왕의 미덕을 찬양하여 그의 마음을 넓히고 덕을 밝히고자 함이고, 그에게 예의를 교육하는 것은 윗사람을 공경하고 아랫사람을 보살필 수 있는 원칙을 알게 하고자 하는 것이고, 음악을 교육시키는 것은 혼탁한 생각을 씻어내고 경거망동하는 행동거지를 하지 못하게 하는 것이고, 법령을 교육하는 것은 백관이 하는 일을 의론할 수 있게 하기 위한 것이고, 말씀을 교육시키는 것은 그에게 미덕을 알게 하고, 선

왕은 반드시 미덕으로써 백성을 다스렸다는 것을 도리를 알게 하기 위함이고, 옛 고서를 교육하는 것은 그에게 역사의 흥망성쇠의 도리를 알아 더욱 경계하게 하기 위한 것이고, 선왕의 訓典을 교육하는 것은 종족의 발전과 번영을 알고, 선왕의 뜻에 따라 잘 행동하게 하기 위함이다.[75]

이처럼 先秦시기 한 나라를 다스리는 지도자에게 요구했던 人性이란 진실함과 성실함을 가리키며, 그 바탕 위에 세운 '情'이야말로 이후 儒家思想의 전개양상에 있어 시간을 초월하는 확고한 이상적 가치기준으로 작용할 수 있었던 것이다.

이상에서 살펴본 바와 같이, 先秦 楚竹簡 자료 <性自命出>과 <性情論>에서 제시되고 있는 性의 개념은 本性, 즉 天性을 가리키는 단어로 사용되었는데, 性은 하늘로부터 부여된 天命을 의미하기도 하며, '天'과 '命, 性, 情, 道'의 관계 가운데 가장 핵심되는 개념을 '性'으로 간주하였다. 이러한 개념 간의 상호작용 관계를 중심으로 살펴본다면, '性'은 '情'을 낳고, '道'는 '情'에서 비롯된 것, 즉 性 → 情 → 道의 단계론적 전개과정으로 이해하고 있다. 한편 '性'을 일종의 잠재력으로 본다면 '心'은 그것을 일으키는 요인에 해당된다고 보았는데, 이러한 인식체계는 《論語》의 '性'에 대한 개념과 비교해 볼 때, 한층 이념화된 것으로 판단되지만, 《孟子》와 같은 '性善'의 개념과는 구별되는 것으로 판단된다. <性自命出>에서의 제시하고 있는 '性'의 개념은 '善'한 것일 수도 '不善'한 것일 수도 있는, 양자가 분명한 경계를 갖지 않는 미분화된 상태의 포괄적 의미의 개념에 해당되므로, 어쩌면 告子의 관념에 더욱 근접한 것으로 보아야 할 것이다.

---

75) 鄔國義《國語譯註》, 499-501쪽. "問於申叔時, 叔時曰: 教之春秋, 而爲之聳善而抑惡焉, 以戒勸其心; 教之世, 而爲之昭明德而廢幽昏焉, 以休懼其動; 教之詩, 而爲之導廣顯德, 以耀明其志; 教之禮, 使知上下之則; 教之樂, 以疏其穢而鎭其浮; 教之令, 使訪物官; 教之語, 使明其德, 而知先王之務用明德於民也; 教之故志, 使知廢興者而戒懼焉, 教之訓典, 使知族類, 性比義焉.(《國語·楚語上》)"

6. 인성론의 내용과 구조

그동안 학계에서는 유가 인성론의 시작을 어느 시점에서 어떤 사상가에 의하여 어떤 텍스트로부터 잡아야 하는 가에 대해 논의가 아직 끝나지 않았다.[76] 물론 선진 인성론의 실체를 명확히 규정하기 위해서는 원시 전적들로부터 본격적인 논의를 시작하는 것이 본령을 확보하고 외연을 확장시킨다는 점에 있어서는 긍정적이지만, 여기에는 아직도 논란의 지점이 있기 때문에 사상사적 맥락에서 그 근거를 소급해 나가는 것이 현 시점에서는 타당하다는 판단이다. 따라서 우선 본격적이며 다양한 인성에 대한 개념규정과 논리를 전개시켜나가고 있는 선진 원시 유가의 문헌자료인 초죽간본으로부터 그 논의를 검토해 나가도록 하겠다.

필자는 그간 선행연구 楚簡本(郭店簡, 上博簡) 주석작업을 통하여 출토자료의 편제를 총론에서 인성론을 개괄하고, 본론에서는 교화를 주지로 설정하여 특수 인성을 지향하는 君子論으로 귀납하려는 논리적으로 치밀하게 구성된 한 편의 글로서의 성립가능성에 무게를 두고 논지를 전개해 왔다. 또한 자료의 성격을 원시 유가에 있어 존재론과 인식론으로서 인간의 본성과 그 구현과정에 대한 탐구이며, 동시에 전국시대 남방 초나라라는 시공간의 정치사회적인 배경하에서 저술된 글로서, 궁극적으로는 혼란한 세상을 구할 이상적 군자를 대망한 지도자론으로 독해하였다.

76) 중국 고대의 거대담론으로서의 인성론의 시작은 어쩌면 孔子의《論語》이전《詩經》,《書經》에서부터 분석대상으로 삼아, 선진시기 유가뿐만 아니라 도가도 포함시켜 논의해야한다는 견해는 상당한 설득력이 있다고 본다(森三樹三郎《上古より漢代に至性命觀の展開》). 연구자는 우선 원시 유가의 인성론에 초점을 맞춰, 선진 초나라 대나무책의 두 판본을 대상으로 연구를 진행하였는데, 인성론 지형도의 완성을 위해서는 향후 문헌자료와 출토자료의 비교검토와 아울러 통시적, 공시적인 접근은 물론 동아시아 담론으로까지 외연의 확대가 필요하다는 판단이다.

보편론적 입장에서 인간본성을 어떻게 규정하고 있고, 性과 心과 志의 관계, 好惡와 善不善의 판단기준. 好惡와 善不善의 주체와 대상, 物과 勢와의 관계, 情과 意, 性과 志와 道의 상관관계, 도의 규정. 천도와 인도의 문제 등에 대한 개념이 어떻게 규정되고 있는지 살펴보기로 한다.

1) 보편 '人性'에 대한 개념규정

앞에서 살펴본 것처럼 고문자 자료를 근거로 보면, '生·靑·性·情'의 字源은 모두 어원이 같은 同源字 관계이다. 이들 문자는 SENG이나 또는 이와 유사한 음성이었을 것으로 추측되며, 출생 혹은 발생이라는 유사한 의미에서 나왔고 나중에는 本性이라는 의미가 추가되어 사용되었을 것으로 파악된다. 문자의 발생과정은 먼저 生이 만들어졌고, 거의 동시 혹은 약간의 차이를 두고 性과 靑·情이 추가로 만들어졌을 것으로 추정된다. 이들 문자는 본래 같은 의미를 표시하는 한 단어의 역할을 하였으나, 후에 추가로 분화되면서 두 개 이상의 음성이 파생되었고, 의미도 미세한 변화를 수반하면서 각각의 문자로 독립 분화되었을 것으로 추측된다.[77]

<인성론>에서는 '天'·'命'·'性'·'情'·'心'·'志'·'習'·'物'·'道'·'氣'·'義'·'勢' 등의 개념을 규정하고 있다. 이 가운데 '性'에 대한 핵심 개념을 규정하고 있다. '性은 命으로부터 나온 것이다(性自命出)'라 하여 性의 유래에 대하여, '情은 性에서 만들어 진다'라 하여 性의 파생에 대하여 설명하고 있으며, '기쁨과 분노, 슬픔과 비애의 氣, 좋아함과 싫어함이 곧 性이다'라고 하여 性의 구체적인 발현에 대하여 정의하고 있다. 또한 '명은 하늘로부터 내려온 것이다'라고 하여 '命'은 '天'이 인간에게 부여한 天命, 生

77) 姜信碩(2007. 27쪽)

命, 運命을 가리키는 것으로 파악하며,[78] 결국 하늘로부터 부여받은 사람의 본성이라는 것으로 귀결된다.[79]

<인성론>의 저자는 性의 내포된 의미와 성격을 비교적 상세히 다루었다. 하늘이 인간에게 부여한 것(天命)으로서의 숙명적이고 고정적인 보편성으로서의 성을 규정함과 동시에 환경과 조건(物勢)에 따라 좋아하거나 싫어하는 것(好惡), 착하거나 착하지 않는 것(善, 不善)을 구분 판단하고, 자신을 둘러싸고 있는 외부 대상 세계에 대한 기쁨과 분노, 애달픔과 슬픔(喜怒哀悲)으로 시시각각 표출되는 감정의 변화 가능태로서의 상대적인 특수성까지 정의내리고 있다. 즉 하늘로부터 부여받은 선천적인 성은 동일하다(四海之內, 其性一也)라고 인식하면서, 性은 好와 惡, 善과 不善을 판단하는 주체로서, 사물과 형세는 그 대상으로서 파악하였다(凡性爲主, 物取之也). 이러한 관점은《禮記·中庸》은 "天命을 性이라 한다(天命之謂性)."의 天命論的 '性'을 의미하며, 한편으로는《論語·陽貨》의 "성품은 원래 서로 비슷하지만, 학습의 과정을 통하여 멀어지게 된다(性相近也, 而習相遠)."라는 것과 같이 후천적 환경 속에서의 학습을 통해 변화 가능한 '性'을 포함하기도 한다.[80] 이러한 성의 무규정성은 한편 孟子와 설전을 벌인 告子가

---

78) 李天虹(《<性自命出>集釋》 136쪽)은 '命'을 두 가지 함축의미로 해석한다. 하늘에 대하여는 뜻(의지)이며 명령을, 사람에 대하여는 생명을 뜻한다고 보았다.

79)《周易·乾》은 "대자연의 운행변화는 각각 性命을 결정한다(乾道變化, 各正性命)."이라고 했으며, 孔穎達은《正義》에서 구체적으로 "性은 天生의 本質로 강함과 부드러움, 느림과 빠름과 같은 것이며, 命이란 사람의 天稟으로 貴賤과 夭壽와 같은 것이다(性者, 天生之質, 若剛柔遲速之別. 命者, 人所稟受, 若貴賤夭壽之屬是也)."라고 설명하여, '性'을 '命'과의 관계 속에서 정의내리고 있다.

80) 이처럼 '性'을 天賦된, 또는 習慣化된 것으로 파악하는 관점은《荀子》에서도 발견된다. "性은 우리가 어찌할 수 없지만 교화시킬 수는 있다. 노력을 쌓아 간다는 것은 본래 타고나는 것은 아니지만 노력할 수는 있다는 말이다. 노력으로 습속을 바로잡아 간다면 본성을 교화시킬 수 있다. 한결같이 스승과 법도만을 받들고 이단은 거들떠보지 않는 것이 노력을 쌓아가는 방법이다. 습속은 사람의 뜻을 바꿔 놓고 편안히

性을 맴돌고 있는 물로 비유하여 性을 善과 不善으로 나눌 수 없다고 주장한 것과도 흡사한 태도이며(性無善無不善), 孟子의 性善說이나 荀子의 性惡說의 인식처럼 善惡으로 확정된 性의 개념, 즉 천생적인 자질(天之降才)로서의 善 혹은 惡이라는 개념과는 차원을 달리한다.

다음으로 성의 발현과정에 대하여 살펴보자. 心은 고정불변한 것이 아니므로 정확히 인식될 수 없으며, 외부세계로부터의 객관적인 사물(物)이 있은 후에야 형성되는 것으로 파악하여, 즐거움이 있은 후에야 행동으로 나타나고, 習性이 이루어진 후에야 고정되는 것으로 인식하였다. 性과 心의 관계는 모두 외부 대상 세계와의 관계 속에서 파악하고 있으며, 이 가운데 性은 잠재된 靜적 능력으로, 情과 心은 행동화될 수 있는 動적 개념으로 간주되었다.

> 즐거움·노함·애석함과 슬픔 등의 氣란 곧 '性'을 의미한다. 이러한 '性'은 물질과 접촉을 한 후에 외부로 발현되어지는 것이다.[81]

여기에서 性은 喜怒哀悲의 情氣를 가리키며, 외부의 사물과 접촉됨으로써 표출되어 나오는 것으로 설명되어지고 있다. 다시 말해 性이란 食色自然 등과 같은 감각으로서의 性이나, 善惡道德의 性이 아닌, 단지 善할 수도 不善할 수도 있는 요소인 '氣(情氣)'를 의미한다. 이는 마치 金石의 소리와 같은 것(金石之聲)으로 비유되기도 하며, 반드시 외부적인 어떤 요소와의 접촉을 통해서만 표출될 수 있는 개념으로 파악되는 것이다.

오랫동안 그렇게 지내면 사람의 바탕까지도 바뀌게 되는 것이다(性也者, 吾所不能爲也, 然而可化也, 情也者, 非吾所有也, 然而可爲也. 注錯習俗, 所以化性也. 並一而不二, 所以成積也. 習俗移志, 安久移質.)"(《荀子·儒效》). 김학주 옮김, 《荀子》 208쪽 참조. 馬乘源 主編 앞의 책, 220쪽에서 재인용.

81) 李零 《郭店楚簡校讀記》, 105쪽. 喜怒哀悲之氣, 性也. 及其見於外, 則物取之也.

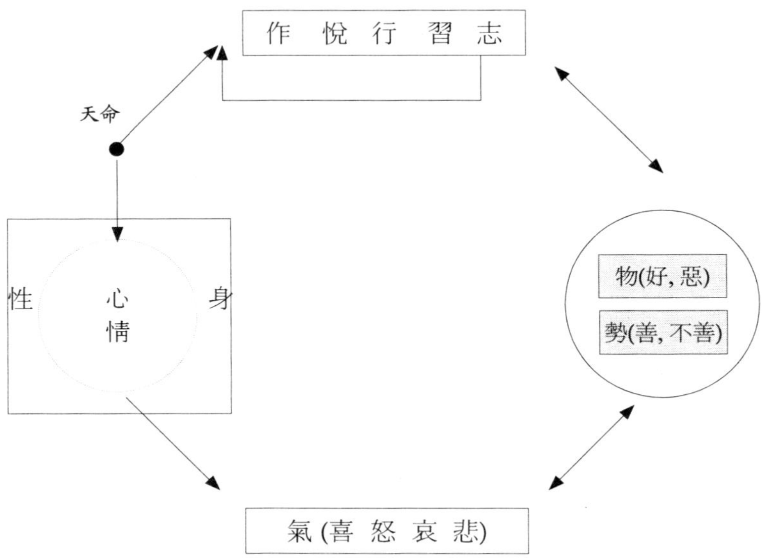

性의 지평에 대한 모델 1

위 그림의 전제 가운데, '心無奠志'란 '性'과 '心', '志'의 상관관계를 설명하는 개념이다.[82] '性'을 인류가 공통으로 부여받은 일종의 잠재

82) 濮茅左(馬乘源 主編 위와 같은 책, 221쪽)는 '正志', 혹은 '奠志'(性自命出)는 인간의 마음으로부터 발휘되는 사물에 대한 정확한 인식을 뜻하는 개념으로 간주하여, "반드시 모범을 본받은 후에야 바로 잡아지고, 禮義를 얻은 후에야 다스려진다(必將待師法然後正, 得禮義然後治)."라고 풀이하고 있다. 즉 인간은 누구나 예외 없이 하늘로부터 性을 부여받았지만, 마음의 작용에 따라 객관사물에 대한 인식의 정확성여부는 달라질 수 있다고 본 것이다. 1간에서는 '性'과 '心', 그리고 '志'와 '物', '習'의 관계에 대하여 상세한 설명을 부연하고 있는데, '性'은 喜怒哀悲의 情氣로서 외부와 접촉함으로써 발현되는 것이고, 외계 사물에 의해 그것이 취해진다고 규정내리고 있다. 한편 '心'은 아직 확정된 것이 아니므로 사물에 대하여 정확한 인식을 내릴 수 없는 것이다. 그리고 '志'는 外界의 환경적인 요소인 '物' 혹은 勢와 접촉한 후에야 조성되고, 마음으로부터 기쁨이 있어야 행동으로 구현되는데, 예컨대 '性' → '心' →

적 능력으로, '心'을 개인의 주관적이며 구체적인 행동으로 발현되는 원동력으로, 志를 원래 고정된 것이 아니라 사물에 접촉하여 마음으로부터 기뻐함으로써 만들어지는 것으로서 오랜 시간을 거쳐 지속적으로 익숙해져 견고해지게 되는 것이라고 설명한다. 性은 하늘로부터 부여받은 천성으로 선천적인 것이며, 희노애비, 호오, 선불선을 함께 포함하고 있다고 본다. 心은 선천적으로 일정한 방향이 없는 것이나, 후천적으로 사물과 형세의 영향을 받고 습관에 의해 양성되고 고정화되는 가변적인 것으로 파악한다. 性은 외계 사물과의 접촉, 영향하에서 心이라는 통로를 통해 작용하고, 오랫동안 습관을 쌓아감(積習)으로써 방향이 정해지고(奠志 혹은 定志) 義에 가까워짐으로써 道를 지향한다고 보았다.

다시 말해 性情은 외부적 계기(物,勢)와의 접촉을 통해 호오와 선불선을 판단하고, 희노애비의 기로 발현되는 것으로 파악하였다. 그런데 호오와 선불선의 가치판단은 외물과의 인식(知)과 교호 감응(悅) 그리고 생활세계 속에서 실천(行)이라는 행위를 통해 순차적 순환반복의 과정 속에서 이루어진다는 것이다. 즉 性은 매개체인 心을 통해 情과 義로 발현되고, 오랜 시간 순환반복(行習)함으로써 가치판단을 세우게 됨으로써, 결국 志에 고정된 방향성을 부여하게 된다는 설명이다.

'作' → '悅' → '行' → '習'"이라는 과정이 순환 반복하여 積習됨으로써 고정화된 지향점을 정한다고 보았기 때문에, 연구자는 '志'를 취하는 타동사를 '正', 혹은 '奠' 보다는 '定'으로 해석하고자 한다.

2) '人性'의 가변성

그렇다면 성은 불변한 것인가 고정적인 성격의 것인가. 모든 만물은 서로 다르고, 성의 속성(體性)은 동일하나, 그 마음의 쓰임(用心)이 다른 것이다. 즉 본체로서의 성은 움직이지 않지만 마음의 작용으로 다양하게 변화가능한 것(性一而心分殊)이라고 보았다. 그러한 다양성을 일으키는 마음의 작용의 차별은 후천적인 교화로 가능하다는 논리이다.

다음으로 본성을 변화시키는 구체적인 방법으로 '감동(動)'·'영접(逆)'·'교제(交)'·'고양(厲)'·'발현(出)'·'양육(養)'·'성장(長)' 등을 제시하고 있으며, 이러한 관념은《荀子》와도 그 맥이 이어져 있다.[83] 그렇다면 무엇이 본성을 변화시킬 수 있는가? 저자는 사물(物)·기쁨(悅)·전고(故)·도의(義)·형세(勢)·습관(習)·인도(道)를 제시하여 性의 가변성과 그 원인으로 작용하는 방법을 각각 이항대비 하였다.

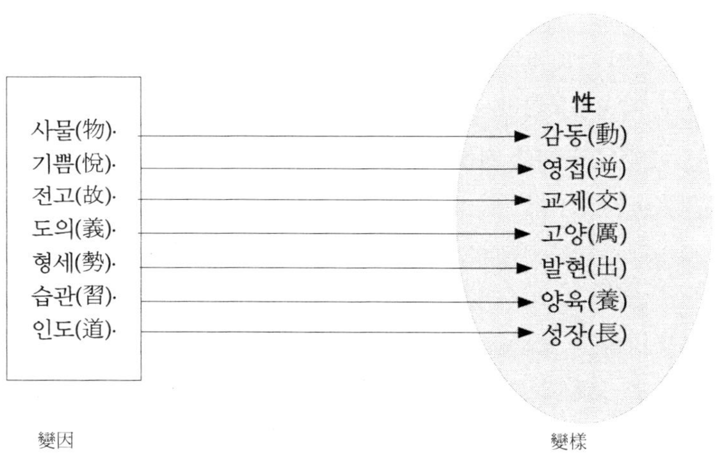

性의 變因과 變樣에 대한 모델 2

83) 馬乘源 主編 앞의 책, 226-229쪽,《荀子》〈禮論〉·〈君子〉·〈大略〉의 문장 재인용 참조.

성을 잠재적 변화가능태로서 인식한 이유와 의도는 무엇인가. 인간의 보편적인 천명으로서의 무규정적 性(好惡,善不善)을 전제한 후, 性의 발현과정으로의 情(喜怒哀悲)과 心(作→悅→行→習→志), 性의 발현 대상으로서의 환경조건(物,勢)을 1차적인 성의 변화가능성의 원인으로 제시하였다. 그리고 性, 情, 心의 상관작용관계 속에서 성의 변화 양상을 잉태하는 동인으로서 구체적인 방법을 나열하였는데, 이러한 서술구조는 아마도 범인을 군자로 양육시키기 위한 이론적 토대를 총론에서 전제한 후 이를 근거로 본론인 군자론으로 논리를 확대시키기 위한 편저자의 의도적 구성이었을 것으로 추정한다.

3) 특수 '人性'으로서의 '군자'론

(1) 人道

인성론의 편저자는 군자는 우주만물의 이치를 깨달아야함 밝히고 있으며, 이러한 깨달음은 내적으로 道義와 仁德을 수양하고, 외적으로는 節制된 행위를 철저하고 부단히 쌓음으로써 실현될 수 있음을 피력하고 있다. 모든 만물은 덕을 근본으로 생성변화의 길을 걷게 되어 있고, 사람의 본성은 사랑을 근본으로 한다고 보았다. 따라서 이러한 바탕 위에 仁義과 品德을 소유한 자로서 자신과 우주만물의 길을 깨달아 마음과 행동을 다스릴 줄 알아야 비로소 진정한 군자가 될 수 있다고 본 것이다. 예를 들어 평범한 사람으로서 타인과 의견이 다르면 말다툼을 피할 수는 없을 것이고, 심지어 모욕을 주는 일도 다반사이다. 반면 어진 덕을 닦은 사람을 만날 경우에는 서로 자신의 입장을 변호하기 위해 설전을 벌이는 상황이 벌어진다 할지라도, 그의 온유와 겸손에 감동·감화될 뿐만 아니라 결국은 따르고 사랑할 수밖에 없게 된다는 논리를 전개하고 있다.

인성론에서 그리고 있는 군자의 모습은 자신을 버리고 내적인 성실과 충심을 다하고, 밖으로는 천지인륜의 이치를 따져 순종함으로써 하늘로부터 '복을 내려 받은(含福)'인물로 규정하고 있다. 그는 내면으로부터 예의와 도덕수양을 쌓았기 때문에 엄격한 형벌로 다스리지 않아도 백성들로 하여금 경외심을 갖게 하고, 백성 스스로 감동을 받아 가까이 모이게 만든다. 진정한 군자는 외면적인 지위의 고하에서 나오는 권력이나 경제적 빈부에 의지하지 않고 내면적 수양을 축적하여 '홀로 기쁨이 충만(獨樂)'할 수 있고, 백성은 마음으로부터 '경외(畏)'하며, '존중(貴)'하게 되고, 마침내 스스로 '모이(聚)'도록 만든다는 것이다. 《禮記》에서도 군자는 스스로 솔선수범하여 백성을 교화하고 공경하는 마음으로 신뢰와 겸손을 바탕으로 品德을 수양하고 관리할 줄 아는 인물이어야 함을 강조하고 있듯이, 전통 유가에서는 군자의 진정한 위엄은 말하지 않아도 믿음을 줄 수 있어야 하고, 형벌로 위압하거나 상으로 유인하지 않아도 백성 스스로 착한 일을 실천할 수 있도록 만드는데 있다고 보았다. 같은 시기의 또 다른 죽간《郭店楚簡》의 아래와 같은 언설을 살펴보면, 원시유가에 있어 백성에 대한 군자의 교화를 강조한 이론적 틀과 근거를 확인해 볼 수 있다.

> 옛날부터 백성을 다스리는 사람은 언제나 자기 자신에게서 구했다고 들었습니다. 행위를 하되 믿을 수 없으면, 명령을 따르지 않을 것이고, 믿을 수 없게 된다면, 즐겁지 않다고 말하게 될 것입니다. 일찍이 백성 가운데 천자의 명령을 따르지 않고 그의 말을 믿지 않으면서도, 道德을 마음에 가졌던 자는 없었습니다. 그러므로 군자는 마음으로 백성을 잘 살피고, 몸으로 솔선수범을 우선으로 여기고 공경과 절조를 지켜나감으로써 민심을 깊이 헤아릴 수 있었던 것입니다. …… 군자의 교화란 만일 민중을 은연중에 감화시킬 수 없다

> 면, 민중에 대한 교화는 깊지 않을 것이며, 솔선수범 하지 않고 단지 입으로만 가르친다고 한다면, 설령 끊임없이 政令을 말한다고 해도 민중은 듣고 따르지 않을 것이다. 그러므로 威服(협박하여 복종하게 함)과 형벌을 빈번하게 사용하는 것은 윗사람이 솔선수범하지 않는 까닭이다. …… 그러므로 윗사람이 몸소 법을 행하지 않는다면 민중들은 반드시 본래보다 더 나빠질 것이다. …… 따라서 군자는 자신에게서 구하고자 하는 것을 깊이 생각해야 한다. 근본적인 것은 붙잡지 못하고 단지 지엽적인 문제에만 주의를 기울인다면 얻어지는 것은 없을 것이다. 그러므로 군자의 언행은 말류의 지엽적인 것을 귀하게 여기는 것이 아니고, 근원을 찾아 캐묻는 것을 귀하게 여겨야 하는 것이다.[84]

上博楚簡 판본 제 22간의 "군자는 백성을 굳이 가르치지 않아도 한결같은 마음으로 따르는 것은 그의 마음이 착하기 때문이다(未敎而民恒, 性善者也)"와 같은 언급도 군자의 덕성수양에 대한 한결 같은 강조로 이해할 수 있다. 이와 관련하여 동시대 죽간 <尊德義> 39簡에도 "무릇 민중을 움직이고자 한다면, 먼저 민심에 순응하여야 한다. 민중에게 변치 않는 꾸준한 마음이 있다면, 오랫동안 유지함을 얻을 수 있을 것이다. '義'를 중시하고, '理'를 모으는 것을 말하고 있는 것이 본 장의 내용이다(凡動民必順民心, 民心有恒, 求其永, 重義集理, 言此章也)."라고 하여 백성의 마음을 듣고 그들의 마음을 얻는 것의 중요함을 기술하고 있다.

전통 유가의 입장에서 볼 때, 군자란 모름지기 마음이 온유하고 겸손한 자이어야 하며, 이를 행위로 보여줌으로써 백성의 마음을 교화

---

84) 《郭店楚簡·成之聞之》: 成之聞之曰: "古之用民者, 求之于己爲恒. 行不信則命不從, 信不著則言不樂, 民不從上命, 不信其言, 而能含德者, 未之有也. 故君子之立民也, 身服善以先之, 敬愼以之, 其所在者內矣." …… "君子之于敎也, 其道民也不浸, 則其淳也弗深矣. 是故亡乎其身而存乎其詞, 雖厚其命, 民弗從之矣. 是故威服刑罰之屢行也, 由上之弗身也. ……上苟身服之, 則民必有甚焉者 …… 是故君子之求諸己也深. 不求諸其本而攻諸其末, 弗得矣. 是故君子之于言也, 非從末流者之貴, 窮源反本者之貴."

하여 감동시킬 수 있음을 알 수 있다. 군자는 모름지기 우주만물의 이치를 깨달은 자임을 밝히고 있는 내용이다. 아울러 덕목으로서 道義와 仁德의 수양, 節制된 행위를 제시하고 있다. 평범한 사람으로서 의견이 다르면 말다툼을 피할 수 없고, 심지어 모욕을 주는 일도 다반사인 것은 어쩔 수 없을 것이다. 그러나 어진 덕을 닦은 사람과 대해서는 감화를 받고 좋아하게 될 것이므로, 설령 설전을 벌이는 상황이 벌어진다하더라도 온유와 겸손에 감동을 받고 결국은 그를 사랑하지 않을 수 없게 되어 마음으로부터 순종하게 될 것이라고 보았다.

郭店楚簡本 제55간에서는 도를 체득한 군자는 상하교제와 자기성찰을 통해 민중의 마음을 얻고 지극한 인에 이르게 되어 올바른 정치를 실현할 수 있게 됨을 지적하고 있다(聞道反上, 上交者也). 다시 말해 군자의 교제는 마음으로부터 나오는 기쁨을 순수하게 함께하는 관계이기 때문에 지속적인 우정을 나눌 수 있고, 소인의 교제는 자신의 목적을 성취하기 위해 상대를 기만하는 관계이기 때문에 잠시뿐이라고 대비하였다. 예와 도를 체득한 군자는 무차별 교제와 자기성찰을 통해 민중의 마음을 얻게 되어 '지극한 사랑(至仁)'에 이르게 되고, 궁극적으로는 올바른 정치를 실현할 수 있다고 지적하였다. 아울러 군자의 사귐에는 확고한 원칙과 규범이 세워져야 함을 강조하였다. 다시 말해 교제의 과정과 조건은 맨 먼저 '修身'이 근본이 되어야 하고, 다음으로 '上下交', 즉 미천한 사람이 귀인을 사귀는 것과 존귀한 자가 미천한 사람과 교제함에 있어서는 치우침과 구별이 없어야 한다고 보았다. 뿐만 아니라 수신의 단계를 통해 마음으로부터 우러나오는 진실한 '至仁'을 소유하고 나눔으로써 신분을 초월한 폭 넓은 교유관계를 유지할 수 있다고 보았으며, 진정한 친구란 '同志' 관계로서 평생 변함없는 동일한 지향점을 향해 달려가는 '뜻을 함께 하는 벗(同方)'이 되어야 함을 강조하였다.

上博楚書本 26간, 27간의 '門內之治'와 '門外之治' 개념은 유가의 전통이념 가운데 중요한 실천덕목으로 제시되어 온 개념으로서 전통 유가의 입장에서 禮를 恩惠와 義理의 도리에 입각하여 門內와 門外로 구분 적용하여 설명하여왔음을 엿볼 수 있는 대목이다.

> 무릇 예라는 것은 길, 흉이 도를 달리하므로 서로 간섭할 수 없다. 이를 음양에서 취한 것이다. 喪에 四制가 있으니, 변통해서 마땅함에 따르는 것은 이를 四時에서 취한 것이다. 恩이 있고, 理가 있고, 節이 있고, 權이 있으니 이를 人情에서 취한 것이다. 恩이라는 것은 仁이요, 理라는 것은 義요, 節이라는 것은 禮요, 권이라는 것은 知이다. 인의예지의 인도가 갖추어져 있다. 그 은혜가 두터운 자는 그 喪服이 중하다. 그러므로 아버지를 위해서 참최(斬衰) 3년 동안 은혜로 만든 喪服을 입고 지낸다. 문안(집안)의 다스림은 恩이 義를 덮는다. 문밖(집밖)의 다스림은 義가 恩을 끊는다.
>
> 門안의 다스림은 은이 의를 덮고, 門밖의 다스림은 義가 恩을 끊는다. 아버지를 섬기는 것을 바탕으로 하여 그것으로써 군주를 섬기지만 공경은 같게 한다. 귀한 이를 귀하게 여기고, 높은 이를 높이는 것은 義의 큰 것이다.[85]

한편 가정과 조정의 경영규범에 관해서는《郭店楚簡·六德> 제28-29, 30-31간 "家內에서는 恩情으로 道義를 가릴 수 있겠으나, 家外에서는 道義로 恩情을 끊는 것이 마땅한 도리이다. 예컨대 仁은 '**𦳝**'와 같이 유연하고 부드럽지만 끊어지지 않으며, 義는 '**𦍋**'와 같이 굳세고 단단하지만 끊어지기 마련이다(門內之治恩掩義, 門外之治義斬恩. 仁類**𦳝**而速, 義類**𦍋**而絶)."에서도 동일한 논조로 제시되고 있음을 알 수

85)《禮記 · 喪服四制》: "夫禮, 吉凶異道, 不得相干, 取之陰陽也. 喪有四制, 變而從宜, 取之四時也. 有恩有理, 有節有權, 取之人情也. 恩者仁也, 理者義也, 節者禮也, 權者知也. 仁義禮智, 人道具矣. 其恩厚者, 其服重; 故爲父斬衰三年, 以恩制者也. 門內之治, 恩掩義; 門外之治, 義斷恩." 《大戴禮記 · 本命》: "門內之治, 恩掩義, 門外之治, 義斷恩, 資於事父以事君而敬同, 貴貴尊尊, 義之大者也."

있다. 말하자면 조건과 상황에 따라 公私를 분별할 줄 아는 지혜를 가져야 함을 주장한 것으로, 집안에서는 따뜻한 溫情을 베풀고 관직에 나가게 되면 공의로써 사사로운 정을 버리고 節制해야 한다고 하였다.

다음으로 전통유가에서 제시하고 있는 군자의 덕목 가운데 언어와 행동에 대한 언급이 원시유가에서도 동일하게 강조되고 있음을 알 수 있다. 표현은 직설적이되 공경함과 예의를 잃지 않고, 유언비어에 휘둘리지 않아야 하며, 행위는 분명하고 강직하되 겸손을 겸비해야 한다는 것이다. 감정과 마음을 절제할 수 있어야 하고, 원대한 의지를 품되 폭넓은 관용의 미덕을 품을 수 있어야 함을 지적하고 있다.

또한 군자의 으뜸 덕목으로서 예의도덕 수양론을 제시하고 있다. 예를 갖춤으로써 백성들의 마음을 명확히 헤아려 모시게 되고, 돈후 신실한 성품과 절제를 보여주고 솔선수범함으로써 백성들의 신뢰를 얻게 될 수 있기 때문이다. 다시 말해 왕도정치를 실현할 덕목인 예를 어떻게 수련하고 갖추어야 하는지에 대한 견해를 제시하고 있는 것이다. 근본적으로는 백성의 마음을 얻는 것이 중요하다는 인식아래, 상벌의 시행 또는 권력이나 부의 축적과 같은 허위의식이 아니라 도덕수양과 같은 예의 수련을 통해 내면으로부터 자기절제의 위엄을 갖추고 삶의 구체적인 행동으로 솔선하여 보여줌으로써 가능함을 시사해주고 있는 것이다.

죽간에서는 '道'를 '禮'의 개념과 동일선상에서 파악한 용례가 자주 등장한다. '道'가 '禮'를 의미할 경우, '道'란 '天道'가 아닌 '人道', 즉 인간의 일체의 행위에 대한 도리나 규범을 가리킨다. 이밖에도 '人道'를 강조하고 있는 구절로는 "唯人道爲可道也." (곽점초간본 <인성론> 제35간), "是以君子, 人道之取先." (《郭店楚簡》〈尊德義〉제8간)[86] 등이 있

86) 荊門市博物館編, 앞의 책, 173 쪽.

는데, 이러한 관점은《荀子·儒效》에서 "道는 하늘의 道도 아니고 땅의 道도 아니다. 인간이 이룬 道를 말하며, 군자가 이룬 道이다(道者, 非天之道也, 非地之道也, 人之所以道也, 君子之所道也)"라는 설명과도 일맥상통한다. 李天虹은 '道'란《中庸》의 "잠시도 떨어져 있을 수 없는 것(道也者, 不可須臾離也).", 朱熹《集注》의 "사물의 마땅히 행하는 이치(事物當行之理)."라는 인식과 궤를 같이 하면서, 사물의 내부에 존재하는 고유한 규율을 의미한다고 보았다. 이천홍은 <性自命出>의 道와 禮의 관계는 원래 '人情'으로부터 나오는 것이라는 개념으로 파악하고, 본문의 "사람의 도만이 가르칠 수 있다(唯人道爲可道)."라는 대전제와 聖人은 백성들에게 詩書禮樂을 가르칠 것을 주장한 내용을 근거로 '人道'는 백성을 계도하는 데 사용될 수 있음을 설명하고 있다고 판단하였다.[87]

'人義'에 대한 인식은 행동규범으로 나타날 때, 어버이는 자식에게 자애로운 것, 자녀는 부모에게 효성을 다하는 것, 형은 동생에게 어질게 대하고, 동생은 형에게 순종하고, 남편은 부인에게 의롭게 행동하고, 부인은 남편의 말을 경청하며, 어른은 손아래 사람에게 은혜를 베풀고, 어린아이는 윗사람에게 순복하며, 임금은 신하에게 인자하고, 신하는 임금에게 충성하는 것으로 부연 설명되어질 수 있다. 이러한 '義'를 체현하는 것을 '理'로 간주할 수 있으며, 이는 완전한 도덕규범이자 禮가 도달하고자 하는 궁극적 목표이기도 한 것이다. 또한 性情의 발현과 道와의 합일되는 과정 속에서, 人情 → 人義 →人道에 대한 설명은 儒家사상의 큰 흐름에 있어 중요한 관점으로서 "정에서 시작하여 의에 이른다('知情者能出之', '知義者能入之')"라는 논리와 부합함과 아울러, 나아가

87) 李天虹 앞의 책, 136-137쪽. 人道는 天道와 상대적인 개념으로서 군자는 천도를 경청할 줄 알고, 이것을 인도로 실천하는 자이어야 한다. 군자의 구체적 실천 도덕수행론으로서의 <五行>을 참고하면, 人道는 仁義禮智聖을 행동으로 구현하는 것을 가리키고, 四術은 心術을 포함하여, 詩,書,禮樂을 가리킨다고 할 수 있다.

"그 정을 다스려 발현시키고 받아들인다(理其情而出入之)."라는 고차원적 규범화의 이치로 고양시키고 있음을 알 수 있다. 즉 희노애비의 감정을 막힘없이 발설하는 것을 지양하고 예로서 감정의 출입을 자유자제로 조절할 줄 알아 의의 극치에 도달하여야 한다는 것이다.

(2) 心術

군자는 인간의 본성인 내면의 '性情'의 진실한 구현과 조절을 귀중히 여긴다. "군자는 감정을 아름답다고 여긴다(君子媺其情)(제12간)." 정이란 인간의 마음 속에 존재하고 있는 실체를 반영하고 있으므로, "이른바 소리라는 것은 감정으로부터 우러나오는 것으로 믿음을 말한다(凡聲, 其出於情也信)(제14간).", "지극한 음악은 슬픔을 가져온다. 울기 때문에 슬퍼지는 것인데, 이 모두 감정이 지극한 것이다(제18간)."라고 하여 정이란 사물이나 환경조건에 대한 반응으로서의 역할(희노애비의 표출)로서 뿐만 아니라, 가변적이고 역동적인 성격을 가질 수 있다는 인식을 피력하고 있다. 인간 심리기제의 한 측면으로서 마음 속에 적극적이고도 능동적으로 감정을 조절할 수 있음을 밝힌 것이라 할 수 있다. 이러한 측면에서 감정을 관리하고 통제할 수 있는 교화의 기능이 요구된다. "그 감정을 다스려 출입한 후에 다시 가르친다(제10간)"이라고 하여, 인간 감정의 7가지 지켜야할 규범으로 '敬老·尊齒·樂施·親賢·好德·惡貪·廉讓'을 제시하였고, 5가지 지혜 즉 다섯 가지 감각기관이 義에 맞게 행동해야 한다는 것으로, 용모(貌)가 '공경스럽고(恭)', 언어(言)를 '순종(從)하며', 밝음(明)을 보고(察), 총명(聰)을 듣고(聽), 지혜롭게(睿) 생각(思)하는 것을 강조하고 3가지 피할 것으로 포악함(暴), 잔혹함(虐), 지나침(頗)을 들었다.

다음으로 군자가 취해야할 행동 규범, 예컨대 賓客之禮, 祭祀之禮, 居喪之禮 등과 같은 예의는 반드시 때와 장소, 취지에 걸 맞는 儀容과 威儀를 갖춰야 함을 주장하고 있다. 郭店楚簡本에서 제시되고 있는 '君子身以爲主心'이라는 논점은 '心爲身主', '心以體廢'와 같은 전통 유가의 심성론과 맥락을 같이 하는 것으로,[88] 군자의 행동규범인 儀容擧止가 心에 대한 影響·作用을 부연한 것이다.

전통 유가에서는 성현으로부터 교화(교훈과 순화)를 얻어야 함을 강조하고 있는데, 배움의 한 가지 중요한 측면으로서 마음을 얻는다는 '求心'에 대해서는《孟子》에 "인자함은 사람의 본래의 마음이요, 의로움이란 사람이 걸어가는 바른 길이니라. 그 길을 버리고 따르지 않으며, 그 마음을 놓치고도 찾아낼 줄 모르니 슬프도다! 사람이 닭이나 개를 놓치는 일이 있으면, 곧 그것을 찾을 줄 아는데, 마음을 놓치고도 찾을 줄을 알지 못하니, 학문을 하는 방법은 다른 것이 없다. 그 놓쳐버린 마음을 찾아내는 것일 뿐이다."[89]라고 기술되어 있는데, 그렇다면 잃어버린 본래 가지고 있던 내면의 순수한 마음을 어떻게 찾을 수 있다는 것인가? 이에 대한 해답을《禮記》에서는 "그러므로 욕망과 혐오는 인정의 기본이 된다. 사람은 모두 그 심정을 숨기고 있는 일이 많으며, 그것을 알아내기는 어려운 일이다. 사람의 행위의 선악은 모두

---

88) <인성론>의 '君子身以爲主心'(郭店楚簡本)이라는 개념은 전통 유가의 군자는 도덕적 주체로서 마음을 몸의 주인으로서 관리 통제해야 한다는 심신론의 핵심으로 파악된다. 이러한 심신론의 관점은《禮記》의 군자를 통치자 즉 왕도정치를 실현할 군주로 보고, 백성을 군주의 마음 또는 몸으로 비유하려는 정치사회적 함의와 흡사한 면이 없지 않으나 엄밀한 측면에서는 그 궤를 달리한다. 곽점본의 심신론에 관한 이러한 선언적 주장은 상박초서본 역시 필사자의 실수나 의도적 누락여부에 관계없이 같은 맥락에서 "군자는 마음을 몸의 주인으로 삼아 타인에게 유익함을 베풀 수 있어야 한다."로 해석될 수 있다.《中國語文學論集》 제70호 <先秦 儒家 人性 談論의 軌跡> 각주 7) 참조.

89)《孟子·告子上》: "仁, 人心也. 義, 人路也. 舍其路而弗由, 放其心而不知求, 哀哉! 人有雞犬放, 則知求之, 有放心, 而不知求. 學問之道無他, 求其放心而已矣."

그 심정에서 일어나는 것이지만, 즉시 외부로 나타나지 않으므로 무언가 한 가지 방법에 의해 사람들의 심정을 알아내려고 한다면, 예를 제외하고 무엇이 있겠는가?"[90]라고 밝힘으로써 그 구체적인 방법론으로서 예의 올바른 배움과 실천적 수양을 제시하였다. 마음에 품고 있는 욕망과 혐오는 행위로 나타날 수 밖에 없으므로, 예로써 그 행위의 올바름을 바로잡을 수 있다는 것이다. 이처럼 행동규범으로서의 마음과 감정을 다스리고 순화시키기 위한 예의 수련에 대하여 더욱 선명한 판단을 내려야 하는 전통유가의 이론적 근거를 찾을 수 있다.

인성론에 대한 논술로 사람의 행동은 마음으로부터 나오기 때문에, 행동을 감찰함으로써 속마음을 훤히 알 수 있음은 물론, 마음이 강직하면서도 견고한 것(또는 이러한 이치를 사물을 깊이 통찰함에 적용하는 것)을 義라고 하고, 의는 공경하는 마음으로부터 출발한다고 보았다. 또한 篤, 仁, 信은 인간의 성정을 근본으로 함을 밝히고 있는데, 이와 함께 사물을 대하는 근본 태도인 '모심(敬)'의 중요성도 제시되었다. 이러한 공경하는 마음에 대한 중요성은《禮記》에도 강조되었으며, 宋 范祖禹도 이러한 전통을 계승하여 "대소 예의 전부를 한마디로 일괄한 마음가짐은 '毋不敬' 세 자밖에 없다라고 하였다(范祖禹曰: 經禮三百, 曲禮三千, 一言以蔽之, 曰'毋不敬')."라고 밝히고 있어, 원시는 물론 宋代 유학에 있어서도 예악이 경애를 근본으로 한다는 공통 인식의 지평을 읽을 수 있다.

> 예는 사물을 구분하고 사람의 마음을 받들게 하는 것이고, 음악은 여러 가지의 다른 곡절에 의해 사람의 마음을 사랑하도록 하는 것이지만 두 가지 예와 음악 모두 본질에 있어서 같다.[91]

90)《禮記 · 禮運》: "故欲惡者, 心之大端也. 人藏其心, 不可測度也; 美惡皆在其心, 不見其色也, 欲一以窮之, 舍禮何以哉?"

91)《禮記 · 樂記》: "禮者殊事合敬者也, 樂者異文合愛者也, 禮樂之情同."

예악이 세계에 조화를 가져오는 것이라는 본질상 동일한 목적에서 출발하며 그 근본은 마음에 있음을 지적하고 있으며, 이에 대하여 孫希旦은 "예의란 일은 다르지만 공경하는 실정은 같다. 음악이 다르지만 사랑하는 실정은 같다. 예의와 음악은 그 말단이요, 사랑과 공경은 그 근본이다. 말단은 변할 수 있으나 근본은 별할 수 없으므로, 현명한 왕들이 이를 이어받은 것이다(禮之事異, 而敬之情則同. 樂之文殊, 而愛之情則同. 禮樂之文與事者其末, 而愛敬之情者其本. 末可變而本不可變, 故明王以相沿也)."라고 하면서 경애의 중요성을 한걸음 더 나아가 예악은 말단이고 사랑과 모시는 마음이 근본이라고까지 단언을 내리고 있다. 다시 말해 사물과 백성을 모시는 사랑하는 마음(敬愛)을 치국의 근본, 왕도정치의 이념으로 설명하고 있는 것이다.

또한 평범한 사람으로서 성현의 덕성을 얻기 위해 마음수양과 음악교화가 필수적임을 강조하고 있는데, 즉 인간의 몸은 마음의 조절을 받아야 하고, 덕성을 갖춘 모범적인 성현의 삶에 가까워지려면 우선 음악으로부터 깊은 감화를 받는 것이 주요하다고 설명하고 있다. 아울러 편저자는 사람의 마음은 아무리 숨기고 싶어도 밖으로 드러날 수 없으며, 그 사람의 행동은 마음의 발현이므로 따라서 마음을 순화시키기 위해서는 음악이 절대적으로 필요하다는 樂敎論을 연계시킴으로써 자신의 논리를 확충시켜 나간다.

(3) 禮樂 敎化論

곽점초간본 34-35간에는 마음과 음악, 춤과 노래, 이러한 감정과 동작, 행위를 조절하는 데 필수요소인 禮와의 관계를 밝히고 있는데 이는 《禮記》에 有子와 子游의 대화에 등장하는 논지와도 정확히 일치하며,[92] 그 내용의 대략은 <詩大序>, 《樂記 · 師乙》과도 흡사하다. 즉 손동작 춤으로서 舞는 기쁨의 표현, 발동작 춤으로서 踊은 슬픔의 표현으로 舞踊을 정의하고 있으며, 이러한 마음과 생각, 감정행위와 음악의 조절기능으로서 예를 제시하고 있다.

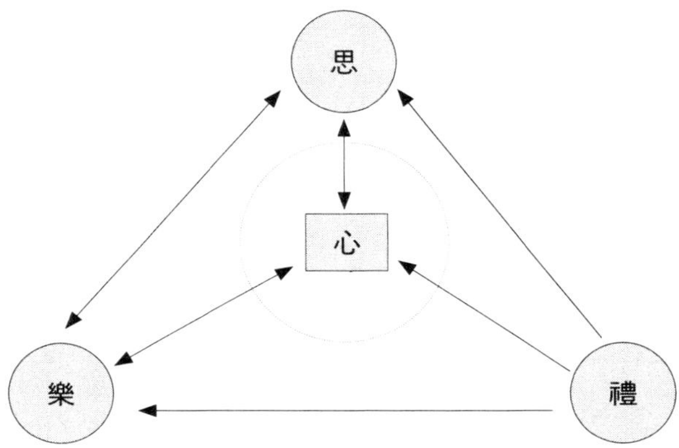

위 그림에서 볼 수 있듯이 육체(몸)를 포함하여 마음은 생각과 감정 양상의 중심에 위치하며, 희노애비의 감정은 음악과 밀접한 관련을 가지고 마음과 생각의 상호작용이라는 관계 속에서 형성된다. 그런데 예의 작용과 음악의 효능에 관한 기록을 살펴보면, 둘 다 선량한 본성으로 돌아가도록 돕는 기능이 존재한다는 공통점이 발견된다. 왜냐

92) 《禮記 · 檀弓下》: "有子與子游立, 見孺子慕者, 有子謂子游曰:「予壹不知夫喪之踊也, 予欲去之久矣. 情在於斯, 其是也夫?」子游曰:「禮: 有微情者, 有以故興物者; 有直情而徑行者, 戎狄之道也. 禮道則不然, 人喜則斯陶, 陶斯詠, 詠斯猶, 猶斯舞, 舞斯慍, 慍斯戚, 戚斯嘆, 嘆斯辟, 辟斯踴矣. 品節斯, 斯之謂禮.」" 郭店楚簡本 34, 35간: "喜斯慆, 慆斯奮, 奮斯咏, 咏斯猷, 猷斯舞. 舞, 喜之終也. 慍斯憂, 憂斯慽, 慽斯嘆, 歎斯撫, 撫斯踊, 踊, 慍之終也."

하면 예와 음악은 필연적으로 역사적 사건이나 인물과 같은 실재 소재를 포함하고 있기 때문에 진실한 감정을 표현하고 있다는 점에 일치하기 때문이다. <인성론>에서 제시되고 있는 예악교화론의 주지는 "시작은 '情'에 가깝고, 마치는 것은 '義'에 가깝다. 情을 깨달은 자가 그것을 발현해낼 수 있고, 義를 아는 자는 그것을 절제할 수 있다(始者近情, 終者近義. 知情者能出之, 知義者能入(納:곽점초간본)之)."라는 논점으로 귀결되며, 여기에서 '出入'의 1차적인 의미는 '발현과 수렴, 즉 시종'을 가리킨다. 예컨대 성현의 음악은 절주가 사람의 가슴 속에 오랫동안 남아있게 되면, 인간본연의 善한 처음으로 되돌아가게 되어(反善復始) 신중하게 되는 것으로 파악하여, 그 진정의 발현과 수렴을 따르게 되어 그 德을 시작하게 된다라고 하여 소리는 "마음속 깊은 감정과 믿음으로부터 나오고 들어간다". 라는 일차적인 의미를 표상한다. 다음으로 음악은 마음이 본성을 따라 행동으로 발현되는 과정 속에서 창작과 감상의 조절, 절제라는 예의를 실현해야 된다는 2차적 의미를 함유하고 있다. 그런데 이러한 창작과 감상에서 필수적 장치인 예의를 통한 교화의 과정은 인위적인 조작이 아닌 자연스런 것으로 규정하고 있다. 이는 <詩大序>의 음악발현이 진실한 감정에서 나와 예의로 끝마치게 된다(發乎情, 止乎禮義)는 논조와도 맥을 같이 한다. 여기에서 '출입'은 중의적의미를 내포하면서 동시에 동일한 가치를 지향한다.

다음으로 <인성론>의 편저자는 음악과 마음의 관계를 先王의 正樂인 '古樂'과 '溢樂' 즉 '淫樂인 新樂'을 대비하여 논하고 있다. 賚와 武는 殷을 멸망시키고 천하를 평정한 周 武王의 업적을 기리는 노래와 춤으로 구성된 <大武>를, 韶는 舜의 음악을, 夏는 <大夏>로서, 夏 禹王의 춤과 음악을 가리키는데, 요지는 기교로만 연주하는 음악(대중음악)이 아닌 진실된 마음에서 우러나오는 음악(고전음악)이 감동을 줄 수 있다는 논리이다. 그렇다면 마음은 어떤 과정으로 표출되고 감정의 변화는 어떻게 진행되며 음악은 마음과 감정에 어떤 영향을 주는가? 먼저 사물에 대하여 본성, 즉 희노애비의 기가 표출되면 마음 속으로 스며들게 되고, 극도의 감정변화를 수반하게 되며, 슬픔과 기쁨, 음악이 상호 작용을 통하여 영향을 주고 변화시킨다는 설명이다. 예를 들어, 울음이 마음을 움직이면 마음이 점차 쇠락하게 되고, 슬픔이 쌓이게 되어 서러운 상태로 마치게 된다는 것이고, 음악이 마음을 움직이면 걱정하여 울적해지게 되어 슬픔에 빠져들게 된다는 점에서 마음과 음악, 감정과 음악은 상호 밀접한 영향관계에 놓여있다는 점을 설명하고 있다. 즉 음악과 감정의 변화는 마음을 움직이는 원리로 작용한다는 것을 귀납적으로 지적함으로써 대상세계와 음악, 감정과 마음 상호간의 작동과정과 결과에 대한 논리적 인식의 지평을 단계적으로 넓혀 나갔다.

1) 대전제 : 由外表現 → 深入內心 → 至情變化 → 哀,樂彼此轉化
2-1) 소전제 : 哭 → 動心 → 浸焊 → 拔累累如也 → 戚然以終
2-2) 소전제 : 樂 → 動心 → 溶深鬱慆 → 拔流如也以悲 → 攸然以息

또한 "지극한 음악은 반드시 슬프다(至樂必悲)"라는 관점은 전개하고 있는데, '至樂'은 바로 '至情'을 가리키는 것으로 음악은 진실한 감정의 표현이며, 진정이 음악을 만든다는 설명이다. 또한 애락의 감정은 천성으로 정반대의 정서이지만 진실의 유로라는 측면에서 유사한 것이라는 논리를 전개한다. 즐거움이 극점에 도달하면 슬픔에 빠지게 된다는 것, 즉 기쁨과 슬픔의 상관성을 지적하고 있다. 기쁨과 슬픔이라는 감정은 어떤 과정 속에서 어떻게 변화하는 것일까? 필자는 인성론의 견지에서 외부사물에 대한 감응으로써 시작되지만, 애환의 극점에 도달되면, 상호작용을 통하여 변화하게 된다고 설명하고 있다. <

性情論>에서 저자는 '감정의 상호작용(哀樂性相近)'이라는 관점을 제시하였으며, '禮樂'으로써 지극한 감정을 조절해야 한다는 전통유가의 도학적 입장을 제시한 李天虹의 견해와 달리, 濮茅左는 한 걸음 더 나아가 외물의 현상을 감응함으로써 표현된 감정의 결과가 내심의 정서를 질적으로 변화시켜 轉化의 과정을 거치게 되며, 현상에 의한 반응으로서의 감정이 아닌, 자발적인 표출로서의 감정이 내심을 변화시킬 수 있다는 해석을 제기하였다. 이러한 심리기제현상을 현대적으로 해석한다면, 내면의 무의식에 있는 감정을 스스로 자극함으로써 울면 슬퍼지고, 웃으면 기쁨이 온다는 심리구조를 설명하는 면으로도 이해할 수 있을 것이다.

다음으로 우리의 감각기관 가운데 시각과 청각은 천성적으로 아름다움을 추구한다는 견해를 보여준다. '人情'에 대해서는 인간은 본능적으로 이목구비의 감각기관을 통하여 기쁨을 추구하고자 한다는 《荀子·王霸》의 설명을 참조할 수 있을 것이다.[93] 《樂記·樂言》, 《大戴禮記·文王官人》, 《說苑·脩文》 등의 기록에도 사람의 감정, 마음과 음악은 서로 영향을 주고받는 것임을 알 수 있다.[94] 슬픔과 기쁨, 소리

---

93) 《荀子·王霸》: "사람들의 감정이란, 눈은 색깔을 추구하려 하고, 귀는 음악을 추구하려 하며, 입은 맛을 추구하려 하고, 코는 냄새를 추구하려 하며, 마음은 편안함을 추구하려 한다. 이 다섯 가지의 추구란 사람들의 감정으로서는 절대로 피할 수가 없는 것이다.(夫人之情, 目欲綦色, 耳欲綦声, 口欲綦味, 鼻欲綦臭, 心欲綦佚. 此五綦者, 人情之所必不免也.)"

94) 《樂記·樂言》: "그러므로 세상에 음조가 급속하고 섬세하며 찍어 눌리고 약해진 느낌의 음이 많은 악곡이 연주되는 것은 백성에게 근심이 많음을 나타내고 있다. 음조가 느리고 부드러우며 화려하게 장절이 긴 느낌이 드는 악곡은 백성이 안락하다는 것을 나타내고 있다. 음조가 거칠며 처음에는 격하고 끝에는 솟아오르며 전체로서 웅장한 느낌이 드는 악곡은 백성이 굳세다는 것을 나타낸 것이다. 단조롭고 힘차며 장중한 느낌의 악곡은 백성이 공손하다는 것을 나타내고 있다. 느슨하고 윤기가 있고, 부드럽고, 조용하게 흘러가는 느낌의 악곡은 백성이 자애로움을 나타내고 있다. 음조가 자주 변전하고 산만하고 경쾌하고 미친 듯이 춤추는 것 같은 느낌이 드는 악곡은 백성이 방종하다는 것을 나타내는 것이다.(是故急微噍殺之音作, 而民思憂.

와 마음의 관계를 대응시킴으로써, 궁극적으로는 마음과 음악과의 관계를 두 가지로 분류하여 설명하고 있다. 첫째, 우울한 생각에 빠진 뒤에는 슬픔이 찾아오고, 슬픈 노래를 부른다. 한편 즐거운 생각을 한 후에는 기뻐하며 즐겁게 노래를 부르게 되는 것이다. 둘째, 소리가 변하면 마음도 그 소리에 따라 변하게 된다. 반면 마음이 변하면 그 소리도 함께 따라 흘러가게 된다는 것이다. 아래에서는 생각과 감정, 마음과 감정, 심리현상으로서의 소리, 행위로 표출된 음악, 춤(무용)이라는 예술로의 탄생을 희노애비의 기가 발현되는 과정으로 설명하고 있다.

무릇 근심스런 생각 뒤에 슬픔에 빠지게 되며,(A19, B31) 무릇 즐거운 생각 뒤에 기쁨이 찾아온다. 무릇 생각의 마음 씀은 심하다. 탄식은 생각의 표출 방식이다. 그 소리가 변하면 마음이 그것을 따르고,(B32) 그 마음이 변하면 그 소리 또한 변하게 되는 것이다.(A20) 울음은 슬픔이 흘러나온 것이며, 떠들썩함은 기쁨이 흘러나온 것이다. 웅성거림은 소리가 흘러나온 것이며 노래는 마음이 흘러나온 것이다.(B33)

[사람은 기쁘면 가슴이 뭉클해지고, 마음이 뭉클해지면 떨쳐 일어나고, 떨쳐 일어나면 길게 읊조리고 길게 읊조리면 몸이 움직이고, 몸이 움직이면 손이 흔들리고 발을 구르게 되어 춤을 추게 된다. 춤을 추면 기쁨이 극에 달하게 된다. 사람이 화를 내기 때문에 근심하게 되고, 근심하게 되면 애통하게 되

嘽諧慢易 繁文簡節之音作, 而民康樂. 粗厲猛起・奮末廣賁之音作, 而民剛毅. 廉直・勁正・莊誠之音作, 而民肅敬. 寬裕肉好 順成和動之音作, 而民慈愛. 流辟邪散・狄成滌濫之音作, 而民淫亂.)", 《大戴禮記・文王官人》: "심기가 과장되고 제멋대로인 것은 그 소리가 흘러 흩어지고 심기가 순하고 믿음직한 것은 그 소리가 절도에 따르고, 심기가 비루하고 도에 벗어나는 것은 그 소리가 갈라져 듣기가 싫고, 심기가 너그럽고 부드러운 것은 그 소리가 溫好하다.(心氣華誕者, 其聲流散; 心氣順信者, 其聲順節; 心氣鄙戾者, 其聲斯醜, 心氣寬柔者, 其聲溫好.)", 《說苑・脩文》: "종과 북의 소리에 노하여 이를 치는 것이 무이며, 슬퍼서 이를 치는 것이 비이고, 즐거워서 이를 치는 것이 낙이다. 그 뜻이 변하면 그 소리도 변한다. 그 뜻이라는 것은 진실로 이처럼 금석에게조차 통하니, 하물며 인간에게 있어서랴?(鐘鼓之聲, 怒而擊之則舞; 憂而擊之則悲; 喜而擊之則樂. 其志變, 其聲亦變. 其志誠, 通乎金石, 而況人乎?)"

고, 애통한 마음이 더해지면 탄식하고, 탄식이 더해지면 가슴을 두드리게 되고, 가슴을 두드리면 몸을 펄쩍펄쩍 뛰게 된다. 이처럼 몸부림을 치는 것은 분노의 극단적 표출행위이다.](<인성론> 곽점초간본 34-35간)

감정과 소리와 음악과 마음이 서로 상호작용을 한다는 것으로, 《淮南子 · 脩務訓》에서 군자, 성인이 세속을 떠나 마음을 깨끗하게 정진한다는 논리나, 같은 책 <詮言>편에서 때 묻지 않은 순수 무욕의 마음을 지킴으로써 몸과 마음을 평안의 경지로 이끌어 냄으로써 천명에 순종한다는 논점[95]과 맥을 같이하며, 여기에서 '마음의 흐름(流心)'이라는 메카니즘적 요소가 생각, 감정, 소리, 행동의 맥락에서 이해하고 있다는 점이 눈길을 끈다.

95) 《淮南子 · 脩務訓》 "군자는 정진하여 자세히 관찰하고, 그 재능을 갈고 닦으며, 그 신명을 다하되 사물의 전개를 관찰하며, 사물의 폐색을 개통시키고 시작과 끝을 살피며, 그 귀착하는 곳을 관찰한다. 이렇게 하여 티끌 같은 세상 밖으로 나와서 마음을 무위에 두고 초연하게 홀로 서서 홀연히 세속을 등진다. 이것이야 말로 성인이 마음을 한가롭게 하여 노닐던 방법인 것이다(君子有能精搖摩监, 砥礪其才, 自試神明, 覽物之博, 通物之壅, 觀始卒之端, 見無外之境, 以逍遙仿佯于塵埃之外, 超然獨立, 卓然離世, 此聖人之所以游心).", 《淮南子 · 詮言》 "사람의 마음이 항상 무욕한 것을 평온이라고 할 수 있고, 신체가 항상 무사한 것을 평안이라고 말할 수 있다. 마음을 평안한 경지에 풀고 신체를 평안한 경지에 이르게 하여, 그런 상태에서 천명을 기다리는 것이다(心常無欲, 可謂恬矣; 形常無事, 可謂佚矣. 游心于恬, 舍形于佚, 以待天命)."

제3부

리더십으로서의 군자론

필자는 그간 楚簡本(郭店簡, 上博簡) 연구를 통하여 출토자료의 편제를 총론에서 인성론을 개괄하고, 본론에서는 교화를 주지로 설정하여 특수 인성을 지향하는 君子論으로 귀납하려는 논리적으로 치밀하게 구성된 한 편의 글로서의 성립 가능성에 무게를 두고 논지를 전개해왔다. 또한 자료의 성격을 원시 유가에 있어 존재론과 인식론으로서 인간의 본성과 그 구현과정에 대한 탐구이며, 동시에 전국시대 남방 초나라라는 시공간의 정치사회적인 배경하에서 저술된 글로서, 궁극적으로는 혼란한 세상을 구할 이상적 군자를 대망한 지도자론으로 독해하였다. 그렇다면 원시 유가의 지평에서 볼 때, 先秦 楚簡本은 동시대 출간물로 추정되는 郭店楚簡의 다른 유가류, 예컨대 <五行>, <窮達以時>, <成之聞之>, <六德>, <尊德義>, <唐禹之道> 등과는 어떤 상관 내지 유대관계를 갖는지에 대한 규명문제가 대두된다고 본다. 특히 <五行>은 초죽간 <인성론>이 공시적 인성론의 특수성이라는 측면에서 해석할 수 있다면 군자론의 발현이 어떻게 이뤄져야하는가? 라는 총론에 대한 각론적 자료로 수렴될 수 있다고 본다.

7. 군자는 어떤 인물인가?

군자란 어떤 인물이어야 하는가? <五行>에서는 인도와 천도를 구분하였으며, 군자의 정체성과 자격을 규정하면서, 天道를 실현하는 자라는 논리를 전개하고 있다. 다음으로 군자의 덕성은 내면으로부터 어떻게 형성되고 함양되는가? 라는 질문을 던진다면, 초죽간의 저자는 그 메커니즘(mechanism)을 설명함에 있어 "세상 속에 살면서 바깥 사물(환경)과 접촉을 통해 만나게 되면 마음으로부터 걱정근심이 발동함 장애물을 제거하기 위해 지혜를 다양하게 축적하게 됨 ⇒ 오랫동안 쌓은 연륜(지혜)을 가지게 되어 내면에 기쁨과 평안, 즐거움이 충만해지고 이로써 고상한 덕성을 찾게 된다고 밝히고 있다.

우선 변하지 않는 진리인 하늘의 운행과 인간의 속성에 의한 행동은 어떻게 다른지 그 정의와 함의를 풀어보는 것으로부터, 군자의 인물조건에 대한 이해에 접근해 볼 필요가 있다.

1) 天道와 人道

> 하늘이 사람에게 베풀어준 것을 천성이요, 자연이라 한다. 사람이 다른 사람에게 행동하는 것을 익숙한 습성이라 한다.[96]

초죽간의 저자는 인간을 규정함에 있어 먼저 천성과 습성을 천도와 인도와의 구분 가운데 설명을 시도하고 있는데, 필자가 해석하기로 이는 군자의 德行(마음으로부터 仁義禮智聖의 조화로운 행위)과 善行(마음으로부터 仁義禮智의 조화로운 행위)을 구분하여 가리키려는 의도가 아닌가 싶다. 이렇게 추정할 경우, 天道는 천명처럼 불변하는 것으로 간주하고, 人道는 인간의 습성에 의한 것으로 후천에 의한 가변적인 것으로 규정한 것으로도 볼 수 있겠다. 이는 孔子의 "性相近, 習相遠", 즉 하늘로부터 부여받은 천성은 본질적으로 근사한 것이지만 후천적인 습관에 의하여 멀어지게 되었다는 관점과 孟子의 '天人之分論'과도 깊은 관련이 있다고 본다. 즉 하늘은 정해진 지향점을 향해 운행하는 것이고, 사람은 부여된 시공의 환경 속에서 매순간 쾌락과 기쁨을 통해 체화된 관성(학습경험)에 따라 살아가는 존재라는 것

---

96)【说27】"天生诸其人, 天也." 天生诸其人也者, 如文王者也. "其人施诸人" 也者, 如文王之施诸闳夭,散宜生也. "其人施诸人, 不得其人不为法." 言所施之者, 不得如散宜生, 闳夭者也, 则弗为法也矣.

이다. 그렇다면 군자라면 어떤 품성을 지녀야 될까? 한마디로 진리를 가슴에 품고 행동으로 그 진리를 보여주는 실천자라는 것이다.

2) 천도의 실행자 - 영속적 교섭과 선택

(1) 군자는 하늘의 운행을 따라 길을 가는 자이다. 天道의 실행자는 단호하되 자비롭다.

단호하지 않으면 시행할 수 없다. 사소한 것을 숨겨주지 않는다면 도를 살필 수 없다. 큰 죄를 범한 사람은 중형으로 다스리는데 이것을 단호함(剛簡)이라 한다. 사소한 작은 죄는 사면해 줄 수 있는데, 이것을 숨겨준다고 하는 것이다. 큰 죄를 중형으로 단호히 다스리지 않는다면 법을 집행할 수 없는 것이다. 사소한 작은 죄를 사면하지 않는다면 도를 밝힐 수 없는 것이다.[97]

군자는 천도를 어떻게 실행에 옮기는 사람인가? 한마디로 단호함을 강조하고 있는데, 여기에 剛溫의 양면성을 가진 단오함을 덧붙여 주문하고 있다. 군자가 일을 처리함에 있어 강함과 온화함을 겸비해야 한다는 것이다. 중대한 큰 일을 처리할 때는 강하고 간결하게 결단력을 가지고 단호히 대처하여 義理를 추구해야 하며, 사소한 작은 일을 처리할 때는 온화함으로 다스려 仁愛를 발휘해야 하는 것이다. 하늘의 이치인 '仁內義外'와도 통하는 원리이다. 즉 군자의 행위는 剛簡

---

97) 楚竹簡 <五行>: "不柬〈柬(简)〉, 不行. 不匿, 不㙯(察)【37】於道. 又(有)大皋(罪)而大豉(诛)之, 柬〈柬(简)〉也. 又(有)少(小)皋(罪)而亦(赦)之, 匿也. 又(有)大皋(罪)而弗大【38】豉(诛)也, 不行也. 又(有)少(小)皋(罪)而弗亦(赦)也. 弗亦(赦)也, 不㙯(察)於道也.■"【說22】"不簡不行."简也, 简则行矣. "不匿, 不辨于道." 匿者, 言人行小而轸者也.小而实大, 大之口者也.《世子》曰: "知轸之为轸也, 斯公然得矣." 轸者, 多也; 公然者, 心道也. 不周于匿者, 不辨于道也. " 有大罪而大诛之, 简; 有小罪而赦之, 匿也. 有大罪而弗口诛, 不行也. 有小罪而弗赦, 不辨于道也.

→ 大而嚴 → 義 ↔ 柔匿 → 小而溫 → 仁의 일련의 수양과정을 거쳐야 함을 의미한다.

(2) 군자는 하늘의 이치를 듣고 따른다.

눈으로 살펴보고 이해할 수 있는 것을 道를 향해 앞으로 나아간다고 말하고, 효시하여 이해할 수 있는 것을 道를 향하여 앞으로 나아간다고 말한다. 비유하여 알 수 있는 것을 道를 향하여 나아간다고 한다. 미세한 징조로도 아는 것은 天이다. 《詩經·大雅·大明》에서 "하느님이 너희에게 임하실 때, 변심하지 않도록 조심하라"고 한 말이 바로 이것이다.[98]

하늘의 도는 시공을 초월하여 우리를 미세하게 지켜보고 계시므로 한시도 딴 마음을 품지 말고, 마음과 뜻과 정성을 다하여 정진하라는

98) 楚竹簡 <五行>: 目而智(知)之胃(谓)之进之. 𠦬〈喻〉而智(知)之, 胃(谓)之进之. 辟(譬)而智(知)之, 胃(谓)之进之.【47】幾而智(知)之, 天也. "上帝贤(臨)女(汝), 毋貳衆心", 此之胃(谓)也.■【说26】"目而知之, 谓之进之", 弗目也, 目则知之矣, 知之则进耳.目之也者, 比之也. "天监在下, 有命既集"者也, 天之监下也, 集命焉耳. 循草木之性, 则有生焉, 而无好恶. 循禽兽之性, 则有好恶焉, 而无礼义焉. 循人之性, 则巍然知其好仁义也. 不循其所以受命也, 循之则得之矣, 是目之已. 故目万物之性而[知人]独有仁义也, 进耳."文王在上, 于昭于天", 此之谓也.文王源耳目之性而知其好声色也, 源鼻口之性而知其好臭味也, 源手足之性而知其好佚愉也, 源心之性则巍然知其好仁义也.故執之而弗失, 亲之而弗离, 故卓然见于天, 著于天下, 无他焉, 目之也, 故目人体而知其莫贵于仁义也, 进耳."譬而知之, 谓之进之."弗譬也, 譬则知之矣, 知之则进耳.譬丘之与山也, 丘之所以不口名山者, 不积也.舜有仁, 我亦有仁, 而不如舜之仁, 不积也.舜有义, 而我亦有义, 而不如舜之义, 不積也.譬比之而知吾所以不如舜, 进耳."喻而知之, 谓之进之."弗喻也, 喻则知之矣, 知之则进耳.喻之也者, 自所小好喻乎所大好."窈窕淑女, 寤寐求之."思色也."求之弗得, 寤寐思服."言其急也."优哉游哉, 輾轉反側."言其甚急也.如此其甚也, 交诸父母之側, 为诸? 明有死弗为之矣.交诸兄弟之側, 亦弗为也.交诸邦人之側, 亦弗为也.畏父兄, 其杀畏人, 礼也.由色喻于礼, 进耳."几而知之, 天也."几也者, 賫数也.唯有天德者, 然后几而知之."上帝临汝, 毋貳尔心."上帝临汝, 口几之也; 毋貳尔心, 俱几之也.

것이다. 앞의 '愼獨', 도와 한 순간도 떠나지 말 것(道也者, 不可須臾離也, 可離非道也)을 주장하는 中庸의 논조와도 정확히 일치한다. 이 부분의 문의는 군자는 하늘의 조짐을 살펴보는 지혜로운 자이며, 하늘의 길을 따르는 자임을 선언하고 있다.

(3) 진심에서 발현된 근심, 지혜, 기쁨, 평안, 즐거움, 덕의 소유자.

덕의 행위에는 다섯 가지가 있는데, 이것의 조화를 덕이라고 한다. 네 가지의 행위가 조화를 이루는 것을 선이라고 한다. 선은 사람이 걸어야할 길이며, 덕은 하늘이 운행하는 이치이다. 군자는 내면에 근심이 없으면, 지혜가 없게 되고, 내면에 지혜가 없으면 기쁨도 없게 되며, 내면에 기쁨이 없으면, 편안함도 있을 수 없으며, 내면에 편안함이 없으면, 즐겁지 않을 것이고, 내면에 즐거움이 없으면 덕이 없게 된다.[99]

(4) 때에 맞는 행동을 선택하는 자.

[군자란] 내면에 인의예지성이 만들어져 때에 맞춰 행동하는 사람을 가리킨다. 사는 군자도에 뜻을 가지고 있는 사람을 가리킨다(혹은 천도를 알지만 행하지 않기 때문에 지사라 부르는 것이다). 선은 행하지 않으면 가까이 할 수 없고 덕은 뜻을 두지 않으면 이뤄질 수 없다. 지혜는 생각하지 않고는 얻을 수 없고, 깊이 사색하지 않으면 확실히 볼 수 없으며, 오래 생각하지 않으면 얻을 수 없다. 얻지 못하면 편안하지 않고 편안하지 않으면 즐거울 수 없고, 즐겁지 않으면 덕이 있을 수 없다.[100]

---

99) 楚竹簡 <五行>: 惪(德)之行五, 和胃(谓)之惪(德), 四行和胃(谓)之善. 善, 人【4】道也. 惪(德), 天道也. 君子亡𦙶(中)心之𢚧(忧)则亡𦙶(中)心之智, 亡𦙶(中)心之智则亡𦙶(中)心【5】之悅, 亡𦙶(中)心之悅则不安, 不安则不藥(乐), 不藥(乐)则亡惪(德).■

100) 楚竹簡 <五行>: 五行皆型(形)于内而时行【6】之, 胃(谓)之君子 士又(有)志於君子

(5) 仁은 내면의 德이 온화한 표정으로 발현된다 – 세계에 투사되고 마음 속으로 반사되어 쌓이게 되면, 사랑이라는 강화된 행위로 나타난다.

군자의 인간관계는 내면으로부터 감동을 받게 되므로 만나 볼수록 가까이 하게 된다는 뜻으로 파악하여 朱德熙의 견해를 취하기로 한다. '玉色'은 옥의 품성으로서 보통 사람의 성품을 묘사하기도 하는데, <案>: 여기에서는 온화한 얼굴빛(용모)을 비유하였다. 帛書에는 "溫則見君子道, 見君子道則不憂, 不憂則玉色."라는 구절이 포함되어 있다. '㥵'은 '慍'의 이체자로 帛書本에는 '溫'으로 되어 있으며, 여기서는 '온유하고 너그러운 마음(溫柔寬緩)' 또는 '따뜻하고 어질고 공손하고 검소하며 나보다 남을 높게 여기는 마음(溫良恭儉讓)'의 의미로 볼 수 있다. 《荀子·法行》에도 "무릇 옥은 군자의 덕으로 비유된다. 온화하고 윤택한 것은 인의 덕이요, 분명히 드러나 문리가 있는 것은 지의 덕이다. 굳고 강하며 굽히지 않는 것은 의의 덕이요, 모가 나면서도 상처를 주지 않는 것은 행의 덕이다. 꺾여 질지라도 굽히지 않는 것은 용의 덕이요, 옥티와 옥빛이 나란히 드러나는 것은 정의 덕이다. 그것을 두드리면 소리가 맑고 높게 멀리 들리며, 두드리는 것을 멈추면 그치는 것은 말의 덕이다. 그러므로 비록 옥돌 조각이 아름다워도 옥의 윤택만 못한 것이다. 시경에 '군자를 그리노니, 온유함이 옥과 같네'라고 한 것은 이것을 가리키는 것이다(夫玉者, 君子比德焉.溫潤而澤, 仁也 ; 縝栗而理, 知也 ; 堅剛而不屈, 義也 ; 廉而不劌, 行也 ; 折而不撓, 勇也 ; 瑕适并見, 情也.扣之, 其聲淸揚而遠聞, 其止輟然, 辭也.故雖有珉之雕雕, 不若玉之章章.《詩》曰 :

道, 胃(谓)之時(志)士. 善弗为亡近, 悳(德)弗【7】之(志)不成, 智弗思不得. 思不清不諓察), 思不倀(长)【不得, 思不清】不型(形), [不型(形)則不安], 不安[則]不藥(乐), 不藥(乐)【8】[則]亡悳(德). 《荀子·哀公》"세상에는 용인, 지사, 군자, 현인, 대성 다섯 부류의 사람이 있다(人有五义, 有庸人, 有士, 有君子, 有賢人, 有大聖)." 《荀子·解蔽》 "내가 생각이 깊지 않으니, 정함이 없다(吾慮不清, 未可定然否也)."

'言念君子, 溫其如玉.'此之謂也."라고 기재되어 있다. 詩經 秦風 小戎의 구절을 인용하여 진정한 군자의 덕이 비록 조작된 화려한 외모는 아니지만, 내면의 인격으로부터 뿜어져 나오는 은근한 향기와 빛에 감동될 수 밖에 없음을 밝히고 있다. 이를 근거로 유가의 바람직한 군자상에 대한 태도라는 측면에서 볼 때, 지하자료와 문헌자료의 표현과 내용이 거의 일관되게 기술되고 있음을 확인할 수 있다.

(6) 지혜를 갖춰 내면이 빛나는 자.

지혜로운 생각은 오래 지속되고, 오랜 시간을 거쳐야 획득될 수 있으며, 일단 얻게 되면 잃지 않고, 잃지 않으면 현명하게 되고 현명하면 어진 사람을 만날 수 있게 된다. 현자를 만나면 얼굴빛이 온화해지고, 온화한 얼굴빛은 내면으로부터 만들어지며, 마음속에 깃들게 되면 지혜로워 진다.[101]

(7) 마음으로 玉音(天籟)을 듣는 자.

비범하고 총명한 생각은 민첩하고, 민첩함은 마음으로부터 만들어져 나오고, 마음으로부터 형성되니 망각될 수 없고, 망각하지 않으면 총명해지는 것이다. 총명하면 군자의 도리를 들을 수 있고, 군자의 도리를 듣는 것은 하늘의 소리를 듣는 것이니, 하늘의 소리는 마음으로부터 만들어지며, 마음으로부터 형성되는 것이 바로 거룩한 하늘의 덕인 것이다.[102]

---

101) 楚竹簡 <五行>:智之思也倀(长), 倀(长)则得, 得则不亡(忘), 不亡(忘)则明, 明则见臤(贤)人, 见臤(贤)人则玉色, 玉色则型(形), 型(形)【14】则智.■ 《荀子·解蔽》의 《전하는 말에 "현명한 사람을 알아보는 것을 밝다고 한다(傳曰, 知賢之谓明)》이나 《文子·上仁》의 《현명함을 아는 것을 지혜라 한다(知賢之谓智)》와 같은 의미이다.

102) 楚竹簡 <五行>: 聖之思也罌(轻), 罌(轻)则型(形), 型(形)则不亡(忘), 不亡(忘)则聪, 聪则聋(闻)君子道, 聋(闻)君子道则玉音, 玉音则型(形), 型(形)【15】则聖.■ 帛書【说7장】"圣之思也轻". 思也者, 思天也 ; 轻者尚矣. "轻则形". 形者, 形其所思也

천도는 하늘의 명령이며 하늘이 운행하는 길이다. 이러한 천도의 명령을 안다는 것은 평범한 사람으로서는 불가능하다. 그렇다면 하늘의 명령을 어떻게 들을 수 있으며 행동으로 따라 움직일 수 있는가.

'玉音'은 '자연의 소리(天籟)'로 오직 어진사람만이 귀가 밝아 들을 수 있다. 즉 聖明하고 賢德한 사람이 듣고 변별할 수 있는 소리를 비유한 것이므로, 비범하고 총명하며 어진 후덕한 소리를 가리키기도 한다. 帛書本에는 '王言'으로 되어 있는데, 《尙書大傳》 卷五의 기록에도 "제후 모두 옥음에 몸을 굽히어 받든다(諸侯皆莫不磬折玉音)"에서 玉音은 왕의 말을 가리켰음을 추정해 낼 수 있다, 즉 고문에서 玉音, 德音, 天籟, 王言 등은 모두 유사한 하늘의 소리를 비유한 것이다. 군자의 생각은 지혜로울 뿐 아니라 거룩한 뜻을 품는다. 지극히 성스러운 생각을 하게 되면 천도가 완성된 덕의 단계로 들어갈 수 있다는 것이다.

2) 人道(愼獨, 德行)의 실천자

(8) 군자는 천도를 지향하여 신독에 힘쓴다.

["뻐꾸기가 뽕나무에 있으니 그 새끼가 일곱이네] 단정하신 군자여, 그 위의가 한결같구나(一)" 하나(一)가 될 수 있게 된 후에야 군자가 될 수 있으니, 군자는 신독하는 것이다.[103]

. 西下子思轻于翟, 路人如斩；西下子见其如斩也, 路人如流. 言其思之轻也. "不忘则聪". 聪者, 圣之藏于耳者也, 犹孔子之闻轻者之鼓而得夏之庐也. "聪则闻君子道". 道者, 天道也, 闻君子道之志耳而知之也. "闻君子道则玉音". □□□□□□而美者也, 圣者闻志耳而知其所以为□者也. "玉音则形". □□□□. "形则圣". □□□□圣.

103) 楚竹簡 <五行>:[鸤鸠在桑, 其子七兮]. 淑(淑)人君子, 其义(仪)罷(一)也". 能为罷(一),

五官이란 다섯 가지 감각기관으로서 마음의 통제를 받는 몸이라는 수용체 전체를 가리킨다. 우선 '愼獨'을 설8장에서는 '捨五愼心'이라고 하였고, 이어지는 설9장에서도 '捨體獨心'으로 풀이한 것을 고려해보면, '五'가 '體'와 상응한 것임을 쉽게 짐작할 수 있다. 다시 말해 帛書의 설명자는 군자의 인식행위를 탈기관의 주체자로서 오로지 마음만을 인정한 것이 아닌가 싶기도 하다. 다음으로 여럿을 하나로 만든다는 것은 한 가지에 집중한다는 의미를 나타낸다는 것은 짐작 가능하다. 예컨데 '마음이 묶여있는 듯하다(心如結)'라는 것으로 마무리 되듯, 뻐꾸기가 자식을 향한 마음처럼 사람의 마음이 한결 같이 한 곳에 집중한다(專一)는 것을 비유하고 있다. <五行>의 신독은 한결같음(如一), 집중(專一)을 의미하고, 이런 맥락에서 도와 한시도 떨어질 수 없음을 강조하고 있는 <中庸>의 신독의 개념과도 상통하는 점이 발견된다.

경1장에서는 五行(仁義禮智聖)이 내면으로부터 일어나 외면으로 나타나지 않는 것은 단순한 행위일 뿐, 덕행이 될 수 없음을 말하고 있다. 또 경3장에서는 "인의예지성이 마음 속에서 형성되어 때에 맞춰 행동하는 것을 군자라 부른다(五行皆型(形)于內而時行【6】之, 胃(謂)之君子子)."라고 하여 군자의 五行은 내면에서 형성되는 것이라는 것을 설명하였다. 결국 '군자'란 '五行'의 덕을 내면에 쌓아 조화롭게 행동으로 표출할 후 있도록 전념하여 부단히 노력하는 자를 가리키는 것이고, 이러한 과정을 '愼獨'으로 표현할 수 있으며, 愼獨을 마음으로부터 떠나지 않도록 경계하는 것을 시경의 시구를 들어 비유적으로 설명한 것이라 볼 수

肰(然)句(後)能为君子, 慼(慎)其蜀(独)也.■【16】帛書【说8장】'鸤鸠在桑'. 直也. '其子七兮'. 鸤鸠二子耳, 曰七也, 兴言也. '淑人君子, 其仪一兮'. 淑人者□, 仪者义也. 言其所以行之义之一心也. '能为一然后能为君子'. 能为一者, 言能以多为一; 以多为一也者, 言能以夫五为一也. '君子慎其独'. 慎其独也者, 言舍夫五而慎其心之谓也. 独然后一, 一也者, 夫五为□心也, 然后得之. 一也, 乃德已. 德犹天也, 天乃德已. '燕燕于飞, 差池其羽'. 燕燕, 兴也, 言其相送晦也. 方其化, 不在其羽矣.

있겠다.

또한 "그 깃이 가지런하지 않다라고 함은 최질에 있지 않다는 것을 의미한다. 최질에 있지 않은 후에야 지극히 슬퍼할 수 있는 것이다. 상을 치르면서 최질을 바로하고 옷깃을 갖추면 슬픔은 적어진다. 지극한 내면의 것은 외부에 있지 않다는 것을 말한다. 이것을 '독'이라 한다. '독'이란 몸을 버리는 것이다(差池者, 言不在衰絰, 不在衰絰也, 然后能至哀.夫喪, 正絰修領而哀殺矣, 言至內者之不在外也.'是之謂獨'.獨也者, 舍体也)."라고 하여, '獨'을 '捨體'라고까지 언급하고 있으며, 설9장에서는 '獨心'이라고 강조하고 있다. 설25에서도 마음과 관련하여, 내면에서부터 덕성을 형성함으로써 인의를 기쁘게 하는 것이라고 보았으므로, '愼'을 일반적인 '경계(戒)'의 의미가 아닌, 지키고 따라야 하는 '진심(誠)'으로 해석된다.

<五行>의 '愼獨'이 이 문장에서는 '誠'으로 대체되고 있음을 나아가 '愼獨'이 '誠意' '獨'을 혼자 있을 때로 이해하여 악을 저지르기 쉬운 상황으로 간주하여 愼獨과 誠을 같은 위상으로는 규정하지 않았다. 그런데 <五行>에서는 '獨'이 내면을 의미하고, 악의 잠재적 가능성을 전제하기보다는 도덕성을 소유하고 있는 상태로 이해하였으며, '愼獨'은 인간의 도가 하늘의 도에 이르는 계기가 된다는 점에서 중용의 '誠의 개념과의 관련성을 찾을 수 있다.

"군자의 선행은 시작이 있고 끝이 있다"고 하였는데, 이는 몸으로 시작하여 몸으로 마치는 것을 가리킨다. "군자의 덕행은 시작이 있고 끝은 없다"고 하였는데, 시작이 있다고 한 것은 몸에 있어 시작이 있다는 것을 가리키고, 끝이 없다고 한 것은 몸을 버리고 오직 마음을 다한다는 것을 가리킨다. '捨體獨心', 즉 여기서 '獨'은 '一' 혹은 '壹', '愼獨'의 '獨'을 가리키므로, "몸을 버리고 마음을 온전히 하나로 한다."로 해석한다.

이어지는 경 제9, 10장을 살펴보자

["제비들이 날아가니 그 깃이 가지런하지 않구나. 之子가 돌아감에 멀리 들에서 전송하노라. 멀리 바라보아도 미치지 못하여,] 비오듯 눈물 흘리노라." 란 그 깃이 가지런하지 못한 모습을 본 후에야 지극히 슬퍼할 수 있음을 노래한 것이니, 그러므로 군자는 신독해야 하는 것이다.[104])

제비의 어떤 모습을 보고서야 슬픔에 이른다는 것일까? 저마다 외롭게 하늘을 나는 제비의 모습이 군자의 신독하는 모습을 연상하게 되고, 그러한 절대고독은 마치 들판에서 날아가는 새들이 시선에서 벗어나듯 멀리 헤어져 보이지 않는 상대 연인에 대한 외롭고 쓸쓸한 분위기를 떠올린 것은 아닐까? 죽간의 저자가 시경을 인용하여 주지를 전개하였다는 일관성을 감안한다면, 끊임없이 날개짓 하는 것으로 신독의 어려움을 비유하고자 한 것으로 풀이할 수 있다. 다시 말해 시경의 시구에 나오는 가지런하지 않은 깃을 인용하여 신독의 고행을 비유적으로 표현하였다. 초죽간의 저자는 지존자인 군자는 보는 사람으로부터 슬픔을 자아낼 정도의 절대고독을 향유할 줄 알아야 한다는 것을 우회적이지만 분명히 강조하였다.

군자의 선한 행위는 시작과 끝이 있다. 군자의 덕행은 시작은 있지만 끝은 없다. 음악에 있어서는 종소리로 시작하여 옥소리로 마무리되는 것이 바로 덕인 것이다.(君子之为善也, 又(有)與司(始), 又(有)與冬(終)也. 君子之为悳(德)也,【18】又(有)與司(始), 亡(無ㅁ)與終也. 金聖(声)而玉晨(振)之, 又(有)悳(德)者也.■)[105]

104) 楚竹簡 <五行>: ("[燕燕于飞, 差池其羽.之子于归, 远送于野].瞻望弗及, 淉(泣)涕(如)雨". 能遞(差)沱(池)其羿(羽), 肰(然)句(後)能至哀. 君子誋(愼)其独也.■【17】【说9장】"君子之为善也, 有与始, 有与終". 言与其体始与其体終也."君子之为德也, 有与始, 无与終". 有与始者, 言与其体始 ; 无与終者, 言舍其体而独其心也.

군자는 음악에서 악기의 소리가 종소리로 시작하여 옥소리로 마무리하는 것처럼 그 행위가 선으로 출발하여 덕으로 마무리한다(완성, 수렴)는 것을 지적하고 있다. 죽간 서두의 五行을 조화롭게 실천하는 것을 '天道', 군자의 완성된 덕행이라고 규정한 부분과도 이어져 있다. 즉 仁義禮智가 마음으로부터 조화롭게 발현된 행위가 바로 군자의 善行이며, '仁義禮智聖'이 마음으로부터 조화롭게 발현된 행동을 군자의 德行이라고 하는 것이다.

쇠소리는 시작을 알리며 사람의 귀를 울려 들으면서 사라지지만, 옥소리는 마음에 울려 잔잔한 감동으로 이어지기 때문에 음악을 완성하지만 그 소리는 끝이 없다고 은유적으로 설파하고 있다. 결국 군자의 '善'은 사람의 도리로서 '有始有終'하고, 군자의 '德'은 하늘의 원리로서 '有始無終'하는 것이라고 하여, 모름지기 군자의 '善德'을 실천하는 행위란 사람과 하늘의 도에 합치되어 따르는 것이다고 본 것이다. 즉 저자는 몸으로는 수행했으나 여전히 한결같은 마음으로 지극함을 다하여 끝이 없는 단계를 실천하는 것 이것이 바로 덕행의 완성이다는 것을 선언하고 있는 셈이다.

4) 集大成者

(9) 군자는 善行으로 사람이 가야할 길을 완성하고, 德行으로 하늘이 운행하는 길을 따르는 자이다.

종소리는 선하고 옥소리는 거룩하다. 선은 사람이 가야할 길이고 덕은 하늘

105)【說10장】"金声而玉振之".……… ………□□□由德重. 善也者, 有事焉者, 可以刚柔多合为. 故□善□□□. "德, 天道". 天道也者, 己有弗为而美者也. "唯有德者然后能 声而玉振之". 声而玉振之者, 动□而□□形善于外, 有德者之□.

이 운행하는 이치이다. 덕을 소유해야 종소리로 시작하여 옥소리로 아름답게 끝낼 수 있다. 귀가 총명하지 못하면 눈이 밝지 못하고 총명하지 못하면 지혜로울 수 없고, 지혜롭지 못하면 인애로울 수 없고, 인애하지 못하면 편안하지 못하고, 편안하지 못하면 즐겁지 못하고, 즐거움이 없으면 덕행을 실천할 수 없다.[106]

경 제10장에서 지적하였듯이 군자의 인품은 선을 초월하여 덕성을 함유한 것이 마치 음악의 시종과 강약을 겸유한 집대성인 것처럼 하늘의 지극한 도의 이치에 이른 경지라고 보았다.

힘쓰지 않으면 기쁘지 않고, 즐겁지 않으면 가까이하지 않게 되고, 가까이하지 않으면 친하지 않게 되고, 친하지 않으면 사랑하지 않게 되고, 사랑하지 않게 되면 인자해지 않는 것이다.[107]

군자의 심성과 행위는 자신을 부단히 반성하고 연마하여 변화를 추구하는 것임을 강조하고 있다. 사람은 변화를 추구하며 자신을 단련시키게 되면 기쁨을 얻게 되고, 친해지게 되고, 사랑하게 되고, 자비

106) 楚竹簡 <五行>: 金聖(声), 善也; 玉音, 聖也. 善, 人【19】道也; 悳(德), 〈天〉道也. 唯又(有)悳(德)者, 肰(然)句(後)能 聖(声)而玉晨(振)之. 不聪不明,【不明不聖】, 不聖不【20】智, 不智不𢚓(仁), 不𢚓(仁)不安, 不安不乐, 不乐亡悳(德).■【说11】"不聪不明", 聪也者, 圣之藏于耳者也; 明也者, 智之藏于目者也. 聪, 圣之始也; 明, 智之始也.故曰. "不聪明则不圣智", 圣智必由聪明. 圣始天, 智始人; 圣为崇, 智为广. "不智不仁", 不智所爱则何爱, 言仁之乘智而行之. "不仁不安", 仁而能安, 天道也. "不安不乐", 安也者, 言与其体偕安也, 安而后能乐. "不乐无德", 乐也者流体, 机然忘塞, 忘塞, 德之至也, 乐而后有德. 백서본 說에서는 聽을 귀에 聖이 깃들어 있음을, 明을 눈에 智가 숨어있음을 가리킨다고 보아 '聽明'을 합성어로서 '신체 속의 聖智'로 해석해내었으며, 聽을 聖의 시작으로, 明을 智의 근원으로 간주하여, 聖은 天道의 시작으로, 智는 人道의 근원으로 파악하였다.

107) 楚竹簡 <五行>: 不貞(变·勉)不兌(悦), 不兌(悦)不𢡺(戚), 不𢡺(戚)不新 (亲), 不新 (亲) 不悉 (爱), 不悉(爱)不𢚓(仁).■【说12장】"不变不悦". 变也者, 勉也, 仁气也. 变而后能悦. "不悦不戚". 悦而后能戚所戚. "不戚不亲". 戚而后能亲之. "不亲不爱". 亲而后能爱之. "不爱不仁". 爱而后仁.

를 베풀 수 있게 되는 것이 도리이다. 군자의 행위는 '仁'에 바탕을 두고 끊임없이 자신을 수양하여 지극한 경지에 도달하고 그곳에 머물지 않고 변화를 추구하는 모습을 견지하여야 한다는 것이다. 즉 군자가 실천하는 仁의 궁극적인 메커니즘을 勉 → 悅 → 戚 → 親 → 愛 → 仁이라는 이중부정 형식의 가언명령의 화법으로 선언하고 있다.

(10) 군자의 성품은 强溫하고, 順天道, 行仁義한다. – '仁內義外'

> 단호함이란 도로써 바르게 하는 강건함을 말한다. 크면서도 적은 것을 가리킨다. 숨긴다는 것은 용서하여 허락한다는 것을 말한다. 작으면서도 많은 것을 가리킨다. 단호함은 의를 행하는 도리이고, 관용은 인을 행하는 도리이다. 강건함은 의를 행하는 도리이고, 온유함은 인을 행하는 도리이다. 《詩經·商頌·長髮》에 "다투거나 비굴하지 않고, 강하거나 유하지도 말거라"라고 한 말은 곧 이것을 가리킨다.[108]

강직함이란 정도를 행함을 말한다. 시간과 장소에 따라 공사를 분명히 해야 한다는 것이다. 門內外에서의 행동거지를 어떻게 처신해야 하는가. 집안에서는 자애를 베풀어야 하나, 문밖을 나서면 공적인 자리설 경우, 추상과 같은 강직함을 견지해야하는 것을 지적하고 있다. 조정에 나아가 관직을 맡을 때에는 가족 친척사이에는 온정에 치우쳐 사사로움에 얽매일 수 있으므로, 공의를 저버리는 경우가 있으므로, 이를 경계한 해

---

108) 楚竹簡 <五行>: 柬〈柬(简)〉之 为言猷(猶)练【39】也, 大而晏者也. 匿之为言也猷(猶)匿匿也, 少(小)而訪〈診(軫)〉者也. 柬〈柬(简)〉, 义之方也. 匿,【40】㥯(仁)之方也. 彊(强), 义之方. 矛(柔), 㥯(仁)之方也."不彊(竞·强)不梂(浗?), 不彊(剛)不矛(柔)", 此之胃(谓)【41】也.■【说23】"简为言, 犹衡也, 大而罕者." 直之也. "匿为言也, 犹匿慝, 小而轸者." 直之也. "简, 义之方也; 匿, 仁之方也." 言仁义之用心之所以异也. 义之尽, 简也; 仁之尽, 匿. 大义加大者大仁加小者, 故义取简而仁取匿. "《诗》云: 不竟不求浗, 不刚不柔, 此之谓也." 竟者强也, 浗者急也, 非强之也, 非急之也, 非刚之也, 非柔之也, 言无所争焉也. 此之谓者, 言仁义之和也.

야 한다는 것을 말한다. 유가 전적가운데《大戴禮記》에서도 "문 안을 다스리는 이치는 은혜가 의리를 덮고 문 밖을 다스리는 이치는 은혜가 의리를 덮는 것이다.",《孔子家語》의 "문 안에서 생긴 일은 은혜가 의리를 덮어 버리게 되고 문 밖에서 생긴 일은 의리가 은혜를 덮어 버리게 됩니다.",《禮記》의 "집안의 다스림은 은혜가 의리를 우선한다. 집밖의 다스림은 의리가 은혜를 끊는다."라고 하여 초죽간의 정신이 계승되고 있음을 알 수 있다.[109] 동시대《郭店楚墓竹簡·六德》의 "門內之絧(治), 紉(仁)弇宜(義), 門外之絧(治), 宜(義)斬紉(仁)."에서 제기한 '仁內義外'라는 관점이 잘 드러나고 있다.

군자의 도는 하늘의 도를 따르는 것에 맞춰있으며, 천도의 성품은 극단을 포괄하여 다양하므로 강하면서도 온유하고 관용을 베풀면서도 권위를 잃지 않는 경지, 즉 仁義를 보유하고 있는 것이다. 天道는 仁義를 본질적으로 함유하고 있고, 君子가 걸어야 하는 길은 이러한 仁義를 실천함으로써 천도와 합일 될 수 있으며, 이것이 智慧와 聖明을 가진 군자만이 걸을 수 있는 올바른 인간의 길인 것이다. 天과 君子가 갖춰야할 仁義를 설명하고 있으며, 16장의 智와 聖의 개념, 17장의 聖人의 정의, 24장의 '集大成'의 의미와도 일맥상통한다. 한마디로 군자는 하늘의 이치를 올바로 보고 들어 통달한 자로서 智慧와 聖明을 축적하고 체화시켜 강경과 온유를 겸비함으로써 仁義를 실행하는 자이다.

(11) 강한 내면을 예로써 다스려 덕성을 수양한 사람 – 사람의 마음을 얻는 자 – 마음속에 항상 예를 품고 수련하며 실천하는 자(內禮入禮)

---

109) <六韜·發啓> "與人同病相救, 同情相成, 同惡相助, 同好相趨."《史記·吳王濞傳》"同惡相助, 同好相, 同情相成, 同欲相趨, 同利相死."《大戴禮記·本名》"門內之治恩掩義, 門外之治義斷恩."《孔子家語·本名解》"門內之治恩掩義, 門外之治义掩恩."《禮記·喪服四制》"門內之治恩揜義, 門外之治義斷恩." 이상 馬承源 主編,앞의 책, 258쪽 재인용 참조.

군자는 내적으로 예를 갈고 닦아 道德을 함양한 인물로서, 외적으로 엄격한 형벌로 다스리지 않아도 백성들로 하여금 경외심을 갖게 하고, 백성 스스로 감동을 받아 주변에 모이게 한다는 것이다. 다시 말해 진정한 군자는 외면적인 지위의 고하에서 나오는 권력이나 경제적 빈부에 의지하지 않고 오직 내면적 인격을 수양을 쌓음으로써 '홀로 기쁨이 충만(獨樂)'할 수 있고, 백성은 마음으로부터 '경외(畏)'하며, '존중(貴)'하게 되고, 마침내 스스로 '모이(聚)'도록 만든다는 것이다.

이와 같은 군자의 고귀한 인품에 대한 요구는 <中庸>의 "군자는 안으로 반성하여도 병이되지 않아 마음에 부끄러워하지 아니하니, 군자에게 미칠 수 없는 것은 바로 사람들이 보지 못하는 곳이다. …… 군자는 움직이지 않아도 공경하며, 말하지 않아도 믿음이 있다. …… 군자는 상주지 않아도 백성들이 권면하며, 노하지 않아도 백성들은 도끼보다도 더 위압을 당하는 것이다. …… 군자는 돈실하고 공경함으로써 천하를 화평하게 하는 것이다."[110]라는 설명을 떠올리게 한다. 즉 스스로 솔선수범하여 백성을 교화하고 공경하는 마음으로 신뢰와 겸손을 바탕으로 禮義와 品德을 수양하고 관리할 줄 아는 인물이어야 함을 강조하고 있음을 알 수 있으며, 결과적으로 <性情論> 제22간에서는 "군자는 백성을 굳이 가르치지 않아도 한결같은 마음으로 따르는 것은 그의 마음이 착하기 때문이다(未教而民恒, 性善者也)"라고 하여 내면으로부터 예를 성실히 쌓아감으로써 착한 성품을 지니게 되어 모든 사람의 마음을 얻게 된다는 논리를 전개하고 있음을 확인할 수 있다.

110)《禮記 · 中庸》"君子內省不疚, 無惡于志. 君子之所不可及者, 其唯人之所不見乎! …… 君子不動而敬, 不言而信. …… 君子不賞而民勸, 不怒而民威于鈇鉞. …… 君子篤恭而天下平."

5) 聖明者

帛書本에서는 '聖'과 '智'를 구분하여 하늘로부터 말씀을 들어서 아는 것, 즉 듣고서 마침내 천도를 알게 되는 것을 '聖'의 단계로 보았으며, 사물의 현상을 보고 아는 것을 '智'의 단계로 설명하고 있음을 알 수 있다. 다시 말해 죽간의 필자는 육안으로 살펴보고 그렇게 된 이치를 깨닫게 되어 밝아지는 것, 즉 현상 속에 담겨있는 숨겨진 의미를 분명하게 파악하는 것을 '明明'의 단계로, 하늘의 명령을 깨달아 아는 것을 '赫赫'의 단계로 간주였다. 따라서 연구자는 초간과 백서의 저자, 해설자 모두 군자의 참된 리더십은 '智慧者'에 머물지 않고 '聖者'으로 완성되어야 한다는 견해를 피력하였음을 확인할 수 있겠다. 그렇다면 저자는 왜 감각론에서 시각보다 청각을 중시하는 인식론을 전개하고 있을까? 聖이라는 글자를 해석할 때, 귀와 입 가운데 귀를 첫 번째 위치함으로써 어쩌면 청각을 강조하려 한 것은 아닌지 추정해 본다. 이런 논리를 대입시킨다면, 聖者란 하늘의 이치를 듣고 이해하는 자를 가리킨다고 볼 수 있을 것이다.

보고 알게 되는 것을 智慧라 하고, 듣고 알게 되는 것을 聖明이라 한다. 즉 밝고 밝음을 지혜라 하고 빛나고 빛남을 성명이라 이르는 것이다. 《詩經·大雅·大明》에 "밝고 밝은 德이 아래에 있고, 빛나고 빛나는 命이 위에 있느니라(총명하고 지혜로운 자가 아래에 있고, 성스럽고 위풍당당한 자가 위에 있도다)."라고 노래한 것이 바로 이것이다.[111]

---

111) 楚竹簡 <五行>: 见而智(知)之, 智也. 耸(闻)而智(知)之, 聖也. 明明, 智也. 虩(虩·赫)虩(虩·赫), 聖也. "明明才(在)下, 虩(虩·赫)虩(虩·赫)【25】才(在)上", 此之胃(谓)也.■ 帛書【說16장】"闻而知之, 圣也." 闻之而遂知其天之道也, 圣也. "见而知之, 智也." 见之而遂知其所以为之, 口口智也."明明, 智也." 智也者, 由所见知所不见也. "虩虩, 圣也." 口口言口口口口口口口口口口. "明明在下, 赫赫在上, 此之谓也." 明者始在下, 赫者始在上, 口口口口口谓圣智也.

智와 聖을 비유한 시경의 시구를 들어 智에서 聖에 이르고 人道에서 天道에 이르는 사람을 밝은 덕이 있는 사람으로 규정한 것이다. 감각가운데 시각을 통한 앎을 '智慧'라고 하고, 청각을 통한 앎의 습득을 '聖明'이라고 하였다. 지혜를 '밝음(明)'으로, 성명을 '빛남(赫)'으로 비유하면서 시경의 '명(下)'과 '혁(上)'의 표현을 빌려, 오덕 가운데 '智', '聖'을 풀이하였다.

다시 말해 聖의 본래의 의미는 "왕이 하늘로부터 들은 소리를 백성들에게 입으로 전달하다."로 해석될 수 있다. 고대 중국에서 왕은 신의 목소리를 들어서 백성에게 알리는 사제의 역할도 담당하였다. 그렇다면 神의 목소리를 전달하는 자를 총명한 자로 인식하고, 도덕의 완성자 또는 문명의 창시자로 까지 간주하였을 가능성을 추론할 수 있을 것이다. 하늘의 음성을 듣고 백성들에게 전달한다면, 성은 본래는 사람의 마음 속에 간직하고 있던 것이 아니라 밖에서 들어온 것이며, 성인은 이러한 하늘로부터 온 외래적 청각요소를 내면에 축적하고 승화시킨 자임을 알 수 있다. 즉 聖은 밖(하늘의 음성)과 안(내면의 소리)에 모두 존재하는 것이므로, 경 1장에서 모순처럼 보일 수 밖에 없었던 "성이 안에서 드러난 것을 덕의 행위라 하고, 안에서 드러나지 않은 것도 덕의 행위이다"라고 정의 내렸던 명제의 진의를 재해석할 수 있을 것이다. '仁義禮智'는 본래 하늘이 심어준 인간의 본성 안에 있는 것이므로 안에서 나오지 않는 행위는 단순한 행위에 지나지 않지만, '聖'은 하늘로부터 존재하는 외재적인 것이면서도 인간 마음 속에 내재하고 있는 것의 合一體로 간주되므로, 안과 밖의 것을 모두 거룩하게 표현한 것을 '덕의 행위'로 본 것이다.

> 군자의 도를 듣는 것을 聰明이라 하고, 듣고 깨달아 알게 되는 것을 聖明이라 한다. 聖人은 天道를 깨달을 수 있다. 천도를 이해하고 행하는 것이 義이다.

행하되 때를 맞추는 것을 德이라 한다. 현자를 만나는 것이 明察이요, 현자를 만나서 이해하는 것이 智慧이다. 현자를 이해하고 그를 편안하게 할 수 있음이 바로 仁愛이다. 현자를 편안히 대하고 받드는 것을 禮라고 한다. 聖明과 智慧는 예와 악이 생기는 근원이고, 五行이 조화롭게 운행되는 원리이다. 조화롭게 어울리게 되면 즐겁고 즐거우면 덕이 생기고, 덕이 있으면 나라는 부흥하게 된다. 문왕이 이것을 밝히고자 한 것이다. 그래서《詩經·大雅·文王》에 "문왕이 하늘위에 계시니, 밝게 바라보고 천제를 돕네"라고 노래한 것이 바로 이것이다.[112]

帛書의 해설자는 '聰明'을 군자의 도로 파악하여 하늘로부터 숨겨진 도리를 밝혀내는 지혜를 가진 덕목으로 이해함을 알 수 있다. 그리고 도를 깨달아 행동으로 표출하는 것을 의기로 인식하였음을 알 수 있다. 이러한 귀의 총명을 실천하는 자를 알아보고 발탁하는 것을 현인의 지혜라고 이해하였으며, 이러한 지혜를 실행으로 옮기는 것을 어짐(仁)으로 규정하였음을 알 수 있다. 또한 仁을 '禮樂'의 출발점으로 간주하였고, 이러한 禮樂은 '仁義'에서 자연스럽게 나오는 행동양식이라고 인식하였다. 五行의 조화를 樂이라고 보고, 이는 음악에서 五

112) 楚竹簡 <五行>: 螿(闻)君子道, 聪也. 螿(闻)而智(知)之, 聖也. 聖人智(知)而〈天〉【26】道也. 智(知)而行之, 义也. 行之而时, 悳(德)也. 见䝨(贤)人, 明也. 见而智(知)之,【27】智也. 智(知)而安之, 急(仁)也. 安而敬之, 豊(禮)也. 聖, 智(知)豊(禮)藥(乐)之所𣪠(由)生也, 五【28】行之所和也. 和则㦡(乐), 㦡(乐)则又(有)悳(德), 有悳(德)则邦冢(家)䢅(興). 文王之见也 (如)此. "文【29】王在上, 於昭于而〈天〉", 此之胃(谓)也.■ 帛書【說17장】"闻君子道, 聪也." 同此闻也, 独色然辩于君子道, (道者)聪也, 聪也者, 圣之藏于耳者也. "闻而知之, 圣也." 闻之而遂知其天之道也, 是圣矣. "圣人知天之道."道者, 所道也."知而行之, 义也." 知君子之所道而摋然行之, 义气也. "行之而时, 德也." 时者, 和也；和也者, 惠德也."见贤人, 明也." 同此见也, 独色然辩于贤人, 明也. 明也者, 智之藏于目者, 明则见贤人. "贤人见而知之, 智也." 曰：何居？孰休烝此而遂得之, 是智也."智而行之, 仁也." 知君子所道而𢘦然安之者, 仁气也. "[行](安)而敬之, 礼也."既安之矣, 而又愀愀然而敬之者, 礼气也. ロロロロ天道ロ. "仁气, 礼乐所由生也." 言礼乐之生于仁义ロロロロロロロ. "五行之所和, 和则乐." 和者, 有犹五声之和也. 乐者, 言其流体也, 机然忘塞也. 忘塞, 德之至也. "乐而后有德, 有德而国家兴." 國家兴者, 言天下之兴仁义也, 言其ロロ乐也. "文王在上, 于昭于天, 此之谓也."言大德备成矣.

聲이 조화로운 것과 같다고 해설하였다. 즉 樂 → 德 → 家興 → 國興 → 天下興 → 天下之仁義興이라는 유가적 덕목을 성취시키기 위한 논리적 전개과정을 구조화시켜 설명하고 있다."智(知)而行之, 義也"를 帛書本의 經과 說에서는 각각 '聖'과 '義'로 되어있는데, 經을 필사한 사람의 착오로 추정한다. 다시 말해 저자는 군자는 천도를 깨닫고 義, 德, 明, 智, 仁, 禮의 덕행을 실천하는 자이며, 거룩한 지혜는 禮樂의 근본으로 五行(仁義禮智聖)을 조화롭게 운행하게 하므로, 聖人은 樂德을 조화롭게 펼침으로써 나라를 부흥시키는 인물로 규정함으로써 군자를 聖人으로 승화시켰다.

6) 性善者

性情論 22간에는 군자의 성품을 다음과 같이 규정하고 있다.

> [사람이 진실 되지 않은 마음으로 일을 행한다면, 비록 그 일을 어렵게 완성하였다하더라도 다른 사람은 그의 가치를 인정하지 않게 될 것이다.] 만약 그가 성실하고 진실한 사람이라면, 자신의 일을 아직 행동에 옮기지 않았더라도 다른 사람들은 믿어주게 되는 것이다. (군자가) 말로써 설명하지 않아도 신뢰할 수 있음은, 그가 아름다운 性情을 가지고 있기 때문이다. 군자들은 굳이 가르치지 않아도 백성들이 한결같은 마음으로 따르는 것은 그의 마음이 본래 착하기 때문이다.

(12) 군자의 善은 智, 仁, 義, 禮의 조화로운 어울림

보고 깨달을 수 있는 것을 지혜라 한다. 깨닫고 평안할 수 있는 것을 仁愛라 한다. 인애를 평안하게 실행하는 것을 義라 한다. 인애를 실행하면서 공경하는 것을 禮라 한다. 仁愛는 義와 禮의 근원이며, 仁義禮智의 調和로운 어울림이다. 調和되면 곧 섞여 하나가 되고 섞이게 되면 善하게 된다.[113]

(13) 군자의 仁은 진실된 마음의 구현

안색이 온화하고 도탑다는 것은 진심으로 사람들과 사귀어 즐거움을 얻게 되기 때문이다. 진심으로 기쁨을 얻으면 형제에게도 전달되어 가까워질 수 있다. 형제와 가까워져 성심을 다하게 되면 친하게 될 것이다. 친해지고 돈독해지면 깊이 사랑하게 된다. 부친을 사랑하는 마음으로 타인을 사랑하면 이것이 곧 仁愛이다.114

백서의 해설자는 心과 顔色의 관계를 내심으로부터 즐거움이 차오르면 안색과 용모로 자연스럽게 표출된다고 인식하였다. 이러한 심열은 형제친척으로 확대되어 가는 것이고, 천하로 확장되어 나타날 수밖에 없다고 이해하였고, 자신의 부모를 사랑하듯 이웃 부모사랑으로 실천되어 나타나게 된다는 것이다. 또한 이러한 가족과 사회의 관계망을 유지하는 것은 '信篤, 仁愛'라는 것을 강조하였다.

---

113) 楚竹簡 <五行>: 见而智(知)之, 智(知)也. 智(知)而安之, 急(仁)也. 安【30】而行之, 义也. 行而敬之, 豊(禮)也. 急(仁), 义豊(禮)所𣪊(由)生也, 四行之所和也. 和【31】则同, 同则善.■ 帛書【说18】"见而知之, 智也." 见者, 口也; 智者, 言由所见知所见也. "知而安之, 仁也." 知君子所道而𡟰然安之者, 仁气也. "安而行之, 义也." 既安之矣, 而㩻然行之, 义气也. "行而敬之, 礼也." 既行之矣, 又愀愀然敬之者, 礼气也. 所安所行所敬, 人道也. "仁(知)[义], 礼[智]所由生也." 言礼智生于仁义也. "四行之所和." 言和仁义也. "和则同." 和者, 有犹五声之和也. 同者, 守約也, 与心若一也, 言舍夫四也, 而四者同于善心也. 同, 善之至也. "同则善矣."口口口口口口口人行之大, 大者, 人行之口然者也.《世子》曰: 人有恒道, 达口口口.][14]

114) 楚竹簡 <五行>: 顔色伀(容)伩(貌)悃(溫)卞(变, 亶)也. 以其中(中)心與人交, 兌(悅)也, 中(中)心兌(悅)番(焉, 播). 遷(遷)【32】於兄弟, 𢘅(戚)也. 𢘅(戚)而信之, 新(亲)[也]. 新(亲)而篙(笃)之, 炁(爱)也. 炁(爱)父, 其殺(攸)炁(爱)人, 急(仁)也.■ 帛書【說

아울러 마음이 온유돈후하고 행동이 信實함을 얘기하고 있다. 믿음이란 하루아침에 만들어지는 것이 아니라 매 순간 신독하고 신실해서 쌓여지는 것이다. 군자는 말을 하지 않고도 행동으로 신뢰할 수 있음을 보여준다. 이로써 백성들의 마음을 얻을 뿐만 아니라 진정으로 따르게 되는 것이다. 신뢰는 말이나 상벌이 아닌 오직 군자의 실천하는 행동과 거룩한 덕을 보여줌으로써 가능하다. 그래야만 心服, 즉 마음으로부터 순종하게 되는 것이다.《荀子 · 不拘》: "그렇지만 군자들이 귀중히 여기지 않은 것은 예의에 합당한 일이 아니기 때문이다. …… 그러므로 '군자는 행동은 다만 행하기 어려운 것만을 귀중히 여기지 않고, 말은 굳이 잘 살펴 아는 것만을 귀중히 여기지 않으며, 이름은 세상에 전해지는 것만을 귀중히 여기지 않는다. 오직 합당한 것만을 귀중히 여긴다.'고 말했던 것이다. 시경에 '사물이 있으되, 오직 합당해야만 하네.'라고 노래한 것은, 바로 이것을 가리키는 말이다.(然而君子不貴者, 非禮義之中也. …… 故曰 : '君子行不貴苟難, 說不貴苟察, 名不貴苟傳, 唯其当之爲貴.' 詩曰 : '物其有矣, 惟其時矣.' 此之謂也.)"에서 설명되고 있는 군자의 행동규범을 보면, 쉽게 이해할 수 있다.

진심은 지위의 고하에 막론한다.《淮南子 · 繆稱訓》에도 "대저 행동에 진정이 실려 있다면, 설령 과실을 범했다 하더라도 원망을 사는 일은 없고, 진정에서 나온 것이 아니라면, 비록 헌신적이었다 할지라도 그 행동의 결과는 미움을 받게 되는 것이다.(凡行戴情, 雖過無

19】"顏色容貌恋恋也", 恋恋也者, 勉勉也, 逊逊也, 能行恋恋者也. 能行恋恋者, □□心悦, 心悦然后顏色容貌温, 以悦恋也. "以其中心与人交悦也", 㲉㲉□□□□□□……"中心悦焉", ……是□悦巳. 人无悦心也者, 弗迁于兄弟也. "迁于兄弟, 戚也", 言迁其悦心于兄弟而能戚也. 兄弟不相能者, 非无所用悦心也, 弗迁于兄弟也. "戚而信之, 亲也", 言信其[体]也. 剐尔四体, 予汝天下, 弗为也. 剐汝兄弟, 予汝天下, 弗迷也 ; 是信之巳. 信其[体]而后能相亲也. "亲而笃之, 爱也", 笃之者厚, 厚亲而后能相爱也. "爱父, 其攸爱人, 仁也", 言爱父而后及人也. 爱父而杀其邻之子, 未可谓仁也.

怨；不戴其情，雖忠來惡.)"라고 적시되어 있으며, 같은 예가《淮南子·繆稱訓》: "말하지 않아도 믿고, 부르지 않아도 오는 것은 미리 통하는 것이 있기 때문이다. 자기가 세상에 알려지지 않는 것을 조급해하는 자는 자기 자신조차도 모르는 사람인 것이다.(未言而信，弗召而至，或先之也，愱于不己知者，不自知也.)"에서 "未言而信" 구절을 혹은 "不言而信"으로 기록한 문헌이 많다. 유가에서 중시하는 예란 형식이 아닌 진심이 근원적인 기준임을 설명하고 있는 것이다.《禮記·中庸》에도 "그러므로 군자는 움직이지 않아도 존경 받으며, 말하지 않아도 믿게 되는 것이다.(故君子不動而敬，不言而信.)," 《禮記·祭義》: "마음이 하늘에 미치는 사람은 아무 말을 하지 않아도 사람들로부터 존경과 신임을 받으며 신에게 통하는 사람은 怒하지 않아도 위엄이 있다.(天則不言而信，神則不怒而威.)"등에도 그러한 정신이 고스란히 계승되었다.

7) 心身의 主宰者

귀 눈 코 입 손과 다리(耳目鼻口手足) 여섯 가지 감각 기관은 마음이 시키는 일을 감당한다. 마음이 맞다 하는 것을 몸이 감히 틀렸다고 말할 수 없고, 마음이 반응하는 것에 몸이 감히 반응하지 않을 수 없다. 마음이 전진하고자 하는데 몸이 감히 앞으로 나가지 않을 수 없고, 마음이 후진하고자 하는데 몸이 감히 뒤로 가지 않을 수 없으며, 마음이 깊다고 하는데 몸이 감히 깊지 않다고 할 수 없고, 마음이 얕다고 하는데 몸이 감히 얕지 않다고 할 수 없는 것이다. 耳目鼻口手足이 서로 조화롭게 화합하는 것을 仁義라고 하고 마음과 하나가 되면 이것을 善이라고 한다.[115]【46】

115) 楚竹簡 <五行>: 耳目鼻口手足六者, 心之所逿(役)也. 心曰唯, 莫敢不唯; [心曰]如(诺), 莫敢不如(诺); [心曰]【45】进, 莫敢不进; [心曰]後(帛书本은 '退'로 쓰고 있다.),

죽간의 필자는 군자의 마음과 몸의 관계를 설명하고 있는 심신론을 전개하고 있는데, 즉 여기서는 마음으로부터 조화롭게 행동으로 표출하는 것을 선이라고 규정한 것을 거듭 부연설명하고 있다. 육신의 뿌리에 해당하는 '귀눈코입수족'의 여섯 가지 감각기관은 마음이 조절하고 부리는 것으로 인식한 것이다. 다시 말해 '이목'의 기능은 소리와 색깔을 즐겁게 하는 것이고, '비구'의 기능을 냄새와 맛을 즐겁게 하는 것이며, '수족'의 기능은 편안하고 유쾌한 것을 좋아하는 것이고, '마음'은 仁義를 즐겁게 하는 것으로 간주하고 있다. 그런데 이러한 모든 몸의 감각 기관들은 근원적으로 쾌락을 추구하며, 이 여섯 가지 감각기관은 마음이 조종하여 궁극적으로는 '仁義'라는 승화된 가치를 지향한다고 본 것이다. 그 이유를 마음은 귀한 가치만을 추구하기 때문으로 귀결지어 풀이하고 있는 것이다. 천하의 아름다운 성색이 이로부터 나오며, 의롭지 못하면 들어서도 봐서도 알아듣고 알아볼 수 없다는 것이다. 마음은 육신의 모든 감각, 즉 몸의 다른 기관들을 부리는 고귀한 위치에 있으며, 그 마음의 중심은 억지로가 아닌 본원적으로 仁義를 애호하고 따르는 경향이 있다고 규정하고 있다. 經과 說8, 9에서 '愼獨'에서도 그 주지는 마음을 중시하는 것을 지향하고 있으

莫敢不後; [心曰]深, 莫敢不深; [心曰]𣿬(淺), 莫敢不𣿬(淺). 和则同, 同则善.■【说25】"耳目鼻口手足六者, 心之所役也", 耳目者, 悦声色者也；鼻口者, 悦臭味者也；手足者, 悦佚愉者也. 心也者, 悦仁义者也. 此数体者皆有悦也, 而六者为心役, 何也? 曰：心贵也. 有天下之美声色于此, 不义, 则不听弗视也. 有天下之美臭味于此, 不义, 则弗求弗食也. 居而不间尊长者, 不义, 则弗为之矣. 何居? 曰：几不[胜]□, 小不胜大, 贱不胜贵也哉! 故曰心之役也. 耳目鼻口手足六者, 人□□, [人]体之小者也. 心, 人□□, 人体之大者也, 故曰君也. "心曰唯, 莫敢不唯", 心曰唯, 耳目鼻口手足声貌色皆唯, 是莫敢不唯也. 诺亦然, 退亦然. "心曰深, 莫敢不深；心曰浅, 莫敢不浅", 深者甚也, 浅者不甚也, 深浅有道矣. 故父呼, 口[含]食则吐之, 手执业则投之, 唯而不诺, 走而不趋, 是莫敢不深也. 于兄则不如是其甚也, 是莫敢不浅也. "和则同", 和也者, 小体恋恋然不患于心也, 和于仁义. 仁义, 心[也]. 同者, 与心若一也, □約也, 同于仁[义. 仁义, 心也, 同则善耳.

며, 이러한 마음은 감각을 부리고 仁義를 좋아하는 가장 고귀한 가치 추구의 경향성을 가진 추상적 실체로 설명하고 있는 것이다.

(14) 同志同行 – 예의로 벗을 사귄다는 것, 벗은 같은 뜻을 가지고 같은 길을 걷는 자이다.

> 사람과 진심으로 사귀지 않는다면 멀어질 수 밖에 없다. 소원하면서도 장중하면 공경하게 된다. 공경하면서도 게으르지 않으면 위엄이 있게 된다. 위엄이 있으면서도 경외하면 존귀하게 여기게 된다. 존귀히 여기면서도 교만하지 않으면 받들게 된다. 공경하면서도 넓게 사귀는 것을 예라고 한다.[116]

예를 진실한 마음으로 정성을 다하여 교제하는 것이라고 설명하고 있다. 禮란 교제에 있어 공경, 위엄, 존중, 공손함을 가리킨다. 같은 뜻을 가진 사람을 얻는 것은 군자의 교유관계의 첫 번째 덕목이다. '同方'은 《禮記 · 儒行》의 "선비는 뜻을 합하여 학업을 같이 하고, 도를 영위함에 술을 같이하며, 어울려 나란히 입신하면 곧 즐기고, 상대보다 아래에 있어도 싫어하지 아니한다. 오랫동안 서로 만나지 못해도 떠도는 말을 듣고 믿지 않으며, 그 행실은 방정함을 근본으로 서서, 의가 같으면 나아가나 같지 않으면 물러가니, 그 교제가 이와 같은 자가 있다."의 예와 같이 '뜻을 함께 지향함'을 가리킨다. 즉 군자의 사귐

116) 楚竹簡 <五行>:(以其外心與人交, 远也. 远而𦖞(莊)之, 敬也. 敬而不𨚗(懈), 严也. 严而畏【36】之, 䔄(尊)也. 䔄(尊)而不喬(骄), 共(恭)也. 共(恭)而𨊠(博慱)交, 豊( )也.■【说21】"以其外心与人交, 远也." 外心者, 非有他心也. 同此心也, 而有谓外心也, 而有谓中心. 中心者, 婯然者 ; 外心者也, 其==廓然者也, 言此心交远者也. "远而庄之, 敬也." 敬者, ロロロロロロロ. "敬而不懈, 严也." 严者, 敬之不懈者, ロ之积者也, 是厌ロロロロロロロ "严而威之, 尊也." ロ之又从而畏忌之, 则夫间何由至乎哉? 是必尊矣. "尊而不骄, 恭也." 言尊而不有ロロ已事君与师长者, 弗谓恭矣. 故厮役人之道ロロ恭焉. 恭生于尊者也. "恭而博交, 礼也." 博者, 辩也, 言其能柏(?)然后礼也.

은 단순히 만나는 것에서 벗어나 평생 뜻을 함께하며 걷는 자이다.

군자와 소인의 사귐은 천양지차인 것이다. 즉 군자의 교제는 마음으로부터 나오는 기쁨을 순수하게 함께하기 때문에 성립하는 관계이기 때문에 지속적인 우정을 나눌 수 있고, 소인의 교제는 자신의 목적을 성취하기 위해 상대를 기만하는 관계이기 때문에 순간에 그칠 뿐이라는 것이다. 뜻을 함께하는 동지란 순수하게 道를 근본으로 맺어진 관계 속에서 발전한 교제로서 늘 공정하고 자연스러운 반면, 인위적으로 思理·法則을 따지며 성립된 관계 속에서 발전한 만남은 사리사욕에 치우치게 되고 결국 깨질 수 밖는 관계임을 지적한 것이다.

8) 恒心, 含福者

(15) 군자는 예술적 審美眼을 소유하여 인정, 감동, 감화를 준다

군자는 성정이 순수하여 감동을 준다. 성정론 16-21간에는 예술적 감화는 자연발로적인 인성의 발현이므로 사람의 마음을 사로잡는다는 것을 지적하고 있다.

> 마음과 생각을 길게 읊조림으로써 다른 사람의 마음을 감동시키고 감탄하게 만들 수 있다. 그러므로《賚》《武》《韶》《夏》와 같은 한결같은 음악의 절주는 사람의 가슴 속에 오랫동안 남아있고, 진실로 인간본연의 善으로 돌아갈 수 있게 하고, 순박하고 온화한 情操를 陶冶할 수 있게 하여, 결국 감상자가 그 德을 몸으로 행동하게 만드는 것이다.
>
> [鄭衛와 같은 음란한] 음악은 사람들이 입으로는 듣지 않는다고 하면서 마음은 들으려고 한다. 옛날 正樂은 사람의 마음을 유익하게 하여 예의를 尊崇하게 하나, 淫濫한 음악은 향락에 빠뜨린다. 그러므로 음악은 사람을 교화

시키는 것이다. 《賚》와 《武》와 같은 음악은 武王이 천하를 통치함을 즐겁게 노래한 것이고, 《韶》와 《夏》는 진실한 감정을 즐거이 읊은 것이다. 무릇 기쁨이 극에 달하게 되면 반드시 슬픔이 생겨나고, 울게 되면 또한 슬픔에 빠지게 된다. 이러한 기쁨과 슬픔은 감정이 극점에 도달하였기 때문이다. 슬픔과 기쁨의 감정은 다 같이 인간의 본성으로부터 발현되므로, 그 마음은 같은 것이다. 즉 곡(哭)하는 마음이 발동되면 점점 슬픈 마음이 쌓여 극에 도달하게 되고, 극도의 슬픔이 지속되게 되면, 결국은 기쁜 감정에 사로잡히게 된다. 한편 기쁨이 표출되어 그 마음이 극점에 도달하게 되면, 오히려 슬픔이 다가와 사람의 마음을 울적함에 휩싸이게 되는 것이다. 사람의 心思가 침울함 속으로 빠지게 되면, 마침내 슬픔(悲)이 밀려오게 되는 것이다.

心思가 즐거우면 곧 기쁨이 생기는 법이니, 사람의 생각 가운데 마음의 작용이 가장 중요하다. 그러므로 사람의 탄식소리는 心思가 표출된 것이다. 소리가 변하면 마음도 따라 변화하고, 마음이 변하면 그 소리 또한 변하게 되는 것이다. 앓는 소리는 슬픔의 표출이며, 떠들썩한 소리는 기쁨의 표시이다. 무릇 진실하고 성실한 사람의 마음은 다른 사람들을 기쁘게 한다. 만일 성실하고 진심에 찬 마음으로 일을 하게 되면, 설령 잘 못이 일어나도, 다른 사람은 그를 미워하지 않게 되는 법이다. [성실하지 않은 마음으로 일을 처리하게 된다면, 설사 그 일을 어렵게 완성하였다하더라도 다른 사람은 그의 가치를 인정하지 않게 될 것이다.]

＜性自命出＞ 제 34간, 제 35간에서도 음악이 만들어지는 과정을 감정의 자연발로로 설명하고 있다.

사람은 원래 즐거우면 기쁨이 일어나고, 즐거우면 노래를 부르게 되고, 노래를 부르면 몸이 움직이고, 몸이 움직이면 손과 발이 춤을 추게 되고, 춤을 추면 기쁨이 극에 달하게 된다. 사람이 노여움이 일어나면 슬퍼지고, 슬픔이 더해지면 애통하게 되고, 애통한 마음이 더해지면 탄식하고, 탄식이 더해지면 가슴을 두들기게 되고, 가슴을 두드리리다가 이내 몸부림을 친다. 이처럼 몸부림을 치며 슬퍼하는 것은 화를 표출하는 극단적 행위인 것이다.

《禮記》에 有子와 子游의 대화의 내용이 등장하는데, 여기에서도 마음과 음악, 춤과 노래, 이러한 감정과 동작, 행위를 조절하는 데 필수요소인 禮와의 관계를 밝히고 있다는 점에 있어 일맥상통한다.[117]

성정의 발현은 자연스러운 것이고, 이것을 외부로 표출할 때 음악이라는 예술로 승화되는 것이다. 그렇다면 이러한 정서적 발흥은 변화무쌍한 것일까. 감정의 기복은 막을 수 없지만, 그 순수한 본성은 변함이 없어야 한다. 즉 발로의 출처가 일관된 순수함에서 출발함을 얘기하고 있다. 즉 '民恒'이란 백성에게는 항상 착한 본성이 있음을 가리킨 것이다. 《孟子・梁惠王上》: "(孟子)曰: '일정한 재산이 없으면서도 항상 일정한 마음을 가지고 있는 자는 오직 선비만 그러할 수 있습니다. 일반 백성과 같은 경우에는 일정한 재산이 없으면 그로 인하여 항상 일정할 수 있는 마음이 없어집니다. 진실로 항상 일정할 수 있는 마음이 없어지면 방자함, 편벽됨, 사악함, 사치스러움 등을 하지 아니함이 없을 것이다.'(無恒産而有恒心者, 惟士爲能. 若民則無恒産因

117) 《<性自命出>集釋》 171쪽 재인용. 《禮記・檀弓下》: "어느 날 유자가 자유와 함께 서서 어린아이가 어버이의 상여 뒤에 따라가며 울부짖는 것을 보고 유자가 자유에게 말했다. "나는 지금까지 喪禮 중에 뛰는 일, 즉 踊이란 것이 있는데 무엇 때문에 있는 것인지 몰랐었다. 그래서 나는 그것을 상례에서 제거하려고 생각한지 오래였다. 이제 저 어린아이의 울부짖으며 몸부림쳐 뛰는 것을 보고 슬퍼하는 정이 이렇게 뛰는 데에 있다는 것이 바로 이것을 두고 하는 말임을 깨달았노라."라고 하였다. 자유가 말하기를 "예는 애통하는 정을 쇠미하게 만드는 것이 있고, 일부러 최질(衰絰) 같은 것을 만들어 슬픈 마음을 흥기시키는 것이 있다. 만약 자기의 심정이 내키는 대로 곧바로 경솔하게 행하는 자가 있다면 그것은 오랑캐의 道이다. 중국의 道는 그렇지가 않다. 원래 사람의 마음은 기쁘면 陶然해져서 즐거우며, 즐거우면 노래를 부르고, 노래를 부르면 몸이 움직이고, 몸이 움직이면 춤추게 되고, 춤추면 마음이 앙양되고, 마음이 앙양되면 이윽고 마음이 아프고, 아프면 탄식하고, 탄식하면 가슴을 두드리게 되고, 가슴을 두드리면 춤춘다는 식으로 변화한다. 그러므로 이를 조절하는 것을 예라고 한다.(有子與子游立, 見孺子慕者, 有子谓子游曰:「予壹不知夫喪之踴也, 予欲去之久矣. 情在於斯, 其是也夫?」子游曰:「禮: 有微情者, 有以故興物者; 有直情而徑行者, 戎狄之道也. 禮道则不然, 人喜则斯陶, 陶斯詠, 詠斯猶, 猶斯舞, 舞斯慍, 慍斯戚, 戚斯嘆, 嘆斯辟, 辟斯踴矣. 品節斯, 斯之谓禮.」)"

無恒心. 苟無恒心, 放僻邪侈, 無不爲已.)", 朱子注曰: "恒, 常也 …… '恒心'이란 사람이 항상 가지고 있는 착한 마음이다."에서 '恒'의 의미를 추정할 수 있다. '勸'은 《小爾雅 · 廣詁》: "勸, 力也.", 《書 · 多方》: "크게 음란하고 혼용하여 상제의 길을 종일토록 힘쓰지 않았다함은 너희들이 들었다.(乃大淫昏, 不克終日勸于帝之迪.)", 《戰國策 · 宋策》: "齊나라가 宋나라를 공격하자 宋나라는 臧子로 하여금 荊(楚)나라에게 구원을 청하도록 하니, 楚柄王이 크게 기뻐하여 구원병을 보내주겠다고 굳게 약속하였다.(齊攻宋, 宋使臧子索救于荊. 荊大說, 許救甚勸.)" 등의 기록을 살펴볼 때, 힘 써 매진하다는 뜻으로 쓰였을 것으로 추정된다.

군자는 사람들의 변함없는 항심을 진심으로 받아들이고 음악음 감상하듯 심미안을 가지고 대하는 것이다. 그렇게 된다면 백성은 안심하고 자신들의 행복을 추구할 수 있으므로 군자에게는 타고난 복, 즉 백성들의 마음을 소유한 것이 된다. '含福'의 福에 대하여, 《禮記 · 祭統》에는 "현자가 제사를 지내면 반드시 그 보답으로 복을 받는다. 그것은 세상에서 말하고 있는 복이 아니다. 현자가 받는 복이란 備이고, 이 비란 만사가 구비되어서 순조로운 상태를 말하는 것이며, 모두 순조롭지 않은 곳이 없는 상태를 구비되어 있다라고 말하는 것이다, 그러므로 복을 받고 만사가 순조로운 경우에 들어가려면 먼저 순종으로써 君父를 섬긴 다음 신령을 섬기지 않으면 안 된다. 충신이 임금을 섬기거나 효자가 어버이를 섬기는 데에도 그 몸가짐은 단 하나 순종이라는 것이다. 즉 위로는 귀신에게 공순하고 밖으로는 임금께 순종하며 안으로는 부모에게 효순함으로써 신하나 자식의 마음가짐이 구비되는 것이며 이로써 현자만이 제례의 준비를 갖출 수가 있고, 그럼으로써 비로소 제례를 올릴 수가 있다.(賢者之祭也, 必受其福. 非世所謂福也. 福者, 備也; 備者, 百順之名也. 無所不順者之謂備. 言內盡于己, 而外順于道也. 忠臣以事其君, 孝子以事其親, 其本一也. 上則順于鬼神,

外則順于君長, 內則以孝于親. 如此之謂備. 唯賢者能備, 能備然後能祭.)"라고 하였으므로, '含福'은 군자의 안으로는 자신을 버려 내적인 성실과 충심을 다해야 함을 가리키고 있으며, 밖으로는 천지인륜의 이치를 따져 반드시 순종함으로써 구비하지 않음이 없음을 가리킨다.

9) 反己者

초죽간에서 군자는 모름지기 우주만물의 이치를 깨달은 자임을 밝히고 있다. 이와 함께 군자의 인격에 있어 갖춰야 될 덕목으로서 道義와 仁德의 수양, 節制된 행위를 제시하고 있음을 지적할 수 있다. 여기에서 절제된 행위란 타인의 생각이나 의견이 다르면 말다툼을 피할 수 없고 심지어 모욕을 주는 일도 다반사인 것은 어쩔 수 없는 상례이나, 어진 덕을 가진 자는 온유와 겸손, 인내심과 인화력으로 상대를 감동시키고 마음으로부터 따르게 만든다는 주장을 펼치고 있다. 즉 군자란 타인과의 관계에서 항상 자신의 행위를 보편적 입법에 합치되도록 성찰함으로써 자기 스스로 내면화된 엄격한 도덕률에 따라 행동하는 자로서, '우주만물의 이치와 질서를 깨달은 지혜로운 자'라는 것이다.

'反己', 다시 말해 반성이란 무엇을 의미하는가, "자기 자신을 뒤돌아본다는 것은 무슨 뜻인가? 이목(용모)을 적절히 하고 기호와 욕심을 절제하며 꾀를 버리고 거짓된 것을 버리고서, 마음을 끝없이 넓은 공간에 아무런 구속 없이 노닐게 하며, 마음을 자연무위의 도에 맡기는 것이다. 이렇게 하면 어떤 것도 본성을 해치지 못하는 것이다."[118]와

118)《呂氏春秋 · 論人》"何謂反諸己也? 適耳目, 節嗜欲, 釋智謀, 去巧故, 而游意乎無

같이 마음과 본성은 물론 구체적인 행위까지 갈고 닦아 자유의 경지에 이른다는 의미로 풀이할 수 있다. 劉昕嵐은 '反'은《孟子》의 "스스로 돌이켜보아 바르지 않으면 비록 갈관박(베옷이나 몸에 맞지 않은 옷을 입은 미천한 사람)이라도 내가 두려워하지 않겠는가? 스스로 돌이켜 보아서 바르면 비록 천만의 사람이라 하더라도 내가 가서 대적할 것이다."의 근거를 들어 자신을 뒤돌아보는 것으로 풀이 하였다.

타인을 판단할 때에는 그의 행동거지를 면밀히 살펴보고, 마찬가지로 자신의 행동을 뒤돌아볼 수 있어야 한다. 그가 바로 지혜롭고 현명한 자이다. 아울러 자신에게는 엄격하지만 타인에게는 인자함을 보여줄 수 있어야 한다. 지극한 인자함을 보여준다는 것, 그것은 무엇을 의미하는 가? '至𢙐(仁)'에 대해서는《呂氏春秋 · 任數》의 "지극한 지혜는 지혜를 버리고, 지극히 어진 것은 그 어진 것을 잊는다(至智棄智, 至仁忘仁).", "지극히 인자한 사람은 그 하나의 언행이 모두 자연히 어진 도에 합치되므로 마음이 항상 그것을 체험할 필요는 없으며, 만물을 하나로 보되 친소의 구별을 알지 못하는 것이다(至仁之人, 其一言一行皆自然合於仁道, 以不必心常體念之, 其視萬物爲一體, 而不知有親疎之別)."[119]와 같이 치우침이 없는 무한한 사랑으로 풀이 하였다. '道'와 '修身', '仁'의 관계에 대해《中庸》의 "그러므로 정치를 하는 것은 사람을 쓰는 데 달려 있으니, 사람을 취할 때에는 몸가짐을 보고서 해야 할 것이고, 몸을 닦음에는 道를 따라해야 할 것이며, 도를 닦음에는 仁을 바탕으로 해야만 할 것이다."[120]과 통한다고 보았다.

窮之次, 事心乎自然之塗, 若此則無以害其天矣." 馬承源 主編, 앞의 책 256쪽 재인용 참조.

119) 馬承源 主編, 앞의 책 257쪽.

120)《中庸》"故爲政在人, 取人以身, 修身以道, 修道以仁." 天虹, 앞의 책, 187쪽 재인용 참조.

8. 시공의 초월자를 기다림 – 군자 대망론

연구자는 석문고석을 통하여 <性情論>의 필자는 원시유가에 있어서 인성론에 대한 거대담론으로서 인식론적 지평을 열어, 先秦 儒家의 心性에 대한 보편적 일면인 '性好惡, 性善不善'과 그 발현 메카니즘으로서 마음의 悅樂과 행위의 習慣化 → 心志를 제시하였으며, 후천적 학습과 교육을 강조하는 '禮樂 敎化論'를 거론함으로써 궁극적으로는 당시 왕도정치를 실현할 도덕군자를 길러내기 위한 '君子論(性善, 性仁)'으로 발전시켰을 가능성을 확인할 수 있었다. 아울러 이 자료가 원시유가에서 상당한 가교의 몫을 했을 것으로 추정할 수 있었으며, 후대에 어떤 양상으로 인성론이 전개되었는지에 대한 관심을 갖게 되었다. 끝으로 오늘날 거시적으로는 동아시아와 인류문명, 미시적으로는 한국적 상황에서 그 의미를 되새겨 볼 수 있기를 기대해 본다. 그렇다면 어떤 지도자를 왜 기다리는가? 그렇다면 군자를 어떻게 알아봐야 하는가? 라는 질문이 가능하다

1) '聖智, 尊賢'論

군자가 따르는 이치를 듣고 깨닫는 것이 지혜요, 군자의 덕행을 듣고도 깨닫지 못하면 어리석은 것이다. 군자의 도를 듣고 깨달음에 이르는 것, 현자를 만나 덕행을 배우는 것을 聰明, 聖智라 한다.

군자의 도를 아직 들어보지 않은 사람을 귀가 밝지 않다고 하고, 현자를 아직 보지 못한 사람을 눈이 어둡다고 한다. 군자의 도를 듣고도 깨닫지 못하는 사람을 거룩하지 않다고 하고, 현자를 만나고도 그의 덕행을 알아보지 못하는 사람을 지혜롭지 않다고 하는 것이다.[121]

---

121) 楚竹簡 <五行>: 未尙(尝)【22】聳(闻)君子道, 胃(谓)之不聪. 未尙(尝)见晛(贤)人,

'尊賢'의 대상은 '有德者', '智慧者'인 '君子'임을 알 수 있으며, 이러한 군자를 알아보는 능력은 치자로서 갖춰야할 필수덕목으로서 聰明, 聖智를 제시하고 있음을 알 수 있다. 이러한 측면에서 聖人은 현명한 治者라 규정할 수 있으며, 치자의 도리로서 존현의 이치, 그러한 이치를 깨닫는 능력이 바로 총명이라는 논리적 맥락을 찾을 수 있으며, 이러한 관점은 <郭店楚簡>의 유가류의 입각점과도 일치하는 것으로 전통적 유가사상으로 계승 전개되어졌을 가능성이 짙다.

賢은 義를 행동으로 실천하는 것이다

마음의 중심이 분명하여 정도로 행하는 것을 정직이라 한다. 정직함을 실천하는 것을 거리낌이 없다(恣肆)라고 하는 것이다. 거리낌이 없으면서 포악함을 두려워하지 않는 것을 果敢하다고 한다. 작은 도리로 큰 도리를 방해하지 않는 것을 剛簡이라고 한다. 큰 죄를 엄한 법으로 처벌하는 것을 당연하다고 한다. 높은 지위에 있는 사람을 존귀하게 여기고 다음으로 현자를 존귀하게 대하는 것은 모두 의를 실천하는 것이다.[122]【35】)

胃(谓)之不明. 餋(闻)君子道而不智(知)【23】其君子道也, 胃(谓)之不聖. 见臤(贤)人而不智(知)其又(有)悳(德)也, 胃(谓)之不智.■【24】帛書【說15장】"未尝闻君子道, 谓之不聪." 同此闻也, 独不色然于君子道, 故谓之不聪. "未尝见贤人, 谓之不明." 同此见也, 独不色贤人, 故谓之不明. "闻君子道而不知其君子道也, 谓之不圣." 闻君子道而不色然, 而不知其天之道也, 谓之不圣. "见贤人而不知其有德也, 谓之不智." 见贤人而不色然, 不知其所以为之, 故谓之不智.

122) 楚竹簡 <五行>: (申(中)心【33】訧(辩)肰(然)而正行之, 植(直)也. 悳(直)而述(遂)之, 逿(肆)也. 逿(肆)而不畏弜(强)語(禦), 果也. 不【34】以少(小)道夌(害)大道, 柬(简)也. 又(有)大辠(罪)而大豉(诛)之, 行也. 贵贵, 其止(等)隣(尊)尊臤(贤)贤, 义也.■【说20】"中心辩然而正行之,直也", 有天下美食于此, 吁嗟而予之, 中心弗迷也. 恶吁嗟而不受吁嗟, 正行之, 直也."直而遂之,肆也", 肆者,遂直者也. 直者, □贵□□□□□□□□□□□肆也. "肆[而]弗畏强御, 果也", 强御者, 勇力也, 谓□□□□□□□□□之以□□□, 无介于心, 果也. "不以小道害大道, 简也", 简也者, 不以小爱害大爱, 不以小义害大义也. 见其生也, 不食其死也, 祭亲执诛, 简也. "有大罪而大诛之,行也", 无罪而杀人, 有死弗为之矣 ; 然而大诛之者, 知所以诛人之道而[行]焉, 故谓之行. "贵贵,其等尊贤, 义也", 贵贵者, 贵众贵也. 贤贤, 长长, 亲亲, 爵爵, 选贵者无私焉. 其

帛書本에서는 '義'를 '尊賢'과 연관시켜 설명하였음을 알 수 있다. 즉 '높은 지위에 있는 사람을 존중하고 그 다음으로 현자를 존중하는 것이 의를 실현하는 것이다'에서, '高高'란 높은 지위에 있는 많은 사람을 존중한다는 의미이다. 즉 현자를 현자로 대우하고, 연장자를 연장자로 공경하며, 친속은 친속으로 대접하고, 작위 있는 사람을 작위자로 존경하여, 높은 직위에 있는 자를 발탁할 때는 공평무사하게 해야만 하는 것을 의미한다. '그 다음으로 현자를 존중하는 것이 의를 실현하는 것이다'에서 '尊賢'이란 현자의 등급을 정하는 것을 가리킨다. 즉 현자를 발탁하여 등용한다는 것을 의미하며, 발탁한 현자를 높은 지위에 오르게 한다는 것을 뜻하는 것인데, 이것은 그가 지위가 높기 때문이 아니라 (현명한 자를 존중함으로써) 의를 실현하기 위함이라고 설명하고 있다. 다시 말해 治者(王公)가 높은 지위에 있는 사람을 존중하면서 현자를 존중하지 않는다면, 아직 의가 실현되고 있다고 말할 수 없다는 것이다.

義는 강경함을 의미한다고 보아야 한다. 말하자면 높은 지위에 있는 사람을 존중하고, 그 다음으로 현자를 존중하는 것이 의를 실현하는 것으로, 이것이 바로 '尊賢'의 근본임을 지적한 것이다. 같은 맥락에서 서술되고 있는 언설이 43-44간에서도 "군자가 현자를 알아 등용하는 것이 현자를 존중하는 것이다. 또 군자가 현자를 따라 그를 받드는 것도 현자를 존중하는 것이다. 전자는 왕공이 현자를 존중하는 방법이고, 후자는 사가 현자를 존중하는 방법이다(君【43】子智(知)而與(擧)之, 胃(謂)之障(尊)臤(賢); 知而事之, 胃(謂)之障(尊)臤(賢)者也. [前, 王公之障(尊)臤(賢)者也] 後, 士之障(尊)臤(賢)者也. ■【44】)"라고 언급되고 있다.

等尊贤, 义也. 尊贤者, 言等贤者也, 言选贤者也, 言加诸上位. 此非以其贵也, 此其义也. 贵贵而不尊贤, 未可谓义也.

왕의 尊賢과 군자의 尊賢

군자는 소리로 말하면 종소리와 옥소리, 혹은 강약으로 말하면 강함과 부드러움 모두를 집대성한 자이다. 도를 향해 앞으로 정진해 나아가면 군자가 될 수 있으며, 만약 군자가 될 수 없으면 각각 도달한 곳에 멈추어 머물 수 밖에 없게 된다. 크면서 작은 것을 취할 수도 있고, 적으면서도 많은 것을 취할 수도 있다. 군자의 도를 밝게 비추는 것(혹은 군자의 도를 쉽게 이루는 것)을 '賢'이라 하고, 군자가 현인을 이해하고 이를 추천하는 것은 尊賢이라하고 현인의 지혜를 깨닫고 받드는 것을 尊賢하는 사람이라 부른다.[123]

<五行>에서 주장하고 있는 군자 '尊賢'론의 특징은 첫째, 貴貴와 尊賢을 義의 실현으로 간주하였다는 점, 둘째, 왕공(知擧)과 사(從事)의 구분을 제시하는 점, 셋째, 王公의 '知擧'를 禪讓과 관련시켰다는 점이

123) 楚竹簡 <五行>: [전자는 왕공의 존현자이고] 후자는 사의 존현자이다.(君子集大成. 能进之为君子, 弗能进也, 各止於其里. 大而【42】晏者, 能又(有)取安(焉), 少(小)而轸者, 能又(有)取安(焉). 疋(胥?)肤肤达者(诸?)君子道, 胃(谓)之𠭊(贤). 君【43】子智(知)而與(举)之, 胃(谓)之䧢(尊)𠭊(贤); 知而事之, 胃(谓)之䧢(尊)𠭊(贤)者也. [前, 王公之䧢(尊)𠭊(贤)者也] 後, 士之䧢(尊)𠭊(贤)者也.■【44】【说24】"君子集大成." 成也者, 犹造之也, 犹具之也. 大成也者, 金声玉振之也. 唯金声而玉振之者, 然后已仁而以人仁, 已义而以人义. 大成至矣, 神耳矣! 人以为弗可为也, 无由至焉耳, 而不然. "能进之, 为君子, 弗能进, 各止于其里."能进端, 能充端, 则为君子耳矣.弗能进, 各各止于其里. 不藏欲害人, 仁之理也; 不受吁嗟者, 义之理也.弗能进也, 则各止于其里耳矣. 充其不[藏]欲害人之心, 而仁覆四海; 充其不受吁嗟之心, 而义襄天下. 仁覆四海, 义襄天下, 而诚由中心行之, 亦君子已! "大而晏者, 能有取焉."大而晏者, 言义也, 能有取焉也者, 能行之也. "小而轸者, 能有取焉." 小而轸者, 言仁也; 能有取焉者也, 能行之也. "胥肤肤达诸君子道, 谓之贤." 胥肤肤也者, 言其达于君子道也. 能仁义而遂达于君子道, 谓之贤也. "君子知而举之, 谓之尊贤." 君子知而举之者, 犹尧之举舜, 商汤之举伊尹也. 举之也者, 诚举之也. 知而弗举, 未可谓尊贤. "君子从而事之"也者, 犹颜子,子路之事孔子也. 事之者, 诚事之也. 知而弗事, 未可谓尊贤也. "前, 王公之尊贤者也, 后, 士之尊贤者也." 直之也. 이승률 <郭店楚簡唐虞之道의 尊賢사상과 先秦儒國의 尙賢論>(《동양사학연구》 제78집. 2002) 참조.

고, 士의 '從事'를 師承관계로 이해하였다는 점, 넷째, 賢의 의미를 仁義禮智聖의 五行을 실현하는 군자도와 관련하여 그 사람의 윤리성를 가리키는 것으로 인식하고 있다는 점이다.

백서본 설에서는 '疋膚膚'를 '仁義를 수행함으로써 군자의 도에 도달하는 것'으로 설명하고 있다. 諸는 '之於'로 풀이된다. 해석의 관건은 '賢'을 무엇으로 정의하느냐에 달려있다. 첫 번째 의미를 살린다면, 군자의 도를 밝게 비추는 일을 가리킬 것이고, 두 번째의 의미를 살린다면 군자의 도를 쉽게 실행하는 것을 뜻할 것이지만, 정확한 뜻을 확정짓기는 어렵다. 그렇다면 첫째, 군자가 집대성자라는 것은 무엇을 의미하는 것일까? 시와 종, 강과 유, 대와 소를 겸비한 자를 가리킨다고 본다. 한마디로 도덕적 도량이 넓은 행위의 주체자를 가리킨다고 하겠다. 둘째, 존현의 구체적인 의미는 무엇일까? 죽간의 저자는 이중적인 관점에서 정의를 내리고 있는데, 그것은 우선 정치적 측면에 있어 지도자는 현인을 알아보고 존귀한 자리에 높이는 것을 존현이라고 하고, 학문적 측면에 있어 제자는 스승의 도리를 깨달아 좇고 섬기는 것, 혹은 존경할 대상을 만났을 때 거침없이 그의 가르침을 배우고 따르는 것을 존현이라고 규정하고 있는 것이다.

2) '養性, 理情'論

필자는 제2부 초죽간에서 제시하고 있는 성정에 대한 인식을 살펴보면서 性, 情의 字源을 통해 문자의 연원을 고찰하였으며, 先秦 戰國시기 楚竹簡에서 다루고 있는 性, 情과 관련된 문장을 분석하여 보았다. 고문자 자료를 근거로 보면, '生·靑·性·情'의 字源은 모두 어원이 같은 同源字 관계이다. 이들 문자는 SENG이나 또는 이와 유사한 음성이었을 것으로 추측되며, 출생 혹은 발생이라는 유사한 의미에서 나왔고 나중에는 本性이라는 의미가 추가되어 사용되었을 것으로 파악된다. 문자의 발생과정은 먼저 生이 만들어졌고, 거의 동시 혹은 약간의 차이를 두고 性과 靑·情이 추가로 만들어졌을 것으로 추정된다. 이들 문자는 본래 같은 의미를 표시하는 한 단어의 역할을 하였으나, 후에 추가로 분화되면서 두 개 이상의 음성이 파생되었고, 의미도 미세한 변화를 수반하면서 각각의 문자로 독립 분화되었을 것으로 추측된다.

楚竹簡에서는 好惡는 性이고, 好惡의 대상인 物이 心에 받아들여져 좋아하기도 하고 싫어하기도 하는 것을 情으로 파악하였다. 本性에서 情으로의 발현 과정 중간에 心이라는 매개체의 존재를 인식하였다는 점은 주목을 끄는 대목이다. <性自命出>(<性情論>)은 '情出於性'을 주장하고 있으며, 好惡와 喜怒哀樂의 氣를 性으로 정의내리고 있는데, 이는 自然界의 속성을 근거로 性을 풀이하려는 태도인 것이다. 先秦 초기에 있어 性, 情의 개념은 아직 확연히 구분되지 않았으며, 이후 荀子에 이르러서야 완전히 구분하여 사용되었다. 《荀子·正名》에서 제시하고 있는 性의 개념은 天性을 가리키고, 그 본질을 情으로 파악하였다. 孔子 이래 <性自命出>(<性情論>), 孟子, 荀子의 인성론의 사상적 전개과정은 孔門의 틀 아래에서 더욱 치밀하고 체계화되었을 것으로 추정된다.

孔子의 人性論은 <性自命出>(<性情論>)에 이르러 '性自命出'이라는 人性論으로 발전하게 되어 '天·命·性·情·道'와의 상호관계 속에서 인식함으로써, 人性의 본질과 작용을 설명하고자 하였다. 즉 命은 天으로부터 부여받은 것으로 보았으며, 性은 命으로부터 나온 것(性自命出)이며, 情은 性으로부터 비롯된 것(情出於性)이고, 道는 情에서부터 근원이 되어 나온 것(道始於情)으로 파악하였으며, 이러한 관계는 순차적 발생과정으로 이해한 것이다. 하늘이 부여한 性은 그 내용을 好惡으로,

이는 인간 마음속에 내재된 喜怒哀樂의 氣이기도 하며, 이러한 氣가 외계환경의 영향을 받아 표출되어지는 것을 情으로 보았다. 이러한 情이 節度에 맞게 될 때 비로소 道로 승화된다고 주장하였다. 이처럼 <性自命出>(<性情論>)에서는 태어나면서부터 천성적으로 지니고 있는 천성적인 부분인 性을 人性論의 기초로 삼았는데, 이러한 사상은 先秦 儒家사상의 주류를 형성하였다. 孔子가 "性相近, 習相遠"이라는 性相近說을 설파한 후, 楚竹書에서는 인간의 본성을 善한 혹은 惡한 것과 같이 단정적인 입장을 취하지는 않고 있으며, 孟子는 性善說을 荀子는 性惡說이라는 주장을 제기하였다. 이런 측면에서 先秦시기 儒家사상 가운데, 인성론의 발전과정을 고려해보면, <性自命出>(<性情論>)의 논술은 孔子와 孟荀의 사상을 잇는 중간과정의 자료일 것으로 추정된다.

楚竹簡에서 제시되고 있는, 好惡와 喜怒哀樂은 모두 性의 작용으로 간주하고 있다. 性은 외계의 사물과 같은 환경과 조건 등에 반응하는 것이지만, 心志를 굳건히 세우게 되면 외부 영향으로부터 동요 받지 않게 되며,《詩》·《書》·《禮》·《樂》과 같은 우수한 교육을 받음으로써 '養性理情'할 수 있다고 보았다. 마음으로부터 德이 생겨나고, 樂은 사람의 마음을 감동시킬 수 있는데, 樂은 禮義를 근본으로 삼을 때 그 깊이를 다질 수 있고, 樂을 통하여 마음을 양육시켜야 한다고 보았다.

楚竹書에서는 情과 心을 수평적 관계로 간주하였으며,《孟子》에서는 心과 性을 분리될 수 없는 일체적 관계로 파악하고 있다. <性自命出>(<性情論>)에서는 情을 誠心不僞의 가장 중요한 목표로 삼았는데, 이는《孟子》에서 四端之心을 性情의 端으로 간주하려는 관점과 사실상 그 논조가 흡사하다. 반면《孟子》에서는 性을 본래 善하다라는 가치로 규정하고 있는 보고 있으나, <性自命出>(<性情論>)에서는 "苟以其情, 雖過不惡"이라고 하여, 性情을 동일시하면서도 情을 그 근원적인 기준으로 보고, 性은 善과 惡으로 구별되어질 수 없는 것이라고 주장하고 있다. 즉 孟子는 性을 善한 것으로 규정하였으며, <性自命出>(<性情論>)은 情之氣에 있어 善과 不善을 포괄한다는 점에서는 둘 사이에 차이점이 존재하며, 情을 근본으로 하되《詩》·《書》·《禮》·《樂》과 같은 교육을 통하여 몸과 마음을 修養하고 矯正해야 함을 강조한다는 점에서는 일치하고 있는 것이다. 결론적으로 先秦 人性論의 전개과정이라는 측면에서 볼 때, 楚竹簡에서 제시되고 있는 性情論의 개념은《論語》와《孟子》의 중간을 이어주는 교량적 형태로 간주할 수 있으며, 初期 原始儒家 認識論의 핵심사상으로서의 역할과 가치를 평가할 수 있다.

저자는 上博楚簡 <性情論>上篇 "하늘에서 명을 내리고, 명으로부터 본성이 나오고, 본성에서 감정이 나온다. 감정으로부터 도가 시작된다." 라고 하면서, '天降命', '命出性', '性生情', '情始道' 등 개념들의 상호 인과관계를 밝히고 있으며, 기본적으로는 '性'과 '情', 즉 心性論에 관하여 논술하면서, 궁극적으로는 '道'의 개념과 특성 및 '物'과의 선택적 상호교섭관계 등에 관한 견해를 도출해내고 있다. 간단히 정리해보면, 아래 도표와 같다.

<table>
<tr><td rowspan="2">天⇒</td><td rowspan="2">心·志⇒</td><td colspan="2">⇒ 情·氣·勢(喜怒哀悲)
⇒ 好惡
⇒ 善不善
⇒ 義</td><td rowspan="2">⇔物</td></tr>
<tr><td>+ 習(養性)·人道(德教)
(《詩》《書》《禮》《樂》)</td><td>⇒正志</td></tr>
</table>

이상에서 살펴본 것과 같이 <性情論>은 원시 유가의 입장에서 인성론을 전개한 글로 파악된다. "하늘에서 명을 내리고, 명으로부터 본성이 나오고, 본성에서 감정이 나온다. 감정으로부터 도가 시작된다." 라고 규정하면서, 天 → 命 → 性 → 情 → 道, 즉 성의 발현과정을 체계적으로 밝히고 있으며, '性'과 '情(心)', 즉 心性論에 관하여 논술하면서, '道'의 개념과 특성과 상관관계에 관한 견해를 도출해내고 있다. 이어 외부세계와 환경조건으로서의 物과 勢를 제시하고, 그것의 好惡, 善不善을 판단하는 근거로서 性을 설명하고 있다. 즉 세계 속에 존재하는 인간은 하늘의 명령으로 내려온 性을 시시각각 대상과의 접촉을 통해 좋아하거나 싫어하기도 하고 착한 것과 착하지 않은 것을 선택한다는 것이다. 또한 하늘로부터 부여받은 本性으로서의 '情(心)'이 氣(喜怒哀樂)와 志(作 → 悅 → 行 → 習)로 발현하는 과정을 제시하고 心의 작동원리와 순환과정을 통해 지향성(奠志)을 갖게 된다고 설명하고 후천적 性의 변화 원인으로서의 教와 習, 道와 義를 제시하였으며, 마음과 음악과 예의 상관관계를 밝히면서 예악 교화론을 전개하였다. 다음으로 "무릇 사람의 진정은 기쁘게 할 수 있다. 진정으로 한다면 비록 허물이 있어도 싫어할 수 없다.(21간)"라고 하면서 인간의 진실한 감정이 교화의 근본임을 강조하였는데, 필자의 이러한 인성론적 논리는 예악을 통한 감정의 순화, 즉 教化論을 전제한 후, 백성을 감화시키는 요체로서 군자의 타고난 心性과 天人의 복(性善, 含福), 人道(心術, 五行, 詩書禮樂)의 수련과 실천을 제시함으로써 초점을 군자론으로 연계시켜 나갔다.[124]

---

124) 21간부터 집중 서술되고 있는 군자론은 인성론과 어떤 연관관계 속에서 이해할 수 있는가? 이러한 의문점을 풀기 위해서는 향후 다음과 같은 두 가지 측면에서 연구가 선행되어야 한다고 본다. 첫째, 논지전개의 측면이다. 인성론과 군자론을 별개의 독립된 글이 합성된 것으로 간주할 것인가 아니면 하나의 글을 서술하기 위한 의도적인 구성으로 볼 것인가 하는 문제이다. 둘째, 판본차이의 원인을 규명하는 문제이

<性情論>의 저자가 주장하고 있는 '性'의 개념은 사람의 '性'을 가리키며, 이는 '하늘의 명령 즉 하늘로부터 내려온 '性', 즉 인간의 순수하고도 공통적인 본성을 가리킨다. '性'에는 구체적으로 喜, 怒, 哀, 悲의 '氣'가 존재하며, 사물이나 환경의 조건에 '心'이 중재자로서 선택적으로 반응함으로써 '好, 惡, 善,不善' 등의 형태로 발현된다고 설명하고 있다. '性'은 습득할 수 있는 것으로 보고, '性'과 '習'의 관계를 밝히고 있는데, 人性은 가변적인 성격을 갖고 있으므로, "마음을 각기 달리 쓰는 것은 교육으로 말미암는다." 라고 주장하고 있다. 시작이 다르고 생각이 다르며 교육여건의 불일치로 인하여, 인간의 본성은 변화될 수 있다는 것이다.

이처럼 하늘로부터 부여 받은 인간의 본성은 환경조건과 '心'의 선택과정을 통해, 오랜 시간에 걸쳐 인성으로 형성 되어가는 것으로 보았다. 항상 한결같은 학습과정을 수행하게 된다면, 그 형성 과정에 있어 차츰 익숙하게 될 것이며, 나중에는 견고하게 된다는 것이다. 또한 '動, 逆, 交, 厲, 出, 養, 長' 등 7가지는 '性'이 변화된 것이라고 설명하고 있으며, 이러한 7가지 '性'의 발현과 '物, 悅, 古, 宜, 勢, 習, 道'와의 상관관계도 밝히고 있다. 저자가 제시하고 있는 개념과 이론은 인간의 道德修養, 禮教, 樂教 등의 측면에서 전개시켜 나가고 있다.

<性情論>에서의 '道'란 사람의 도리를 가리킨다. 따라서 이러한 도리는 감정으로부터 나오는 것으로 보았다. "도는 감정에서 나오고, 감정은 성품에서 나온다(제2간)"의 내용과 郭店楚簡의 語叢부분의 "감정은 성품에서 나오고 예의란 정으로부터 나온다(情生於性, 禮生於情)"과 흡사하다. 이처럼 先秦 楚簡에서 쓰인 '道'란 '禮'와 같은 개념

다. 이는 上博楚書와 郭店楚簡의 비교를 통하여 전체적인 글의 맥락을 면밀히 살피고, 나아가 동시대 다른 유가류 죽간 예컨대, <五行>, <尊德義>, <成之聞之> 등에서 군자의 규범으로 제시되고 있는 인의예지성과의 상관관계 등을 밝힐 수 있다면 어느 정도 설득력을 담지한 추정이 가능할 것으로 본다.

으로 간주할 수 있는데, 이는 《荀子·禮論》의 "예란 사람의 도리에 있어 지극한 것이다(禮者, 人道之極也)."라는 개념과도 일맥상통한다. 뿐만 아니라, "하늘의 도는 멀고, 사람의 도는 가깝다."고 하였으며, 여기에서 사람의 도리란 사람의 행위를 가리키고 있으며, "도에는 네 가지가 있으나, 사람의 도리만이 도라 할 수 있다."라고 밝히고 있다. 또한 네 가지 도란 네 가지 術, 즉 心術을 의미한다고 정의내리면서, 구체적으로는 '詩, 書, 禮, 樂'을 가리키며, 이러한 네 가지 術이야말로 先王이 성공적으로 걸어간 길로, 모름지기 군자가 배워야만 할 학습의 대상으로 제시하고 있다. 필자는 이상과 같은 죽간내용의 분석을 통하여, <性情論>의 저술동기는 先秦 儒家의 心性論에 대한 인식을 정리해내고자 목적한 것으로, 당시 도덕적 군자를 길러내는 교과서로 활용되었을 가능성을 확인할 수 있었다. 또한 <성정론> 23 - 28간의 내용이 이 선진시기 유가의 인성론 가운데, 군자의 성품과 행위규범에 관한 논술로 파악하여 이 글의 대의를 다음과 같이 정리해 내었다.

첫째, 군자의 최우선 덕목으로써 修禮의 도를 제시하였다. 예를 갖춤으로써 백성들의 마음을 명확히 헤아려 모시게 되고, 돈후신실한 성품과 절제를 보여주고 솔선수범함으로써 백성들의 신뢰를 얻게 될 수 있기 때문이다. 다시 말해 왕도정치를 실현할 덕목인 예를 어떻게 수련하고 갖추어야 하는지에 대한 견해를 제시하고 있는 것이다. 구체적으로는 백성의 마음을 얻는 것이 중요하다는 인식아래, 상벌의 시행 또는 권력이나 부의 축적과 같은 허위의식이 아니라 도덕수양과 같은 예의 수련을 통해 내면으로부터 자기절제의 위엄을 갖추고 삶의 구체적인 행동으로 솔선하여 보여줌으로써 가능함을 시사해주고 있다.

둘째, 군자는 우주만물의 이치를 깨달아야함 밝히고 있다. 이러한 깨달음은 내적으로 道義와 仁德을 수양하고, 외적으로는 節制된 행위를 철저하고 부단히 쌓음으로써 실현될 수 있음을 피력하고 있다.

<성정론>의 저자는 모든 만물은 덕을 근본으로 생성변화의 길을 걷게 되어 있고, 사람의 본성은 사랑을 근본으로 한다고 보았다. 따라서 이러한 바탕 위에 仁義과 品德을 소유한 자로서 자신과 우주만물의 길을 깨달아 마음과 행동을 다스릴 줄 알아야 비로소 진정한 군자가 될 수 있다고 본 것이다. 죽간의 저자는 삶의 현장에서 구체적으로 실례를 들어 설득하고자 하였다. 예를 들어 평범한 사람으로서 타인과 의견이 다르면 말다툼을 피할 수는 없을 것이고, 심지어 모욕을 주는 일도 다반사이다. 반면 어진 덕을 닦은 사람을 만날 경우에는 서로 자신의 입장을 변호하기 위해 설전을 벌이는 상황이 벌어진다 할지라도, 그의 온유와 겸손에 감동・감화될 뿐만 아니라 결국은 마음으로부터 순종하여 따르고 사랑할 수밖에 없게 된다는 논리를 전개하고 있는 것이다.

셋째, 예와 도를 체득한 군자는 무차별 교제와 자기성찰을 통해 민중의 마음을 얻게 되어 '지극한 사랑(至仁)'에 이르게 되고, 궁극적으로는 올바른 정치를 실현할 수 있다고 지적하였다. 아울러 군자의 사귐에는 확고한 원칙과 규범이 세워져야 함을 강조하였다. 다시 말해 교제의 과정과 조건은 맨 먼저 '修身'이 근본이 되어야 하고, 다음으로 '上下交', 즉 미천한 사람이 귀인을 사귀는 것과 존귀한 자가 미천한 사람과 교제함에 있어서는 치우침과 구별이 없어야 한다고 보았다. 뿐만 아니라 수신의 단계를 통해 마음으로부터 우러나오는 진실한 '至仁'을 소유하고 나눔으로써 신분을 초월한 폭 넓은 교유관계를 유지할 수 있다고 보았으며, 진정한 친구란 '同志' 관계로서 평생 변함없는 동일한 지향점을 향해 달려가는 '뜻을 함께 하는 벗(同方)'이 되어야 함을 강조하였다.

넷째, 조건과 상황에 따라 公私를 분별할 줄 아는 지혜를 가져야 함을 주장하였다. 집안에서는 따뜻한 溫情을 베풀고 관직에 나가게 되면 공의로써 사사로운 정을 버리고 節制해야 한다고 하였다.

'天降命(천명론)', '命出性(명성론)', '性生情(성정론)', '情始道(정도론)'의 상호관계를 밝히고 있다. 먼저 하늘로부터 받은 타고난 性과 情에 관한 인성론을 펼치고 있다. "하늘에서 명을 내리고, 명으로부터 본성이 나오고, 본성에서 감정이 나온다. 감정으로부터 도가 시작된다."라고 규정하면서, 天 → 命 → 性 → 情 → 道의 관계를 밝히고 있으며, '性'과 '情', 즉 心性論에 관하여 논술하면서, '道'의 개념과 특성과 상관관계에 관한 견해를 도출해내고 있다. 다음으로 天, 性, 氣, 好惡, 善不善, 선천적인 本性과 習, 후천적 성격으로서의 교화론(敎와 習, 道와 義)을 전개하고 있다.

'性'에는 구체적으로 喜, 怒, 哀, 悲의 '氣'가 존재하며, 사물이나 환경의 조건에 '心'이 중재자로서 선택적으로 반응함으로써 '好 / 惡, ‖ 善 / 不善' 등의 형태로 발현된다고 설명하고 있다. '性'은 습득할 수 있는 것으로 보고, '性'과 '習'의 관계를 밝히고 있는데, 人性은 가변적인 성격을 갖고 있으므로, "마음을 각기 달리 쓰는 것은 교육으로 말미암는다." 라고 주장하고 있다. 시작이 다르고 생각이 다르며 교육여건의 불일치로 인하여, 인간의 본성은 변화될 수 있다는 것이다.

이처럼 하늘로부터 부여받은 인간의 본성은 환경조건과 '心'의 선택과정을 통해, 오랜 시간에 걸쳐 인성으로 형성되어가는 것으로 보았다. 항상 한결같은 학습과정을 수행하게 된다면, 그 형성과정에 있어 차츰 익숙하게 될 것이며, 나중에는 견고하게 된다는 것이다. 또한 '動, 逆, 交, 厲, 出, 養, 長' 등 7가지는 '性'이 변화된 것이라고 설명하고 있으며, 이러한 7가지 '性'의 발현과 '物, 悅, 古, 宜, 勢, 習, 道'와의 상관관계도 밝히고 있다. 저자가 제시하고 있는 개념과 이론은 인간의 道德修養, 禮敎, 樂敎 등의 측면에서 전개시켜 나가고 있다.

다음으로 인간 감정을 관리해야 할 도덕규범으로서의 교화를 강조하여 7가지 지켜야할 것, 즉 '敬老·尊齒·樂施·親賢·好德·惡貪·廉讓'을 제시하였고, 5가지 지혜, 즉 다섯 가지 감각기관이 義에 맞게 행동해야 한다는 것으로, 용모(貌)가 '공경스럽고(恭)', 언어(言)를 '순종(從)하며', 밝음(明)을 보고(察), 총명(聰)을 듣고(聽), 지혜롭게(睿) 생각(思)하는 것을 내세웠으며, 3가지 피할 것으로는 포악함(暴), 잔혹함(虐), 지나침(頗)을 들었다.

전국시기 초죽간의 발견은 원시유가의 인간과 우주의 존재에 대한 인식, 인간 본성, 즉 인성론에 대한 새로운 인식과 연구의 지평을 열 수 있는 기회를 제공하였다. 연구자는 기존 학계의 선행연구와 그동안의 석문고석을 진행하면서 여전히 논란의 여지가 있지만 차후의 과학적인 검증을 기대하면서, 지하에서 출토된 곽점초묘와 상박초서를 근거로, 묘의 주인을 사급신분으로서 태자가 초빙했던 문객, 또는 태자를 곁에서 모셨던 지략가(참모)였을 것으로 추단한다. 그는 아마도 유가, 도가류의 서적을 탐독했던 지식인으로서 태자를 보필하였을 것으로 짐작된다. 태자는 미래의 합법적인 임금이 될 인물이었으며, 그가 열독 또는 편저한 서적은 당연히 치국을 위한 자료이었을 것이며, 오늘날 도가류로 편입된 노자 역시 죽간에서 보여주고 있듯이 치세지도의 관점을 포함하고 있으며,[125] 따라서 원시 유가와 노자는 상당부

---

125) 전국시대는 百家争鸣의 시기로, 통치자들은 권력과 이익을 대변할 수 있는 사상을 갈구하였고. 당시의 지식인들은 저마다 이상적인 치리방법을 자유롭게 제안하였다. 예컨데 郭店楚簡 <老子>(甲, 乙, 丙), <太一生水>편은 우리의 인식지평 위에 도가의 원형을 확인시켜준 저술로서, 道의 存在와 运行, 道와 治國, 修身의 관계를 논술한 것이다. 특히 반전, 민본, 不争, 寡欲 등으로 요약되는 치국사상은 근본적으로 聖人의 도리를 행하는 군자의 관점, 즉 王道라는 리더십의 실현에 맞닿아 있다. 이 점은 원시 유가 사상과의 상호교류의 가능성을 확인시켜준다. "노자의 전체 사상 발전의 체계는, 거시적으로는 우주로부터 시작하여 인생론에 이르고, 미시적으로는 인생론으로부터 시작하여 정치론에까지 이른다. 형이상학적 언설로서 노자사상 형성의 진정한 동기와 목적은 결국 인생과 정치의 요구에 부합하기 위한 것이었음을 이해할 수 있다"는 陈鼓应《老子注解及评价》(《郭店楚墓竹簡·老子甲》68쪽 재인

분 상호 융합된 성격을 가졌을 것으로 추론한다.

필자는 출토자료 <인성론>의 성격을 규명함에 있어 먼저 춘추전국 시대라는 시간과 초나라라는 공간이 가지는 의미를 천착하는 지점으로 시선을 돌리고자 한다. 전란으로 왕도가 쇠약해지고 세상이 혼란에 빠졌을 때, 유한한 삶, 죽음 앞에서 자신과 자신을 둘러싼 세계, 자아와 대상의 존재의미를 새롭게 자각하고 인식해야 할 필요성이 대두될 수 있을 것이며, 이러한 측면에서 인간의 본성에 대한 탐구가 절실하였을 것이다. 인간의 본성은 무엇인가. 마음, 감정, 의지는 무엇이며, 본성과는 어떤 관계를 가지는가, 희노애비는 마음의 표현인가, 감정의 결과인가, 인성은 결정된 것인가, 후천적으로 변화가능 한 것인가, 그것이 가능하다면 그 방법은 무엇인가, 만약 본성이 고정적인 것이 아니라면 어떻게 하면 본성이 가진 한계를 극복할 수 있을까 등의 물음을 던졌을 것으로 보인다. 이러한 현실인식 속에서 불꽃처럼 타오른 주제는 아마도 인간 본성에 대한 존재론적 탐구, 그것의 한계와 초월이라는 문제였을 것이다. 삶의 궁극적인 한계상황 속에서 의미를 되새기고 극복의 대안을 찾은 것이 유가, 도가사상이라면, 공통의 인식 속에서 하나의 목적을 지향한 두 가지 대안의 길을 저마다 제시했을 것이라고 본다.

<인성론>에서는 '天'·'命'·'性'·'情'·'心'·'志'·'習'·'物'·'道'·'氣'·'義'·'勢' 등 인간의 본성을 규정하기 위한 다양한 개념들이 세부적이면서도 집중적으로 다뤄지고 있다는 점이 눈길을 끈다. 한편 공자의 "性相近, 習相遠"이라는 단언적 차원을 넘어 天命으로서의 성을 규정함은 물론 나아가 성과 정, 심과 지, 물과 세, 기와 의, 습과 도 등의 상관관계를 밝힘으로써 본성의 깊이와 넓이를 상세히 다루고 있으면서도, 아직은 孟荀의 性善, 性惡과 같은 결정적 규정화는 시도되지 않고, 다만 성

용)의 견해가 설득력을 갖는 이유이기도 하다.

인, 군자의 품성이 性仁, 性善으로 전제됨으로써 인간 보편본성이 아닌 특수 본성으로서 그의 도덕행위와 심신의 관계를 설명하고, 예악교화론을 전개하기 위한 이론적 근거로서 제시되고 있을 뿐이다.

집필자는 이 출토자료의 구조가 총론에서 보편 인성론을 전개하고, 본론에서는 교화를 주지로 설정하여 특수 인성을 지향하는 군자론으로 귀납하려는 논리적으로 치밀하게 구성된 글로서 한 편의 글, 혹은 가능성은 희박하지만 두 편의 결합된 글일 것으로 추정한다. 현재로서는 후자의 가능성은 두 가지 판본의 총론부분의 순서는 같지만, 본론부분이 순서나 내용의 차이를 보이는 원인으로 작용하지 않았겠는가 하는 추측을 할 뿐이다. 이 점에 관한 타당성 여부를 결정짓기 위해서는 판본 비교분석을 통한 문자해독, 석문고석 등 면밀한 재검토가 요망된다.

우선 전자의 가능성에 무게를 두어 판단해 볼 때, 저자는 先秦 儒家의 心性에 대한 보편적 일면인 '性好不好, 性善不善', 그 대상으로서 환경과 조건(物勢), 그 발현으로서 氣(희노애비), 그 발현과정으로서 悅, 習 → 心志의 메커니즘을 제시하였으며, 여기에 후천적인 학습과 교육(人道, 四術)을 강조하고자 하였다. 다시 말해 서론, 즉 총론에서는 인간본성에 대한 개념들을 규정함에 있어, 성의 연원, 성의 구성요소, 성의 발현 메커니즘, 성의 향상가능성과 그 동인(變樣과 變因)을 밝힌 후, 본론에서는 구체적인 방법론으로서 행위론(도덕수양론), 심신론, 예악교화론을 전개하고 있으며, 결과적으로는 이상적인 군자형 모델을 제시하는 것으로 주제를 수렴시키고 있음을 확인 할 수 있었다. 따라서 연구자는 이 자료의 성격을 원시 유가에 있어 존재론과 인식론으로서 인간의 본성과 그 구현과정에 대한 탐구이며, 동시에 전국시대 남방 초나라라는 시공간의 정치사회적인 배경하에서 저술된 글로서, 궁극적으로는 혼란한 세상을 구할 이상적 군자를 대망한 지도자론으로 독해하고자 한다.

연구자는 죽간 제1간부터 40간까지의 역주작업을 진행하면서 동시대 다른 儒家類 죽간 예컨대, <五行>, <尊德義>, <唐禹之道>, <成之聞之>, <語叢> 등의 내용과의 비교, 유대관계를 밝히면서 처음부터 재 고찰해야 할 필요성이 대두되었다. 아울러 앞으로 상박초간과 곽점초간의 판본비교가 절실함을 확인할 수 있었는데, 이는 <性情論>의 전모와 원시 유가 인성론의 전개양상을 조망하고, 두 판본의 출판시대, 전승과정 및 사상사적 맥락, 위치를 밝힐 수 있는 열쇠를 찾는 작업이라는 측면에서 의의가 크다 할 것이다.

제4부
남은 과제

9. 선행연구의 성과

1) 주석연구

이제까지 진행한 주석작업이 중국학계의 하장연대, 사상사적 성격 규명 등에 정확한 고증에 의한 논지전개가 아닌 선입관에 사로잡히거나 비판적인 관점보다는 다수의 논리적 얼개에 짜 맞추고자 노력하였음을 인정한다. 저술시기에 관해서는 전국중후기설이 우세하고, 사상사적으로는 思孟학파의 문헌으로서 孔子와 荀子를 잇는 잃어버린 연결고리로서 간주하려는 것이 중국학계의 주류현상이다. 연구자 역시 이들의 견해를 받아들이는데 급급하여, 한편으로 중론에 편승하여 독자적인 관점을 견지하지 못했음을 자인하고, 한편 문헌학적인 시각보다는 문맥을 고려해 자의적인 해석에 머무르는 과오를 범하였음을 반성한다.

우선 원시자료인 죽간연구에 있어서는 현행본과의 비교, 또는 판본 상호간의 대조가 무엇보다 중요하다. 그러나 사라진 부분을 복원시킬 수 있다는 긍정적 측면이 있는 반면, 어떤 것이 원본인가에 대한 진위문제가 더욱 중요한 문제로 대두된다. 이러한 문제를 해결하기 위해서는 선입관이 아닌 과학적 증거에 입각한 정확한 주석작업이 무엇보다 중요하다고 하겠다. 다음으로 문자판독은 전국시대 육국문자의 하나인 초국문자라는 특징을 문자학, 음운학적 측면에서 다면다층적 고찰이 병행되어야 한다. 이러한 일련의 문헌학, 언어학(문자학, 음성학) 등의 전반적인 토대가 마련되어야 사상사적 위치를 규명하는 데까지 이를 수 있을 것이다.

필자의 연구는 우선 정확한 원문 해석에 주력하였다. 이를 위해 가

급적 원자료 해독에 관한 학계의 선행연구를 참조하여 검토를 진행하였다. 그리고 쟁론이 되거나 논점이 부각되어야 할 부분은 주석작업이 아닌 후속 논제형식의 문장(가제: 원시유가 군자론에서 바라본 곽점초간 <오행>론)에서 다루기로 한다.

필자는 그동안 초죽간 이본 인성론과 곽점초간본 <오행> 군자론의 활용가능성을 수행하기 위한 선행연구로서 판본에 대한 주석연구를 진행하였다. 학계의 죽간 고증본으로 정평이 있는 馬承源 主編 整理本에 의거하여《上博楚簡·性情論》을 제1간부터 순차적으로 濮茅左, 李零 등의 釋文考釋을 참고하여 역주작업을 진행하였다. 석문고석을 통해《上博楚簡·性情論》과 동시대 이본으로 추정되는《郭店楚簡·性自命出》두 종류의 판본을 문자, 어휘, 문맥을 중심으로 논의 되는 부분을 고찰하여 타당한 견해를 제시할 수 있었다. 두 판본은 거의 동시대 동일한 내용을 담은 자료로서, 첫째, 문자, 어휘의 사용, 둘째, 編章의 분할, 셋째, 문장의 간결성 여부라는 세 가지 측면에서 판본문제를 고찰할 수 있었다. 두 판본의 차이를 확인함으로써 두 죽간의 상호 殘缺부분을 추정하여 보충하고 편제와 구성을 추정하고 상세한 내용 분석을 통해 先秦 心性論에 관한 전모를 파악하기 위한 기초연구를 완료하였다.

2) 원시 유가의 독해 - 인성론, 군자론

이번 연구는 선행연구인 주석작업을 토대로 원시 유가 인성론을 군자론의 입장에서 다룸으로써, 다음과 같은 연구의의 및 효과를 기대할 수 있었다.

첫째, 원시유가 인성론에 대한 총론적인 성격으로서 존재 인식론적 관점, 각론적인 성격으로서 하위개념의 정립이 가능하였다. 전국시기 초죽간의 발견은 원시유가의 인간과 우주의 존재에 대한 인식, 인간 본성, 즉 인성론에 대한 새로운 인식과 연구의 지평을 열 수 있는 기회를 제공할 수 있을 것이다. <인성론>에서는 '天'·'命'·'性'·'情'·'心'·'志'·'習'·'物'·'道'·'氣'·'義'·'勢' 등 인간의 본성을 규정하기 위한 다양한 개념들이 세부적이면서도 집중적으로 다뤄지고 있다는 점이 눈길을 끌었다.

둘째, 판본, 편제, 글의 구성문제에 대한 추론이 가능하였다. 연구자는 이 두 편의 죽간자료가 상호 치밀하게 편집된 글로서 한 편의 글, 혹은 가능성은 희박하지만 두 편의 결합된 글일 것으로 추정하였다. 다만 현재로서는 후자의 가능성은 두 가지 판본의 총론부분의 순서는 같지만, 본론부분이 순서나 내용의 차이를 보이는 원인으로 작용하지 않았겠는가 하는 추측을 할 뿐이다. 아울러 이 점에 관한 타당성 여부를 결정 짓기 위해서는 판본 비교분석을 통한 문자해독, 석문고석 등 향후 치밀한 재검토의 필요성이 대두된다고 본다.

셋째, 두 판본에 대한 저술동기, 성격 규명이 가능하였다. 이 글은 원시 유가에 있어 존재론과 인식론으로서 인간의 본성과 그 구현과정에 대한 탐구이며, 동시에 전국시대 남방 초나라라는 시공간의 정치사회적인 배경하에서 저술된 것으로서, 연구자는 이 글의 주제의식을 혼란한 세상을 구할 이상적 군자를 대망한 지도자론으로 독해할 수 있었다.

결론적으로 연구자는 그동안 주석작업을 통하여 얻은 죽간내용의 분석을 통하여, <性情論>이 거대한 우주관과, 그 속에 존재하는 인간의 본성에 초점을 맞춘 인성론을 거시적으로 다루면서도 군자라는 전형성에 미시적인 관점으로 수렴시킨 저술로서의 가치를 함의하고 있음을 발견할 수 있었다. 아울러 이 글의 저술동기는 先秦 儒家의 心性論에 대한 인식을 정리해내고자 목적한 것으로, 당시 도덕적 군자를 길러내는 교과서로 활용되었을 가능성을 확인할 수 있었다.

10. 연구성과의 활용, 향후 연구과제

1) 학계의 동향, 한계

학계에서는 先秦 楚竹簡 儒家文獻 가운데 <性情論>(<性自命出>)의 발견이 이 글의 편저자로 추정되는 子游, 公孫尼子, 子思 학파의 사상적 요소가 당시 어떻게 상호 교섭되었는지, 그리고 이후 孟子로까지는 어떻게 연결되었는가를 알아내는 데 중요한 단서를 제공해 줄 수 있을 것으로 기대하고 있다. 아울러 儒家書들은 孔孟으로부터 漢代, 宋代에 이르기까지 원시자료로부터 經典化되는 과정 가운데 적지 않은 수정과 윤색을 거쳤을 것으로 추정하여 원시유가에 있어 인성론의 발전과정에 대한 이러한 자료의 성격을 규명하는 데 관심을 기울이고 있다.

그간 학계에서 관심을 둔 것은 인정하나 전면적인 사상사적 맥락에 대한 검토, 판본에 대한 규명, 오늘날에 적용 여부에 대해서는 미진함을 지적하지 않을 수 없다. 연구자는 선진 이본 죽간자료는 인성론으로서 확실한 자리매김의 필요성을 제기한다. 다시 말해 孔子, 孟子, 荀子로부터 시작된 先秦儒家의 사라진 일부 자료에 대한 복원과, 心性論의 전개과정의 맥락을 조망하기 위한 토대 연구가 절실히 요구된다. 이러한 필요성에 입각하여 연구자는 우선 기존 정리본과 연구서들의 주석을 근거로 원전에 대한 해석을 순차적으로 진행하였다. 그런데 그간의 선행연구와 기존 국내외 학계의 연구는 석문고석이라는 일차 토대연구에만 치중되어 있는 실정에 놓여있음을 한계로 지적하지 않을 수 없다.

인문학은 원전자료의 해석이라는 토대연구는 필수적임을 인정하지만, 연구자의 문제의식은 인문학의 가치는 자료의 성격규명, 오늘날의 활용여하에 빛을 발휘할 수 있다는 판단에서 출발한다. 따라서 향후에는 곽점간, 상박간 등 죽간자료의 원전해석이라는 일차적 연구범위를 벗어나 선진 출토자료의 성격규명, 판본규명, 현대사회에 적용, 활용성에 대한 심층 분석연구 필요성을 제기하고자 한다.

2) 기대효과, 후속연구의 필요성

- 원시유가 인성론, 군자론의 활용 가능성

선행연구를 통해 원전에 대한 석문고석은 일차자료에 대한 기초연구로서의 활용이 기대된다. 연구자는 향후 연구의 방향성을 이러한 판본, 문헌학적 가치를 바탕으로 대중성을 담지한 인문학적 가치의 제고, 융복합 학제간 연구의 가능성 타진이라는 목표에 두고자 한다. 과거자료의 축적된 정보를 현재와 미래라는 시점의 새로운 버전으로 번역하여 활용해야만 숨겨진 가치를 극대화시킬 수 있다는 거시적 연구자세의 당위성을 절감하기 때문이다.

연구자는 미진하지만 선진 죽간자료에서 제시된 핵심 키워드, 주제의식 등을 통하여 초보적 수준에서 다음과 같은 몇 가지 학문분야에서 활용 가능성을 간단히 진단해 보았다.

(1) 도덕, 철학

<인성론>에서 제시된 천명론과 심성론, 심신론, 예악론 등을 오늘의 도덕 철학정신(현상학, 해석학, 분석철학, 미학), 천도 인도론, 존현론 등을 사회 윤리적 담론으로 적용하여 해석할 수 있겠다.

(2) 생물 · 발생 · 진화 · 신경 · 과학 등 이론과학과 교육학, 정신분석, 인지 · 행동 · 심리학 등 응용과학

정지와 정기론, 변성과 변양론, 예악교화론 등을 학습과 환경, 기억과 정서, 감정과 행동, 느낌과 생각, 경험의 축적과 습관화, 판단과 추측, 예감, 학습과 반응, 의식과 무의식, 조건과 반사, 객관과 주관, 감성적 반응과 상호작용 등이라는 개념으로 읽어낼 수 있겠다.

(3) 사회철학, 경영학

군자론을 조직학, 리더십론 등으로 활용할 경우 대중의 공감과 이해를 불러일으킬 수 있겠다. 점차 우리사회에서 사라지고 있는 몰염치한 현상을 불식시키고, 대중의 사회 참여와 공공의식, 지도자의 윤리도덕적 책임과 자질론 등을 진작시킬 수 있을 것이다.

고전의 진정한 의미는 시공의 보편성을 확보해야만 그 빛을 발할 수 있다. 인간의 모습은 문화라는 양식으로 시간과 공간속에서 부단히 변모해 나가고 있으나 몸과 마음, 육체와 영혼, 물질과 정신은 여전히 우리가 해결해야할 동일한 과제상황에 놓여있는 것이다. 말하자면 과거는 오늘을 읽는 열쇠이며 동시에 내일을 볼 수 있고, 미래를 열어주는 창일 수 있기 때문이다. 여기에 인문학 자료로서 선진 죽간의 진정한 가치와 의의가 있으며, 인문학도는 이러한 오늘과 내일의 문제 상황을 인식하여 과거를 해석하고 그 해결의 실마리를 찾는데 연구의미를 부여해야만 한다고 확신한다.

집필자는 성정에 대한 문자적 개념을 선진으로부터 한대 유가, 송대의 성리학까지 그 인식체계를 형성하는데, 일정한 역할을 하였을 것으로 추정한다. 동시에 이러한 언어문자적 연구를 토대로 <성정론>에서 제기하고 있는 성정에 대한 인식론의 바탕을 규명할 수 있다면, 이후에 전개되고 있는 인성론 흐름의 전후 사적 연계고리를 밝혀낼 수 있을 것이며, 인간 본성론의 전모를 조망할 수 있는 지형도를 그려낼 수 있을 것으로 기대한다.

저자는 앞으로 진행될 연구를 통하여 학계에서 그동안 사상연구에 대한 미미한 연구수준에 머물러 있는 한계를 극복하기 위해 <성정론>에 대한 석문고석을 통하여, 우선 철저한 고증을 시도하고, 이를 바탕으로 선진시기 성정에 대한 인식을 중심으로 전개된 인성론의 발전양상을 고찰해야할 필요성을 절감하였다. 아울러 후속연구를 통하여 정확한 원전에 대한 고석을 바탕으로 선진시대로부터 한대, 송대라는 시간적 계보와 조선과 일본 등 전 동아시아에 걸쳐 유가적 입장에서 끊임없이 제기되어온 인성에 대한 인식과 탐색이라는 주제의식을 도출해내고 우리의 삶 속에서 자칫 잊혀져가고 진부하게 치부할 수도 있는 유가의 도덕론, 인성론, 심성론의 전통을 새롭게 규명하고 통섭해봄으로써 스스로의 정체성을 확립할 수 있을 것으로 확신한다. 나아가 우리의 DNA 속에 뿌리 깊게 자리 잡고 있는 물적 정신적 유산을 한층 승화시킬 수 있는 계기를 마련할 수 있을 것으로 기대해 본다.

제5부

초죽간 주석, 문자 해독 및 번역

11. 楚竹簡 人性論 異本 대조, 주석, 문자 해독 및 번역

일러두기

전국시기 두 가지 초죽간 판본 <性情論>, <性自命出>을 대상으로 註釋을 진행하고자 한다. 기존 학계의 선행연구로서 죽간에 대한 排列, 分章, 등을 정리한 整理本(≪上博楚簡≫)과 校讀本(≪郭店楚簡≫, 李零 ≪郭店楚簡校讀記≫增訂本, 이하 ≪校讀記≫로 줄여 부름)을 주요 참고자료로 삼기로 한다.

먼저 濮茅左가 이 판본의 注釋에서 제시하고 있는「隸定」등의 의견을 참고하여 문자해독을 수행하고자 한다. 아울러 원문에 대한 주석과 해설은 ≪上博楚簡≫ 중 濮茅左의 考釋, ≪郭店楚墓竹簡≫(1998) 중 裘錫圭의 註釋, ≪郭店楚簡<性自命出>篇箋釋≫(인터넷, '簡帛研究中心網站'의 내용을 참조) 중 劉昕嵐의 箋釋, ≪<性自命出>集釋≫(≪郭店竹簡<性自命出>研究≫(2003)) 중 李天虹의 集釋 등을 참고하고자 한다.

≪上博楚簡≫(<性情論>)본과 ≪郭店楚簡≫(<性自命出>)의 원문의 내용에는 차이가 발견된다. 차이점을 알기 위하여 두 판본의 원문을 제시하였으며, 郭店本의 원문 가운데 표시【 】안의 숫자는 죽간의 순서를 표시한다. 본 역주는 정리본 죽간의 순서에 따라 원문, 고석, 각주(논점분석)의 순서에 따라 진행한다. 석문고석 작업을 진행하면서 하나의 해석만을 선택하기 어려운 경우 신뢰할 수 있는 학자의 견해를 그대로 열거함으로써, 集釋, 集註의 방식을 취하기로 할 것이며, 필요한 경우에는 연구자의 의견을 <案>:으로 첨부하여 제시하기로 한다. 죽간 원문에 대한 한글 번역문은 맨 뒤에 따로 떼어 배치하였다.

假借字, 異體字, 古今字의 本字, 正字, 隸定字는 ( )로, 정확한 글

자를 모를 경우에는 괄호 안에 ?를 표시하며, 부가적 설명이 필요한 경우를 제외하고는 별도로 주석하지 않기로 한다. 다른 經書와 문맥 전후를 살펴 簡文에 誤字가 있는 경우 正字를 〈 〉로 표시하며, 문맥과 現行本 등을 고려하여 缺文과 奪文 등은〔 〕로 표시한다. 衍文(잘못 추가된 문자)은 { }로 표시한다. 缺文 중 문자의 수는 알 수 있으나, 해당하는 자를 모르는 경우엔, □로 표시하며, 문자의 흔적이 있어 추정할 수 있는 문자가 있을 경우에, 네모 안에 문자를 표기하고, 표점부호 가운데 重文 부호는 하나의 짧은 가로획 - 로, 合文 부호는 두 개의 짧은 가로획 = 로 표시하고, 句讀 부호는 하나의 짧은 墨塊 ■ 로 표시하기로 한다.

1) <性情論> <性自命出> 주석, 문자해독

(1) 제1간

凡人唯(雖)又(有)生(性), 心亡正志■. 寺(待)勿(物)而句(後)乍(作), 寺(待)兌(悅)而句(後)行■, 寺(待)習而句(後)奠■. 憙(喜)惹(怒)哀悲之氮(氣), 眚(性)也■. 及丌(其)見於外, 則勿(物)取之

《郭店楚簡》
凡人唯(雖)又(有)眚(性), 心亡奠志, 恙(待)勿(物)而句(後)复(作), 恙(待)兌(悅)而句(後)行, 恙(待)習而句(後) 【1】 奠. 憙(喜)惹(怒)怷(哀)悲之槩(氣), 眚(性)也. 及其見於外, 則勿(物)取之

【주석】
濮茅左는 古文字 '生'·'性'·'眚' 세 자 모두 通用字이므로 '生'을 '性'으로 해독하였으며,[126] '性'은 '사람의 본성'·'天命의 性' 이 두 가지를 포함한 의

126) 馬乘源 主編 ≪上博楚簡(一)≫ 220쪽. 簡帛書에 출현하고 있는'生' '性' '眚'의 通用

미로 해석하였다.

李天虹은 '志'는 '마음의 뜻', 혹은 '주관적 의지나 의식' 등으로 간주하고 있는데,[127] 아울러 '心志'란 '性'에 대한 설명으로 보고, '마음과 뜻'으로도 해석할 수 있다. 그는 또 '物'을 제6간의 이어지는 문장 중의 '凡見者之謂物'을 가리킨다고 보았는데,[128] 한편 濮茅左는 '物'이란 인간을 둘러싸고 있는 외계의 객관 환경과 존재 일체를 총칭하는 대상으로 해석하고 있다.[129]

'句'의 上古音은《馬王堆漢墓帛書·老子》本 등, 甲骨文과 金文에는 '乍'가 '作'의 의미로 자주 사용되었으며, 고대에는 '兌', '說', '悅'은 通用되었으며, 제6간의 "𢜾(囿)於其者之胃(謂)兌(悅)"에서도 '兌(悅)'에 대하여 설명하고 있듯이 '兌'는 '悅'로 읽을 수 있다.[130] 裘錫圭는《郭店楚墓竹簡·性自命出》의 첫 문장에 대한 注釋에서, '習'과 '奠(定)'의 관계를 습관은 변함없이 지속됨으로써 견고해지는 것으로 파악하고 있는 다른 문헌자료의 예를 근거로, '亡'을 '無'로, '奠'을 '定'으로 풀이 하였다.[131]

李天虹은 "제11간, 12간에 '性을 자라게 하는 것은 習이다.'라는 내용을 근거로, '習'을 '敎習' 혹은 '習養'의 의미로 해석하였으며,[132] 劉昕

에 관한 자세한 내용은, 필자의 <先秦 楚竹簡에 반영된 人性論 小考>(≪中國語文學誌≫제23집) '性'의 字源에 대한 설명을 참조.

127) 李天虹 ≪<性自命出>集釋≫, 133쪽.

128) 李天虹 위의 책, 134쪽.

129) 馬乘源 主編 앞의 책, 221쪽,

130) 馬乘源 主編 위와 같은 책, 같은 쪽.

131) ≪尙書·太甲≫의 "습관은 본성과 함께 어울리면서 이루어진다(習與性成).", "사람은 그 일을 습관적으로 함으로써 굳어지게 된다(人習其事而固).", ≪孔子家語·七十二弟子解≫의 "조금만 더 성취하고 보면 그 성품과 같게 될 것이며, 더욱 익숙하게 되면 자연에 맞게 될 것이다(少成则若性也, 習慣若自然也)." 荊門市博物館編 裘錫圭 注釋 ≪郭店楚墓竹簡≫, 182쪽, 재인용.

132) 李天虹 위의 책, 134쪽.

嵐도 같은 맥락에서 "'習'은 여기에서는 '積習'으로 해석된다."고 보았다.[133] 濮茅左는 뒤에 이어지는 제6간 문장 가운데, "본성을 자라게 하는 것은 습관이다(羕(養)眚(性)者, 習也).", 제7간의 "습관이란 그 본성이 자라게 하는 것이다(習也者, 又(有)㠯(以)習丌(其)眚(性)也)." 등의 해설을 근거하고 '習'을 '僎'과의 관계를 고려하여, '習慣' 혹은 '習性'이라고 해석하였다. 이상의 견해를 종합해 볼 때, '習'은 하늘로부터 부여받은 고정적 개념인 천성과는 달리 후천적인 환경과 교육, 인간 자신이 선택적으로 익히게 되는 것으로, 지속적인 과정을 통해 고정 가능한 포괄적인 개념으로 쓰였을 것으로 파악된다.

濮茅左는《荀子·禮論》의 "모든 예물을 취하여 제사지내다(物取而皆祭之).", <性情論> 제 3간의 "무릇 본성이 주체가 되어 바깥 사물을 취한다(凡眚(性)爲主, 勿(物)取之也)." 등의 예문을 들면서, '取'를 '聚'로도 읽을 수 있다고 보았다.[134]

<性情論>에서 정의되고 있는 '性'의 개념은 일차적으로 하늘이 인간 모두에게 부여한 것으로서, 환경과 조건에 따라 좋아하거나 싫어하는 것, 착하거나 착하지 않는 것, 기뻐하거나 분노하거나 슬퍼하는 것으로 나타나는 것을 의미한다. 이러한 관점은《禮記·中庸》은 "天命을 性이라 한다(天命之謂性)."의 天命論的 '性'을 의미하며, 한편으로는《論語·陽貨》의 "성품은 원래 서로 비슷하지만, 학습의 과정을 통하여 멀어지게 된다(性相近也, 而習相遠)."라는 것과 같이 후천적 환경 속에서의 학습을 통해 변화 가능한 '性'을 포함하기도 한다.[135] 이는 告

---

133) 劉昕 爐 ≪郭店楚簡〈性自命出〉篇箋釋≫(인터넷, '簡帛硏究中心網站') 참고.

134) 馬乘源 主編 앞의 책, 222쪽.

135) 이처럼 '性'을 天賦된, 또는 習慣化된 것으로 파악하고 있는 관점은, 이후 ≪荀子≫에서도 계승 발전되고 있다. "性은 우리가 어찌할 수 없지만 교화시킬 수는 있다. 노력을 쌓아 간다는 것은 본래 타고나는 것은 아니지만 노력할 수는 있다는 말이다. 노력으로 습속을 바로잡아 간다면 본성을 교화시킬 수 있다. 한결같이 스승과

子의 "인간의 본성은 본래 착한 것도 착하지 않은 것도 아니다(性無善無不善)"의 주장과 인식의 궤를 같이 하는 것이다. 반면, 孟子의 性善說이나 荀子의 性惡說의 인식처럼 善惡으로 확정된 性의 개념, 즉 천생적인 자질(天之降才)로서의 善 혹은 惡이라는 개념과는 차별성이 존재한다.

'心亡(無)正志'에 대해서는, '性'과 '心', '志'의 상관관계로 풀이하여 해석하고자 한다.[136] 즉 '性'을 인류가 공통으로 부여받은 일종의 잠재적 능력으로 보고, '心'을 개인의 주관적이며 구체적인 행동으로 발현되는 원동력으로 간주하여 해석을 시도하고자 한다.

(2) 제 2간

⿴. 眚(性)自命出, 命自天降■. 道司(始)於情=(情, 情)生於眚(性)■. 司(始)者近情■, 冬(終)者近義■, 智(知)情者能出之. 智(知)義者能内(入)之. ⿴

법도만을 받들고 이단은 거들떠보지 않는 것이 노력을 쌓아가는 방법이다. 습속은 사람의 뜻을 바꿔 놓고 편안히 오랫동안 그렇게 지내면 사람의 바탕까지도 바뀌게 되는 것이다(性也者, 吾所不能为也, 然而可化也, 情也者, 非吾所有也, 然而可为也. 注錯習俗, 所以化性也. 並一而不二, 所以成積也. 習俗移志, 安久移質.)"(≪荀子·儒效≫). 김학주 옮김, ≪荀子≫ 208쪽 참조. 馬乘源 主編 앞의 책, 220쪽에서 재인용.

136) 濮茅左(馬乘源 主編 위와 같은 책, 221쪽)는 '正志', 혹은 '奠志'(性自命出)는 인간의 마음으로부터 발휘되는 사물에 대한 정확한 인식을 뜻하는 개념으로 간주하여, "반드시 모범을 본받은 후에야 바로 잡아지고, 禮义를 얻은 후에야 다스려진다(必將待師法然後正, 得禮义然後治)."라고 풀이하고 있다. 즉 인간은 누구나 예외 없이 하늘로부터 性을 부여받았지만, 마음의 작용에 따라 객관사물에 대한 인식의 정확성여부는 달라질 수 있다고 본 것이다. 한편 전체 죽간의 문맥을 고려한 해석이다. 제1간에서는 '性'과 '心', 그리고 '志'와 '物', '習'의 관계에 대하여 상세한 설명을 부연하고 있다. '性'이란 喜怒哀悲의 情氣이며, 접촉됨으로써 외부로 나오는 것이고, 외계 물질에 의해서 그것이 취해지는 것이라고 설명하고 있다. 개인에 있어, '心'은 내면에서 아직 확정된 것이 아니며, 사물에 대하여 정확한 인식을 내릴 수도 없다. '志'는 外界의 환경적인 요소인 '物'과의 접촉이 있은 후에야 만들어지는 것이며, 즐거움이 있은 후에야 행해지며, 습관이 쌓여진 후에야 고정화 된다고 보았다.

《郭店楚簡》

也. 眚(性)自命出, 命【2】自天降. 衍(道)司(始)於青(情), 青(情)生於眚(性). 司(始)者近青(情), 近青(情)終者近義. 智(知)□□□【3】出之, 智(知)宜(義)者能內(納)之. 好

【주석】

두 초간본의 문맥을 상호 비교해 볼 때, <性情論> 죽간의 앞부분과 끝부분의 殘缺된 부분에 각각 㐌. 眚(性)과 图. 舀 네 글자를 보충할 수 있으며, <性自命出> 죽간의 중간 '智(知)情者能出之' 가운데, 殘缺된 부분에 '情者能' 세 글자를 추가할 수 있다.[137]

濮茅左는 제5간의 "厲(厲)眚(性)者, 宜(義)也", 제33간의 "詘, 宜(義)之方也"의 경우와 같이, '義'와 '宜'를 통용자로 간주하였으며, '司'는 '始'로 읽고, '夂'를 '終'으로 隸定하고,[138] '內'를 고문에서 '入'과 同音의 통용자로 보았다.[139]

'天'·'命'·'性'·'情'·'道'의 관계를 설명하고 있다. 이 가운데 '性'에 대한 두 가지 핵심 개념이 설명되고 있다. 첫째, '性은 命으로부터 나온 것이다(眚(性)自命出)'라 하여 性의 유래에 대하여, '情은 性에서 만들어진다(情生於眚(性))'라 하여 性의 파생에 대하여 설명하고 있다. 이어 '기쁨과 분노, 슬픔과 비애의 氣, 좋아함과 싫어함이 곧 性이다'라고 하여 性의 구체적인 발현에 대하여 정의하고 있다.

둘째, '명은 하늘로부터 내려온 것이다(命自天降)'에서 '天'은 인간 이외의 세계를 가리키며, '命'은 '天'이 인간에게 부여한 生命이나 運命을 뜻한다. 이는 '性'은 하늘로부터 내려진 '命'에서부터 생겨난 것(

137) 荊門市博物館編 앞의 책, 같은 쪽.

138) 馬乘源 主編 앞의 책, 223쪽.

139) 馬乘源 主編 위와 같은 책, 224쪽.

天命爲性)이라는 개념으로 발전한다. 李天虹은 '命'이란 두 가지 함축의미, 즉 하늘에 대하여는 하늘의 뜻이요 명령이며, 사람에 대하여는 순수한 생명을 의미하는 것으로 보았다.[140] '性'을 '命'과의 관계 속에서 정의내리고 있는 문헌의 예를 들어보면, 《周易·乾》은 "대자연의 운행변화는 각각 性命을 결정한다(乾道變化, 各正性命)."이라고 했으며, 孔穎達은 《正義》에서 구체적으로 "性은 天生의 本質로 강함과 부드러움, 느림과 빠름과 같은 것이며, 命이란 사람의 天稟으로 貴賤과 夭壽와 같은 것이다(性者, 天生之質, 若剛柔遲速之別. 命者, 人所稟受, 若貴賤夭壽之屬是也)."라고 설명하고 있다.

楚竹簡에서 서술되고 있는 '道'와 '禮'의 개념은 상호 대체가능하다. '道'가 '禮'를 의미할 경우, '道'란 '天道'가 아닌 '人道', 즉 인간의 일체의 행위에 대한 도리나 규범을 가리킨다. 이밖에도 '人道'를 강조하고 있는 구절로는 "唯人道爲可道也."(〈性情論〉 제35간), "是以君子, 人道之取先."(《郭店楚簡》〈尊德義〉제8簡)[141] 등이 있는데, 이러한 관점은 《荀子·儒效》에서 "道는 하늘의 道도 아니고 땅의 道도 아니다. 인간이 이룬 道를 말하며, 군자가 이룬 道이다(道者, 非天之道也, 非地之道也, 人之所以道也, 君子之所道也)"라는 설명과도 일맥상통한다.

"情에서 시작하여 義로 끝마친다(始者近情, 終者近義)."라는 언급은 <詩大序>의 "發乎情, 止乎禮義"로 연결되는 儒家의 선언적 개념의 단서이기도 하다. 李天虹은 '道'란 《中庸》의 "잠시도 떨어져 있을 수 없는 것(道也者, 不可須臾離也).", 朱熹《集注》의 "사물의 마땅히 행하는 이치(事物當行之理)."라는 인식과 궤를 같이 하면서, 사물의 내부에 존재하는 고유한 규율을 의미한다고 보았다. 그는 <性自命出>의 道와 禮의 관계는 원래 '人情'으로부터 나오는 것이라는 개념

140) 李天虹 앞의 책, 136쪽.

141) 荊門市博物館編, 앞의 책, 173 쪽.

으로 파악하고, '人道'는 백성을 계도하는 데 사용될 수 있음을 설명하고 있다고 판단하였다. 근거로는 제13간 - 제14간의 "사람의 도만이 가르칠 수 있다(唯人衍(道)爲可衍(道))."고 하면서 聖人은 백성들에게 詩書禮樂을 가르칠 것을 주장한 내용을 제시하였다.[142]

'人義'에 대한 인식은 행동규범으로 나타날 때, 어버이는 자식에게 자애로운 것, 자녀는 부모에게 효성을 다하는 것, 형은 동생에게 어질게 대하고, 동생은 형에게 순종하고, 남편은 부인에게 의롭게 행동하고, 부인은 남편의 말을 경청하며, 어른은 손아래 사람에게 은혜를 베풀고, 어린아이는 윗사람에게 순복하며, 임금은 신하에게 인자하고, 신하는 임금에게 충성하는 것으로 부연 설명되어질 수 있다. 이러한 '義'를 체현하는 것을 '理'로 간주할 수 있으며, 이는 완전한 도덕규범이자 禮가 도달하고자 하는 궁극적 목표이기도 한 것이다. 또한 性情의 발현과 道와의 합일되는 과정 속에서, 人情 → 人義 →人道에 대한 설명은 儒家사상의 큰 흐름에 있어 중요한 관점이자 일관된 이념인 것이다.

劉昕嵐은 '能出之'와 '能入之'에 대하여, 裘錫圭의 注(《郭店簡》182쪽)를 인용하면서 '內'를 '入'으로 읽고, '入之'를 '인정을 절제하게 한다(使之入).'라고 해석하고 있다.[143] 이를 근거해 보면, 앞 문장의 '出之'에서 지시대명사 '之'는 人情을 가리키며, 따라서 "인정을 표현하게 한다(使之出)."로 해석해 볼 수 있다. 이어지는 제 10간의 문장 "그 정을 다스려 발현시키고 받아들인다(理其情而出入之)."와의 호응관계를 고려해볼 때, '使之出'이란 人情을 표출하는 것, '使之入'은 人情을 절제하여 숨기는 것으로 풀이할 수 있다.

142) 李天虹 앞의 책, 136-137쪽.

143) 劉昕爐 앞의 인터넷, '簡帛硏究中心網站' 箋釋을 참조.

(3) 제3간

[亞](惡)[眚](性)[也], [所]好 · 亞(惡), 勿也. 善不善, 眚(性)也. 所善所不善, 埶(勢)也. 凡眚(性)爲宔(主), 勿(物)取之也 . 金石之又(有)聖(聲), 弗鈎(扣)不鳴.

《郭店楚簡》

亞(惡), 眚(性)也. 所好所亞(惡), 勿(物)也. 善不□□□【4】, 所善所不善, 埶(勢)也. 凡眚(性)爲宔(主), 勿(物)取之也. 金石之又(有)聖(聲), □□□【5】□

【주석】

첫 문장은 좋아함과 싫어함이란 인간의 本性이며, '物'은 '好惡'의 대상이다. 라고 설명하고 있다. 감정의 활동에 속하는 '好惡'는 情欲의 범주에 속하기 때문에 이는 인간의 內在적 요소에 해당된다.[144] 이는 사물이나 욕망에 대한 이익을 추구하는 구체적인 원인은 '性'에 있으며, 객관적인 원인은 바로 '物'이라는 설명이다.

'物誘性動'과 '物誘於外'의 표현으로서의 '勢'의 개념은 楚竹簡에 자주 등장하고 있다. 여기에서 '物'은 직관적인 시각을 통하여 인식되어진 물질로서, 사람의 본성에 영향을 미쳐 변화를 유도할 수 있는 것으로 제시되고 있다. '性'은 모든 것의 핵심으로 외계의 물질을 통해서 밖으로 나오는 것은 마치 금석이 소리를 지니고 있지만 두드리지 않으면 소리를 내지 못하는 것과 같다고 파악하고 있다. 그런데 정신적인 활동인 '心·志'가 '物'과의 관계 속에서 상호 교섭되지 않으면 '性·情'은 표출되

144) 馬乘源 主編 앞의 책, 224쪽에서 濮茅左는 '好惡'를 '性'으로 간주하고 있는 예를 ≪禮記 樂記≫≪荀子·榮辱≫ 등에서 찾아 제시하고 있다.

어 나오지 않는다고 보았다. 사람에게 있어 '性情'은 內在되어 있는 본성이나, '心志'는 외계 사물로부터 영향을 받는 주관적인 감정이기 때문에 후천적인 학습과 수양을 통하여 '好'나 '惡' 중에서는 '好'를 '善'과 '不善' 중에는 '善'같은 本性을 발로시켜야 한다는 것이다. '勢'란 외부의 물질로 구성되어진 환경이나 환경이 구비하고 있는 形勢(《玉篇·力部》)·情勢(李零《校讀記》)로서,[145] 인간의 本性을 주관적인 성향에 따라 動搖시킬 수 있는 것이라 할 수 있다. 따라서 부여받은 인간의 본성을 동요시키는 것은 形勢(情勢)이고, 그 勢는 곧 물질로부터 발생한 것이라는 설명이다.

楚竹簡에서의 후천적 교화를 이끄는 가르침은 본성의 도덕적 가치 실현에 있어, 매우 중요한 매개체로 간주하고 있다. 하늘로부터 부여받은 人性은 누구나 같으나, 그 人心은 교육 받은 정도와 대상이 다르기 때문에 결국은 같을 수가 없게 되는 것이다. 天命은 곧 性이며, 이 性은 '心'에 의하여 통제되어진다. 즉 '心'이 발동하지 않으면, 본성인 '好惡'나 '善不善'이 작동되어지지 않는다. <性情論>에서는 이러한 '心'의 동력을 性을 養育시키는 '積習', 즉 교육으로 보았으며, 儒敎에서 도달하고자 하는 궁극적 가르침을 '德敎'라고 정의내리고 있다.

濮茅左는《郭店簡》의 '聖'자 다음 결손 부분은《上博簡》「也, 弗鉤不鳴也」의 여섯 자가 파손되지 않았기 때문에 보충할 수 있다고 보았으며,[146] 李零은 문맥의 흐름상, "金石之有聲, [弗扣不鳴. 人之]雖有性"으로 보았고, 龐朴은 "金石之有聲, [梃弗擊不鳴. 凡人]雖有性"으로 보았다.[147]

竹簡에서 '物取性', 혹은 '物之取性'은 동시에 '心取性'을 의미하는 개

145) '勢'에 대하여, '形勢'(≪玉篇·力部≫) '情勢'(李零≪校讀記≫)와 같은 해석은 모두 劉昕嵐 앞의 인터넷, '簡帛硏究中心網站' 箋釋에서 재인용.

146) 馬承源 主編 앞의 책, 225쪽.

147) 劉昕嵐 앞의 인터넷, '簡帛硏究中心網站' 箋釋에서 재인용.

념이다. 이러한 개념은 '외부의 사물(物)'은 먼저 사람의 '마음(心)'을 움직이게 하고, 다음에 마음으로부터 '性'을 취한다는 설명이다. 다시 부연하자면, 이는 '性'과 '物'이 접촉하게 될 때, '心'은 중개자가 되어 취사선택함으로써 여러 가지 다른 행동으로 발현될 수 있음을 의미하는 것이기도 하다. <性情論>의 殘缺된 내용 가운데, 중요하다고 판단되는 '心'의 역할과 작용을 감안하여 괄호 안에 포함하여 해석을 시도해보고자 한다.

《郭店楚簡》을 근거로 죽간의 크기와 내용을 추정하여 볼 때, <性情論>의 사라진 殘缺부분을 아래와 같이 보충할 수 있다.

(殘缺부분 1)

□□唯(雖)有眚(性), 心弗取 出. 凡心又(有)志也, 亡與 □□□□□
【6】蜀(獨)行, 猷(猶)口之 可蜀(獨)言也. 牛生而倀(長), 鳶(鵉)

【주석】

《上博楚簡》은 모두 '長'으로 쓰고 있는 반면, 《郭店楚簡》은 '人'변을 추가하여 형성자 '倀'으로 쓰고 있다. 李天虹은 集釋에서 '倀'은 '長' 또는 '張'으로 읽으며, 이때 뜻은 '大'로 보았다.[148] 《郭店楚簡》은 '鳶'를 '鵉'로 隷定하였으며, 李零은 《郭店楚簡》 釋文에서 제시되고 있는 解讀의 오류를 지적하여, 이 글자를 '鳥'의 부분이 약간 변형된 형태로 보고, '雁'(「從鳥從彦省」)으로 예정하였다.[149] 이 글자의 예와 관련된 자료로는, 《包山楚簡》에 '鴈(雁)', 즉 '鴈'·'鴈'가 보이고 있다. 이 외에도, 비슷한 글자로 추정

148) 李天虹 앞의 책, 141쪽.

149) 李零 앞의 책, 108쪽.

되는 '[illegible]'를 '[illegible]'로 예정한 경우도 있으며,[150] 이 '[illegible]'를 '鴈'자의 번체자라고 설명한 자료도 있는데,[151] 동시대 발굴된 지하자료를 근거해 볼 때, [illegible]는 '鳥'가 변형된 모습일 것으로 추측되며, 문맥상 '鴈'·'雁'의 의미로 쓰였을 것으로 판단된다.

(殘缺부분 2)

生而戟(伸), 其眚(性)□□, □【7】而學或𡠧(使)之也. 凡勿(物)亡 異也者. 剛之梪(樹)也, 剛取之也. 柔之【8】約, 柔取之也. 四海(海)

【주석】

李零은 문자 '梪'에 대하여, '樹'(從木從豆)로 읽고, '樹의 문자초기에는 여러 형태가 있었음에 착안하여, 그 뜻을 '直'으로, '約'를 '曲'으로 해석하였다. 한편 '樹'를 《荀子·勸學》의 "强自取柱, 柔自取束"의 경우를 예로 들어, '柱'를 '祝'으로 읽고 '세우다(立)'로 해석하는 경우도 제시 하였다. 한편 '約'의 뜻을 '柱'와는 상반된 '束'으로 해석할 수도 있는데, 이 경우 죽간의 내용을 "강한 것은 견고한 성질 때문에 꺾이기 쉽고, 부드러운 것은 유연한 성질 때문에 굽어지기 쉬운 법이다. 이러한 원인은 모두 사물의 성격 때문이다."[152]라고 의역을 가하였는데, 문맥의 흐름을 고려해 볼 때, 타당성이 있다고 본다.

150) 張守中 選集 ≪包山楚簡文字篇≫, 55-57쪽.

151) 何琳儀 ≪戰國古文字典≫, 977-978쪽.

152) 李零 앞의 책, 112쪽.

(4) 제4간

囟內, 丌(其)眚(性)一也. 丌(其)甬(用)心各異■, 孥(教)叓(使)肰(然)也. 凡眚(性), 或𡙈(動)之■, 或逆之■, 或𢘓(交)之, 或𢝐(厲)之, 或出囟, 或■(養)

《郭店楚簡》

之內, 其眚(性) (一)也. 其甬(用)心各異, 𡥈(教)叓(使)肰(然)也. 凡眚(性)【9】, 或𡙈(動)之, 或逨(逢?)之, 或𡩜(實)之, 或萬(厲)之, 或出之, 或羕(養)

【주석】

'𡙈'는 '動'의 或體字로, '㣫'로 쓰기도 한다. 이는《郭店簡》〈尊德義〉에 "이른바 백성을 감동시키면 민심은 순응한다. 민심은 恒常心을 갖게 될 것이고, 민심은 養性되어지고, 義를 중시하고 理가 모여지게 될 것이다.(凡㣫(動)民必訓(順)民心, 民心又(有)恒, 求其羕, 童(重)義集𨤲(理))."[153] 의 내용과 같은 맥락으로 이해할 수 있다.

《爾雅 · 釋言》은 "逆, 迎也"라고 했으며,《漢詩外傳》은 "노인은 버리고 젊은이만 쓰는 것을 소경(瞽)이라하고, 귀해졌다고 천하던 시절을 잊는 것을 亂이라 하며, 좋은 것을 보고서 무조건 좋아하는 것은 逆이라 한다. 내 어찌 이런 행동을 하겠습니까?(棄老取少, 謂之瞽; 貴之忘賤, 謂之亂, 見色而悅謂之逆, 吾豈以逆亂瞽之道哉)."이란 구절이 보이고 있으며,[154] 王力은 "ngyak 逆: ngyang 迎 (錫陽對轉)"이라는 발음상의 근거를 제시하면서, 이 두자를 同源字로 간주하였다.[155]

濮茅左는「■」를 '𢘓'라고 예정하면서, "'𢘓'는 '忟'로 자부가 '交'와 '心'인

153) 荊門市博物館編 앞의 책, 174 쪽 참고.

154) 韓嬰 著 東碩 譯註, ≪漢詩外傳≫ 613쪽,

155) 王力 ≪同源字典≫, 187-188.

형성자로, '快'나 혹은 '效'의 독음과 같고, 그 의미는 '交'이다." 라고 설명하고 있다.[156] '交'는 '性'을 목적어로 하는 타동사인 것은 분명하지만, 그 뜻에 대한 해석은 학자 간에 의견이 분분하다. 劉昕嵐는 이어지는 제5간의 「交性者, 故也」와 제6-7간의 「有爲也者之謂故」 등의 구절이 있는데, 여기에서 '故'의 의미는 어떤 특정한 목적을 수행하기 위한 행위를 가리키고 있으며, '㦲'는 '敎'와 같은 글자로서 '使'의 의미일 것으로 추정하고 있다.[157] 裘錫圭는 이 자를 '寔'로 예정하고, '交'는 '室'을 잘못 쓴 것이라고 하고 있으며, 혹은 '寔'은 '實'의 의미라고 풀이하고 있다.[158] 그러나 문자의 형태와 전체적인 문맥을 살피고, 濮茅左가 재인용하고 있는《禮記 · 禮器》의 "禮는 堂上에서 움직이고, 樂은 이에 호응하여 堂下에서 일어나니 和合의 덕이 표현되는 것이다(禮交動乎上, 樂交動乎下, 和之至也)."[159] 라는 예를 근거해 볼 때, "조화롭게 호응하다."로 해석하고자 한다.

'厲'은 '厲'와 같은 글자로,《集韻》은 '厲, 嚴也'라 고 하였고,《廣雅·釋詁四》는 '厲, 高也'라고 해석하고 있으며, 둘 다 같은 의미로 통한다. '兼'은 '養性'의 의미로 쓰였다. 濮茅左는 이러한 해석의 예로,《論衡 · 本性》의 문장을 제시하고 있다. [160], 여기에서 '養'은 '養性'의 의미이다.

劉昕嵐은 '出'에 대하여, 제3간 "善不善, 性也. 所善所不善, 勢也"(즉, '勢'는 善不善의 '性'이 나타난 현상)의 내용을 근거로, '物'과의 접촉을 통해 인간 본성의 善과 不善의 趨勢 가운데, 善을 향해 임기응

156) 馬乘源 主編 앞의 책, 227쪽.

157) 劉昕嵐 앞의 인터넷, '簡帛硏究中心網站' 箋釋 참고.

158) '李天虹 ≪郭店竹簡〈性自命出〉硏究≫, 145쪽, 裘錫圭 <談談上博簡和郭店簡的错別字>에서 제시된 견해를 재인용.

159) 李相玉 譯著 ≪禮記 · 禮器≫ 684-685쪽.

160) 袁華忠 方家常 譯註 ≪論衡全譯≫(上卷), 191-192쪽. "周나라 사람 世碩은 사람의 본성에는 선함과 악함이 있으므로 선한 본성을 배양하여 이끌어 주면 선해지고, 악한 본성을 길러주면 악해진다고 여겼다(周人世碩以为人心有善有恶. 举人之善性, 養而致之则善長; 性恶, 養而致之则恶長)." 馬乘源 主編 앞의 책, 227쪽 재인용.

변적이며 탄력적으로 반응하여 선택하는 것을 가리킨다고 보았다.[161] 李零은 "《說文通訓定聲 履部》에서는 '絀'을 '詘'의 假借字로서 원래는 '曲'의 의미이다. 《正字通 · 糸部》에서는'絀'과 '詘', '屈'은 통용자로서 '絀'은 굽어지다, '물러나다'의 의미로 쓰이며, 파생어 '絀性'는 '수축하는 성질'이다."라는 예를 인용하면서 '出'을 '絀'로 해설하고 있는데, 필자는 문자의 본래 의미와 문맥을 고려해 볼 때, 善不善의 본성이 '物'에 대하여 變通할 수 있게 하는 것이라고 해석하고자 한다.

제4간 등의 楚竹簡에서는 모든 행위는 예의를 근본으로 삼아 행동해야만 "본성을 자라나게 한다(長性)."고 주장하고 있다. 구체적으로는 動·逆·㤕(交)·厲(厲) · 出 · 兼(養) · 長 등을 本性을 변화시킬 수 있는 수단이자 방법으로 제시하고 있으며, 이러한 관념은 《荀子》와도 그 맥이 연결되고 있다.[162]

(5) 제5간에 대한 고석

囡, 或長之; 凡𢾍(動)眚(性)者, 勿(物)也 , 逆眚(性)者, 兌(悅)也, 㤕(交)眚(性)者, 古(故)也, 厲(厲)眚(性)者, 宜(義)也, 出眚(性)者, 埶(勢)也,

《郭店楚簡》

之, 或長之; 凡𢾍(動)眚(性)【10】者, 勿(物)也, 逆(逄?)眚(性)者, 兌(悅)也, 交眚(性)者, 古(故)也, 萬(厲)眚(性)者, 宜(義)也, 出眚(性)者, 埶(勢)也,

161) 劉昕嵐 위의 인터넷, '簡帛研究中心網站' 箋釋 참고.

162) 馬乘源 主編 앞의 책, 226-229쪽, ≪荀子≫〈禮論〉〈君子〉<大略>의 문장 재인용 참조.

【주석】

제4간 후반부에 이어 제5간의 '長'은 '性'을 변화시킬 수 있도록 하는 수단에 대한 설명으로 '率'·'領',[163] 혹은 시간적인 영속성을 나타내는 '久遠, 恒', 또는 '점진적인 발전을 도모하다(增長·進益)'라는 의미로 쓰였을 것으로 추정되는데, 필자는 전후 문맥상 '增益'의 의미로 해석하고자 한다.

李天虹은 제5간의 '凡敾(動)眚(性)者, 勿(物)也'을 《樂記》의 '감응론(物動心性論)'의 개념과 매우 흡사하다고 보았다.[164] "凡敾(動)眚(性)者, 勿(物)也■, 逆眚(性)者, 兌(悅)也"는 제1간의 "𤊾(待)勿(物)而句(後)𢎘(作), 𤊾(待)兌(悅)而句(後)行"과 상호 호응하여 연결되는 내용이다.

濮茅左는 '𢘅'를 '交'로 읽고, '交友', '結交', '禮交'로 해석하고, '古'를 '故'로 읽었다.[165] "逆性者, 悅也."의 의미를 《韓詩外傳 · 九》의 "見色而悅謂之逆."과 같은 용법으로 해석하고 있다.[166] 李天虹은 이어지는 제6간의 '有爲'를 본연적으로 태어나면서부터 '性'을 증진시키고, 사람의 사리를 밝히는 행위로서 '故'의 원인으로 간주하였으며, 그 구체적인 방법으로 '詩·書·禮·樂'에 대한 학습을 제시하고 있다고 해석하고 있다.[167]

---

163) 廖名春은 ≪郭店楚簡儒家著作考≫(≪孔子研究≫, 1998年第三期, 78쪽)에서 '長'을 '率' '領'으로 해석하였다. 劉昕嵐 (앞의 인터넷, '簡帛研究中心網站')은 廖名春의 해석을 재인용하였으나, ≪莊子· 存宥≫의 "덕이 아닌 것이면서 오랫동안 장려되는 경우는 천하에 없었다(非德也而可長久者天下無之)."와 ≪史記· 秦始皇本紀≫의 "과거를 스승으로 삼지 않으면서 장구했다는 말은 아직 들어보지 못했다(事不師古, 而能長久者, 非所闻也)." 등의 용례를 들면서, '長久'로 보는 것이 타당하다는 견해를 제시하였다.

164) 李天虹 앞의 책, 135-136쪽.

165) 馬乘源 主編 앞의 책, 228쪽.

166) 劉昕嵐 위의 인터넷, '簡帛研究中心網站' 箋釋 참고.

167) 李天虹 앞의 책, 146쪽

(6) 제6간

羕(養)眚(性)者, 習也■; 長眚(性)者, 道也■. 凡見者之胃(謂)勿(物)■, 怣(囿)於其者之胃(謂)兌(悅)■, 勿(物)之埶(勢)者之胃(謂)埶(勢)■, 有爲也

《郭店楚簡》

羕(養)眚(性)【11】者, 習也, 長眚(性)者, 衍(道)也. 凡見者之胃(謂)勿(物), 快於㠯(己)者之胃(謂)兌(悅), 勿(物)【12】之埶(勢)者之胃(謂)埶(勢), 又(有)爲也

【주석】

濮茅左는《郭店簡》의 '快'를 '■'('怣(怙)')로 隷定하고, 문맥상 그 뜻을 '物'과의 관계를 고려하여 '囿(얽매이다)'로,[168] 李零은 '快慰'라고 보았는데, 필자는 두 학자들 모두 사물이라는 대상과의 관계를 전제로 한다는 사실은 수긍이 가지만, '悅'이라는 개념의 궁극적인 결과를 고려해 볼 때 '즐겁게 하다' 정도로 해석하는 것이 무난하다고 본다.

李零은 "勿(物)之埶(勢)者之胃(謂)埶(勢)"에서, 두 '埶(勢)' 가운데 앞의 '埶(勢)'를《'設', 原作'勢'》라 하여 동사 '設'의 의미로 풀이하고 있는데, 다소 의리적인 확대해석의 느낌이 들어 무리가 있어 보이며, 사물과의 선택과 접촉으로 발현된 '情勢', 즉 物과의 한정관계로 보는 것이 보다 자연스러운 해석으로 판단된다.

168) 馬乘源 主編 앞의 책, 229쪽.

(7) 제7간

[illegible]之胃(謂)古(故) . 宜(義)也者, 羣善之蘊(蕝)也. 習也者, 又(有)㠯(以)習丌(其)眚(性)也 . 道也[illegible], [illegible](物)[illegible]. [illegible]

《郭店楚簡》

者之胃(謂)古(故). 義也者, 群善之蘊(蕝)也. 習也【13】者, 又(有)以習其眚(性)也. 衍(道)者, 群勿(物)之衍(道). 凡衍(道), 心述(術)

【주석】

裘錫圭는《郭店簡簡·緇衣》21간의 '民之蘊(蕝)也'를 '民之表也'로 해석되는 것을 근거로, '蘊(蕝)'을 '表徵'으로 풀이하고 있다.[169] 劉昕嵐은《荀子·大略》의 "禮者, 其表也, 先王以禮表天下之亂."에 대하여, '禮'는 亂을 다스리는 표준을 의미하므로, 이를 근거로 '善의 表徵'이란 두 가지 의미, 즉 "의란 선의 표증이요, 의란 모든 善이 善이 될 수 있는 표준이다"로 보았다.[170] 반면 濮茅左와 李天虹은 '宜'는 '義'로 읽고 '蘊'는 '蕝(모으다)'로 읽고 '集聚'라고 해석하였는데,[171] 앞에 수식어 '群'이 의미상 중복되기 때문에, 裘錫圭의 견해가 타당한 것으로 사료된다.

'心術'의 개념적 의미를 구체적으로 추정할 수 있는《禮記·樂記》의 기록을 살펴보면, "사람에게는 血氣나 知覺의 기능이 있어서, 때에 일정하지 않는 슬픔과 즐거움, 기쁨과 분노의 情이 감각에 반응하여 外物으로 전달되어 발동하고, 그럼으로써 각자의 心情이 밝혀지게 된다(夫民有血氣心知之性, 而無哀樂喜怒之常, 應感起物而動, 然後

169) 荊物市博物館編 앞의 책, 134 쪽, 注59 참조.

170) 劉昕嵐 앞의 인터넷, '簡帛研究中心網站' 箋釋 참고.

171) 馬乘源 主編 앞의 책, 230쪽. 天虹 앞의 책, 146쪽.

心術形焉).”라는 문장이 있으며, 鄭玄은 《注》에서 “術, 所由也.”라고 설명하고 있다.[172]

<案>: ‘性’을 ‘動·逆·悠(交)·薫(厲)·出·羕(養)·長’ 등의 방법으로써 변화시키고, 사물과의 접촉 속에서 ‘心術’이 ‘善’을 쌓아 ‘義’, ‘道’를 향하여 발현될 수 있도록 體得하고 習慣에 몰입시키기 위한 敎化의 중요성을 강조하고 있는 내용이다.

(8) 제8간

爲宔(主)■. 道四述也, 唯人道爲可道也. 丌(其)三述者, 道(導)之而已■. 《_(詩)》·《箸(書)》·《豊(禮)》·《樂》, 丌(其)司(始)出也, 並生於

《郭店楚簡》

爲宔(主). 衍(道)四述(術), 唯【14】人衍(道)爲可衍(道)也. 其(三)述(術)者, 衍(道)之而已. 時(詩)·箸(書)·豊(禮)·樂, 其司(始)出皆生【15】於

【주석】

濮茅左는 ‘述’은 ‘術’과 통하고, ‘四術’은 《詩》,《書》,《禮》,《樂》 네 가지종류의 경술을 총칭한다고 설명하면서, “사람의 도리란 禮를 주체로 하여 시서예악의 네 가지의 술을 통하여 인도받는다(人道是以禮爲主體的, 可以通過詩書禮樂這「四術」來引導.)”고 규정하였다. 또한 孫希旦 <集解>의 “四敎 가운데 樂이 더욱 심오하다. 그 소리와 모습과 춤, 소리의 미묘한 부분은 전문가가 아니면 정미할 수 없으며, 한 사람이 모두 다 할 수 없는 것이다. 그러므로 악관의 우두머리는 그 가족들을 데리고

172) 劉昕嵐 앞의 인터넷, ‘簡帛硏究中心網站’ 箋釋에서 재인용.

정치를 배우며 악을 가르치는 일에 전념하는 것이다(四術之敎, 惟《樂》爲尤深, 其聲容舞蹈, 審音識微, 非專其業者不能精, 而亦非一人所能盡, 故使樂官之長率其屬以掌學政, 而專司敎樂之事焉)"라는 해설을 인용하면서, '人道'와 '四術'의 의미와 상호관계, 특별히 음악의 중요성과 특수성에 있어 다른 세 가지 술과는 전혀 다르며 전문적인 훈련을 필요로 해야 함을 강조하고 있다고 설명하고 있다.[173]

劉昕嵐은 "可道也"에서 '道'의 音은 '導'와 같고, 그 뜻은 '訓敎'와 '治理' 두 가지의 의미로 해석하였으며,[174] 李天虹은 죽간의 이어지는 내용 가운데, "성인은 시서예악으로써 백성들을 가르쳐 인도한다(聖人以詩書禮樂敎導于民)."에서, '詩書禮樂'이란 人道의 구체적인 표현이므로 '道'는 '導'로 읽어야 한다고 주장하였다.[175]

(9) 제9간

囚. 詩(詩), 又(有)爲=(爲爲)之也■. 箸(書), 又(有)爲言之也.《豊(禮)》·《樂》, 又(有)爲舉(擧)之也 . 聖人比丌(其) 頪(類)而侖(論)會之, 觀(觀)其之先遂(後)而

《郭店楚簡》

人. 時(詩), 又(有)爲爲之也. 箸(書), 又(有)爲言之也. 豊(禮)·樂, 又(有)爲豈(擧)之也. 聖人比其【16】頪(類)而侖(論)會之, 雚(觀)其之逆而

173) 馬乘源 主編 앞의 책, 231쪽.

174) 劉昕嵐 앞의 인터넷, '簡帛硏究中心網站' 箋釋 참고.

175) 李天虹 앞의 책, 148쪽.

【주석】

앞에서는《詩》《書》《禮》《樂》의 효용, 즉 修身, 規範道德, 禮儀를 쌓는 일에 유익함이 있다는 것에 대하여 언급한 후, 그 저술 동기와 목적, 가치를 사물을 인식하는 과정인 '비교(比類)'·'관찰(觀察)'·'체득(體會)'·'이해(理解)'라는 개념을 들어 설명하고 있다.

劉昕嵐는 '爲'는《周禮 · 春官宗伯 · 典同》의 "典同은 六律과 六同의 화음을 관장하여 천지와 사방에서 음양의 소리를 분별하여 악기를 만든다.(典同掌六律六同之和, 以辨天地四方陰陽之聲, 以爲樂器.)"에서 鄭玄이 '爲'를 '作'라고 주석한 것에 착안하여, '創作' 또는 '吟唱'라고 해석한다. 또 '擧'는《左傳 · 莊公二十三年》의 "군주가 거동을 하면 그 사실을 기록하는 것인데, 기록을 해서 그것이 법도에 어긋나면 후손들이 그 기록을 어찌 보겠습니까?(君擧必書, 書而不法, 後嗣何觀)"에서 보이는 '擧'의 의미와 같은 예와 통하여, '行動擧止'를 뜻한다. 즉,《詩》는 특정한 목적이나 이유로 읊조리기 위해 창작한 것이고,《書》는 말하기 위해 서술한 것,《禮》와《樂》은 행동규범을 위하여 저작된 것으로 보았다. '會'는《周禮 · 天官冢宰 · 食醫》의 "무릇 왕에게 올리는 음식은 적절히 배합하는 것을 추구한다. 소고기에는 쌀밥이 적당하고 양고기에는 기장밥이 적당하다(凡會膳食之宜, 牛宜稌, 羊宜黍)."에 대하여, 鄭玄은 "會는 成이다. 그 맛이 이루어진다는 것을 가리킨다(謂其味相成)."라는 注를 달고, 賈公彦은 "무릇 왕께 올리는 음식이 적절하다는 것은 완벽한 맛을 이루는 방법을 얻게 되었다는 것을 뜻한다(凡會膳食之宜者, 謂會成膳食相宜之法)."라고 疏한 것을 근거로, 조합 또는 배합의 의미로 볼 수 있다.[176]

濮茅左는 '比'는《禮記 · 經解》의 "같은 말이나 사물을 모아 비교하

176) 劉昕嵐 ≪郭店楚簡＜性自命出＞篇箋釋≫ 인터넷, '簡帛硏究中心網站'의 내용 참조

여 그 가치를 판단하는 것은 춘추의 가르침인 것이다(屬辭比事, 《春秋》教也).”와 같은 예에 비추어, 병렬, 비교, 배합, 분류, 유추, 종합과 같은 다양한 의미로 쓰였다고 해설하고 있다. 제9간의 “比丌(其)頪(類)”, “𥈠(觀)其之先逡(後)”와 第10簡의 “體(體)丌(其)宜(義)”, “里(理)丌(其)靑(情)”과도 긴밀하게 호응하는 개념으로 파악된다. ‘頪’에 대해서는, 흡사한 것, 종류, 유추 등으로 해석된다. ‘𥈠’는 ‘觀’의 古字(《說文》古文「觀」作「𥈠」)로 보고, ‘矔’로 해석하여, 이 문장의 의미는 자세히 관찰하고 분석하여 사물의 선후와 시종의 이치를 따지는 것을 가리킨다.[177]

(10) 제10간

逆訓(順)之, 體(體)丌(其)宜(義)而節卽𧸖(取)之, 里(理)丌(其)靑(情)而出內(入)之, 肰(然)句(後)復(復)㠯(以)孿=(教. 教)所㠯(以)生悳(德)於中者也. 豊(禮)

《郭店楚簡》

逆訓之, 體其宜(義)而卽𧸖之, 里(理)【17】其靑(情)而出內(入)之, 肰(然)句(後)復以𡥈(教). 𡥈(教), 所以生悳(德)於中(中)者也. 豊(禮)

【주석】

濮茅左는 ‘訓’은 ‘順’의 通假字로 보고, ‘逆順’을 사리와 사정에 따라 구별하여 대한다는 뜻으로 풀이하였다.[178] 또한 ‘𧸖’를 부수가 鹿이고,

177) 馬乘源 主編 ≪上海博物館藏戰國楚竹書(一)≫ 233쪽, 濮茅左의 <性情論> 釋文考釋 참조.

178) ≪上博簡(一)≫ 234쪽에서는 ‘逆順’에 대한 다음과 같은 기록의 예를 제시하고 있

음이 虍인 뜻이 유사한 '䣜'와 같은 글자이다. 현행본《周易 · 訟》의 '褫'는, 上博簡《周易 · 訟》에는 '䙛'로 되어 있다.《說文》徐鍇《繫傳》에는 "䣜, 이 글자에서 叉는 取이다. 부수가 叉이고 음이 虘인 글자이다."로,《說文通訓定聲》에는 "䣜, 이 글자에서 叉는 取이다. 摣로도 쓰였다."로,《廣雅·釋詁一》에는 "摣는 손으로 집어서 취한다는 뜻이다." 라고 되어있으며,《方言》第十에는 "抯, 摣는 모두 취한다는 뜻이다. 남방 초나라지방에서는 진흙도랑에서 물건을 집는 것을 의미한다(南楚之間凡取物溝泥中, 謂之抯, 或謂之摣)."라고 해석하고 있다. 그런데 '䣜'은 '且'와도 通用될 수 도 있다. 예를 들어, 上博簡《周易 · 解 · 六三》의「䣜」는 현행 今本에는 '且'로 기록되어있다. 그렇지만 문맥을 살펴볼 때, '節䣜'은 今本의 '節取' 혹은 '取節'의 의미로 보는 것이 타당하다고 본다.《左傳 · 僖公三十三年》에, "시에 이르기를 '무를 캐고 비를 캠에, 뿌리를 보고 캐지 말지어다.'라고 하였습니다. 군주께서는 본인의 절조만을 취하면 됩니다."라고 하였다. 杜預의 注에는 "무와 비의 채소는 위로는 선하고 밑으로는 악하다. 그것을 음식으로 섭취하는 경우, 악한 것으로 아름다운 것을 버리지 않으며, 착한 것을 취하여 조절하는 것을 말하는 것입니다." 즉 그 착함과 유익함을 취하여 절제하는 것을 의미한다. 또한 절제해야 되며, 범사에 상황을 짐작하여 처리하여 취사선택해야 함을 가리키고 있다. 이러한 상황은 郭店簡 가운데 구체적으로 언급되고 있다. 예를 들어《郭店楚廟竹簡 · 語叢》에는 "모름지기 효를 행하는 것은 진정한 효가 아니며, 형제간의

다. ≪中山王譽鼎≫ "예의를 사용하지 않고 거역과 순종을 고려하지 않는다(不用豊(禮)宜(義), 不顧逆怊(順))," ≪周禮秋官·小行人≫ "천하 만민의 이로움과 해로움에 관한 하나의 문서를 만들고, 예속과 정사와 가르침과 형벌과 금지사상을 거역하고 순종하는 내용의 문서를 하나 만든다(及其萬民之 害, 爲一書. 其禮俗政事, 教治刑禁之逆順, 爲一書)," ≪荀子·正論≫ "어떤 것이 이치에 맞는지 맞지 않은지 알지 못하는 것이며, 크고 작고 마땅한지 마땅하지 않은 지 그 변화를 알지 못하는 것이다(不知逆順之理, 小大·至不至之變者也),".

행위는 진정한 우애라고 할 수 없다. 행위 할 수 없는 것, 어쩔 수 없는 것을 행동으로 보여주는 것이어야 하는 것이다. 인위적인 행위로 표현한다함은 진정함으로부터 나온 것이 아니며, 행동으로 보여주지 않는 것 또한 진정이 아닌 것이니라." 그리고 "예란 사람의 감정으로부터 일어나되 이는 절도를 구비한 행위를 할 때 진정이라고 말할 수 있는 것이다."라는 기록이 보인다. 《禮記 · 禮器》에는 "옛날의 성인은 마음을 안에 있는 誠敬을 존중하여 물건의 적은 것을 귀하게 여겼다. 또 마음을 외부에 쓰는 儀物을 즐거워하여 물건의 많은 것을 아름답게 여겼다. 이런 까닭으로 선왕의 예를 마련함에 있어 적어야 할 때에 많게 할 수 없고, 많아야 할 때에 적게 할 수 없게 했다. 오직 그 정도에 맞게 했을 뿐이다."라는 내용이 보인다.[179] 이는 다음에 이어지는 "里丌情而出內之"의 내용과도 부합된다.

劉昕嵐는 '卽𤅊'에 대하여 裘錫圭는 '次序·次度 또는 節度'라고 注하였으며, 李零도 '節度'라고 注한 것을 근거로 볼 때, 그 뜻은 '權衡 · 調節 · 裁制'이다 라고 하였다.[180] 李天虹은 '卽𤅊'를 '節文'이라고 읽고, 이어지는 문장에서 출현하고 있는 '𤅊'을 모두 '文'의 의미로 처리하였으므로, 즉 '지나친 것을 節約하고, 미치지 못하는 것을 文飾하는 것'으로 풀이하기로 한다.[181]

179) ≪上博簡(一)≫ 234쪽 재인용. ≪詩≫: 采葑 采菲. 無以下體. 君取節焉可也. 杜預注: 葑菲之菜, 上善下惡, 食之者不以其惡而棄其善, 言可取其善節. ≪郭店簡墓竹簡 · 語叢一≫: 爲孝, 此非孝也. 爲弟, 此非弟也; 不可爲也, 而不可不爲也, 爲之, 此非也, 弗爲, 此非也, …… 因人之情而爲之節𤅊者也. ≪禮記 · 禮器≫: 古之聖人, 內之爲尊, 外之爲樂, 少之爲貴, 多之爲美. 是故先王之制 也, 不可多也, 不可寡也, 唯其稱也.

180) 劉昕嵐 ≪郭店楚簡<性自命出>篇箋釋≫ 인터넷, '簡帛研究中心網站'의 내용 참조.

181) 李天虹 ≪<性自命出>集釋≫(≪郭店竹簡<性自命出>研究≫), 150쪽.

<案>: 이상의 견해를 살펴볼 때, '䰂'을 '文'으로 간주하기에는 발음에 있어 무리가 따른다. 반면 '度' · '虘'와 '且' 등 세 자는 古音으로 서로 통할 수 있는 글자로 볼 수 있으므로, '조절하여 취하다'로 해석하기로 한다.

濮茅左는 '里'는 '理'로 읽었다. 《玉篇》에는 '理'를 따른다는 의미로, 《廣雅 · 釋詁一》에는 '理'를 좇는다는 의미로 보았다. 또 다른 죽간 《郭店楚墓竹簡 · 語叢一》에는 "현명한 사람은 이치를 따질 수 있는 자이다. 이치를 올바로 따진 후에는 즐거움이 일어난다."괴 기록되어 있다. 같은 예로, 《管子 · 心術》篇에는 "악은 그 이치를 잃지 않고 욕망은 그 감정을 지나지 않는다.", "예란 사람의 감정으로 인하며 의로움의 이치로 말미암으며, 그것을 절도하는 것을 말한다. 그러므로 예란 이치가 있음을 일컬음이며, 이치란 분명함으로써 의로운 뜻을 논하는 것이다.", "그러므로 예는 의에서 나오며, 의는 이치로부터 나오며 이치는 올바름으로부터 나온다." 등을 제시할 수 있다. '內'는 '入'으로 읽는다. '출입' 즉 '왕래' 또는 '거래'를 의미하며 '변화, 장악, 행동'의 의미로도 볼 수 있다. 또한 《逸周書》에는 "그 행동의 출입을 살피고 교우를 관찰한다." 라고 되어 있어 '出入'의 뜻을 추정할 수 있다.[182]

黃懷信 등은 "出入은 거동(擧動)을 의미한다."는 陳逢衡의 견해를 인용하였으며, 上博簡 제2간의 "智(知)情者能出之, 智(知)義者能內(入)图"에서 '出入' 또한 '知情知義'를 의미한다고 보았다. 또 《荀子 · 子道》의 '들어가서는 효도를 행하고 나와서는 우의를 지키는 것(入孝出悌)', 「그러므로 군자는 집안으로 들어가서는 곧 행실을 독실히 하고, 밖으로 나가서는 현명한 사람을 벗하는 것이다.(故君子入則篤行, 出則

182) ≪上博簡(一)≫ 235쪽 재인용. "≪郭店楚墓竹簡 · 語叢一≫: 賢者能里(理)」, 善里(理)而句(後)樂生. ≪管子 · 心術≫: 惡不失其理, 欲不過其情, …… 者, 因人之情, 緣義之理, 而爲之節文者也. 故 者謂有理也. 理也者, 明分以 義之意也. …… 故 出乎義, 義出乎理, 理因乎宜者也. ≪逸周書 · 官人≫: 省其出入, 觀其交友.

友賢)」,《荀子 · 哀公》에는 "정성이란 그러하거나 그렇지 않은 것과 취하고 버릴 것을 정리하는 근거입니다(情性者, 所以理然不取捨也).」" 등의 기록을 제시하여, 是非를 분별할 줄 아는 理智의 작용으로 해석하였다.

(11) 제11간

[illegible](作)圀(於)青(情), 或興之也■. 堂(當)事因方而婜(制)之■. 丌(其)先逡(後)之舍(捨, 序)則宜(義)道也■. 或舍(捨, 序)爲之節則𡨥(取, 度, 文)也.

《郭店楚簡》

复(作)於青(情),【18】或興之也, 堂(當)事因方而折(制)之. 其先後之舍則宜(義)道也. 或舍爲之【19】卽則𡨥也.

【주석】

濮茅左는 '禮作於情'은《郭店楚簡 · 語叢》의 '禮生於情'과 같은 의미로 보았다.《禮記 · 樂記》의 "예악의 본질을 아는 자만이 예악의 표현방법을 완전히 아는 자만이 선현이 만든 예악의 표현 방법을 이어 받아 전달할 수가 있는 것이다. 예악을 새로이 만드는 자를 聖이라 칭하고, 이를 잘 말하며 전달하는 자를 明이라고 말한다. 明聖이란 이를 만드는 사람을 가리키는 말이다.",《禮記 · 禮器》의, "예는 군자인 자가 天時의 추이에 응하여 일을 행하고, 땅의 생산력에 의존하여 물자를 축적하며, 귀신을 공경하고, 사람들과 화합함으로써 만사를 처리하고, 천하를 다스려가기 위한 수단인 것이다.",《荀子 · 大略》의 "예란 사람의 마음을 따르는 것을 근본으로 삼는다."[183]라는 내용과도 일맥상통 한 것으로, 즉 예란 마음으로부터 표현되어 나오는 것이다. '因'은《禮記·禮器》의 "그러므로 옛날 선왕이 예를 제정할 때에는 여러 일을 연유해서 예를 설정하여 그 뜻이나 목적을 정했던 것이다. 그러므로 큰 제사의 일을 거행할 때에는 반드시 天時에 따랐으며, 日月의 신을 제사할 때에는 반드시 해와 달의 뜨고 지는 것에 따라서 거행하였다. …… 그런 까닭으로 선왕은 성현을 존경하고 유능한 사람을 채용하며, 우수한 자를 끌어올려 높은 자리에 두고, 사람들을 모아 왕업의 수행을 맹세하였다. 그런 까닭에 하늘의 높음에 연유하여 하늘을 섬기는 郊祀의 예를 거행하고, 땅의 낮음에 연유하여 后土의 신을 섬기는 社祀의 예를 거행한다."는 예와 같이, "(그러므로) 때와 일에 따라야 하는 근거"라고 해석된다. '方'의 의미는《韓非子·解老》의 기록 "(노자)의 이른바 방이란 말한다."에 의하면 내심과 외모가 서로 알맞고 똑같은 것이며, 언행이 서로 균형이 잡혀 일치하는 것을, '언행이 일치하는 방법(道理)'로 해석되므로, 즉 이 구절은 "선왕이 예를 제정함은 그 사물에 맞게 지극히 상응하게 한 것이다."[184]라고 풀이할 수 있다. '舍'는 '捨'로 읽고, '버리다(放棄)'의 의미이다. 모든 사물을 인식하는 과정 가운데 '捨(버림)'란 모름지기 道에 합당해야 할 것임을 강조한 것이다. 말하자면 절도를 잘하기 위해서는 먼저 취사선택을 중요하게 판단할 줄 알아야 하는 것이다. '𡨥(取)'는 '取則' 혹은 '取法'을

---

183) ≪上博簡(一)≫ 235쪽 재인용. ≪禮記 · 樂記≫: 故知禮樂之情者能作, 識禮樂之文者能述. 作者之謂聖, 述者之謂明. 明聖者, 述作之謂也. ≪禮記 · 禮器≫: 禮也者, 合於天時, 設於地財, 順於鬼神, 合於人心, 理萬物者也, ≪荀子 · 大略≫: 禮, 以順人心爲本

184) ≪上博簡(一)≫ 236쪽 재인용. ≪禮記·禮器≫: 是故, 昔先王之制 也, 因其財物而致其義焉爾. 故作大事必順天時, 爲朝夕必放於日月, …… 是故昔先王尙有德, 尊有道, 任有能, 擧賢而置之, 聚衆而誓之. 是故因天事天. 因地事地. ≪韓非子·解老≫: 所謂方者, 內外相應也. 言行相稱也. 故先王制 , 因之而致其宜.

일컫는다. 또는 '𠓗'는 '序'로, '𢾺'을 '度', 또는 '文'으로도 해석할 수 있다.[185]

李天虹은 '作'은 '제작' 혹은 '생산'의 의미라기보다는, 《語叢2》 제1간의 '禮性於情', 《禮記 · 坊記》의 "禮란 사람의 情으로 인하여 節文을 삼아 백성의 막는 바를 삼는다."라든지, 《樂記 · 樂言》의 "그러므로 선왕은 음악을 만드는데, 인간의 성정에 근거를 두고 정연한 원칙을 세우고 예의에 맞추었다."의 예에서와 같이 "…로 삼다", 또는 "… 에 맞추다"라고 해석하는 것이 본의에 가까운 해석으로 보았다. '方'은 "만방이 향해 오는 방향이며, 그분은 하민의 왕이로구나."라는 시구의 예로 볼 때, '방향, 준칙(準則)'을 의미한다.[186]

劉昕嵐는 '或'의 의미는 3가지의 해석이 가능하다고 보았다. 첫째, '常'이다. 《論語 · 子路》: "그의 덕이 꾸준하지 않으면, 수치스런 일이 닥칠 것이다(不恒其德, 或承之羞).", 둘째, '又'이다. 《詩 · 小雅 · 賓之初筵》: "이미 監을 세우고, 혹은 史로 보좌하게 하나니(旣立之監, 或佐之史)." 《戰國策 · 秦策四》: "秦白起拔楚西陵, 或拔鄢 · 郢 · 夷陵, 燒先王之墓.", 셋째, '有'이다. 《廣雅 · 釋詁一》: "或은 '有'로 해석된다." 《書 · 五子之歌》: "하나라도 이에 있으면 혹 망하지 않는 이가 없으리라(有一于此, 未或不亡.)", 이 가운데 '又'로 해석하는 것이 문맥의 의미가 가장 어울린다. '方'은 여기에서는 두 가지 해석이 가능하다고 본다. 첫째, '종류(品類) 또는 무리(輩類)'라는 해석이다. 이러한 예문으로는 "(周易의 卦) 方所는 같은 종류별로 모으고, (상징하는) 사물은 같은 무리로 나뉘는데, (이런 취합과 분산에 따라 卦劃에) 길흉이 생겨나는 것이다", 또 다른 예로, "그러므로 군자의 붕우는 방향이 있고, 그 미워하는 것이 방향이 있다.", 이에 대한 주석으로 "향, 방은 모두 무리를 가리킨다.", 둘

---

185) ≪上博簡(一)≫ 236쪽.

186) 李天虹 ≪<性自命出>集釋≫(≪郭店竹簡<性自命出>研究≫) 151-152쪽 재인용. ≪禮記·坊記≫: 者, 因人之情而爲之節文, 以爲民坊者也. ≪樂記 · 樂言≫: 是故, 先王本之情性, 稽之度數, 制之 意. ≪詩·大雅·皇矣≫: 萬邦之方, 下民之王.

째, 장소, 머무는 곳(方所). 이러한 예문으로 "신은 방향도 몸도 없다.", 이에 대한 설명으로 "방이란 거처하는 장소 이름이다." 아마도 이 가운데 전자의 해석이 비교적 타당한 것으로 보인다. 구절 "或舍(捨)爲之節則*(取)也."에 대하여 李零은 "又序爲之節, 則度也"라고 하였는데, 일리가 있는 해석이다. '或'에 대하여, 李零은 《校讀記》에서 '又'로 읽고 있다. '卽'에 대하여, 裘錫圭는 注에서 '次' 또는 '節'로 읽었다. 李零은 이 글자를 '節'로, '*'에 대해서는 '度'로 읽었다. ……. 그렇다면 '度'는 여기에서 법도(法度)나 법규(常規)로 해석될 수 있을 것이다. 《禮記 · 經解》의 "거처하는 데에는 예의가 있고, 행동하는 데에는 법도가 있어서, 백관은 그 마땅함을 얻고, 만 가지 일에 그 차례를 얻는다."의 '有度'라는 예에서도 확인할 수 있으며, '節'은 《論語 · 微子》 "어른과 아이들 사이의 예절도 폐기할 수 없는 것이다.", 《禮記 · 樂記》 "예악은 천지의 여러 신을 초청하여 제사지내고, 세계의 만물을 바르게 육성하며, 사람들을 지도하고 부자와 군신의 도리를 지켜나가게 한다."의 예에서 볼 수 있듯이, '의절(儀節)', 혹은 '준칙(准則)'으로 해석 할 수 있다.[187]

(12) 제12간

[원문] 啻(貌), 所㠯(以)*(取)節也. 君子(君子)美(媺)亓(其)情, 貴亓(其)宜(義), 善亓(其)節, 好亓(其)頌(容), 樂亓(其)道, 兌(悅)其*, 是㠯(以)敬安(焉)■. 拜,

187) 劉昕嵐 ≪郭店楚簡<性自命出>篇箋釋≫ 인터넷, '簡帛研究中心網站' 재인용 참조. ≪廣雅 · 釋詁三≫: "方, 類也.", ≪周易 · 系辭上≫: 方以類聚, 物以群分, 吉凶生矣. ≪禮記 · 緇衣≫: 故君子之朋友有鄕, 有惡有方. 鄭玄注: 鄕·方, 喩輩類也. ≪周易 · 系辭上≫: 神無方而易無體, 孔疏: 處所之名. ≪禮記 · 經解≫: 居處有, 進退有度, 百官得其宜, 萬事得其序. ≪論語 · 微子≫: 長幼之節, 不可廢也. ≪禮記 · 樂記≫: 樂偩天地之情, 達神明之德, 降興上下之神, 而凝是精粗之體, 領父子君臣之節.

《郭店楚簡》:

至頌寗(廟), 所以𡨦卽也. 君子媺(美)其靑(情), □□□,【20】善其卽, 好其頌, 樂其衍(道), 兌(悅)其𡥈(敎), 是以敬安(焉). 拜,

【주석】

濮茅左는 '寗'는 '廟'로 또는 '貌'로 읽는다. 용모의 지극함이란 절도와 간결함을 취하여야하고 우아하면서도 규범에 따라야 한다는 것을 의미한다고 보았다. '取節'은 혹은 '次度', '節度'로 읽는다. '㠯'은 '媺' 또는 '美'로 읽는다. "善丌(其)節, 好丌(其)頌(容)" 가운데, '頌'은 《說文》에 "頌 이란 공경한다는 의미이다." 注에는 "옛날에는 송은 모로 쓰였으며, 오늘날에는 용모라고 쓰인다. 고금의 문자가 다른 것이다." 또한 宋 王觀國은 "字書에는 頌이라는 글자를 그 발음이 容이라고 한다. 頌은 額이라고도 하며 容貌를 나타내는 뜻으로 쓰였다. 그러므로 <詩序>에서 頌直은 성대한 덕을 찬미하는 모습이라고 하였다. 《史記》에서는 容자로 《漢書》에서는 頌자로 쓰였는데 그 뜻은 같다." 라는 기록이 보인다. 「好其頌(容)」에 관하여는 《禮記》 가운데 다음과 같은 상세한 기술이 있다. "군자의 평소의 모습은 閒雅해야하고, 자기가 존경하는 사람을 만났을 때에는 언행을 삼가고 방종하지 말아야 한다. 또 군자의 걸음은 무게가 있어야 하고 손놀림은 공손해야 하며, 눈 모양은 단정하고 입 모양은 조용해야 하며 소리 모양은 고요하고 머리 모양은 곧고 氣像의 모양은 엄숙해야 하며, 서 있는 모양은 德이 있는 기상이어야 한다. 얼굴빛 모양은 장엄하고 앉아 있을 때는 尸와 같고 한가히 있을 때와 말을 할 때에는 용모를 온화하게 가진다."[188]

188) 이상 ≪上博簡(一)≫ 237쪽 재인용 참조. ≪說文≫: 頌, 皃也. 段玉裁注: 古作頌皃, 今作容貌, 古今字之異也. ≪述林·容頌≫: ≪詩序≫曰: 頌直, 美盛德之形容. ≪禮記·玉藻≫: 君子之容舒遲. 見所尊者齊遬, 足容重, 手容恭, 目容端, 口容止, 聲

‘樂丌(其)道’에 대하여는《孟子》에서 맹자가 이르기를. “옛날의 어진 임금들은 선행을 좋아하고 세력을 잊었으니, 옛날의 어진 선비만이 어찌 홀로 그렇지 않았겠는가? 그 정도를 즐기며 남의 세력을 잊었는지라.”,《荀子》에서는 “군자는 올바른 도를 터득함을 즐기고, 소인은 그의 욕망을 채우게 됨을 즐긴다. 올바른 도로 욕망을 통제하면 곧 즐거우면서도 어지럽지 않게 되고, 욕심만 내고 올바른 도는 잊어버린다면 곧 미혹되어 즐겁지 않게 된다. 그러므로 음악이란 즐거움으로 인도하는 방편이다. 쇠와 돌과 실과 대나무로 만든 악기들은 덕으로 인도하는 방편이다. 음악이 바르게 연주되면 백성들이 올바른 길로 향하게 된다. 그러므로 음악이란 사람들을 올바로 다스리는 성대한 것이다.”[189] 등의 자료를 볼 때 그 도리를 즐거워한다라는 뜻이 명확해진다.

“兌(悅)其𡥀, 是㠯(以)敬安(焉)” 가운데, ‘兌(悅)其𡥀’의 의미를 살펴보면,《孟子》에는 “맹자께서 이르기를 어진 말은 어진 소리가 사람에게 깊게 들어가는 것만 못하느니라. 선정은 백성을 잘 가르쳐 민심을 얻는 것만 못하느니라. 선정은 백성들이 그것을 두려워하고, 선교는 백성들이 그것을 친애하나니, 선정은 백성들의 재물을 얻고, 선교는 백성들의 마음을 얻느니라.”라고 되어 있는데, 이 글을 통해 훌륭한 정치와 선량한 교화의 비교를 통해 善敎가 백성의 마음을 얻게 되고, 백성들로 하여금 서로 아끼고 사랑하게 하므로 敎化를 더 중시한다는 이유를 밝히고 있음을 알 수 있다. 아마도 이 구절은 ‘善政’, ‘善敎’에 대한 언급이라고 풀이하여, ‘其𡥀’의 ‘𡥀’는 ‘敎’로 보고, 그 의미를 ‘其敎化’라고 해석할 수 있겠다. ‘敬安’은《荀子》에 다음과 같이 기술되고

容靜, 頭容直, 氣容肅, 容德, 色容莊, 坐如尸, 燕居告溫溫).

189) 이상 ≪上博簡(一)≫ 237쪽 재인용 참조. ≪孟子·盡心上≫: 古之賢王, 好善而忘勢, 古之賢士, 何獨不然, 樂其道, 而忘人之勢. ≪荀子·樂論≫: 君子樂得其道, 小人樂得其欲. 以道制欲, 則樂而不亂, 以欲忘道, 則惑而不 . 故樂者, 所以道樂也, 金石絲竹, 所以道德也. 樂行而民鄉方矣. 故樂也者, 治人之盛者也.

있다. "그러므로 군자는 예의에 대해서는 그것을 공경하면서 거기에 안주하고, 그들이 일을 함에 있어서는 곧장 예를 따라가 그것을 잃는 법이 없으며, 그들이 사람을 대함에 있어서는 예를 따라 원한 살 일을 적게 하며 관대하고도 아첨하는 법이 없으며, 그들이 자기 몸을 건사함에 있어서는 삼가 예를 따라 몸을 단속하여 도리에 어긋나는 법이 없다.", "그러므로 군자는 예의에 대하여 그것을 공경하면서도 거기에 안정되게 거하고, 예를 따라 일을 한다.", "그러므로 쓸 사람을 예의로 평가하여 그가 공경한 몸가짐으로 편안해 할 수 있는가를 살펴본다." 한편《禮記 · 表記》에도 "편안하면서도 공경하다(安而敬)."라는 禮에 대한 기록이 있다.[190]

劉昕嵐는 裘錫圭는'㝨卽' 가운데 '卽'을 '次' 혹은 '節'로 보고, 이것을 하나의 단어로 간주하여 '度節'로 읽었는데. 문맥에 어울리지 않는 듯하여 '度次'라고 읽었다. 그런데 李零은 '度' · '節'은 함께 읽지 못하므로, 이 구절을 "所以文, 節也"로 단정 지었다. '度'는 '儀表' · '風度'의 의미로, 이어지는 '節'에 대하여 廖名春(《新出楚簡試論》은 '禮節'로 풀이하였으나,《後漢書》의 기록 가운데, "내가 일찍이 이 아이의 풍도를 살펴 보건데, …… 진퇴의 예의가 진실로 이를 만 하다고 하겠다."의 예와 같이, '儀節'로 풀이할 수 있으며, 문맥의 의미상 李零의 단정적 추정이 타당할 것으로 본다.[191]

裘錫圭는 '至頌䆴(廟)'에 대하여 '致容貌'로 풀이하였다. ㅁㅁㅁ에 대하여는 "美其情"아래 상단부분에 존재하는 글자는 아마도 '貴'이고

---

190) 이상 ≪上博簡(一)≫ 237쪽 재인용 참조. ≪孟子 · 盡心上≫: 孟子曰: 仁言不如仁聲之入人深也, 善政不如善教之得民也. 善政, 民畏之, 善教, 民愛之. 善政得民財, 善教得民心. ≪荀子 · 君道≫: 故君子之於 , 敬而安之. 其於事也, 敬而不失. 其於人也, 寡怨寬裕而無阿, 其所爲身也, 謹修飾而不危.…… 故君子之於禮, 敬而安之, 其於事也. …… 故校之以 . 而觀其能安敬也.

191) 劉昕嵐 ≪郭店楚簡<性自命出>篇箋釋≫ 인터넷, '簡帛研究中心網站'의 재인용 참조. ≪後漢書 · 竇融傳論≫: 嘗獨詳味此子之風度……而進退之 良可言矣.

다음 자는 '其'이고, 그 아래 사라진 글자는 앞 문장과 비교해 보면 '宜(義)'일 것이다라고 추정하여, "貴其義"세 자를 보충하고 있다.[192]

李零은 "致容貌, 所以文, 節也."에 대하여, 두 번째 구의 "先後"는 원래 "之逯"로, 裘錫圭는 "先後"를 잘못 쓴 것으로 판단하였으며, '節文'을 '次序'·'次度', 혹은 '節度'로 읽고자 했으나, 이러한 견해가 오해에서 비롯된 것으로 보고. '節文'으로 해석하였다. 이 때 '文'은 '敏'을 편의상 假借한 것으로 보았다. '節文'은 이른바 고정된 단어로 古書에서는 자주 사용되었다. …… 즉 '節'은 절제의 의미이고, '文'은 수식의 의미이다. 簡文에 보이는 '即'은 모두 '節' 또는 '次'로 읽어야 하며, '敏'은 모두 '文' 혹은 '序' 또는 '度'로 읽어야 한다. 이 문장에서 상단 제10간의 "體其義而節文之"와 다음에 이어지는 제12간의 "又序爲之節, 則文也. 致容貌所以文, 節也"는 서로 호응하는 문장이므로 '節'·'文' 이 두 글자의 해석은 일치해야할 것이다. 위 문장에서 출현하는 '節文'은 하나의 복합어이며, 아래 문장의 '節'·'文'은 서로 긴밀하게 연결된 복문의 형식으로 쓰였다. '節'은 禮儀節奏에 사용된다는 의미로 쓰였으며, 儀容이라는 뜻의 '文'으로 다시 이어지게 되어, "又序爲之節, 則文也."라고 읽어야 한다. 또한 '文'이란 '儀容'과 같은 禮儀節奏로 제어되어야함을 강조하기 위하여, "致容貌所以文, 節也"라고 한 것이다. 그러므로 원래 두 구로 떨어져 있는 죽간의 문장은 사실은 4개의 작은 구절로 각각 따로 나누어 읽어야 한다.[193]

(13) 제13간

[所][以]□□□丌(其)𧦝(諛, 譴?)𡨄(取)也. 帀(幣)帛, 所㠯(以)爲信與登(徵)也,

192) 荊門市博物館編 裘錫圭 注釋 ≪郭店楚墓竹簡≫ 182쪽

193) 李零 ≪校讀記≫ 112 - 113쪽.

其訂(詞, 治)宜(義)道也. 芖(笑), 憙(喜)之澕(薄)睾(澤)也. 樂, 憙(喜)之深澤也.

《郭店楚簡》

所以□□□【21】其䙴也. 幣帛, 所以爲信與證(證)也, 其訂(詞)宜(義)衍(道)也. 芖(笑), 禮(禮)之淺=也.【22】樂, 禮(禮)之深澤也.

【주석】

濮茅左는 문장의 殘缺이 너무 많아 뜻을 헤아리기가 어렵다고 보았다. 아마도 '所㠯' 다음에는 《禮記 · 郊特牲》의 "절하는 것은 순복하는 것이므로 머리를 조아리는 것은 매우 순복한다는 뜻이고, 윗옷을 벋는다는 것(육단)은 극진히 복종한다는 것이다."라는 자료에 근거해 볼 때, "순복하는 것이다(爲服也)"라는 세 글자를 보충할 수 있다는 견해를 제시했는데 타당성이 있다고 판단된다.

'帀帛'은 '폐백(幣帛)'으로 읽는다. 《管子》의 "주옥은 상급의 폐물이요, 황금은 중급의 폐물이고, 도포는 하급의 폐물에 해당한다."에서 볼 수 있듯이, 즉 재물과 폐물 등을 가리키는 것으로 옛날에는 빈객의 노공을 치하하기 위하여 천자에 대한 조공용으로 폐물이 많이 쓰였다. '登'은 '徵'의 通借字로 《尙書·舜典》의 "순임금은 30세에 등용되었다.", 孔穎達은 '登庸'으로 설명하였으며, 《史記·儒林列傳》에서는 '徵用', 《漢書·儒林傳》에는 '徵'은 '登'으로 쓰였다. '訂'은 '治'로 읽는다.

이 죽간의 문장은 《荀子·君道》의 다음과 같은 내용과 밀접한 관련이 있다. "그러므로 도량형기나 법칙 같은 것은 나라를 다스리는 말류의 수단이지, 다스림의 근원은 아니다. 군자가 다스림의 근원인 것이다. 관리들은 법칙을 지키도록 하고, 군자는 근원을 기르는 사람이다.

근원이 맑으면 말류도 맑게 되고, 근원이 흐리면 말류도 흐리게 된다. 그러므로 임금이 예의를 좋아하고 현명한 사람을 존중하고 능력있는 사람을 등용하며, 탐욕과 이익을 추구하는 마음이 없다면, 곧 아랫사람들도 극히 서로 사양하게 되고, 매우 충성스럽고 신의가 있게 되며, 신하로서의 할 일을 삼가 힘쓸 것이다. 그렇게 된다면 비록 낮은 서민들이라 하더라도 부절을 맞추어 보거나 어음을 나누어 갖지 않아도 서로 믿게 되며, 제비를 뽑거나 물건을 던져 순서를 결정하지 않더라도 공평해질 것이며, 무게를 재고 저울질하지 않더라도 균형을 유지할 것이며, 되나 말로 물건을 되질하지 않더라도 균등을 유지할 것이다. 그러므로 상을 내리지 않더라도 백성들은 일에 힘쓰고, 벌을 주지 않더라도 백성들은 복종하게 되므로 관리들은 수고하지 않아도 일이 잘 다스려지고, 政令을 번거로이 펴지 않아도 풍속이 아름다워지며, 백성들은 임금의 법도를 따르고 임금의 뜻을 모범으로 받들어 모두가 임금의 일에 힘쓰면서 안락하게 지낼 것이다." 죽간에서는 禮敎에 대하여 그 도를 즐거워하고, 그 가르침을 기뻐하며, 폐백을 사용함에 있어서는 도에 알맞아야 한다고 언급하고 있다.

荀子는 "그러므로 상을 내리지 않더라도 백성들은 일에 힘쓸 것이요, 벌을 주지 않더라도 백성들은 순종하게 될 것이다(故賞不用而民權, 罰不用而民服)."라고 하여, 군자는 모름지기 백성을 다스림에 있어 그 마음 깊은 곳의 근원을 알고 분별하여 다룰 줄 알아야 한다고 주장하였다. 이는 다음에 이어지는 죽간 제22간의 "未賞而民勸", 제23간의 "未刑而民畏"와도 긴밀하게 호응하는 문장으로, '禮敎'에 대한 올바른 인식을 강조하고 있는 내용으로 간주할 수 있다. '詞'은 혹은 '辭'로도 읽을 수 있다.[194] '芺'은 '笑'로 읽는다. '憙'는 '喜'의 通借字이

194) 이상 ≪上博簡(一)≫ 238 - 239쪽 재인용 참조. ≪禮記·郊特牲≫: 拜, 服也. 稽首, 服之深也, 肉袒, 服之盡也. ≪管子·國蓄≫: 以珠玉爲上幣, 黃金爲中幣, 刀布爲下

다.《漢書 · 郊祀志》에는 '喜'는 '憙'로, '湝搴'을 '薄澤'으로 읽으며, '湝'을 '湝'으로 간주하여 '薄'으로 읽는다.[195]

劉昕嵐은 '幣帛'은 제사와 빙문에 사용되었던 비단직물이다. '證'은 원래 "謹"으로 裘錫圭, 李零은 명증(明證)의 의미인 '徵'으로 해독하였으며, '澤'은 《孟子· 离婁下》의 "맹자가 말씀하기를 '군자가 남긴 은택도 5세면 끊기고, 소인이 남긴 은택도 5세면 끊긴다."에서도 볼 수 있듯이 영향(影響)의 의미로 해석할 수 있다고 보았다.[196]

李天虹의 견해에 의하면, 李零은 缺文을 "所以〔爲ㅁ與〕"로 보충하고 있으며, 陳偉는 《大戴禮記 · 朝事》에서 "폐백을 행함에 있어서는 대문 밖에서 절하며 맞이하여 사당에서 받고 북쪽으로 대면하여 하사품을 절하는 것은 공경함을 이루는 까닭이다.", 《禮記 · 鄉飮酒儀》의 "배지하고 배세하며 배수하고 배송하며 배기함은 공경을 다하기 때문이다."[197]라는 내용을 근거로 하여, "所以〔爲敬也〕"로 보충하고, "고인

幣. ≪尙書·舜典≫: 舜生三十徵庸. ≪荀子·君道≫: 故械數者, 治之流也, 非治之原也; 君子者, 治之原也. 官人守數, 君子養 原; 原淸則流淸, 原濁則流濁. 故上好義, 尙賢使能, 無貪利之心, 則下亦將綦辭讓, 致忠信, 而謹于臣子矣. 如是則雖在小民, 不待合符節, 別契券而信, 不待探籌投鉤而公, 不待冲石稱縣而平, 不待斗斛敦槪而嘖. 故賞不用而民勸, 罰不用而民服, 有司不勞而事治, 令不煩而俗美. 百姓莫敢不順上之法, 象上之志, 而勸上之事, 而安樂之矣.

195) ≪上博簡(一)≫ 239쪽.

196) 劉昕嵐 ≪郭店楚簡〈性自命出〉篇箋釋≫ 인터넷, '簡帛研究中心網站'의 재인용 참조. ≪孟子·离婁下≫: 君子之澤, 五世而斬. 小人之澤, 五世而斬

197) 李天虹 ≪<性自命出>集釋≫(≪郭店竹簡<性自命出>研究≫) 153쪽 재인용 참고. ≪大戴禮記 · 朝事≫: 及將幣, 拜迎於大門外而廟受, 北面拜貺, 所以致敬也. ≪禮記 · 鄉飮酒儀≫: 拜至, 拜洗, 拜受, 拜送, 拜旣, 所以致敬也. 여기에서 다섯 가지는 鄕飮酒禮의 주요 골자이다. 배지는 주인이 손을 맞아들여 처음으로 정중히 절하는 것. 배세는 주인이 爵을 씻어 당에 오르면 손님은 서쪽 층계 위에서 북면하고 두 번 절하여 주인이 몸소 잔을 씻은 데 대하여 공경의 뜻을 표하는 것. 배수는 주인이 손님에게 잔을 올리면 손님은 서쪽 층계 위에서 절하고 잔을 받는 것을 말한다. 배송은 손님이 이미 잔을 받으니 주인은 동쪽 층계 위에서 절하여 보낸다는 뜻이다. 배기의 旣는 盡의 의미로 손님이 잔을 들어 술을 다 마시고 나서 절하는 것이다.

의 절은 경의를 나타내기 위한 것이다(古人之拜, 是爲了表示敬意)라고 해석하였다. 廖名春은《禮記 · 郊特牲》에서 "임금이 신 앞에서 두 번 절하고 머리를 조아리며 肉袒하여 친히 희생을 割斷하는 것은 순복하는 것이므로 머리를 조아리는 것은 매우 순복함이요, 육단하는 것은 순복의 극진함이다."를 근거로, 두 번째 글자는 '服'이 확실하므로, "所以〔爲服與〕"로 보충하였는데 문맥상 어울리는 해석이라고 본다. ''에 대하여 李零은 "상반부는 '臾'과 흡사하며 하반부는 '音'으로, 아마도 '諛'일 것이며, 그 발음은 정확하지 않다."라고 설명하고 있는데, 이 글자를 '諛'로 해독하는 게 무리가 없다고 판단한다.《管子 · 五行》에도 "천자가 좌우 사마와 내시에게 명령하여 병장기를 점검하고, 군대조직을 정비하여 전국에서 군대를 훈련시킨다. 온화하고 공손한 말로 백성에게 정벌이 있음을 알리고, 천지에 베고 죽이는 일이 생길 것을 대비하게 한다."라는 글이 보이는데, 尹知章은 '諛'를 구체적으로 '기뻐 순종하는 모습(悅順貌)'이라고 注를 달았다.[198] 살펴보건데, 죽간의 '' 이 글자의 원래모양은 ""이다. <曾侯乙墓鐘磬銘文>에는 음악의 궁상각치우의 '徵'가 ''로 쓰였다. <包山楚簡>에 출현하는 ''은 그 모양이 죽간의 것과 흡사하며, 그 뜻은 '證'의 의미로 쓰였을 것으로 추정한다. 이외에도《書經 · 胤征》篇에는 "성왕께서 나라를 다스리는 데 대한 훌륭한 교훈을 남기셨으니 밝게 증험되어 나라를 안정시키고 보존하리라."라는 기록이 보이며, 孔安國의 傳에는 '明

198) 李天虹 ≪<性自命出>集釋≫(≪郭店竹簡<性自命出>硏究≫) 153 - 154쪽 재인용 참고. ≪禮記 · 郊特牲≫: 君再拜稽首, 肉袒親割, 敬之至也. 敬之致也, 服也, 拜, 服也, 稽首, 服之甚也. 肉袒, 服之盡也. ≪校讀記≫: 上半與臾相似, 下從音, 或即'諛'字, 讀法待考. ≪管子 · 五行≫: 天子出令, 命左右司馬內御, 組甲厲兵, 合什爲伍, 以修於四境之內, 諛然告民有事. 所以待天地之殺斂也. ≪書經 · 胤征≫: 聖有謨訓, 明徵定保. ≪淮南子 · 修務≫: 夫歌者, 樂之徵也. ≪左傳 · 昭公八年≫: 君子之言, 信而有徵, 故怨遠於其身. ≪中庸≫: 上焉者雖善無徵, 無徵不信. 不信民弗從.

徵'을 분명히 증명되고 경험이 되었다는 뜻으로 쓰였다고 하여 '徵'을 '證'으로 풀이하였다. 또《淮南子 · 修務》의 "무릇 노래란 음악의 효험이다."라는 기록이 있으며, 高誘는 '徵'을 '應' 즉 '효험(效驗)'이라고 풀이하였다. '證'·'徵'의 발음이 서로 비슷하고 자형을 분석해 볼 때, '𧩙'을 徵'로 읽을 수 있을 것이다. 또한《左傳》의 "군자의 말은 진실하고 증거가 있다. 그러므로 무슨 말을 하더라도 타인의 원망이 그 자신에 미쳐지지 않는다."《中庸》의 "윗대의 것은 비록 훌륭하다 하더라도 증거가 없으니, 증거가 없으면 믿어지지 아니하고, 믿어지지 아니하면 백성들이 따르지 않을 것이다."에서 '徵'과 '信'은 문장에서 서로 호응되고 있으며, 이 경우에는 '증거(證)'라고 해석될 수 있다.

살펴보면, 詞는 정리자의 견해에 따라야 할 것으로 판단되며, 용모와 사령에 관한 예의규정을 일컫는 것으로 보인다. 이전의 전적에도 많이 출현하고 있다. 예컨대,《禮記·玉藻》"대체로 밖에서 보행하는 모습은 여유있는 모습이어야 한다. 廟 안에서 걸을 때는 공손하고 정중해야 하며, 朝廷에서 보행하는 모습은 엄숙해야 한다. 군자의 평소의 모습은 한아해야 하고, 자기가 존경하는 사람을 만났을 때에는 언행을 삼가고 방종하지 말아야 한다. 또 군자의 걸음은 무게가 있어야 하고, 손놀림은 공손해야 하며, 눈의 모양은 단정하고 입의 모양은 조용해야 하며, 소리 모양은 고요하고 머리 모양은 곧고 기상의 모양은 엄숙해야 하며, 서 있는 모양은 덕이 있는 기상이어야 한다. 얼굴빛 모양은 장엄하고 앉아 있을 때는 尸와 같고 한가히 있을 때와 말을 할 때에는 용모를 온화하게 가진다."《禮記 · 曲禮下》"천자의 容儀는 화목하고 공경스러우며, 제후의 용의는 莊盛하고, 대부의 용의는 整齊하며, 士의 용의는 천천히 걸어서 절도가 있고, 庶人은 빠른 걸음으로 급히 달려갈 뿐이다." 孔穎達의 疏에는 "이 문장은 천하로부터 서민에 이르기까지의 행동거지와 용모를 논한 것이다."라고 되어 있다.

《禮記·冠義》: "예의의 출발은 몸가짐을 바르게 하고, 안색을 평정하게 가지며, 응대하는 말을 순하게 하는 데 있다. 몸가짐을 바르게 하고, 안색을 평정하게 가지며, 응대하는 말을 순하게 한 후에 예의가 갖추어지면 이로써 임금과 신하가 바로 되고 부자가 친하며 장유가 화하게 된다. 군신이 바르게 되고, 부자가 친하고 장유가 화한 뒤에 예의가 성립되는 것이다.", 군자의 용모와 행동거지라는 의미의「儀容行止」가운데, 衣冠이 禮節에 있어 중요한 항목임을 강조하는 문장은 이외에도, 《禮記》에 많이 보인다. "그러므로 군자는 그 옷을 입을 때에는 문식(文飾)하기를 군자의 용모로 하고, 그 용모가 있으면 군자의 말을 가지고 문식한다. 그 말을 완수하면 군자의 덕으로 채운다. 그런 까닭에 군자는 그 옷을 입고서 그 용모가 없는 것을 부끄러워하고, 그 용모는 있어도 그 말이 없는 것을 부끄러워하고, 그 말은 있어도 그 덕이 없는 것을 부끄러워하고, 그 덕은 있어도 그 행동이 없는 것을 부끄러워한다. 그런 까닭에 군자는 최질(衰絰)을 했을 때에는 슬퍼하는 빛이 있고, 단면(端冕)을 하면 공경하는 빛이 있고, 갑주(甲胄)를 입으면 남이 욕되게 하지 못할 빛이 있는 것이다. 시경에서 말하기를 '어살에 있는 사다새가 깃을 물에 적시지 않네. 저 양반은 훌륭한 그 옷에도 어울리지 않네' 라고 했다.", 《儀禮·聘禮》 "말은 정해져 있지 않으며 공손하면서도 즐거운 것이다. 말이 많으면 쓸데없게 되고, 적게 되면 전달하지 못하게 된다. 그러므로 말은 다만 뜻의 지극한 것을 전달하면 되는 것이다."

'[illegible]'에 대하여, 裘錫圭는 <談談上博簡和郭店簡中的錯別字>에서 '[illegible]'를 착각하여 오기한 것이라고 주장하여 '[illegible](禮)'로 해독하였는데, 《上博簡》에서「[illegible](憙)」로 해석한 것과 비교하여 볼 때, 그의 주장이 좀 더 설득력이 있다고 보았다.[199]

(14) 제14간

囚凡聖(聲)丌(其)出於情也信, 肰(然)句(後)其入𣏟(拔)人之心也敂■. 𦖞(聞)芺(笑)聖(聲), 則羴(馨, 粲) (如, 然)也斯憙(喜). 昏(聞)訶(歌)要(謠),

《郭店楚簡》

凡聖(聲)其出於情也信, 肰(然)句(後)其入拔人之心也敂.【23】𦖞(聞)芺(笑)聖(聲), 則羴(鮮) (如)也斯憙(喜). 昏(聞)訶(歌)謠(謠),

【주석】

濮茅左 견해에 따르면 '𣏟'는《古文四聲韻》引《古老子》에서는「拔」로 읽었다. 옛날 月部韻, 敂에 속한 글자였다.《郭店簡墓竹簡 · 性自命出》에서는 通假字「厚」로 읽었다.

'羴'은「馨」의 假借字이다. '羴'은 원래《說文通訓定聲》에서 "양의 냄새이다. 세 마리의 양이 어울려 만들어진 회의자이다. 또는 의미가 양이고 발음이 亶으로 이뤄진 형성자이다. …… 馨의 가차자이다.",《尙書 · 君陳》의 "내가 듣기로 선정의 향기는 신명을 감동시킨다 했다. 기장과 피(黍稷)가 향기로운 것이 아니라, 밝은 덕이 향기로운 것이다."

---

199) 李天虹 ≪<性自命出>集釋≫(≪郭店竹簡〈性自命出〉研究≫) 154 - 155쪽 재인용 참조. ≪禮記·玉藻≫: 凡行容惕惕, 廟中齊齊, 朝庭濟濟翔翔. 君子之容舒遲, 見所尊者齊遬. 足容重, 手容恭, 目容端, 口容止, 聲容靜, 頭容直, 氣容肅, 立容德, 色容莊, 坐如尸, 燕居告溫溫. ≪禮記·曲禮下≫: 天子穆穆, 諸侯皇皇, 大夫濟濟, 士蹌蹌, 庶人僬僬. ≪禮記·冠義≫: 禮義之始, 在於正容體、齊顏色、順辭令. 容體正, 顔色齊, 辭令順, 而後禮義備, 以正君臣, 親父子,和長幼,君臣正, 父子親,長幼和,以後 義立. ≪禮記·表記≫: 是故君子服其服, 則文以君子之容; 有其容, 則文以君子之辭, 遂其辭, 則實以君子之德. 是故君子恥服其服而無其容, 耻有其容而無其辭, 恥有其辭而無其德, 恥有其德而無其行. 是故君子衰絰則有哀色, 端冕則有敬色, 甲冑則有不可辱之色. ≪詩≫云: '維鵜在梁, 不濡其翼, 彼記之子, 不稱其服. ≪儀·聘≫: 辭無常, 孫而說. 辭多則史, 少則不達, 辭苟足以達, 義之至也.

라고 한 예와 같이 '냄새(香氣)'라는 의미로 쓰였으며, 《莊子 · 雜篇 · 徐無鬼》의 "순임금은 비린 양고기 냄새나는 어진 행동(仁義)이 있었다. 그래서 백성들은 즐거워했다."라는 예와 같이 나중에는 사람들을 흠모하게 하는 덕행을 가리키는 '양고기 냄새 같은 비린내 나는 어진 행동(羶行)'이라는 넓은 의미의 말로도 쓰이게 되었다. 즉 이 구절은 웃음소리를 들으면 순임금의 인의를 행하는 덕행처럼 사람들의 마음을 즐겁게 한다는 것을 뜻한다. 따라서 이상의 '羶' · '悅'은 모두 죽간의 '𦍋(馨)'·'憙(喜)'와 호응되며, '鮮' 또는 '粲'으로도 읽는다. 訶는 '歌'의 의미로 쓰였다. 金文《餘義鍾》'飮飤訶舞'는 '飮飤歌舞'로 《蔡侯鍾》'自作訶鐘'은 '自作歌鐘', 《朝訶右庫戈》'朝訶'는 '朝歌'로 읽는다.[200]

劉昕嵐은 聽은 원문에는 '聖'으로 되어 있으며, 裘錫圭는 '聲'으로 읽을 수 있다고 注하였는데, 李零도 《校讀記》에서 '聲'으로 읽고 있으므로, 잠정적으로 이 견해를 따르기로 했으므로 일단 받아들인다. "非其……而……之"는 先秦 자료에서 해서는 안 되는 일을 하였음을 반문하는 형식으로 자주 쓰였다. "非其聲而從之"는 鄭衛의 음난한 음악을 가리키며, 결코 사람이 감동시키는 음악을 듣지 않아야 함에도 불구하고 그 소리를 듣고 따랐음을 말한 것이다.[201]

李天虹은 '𣝔'은 趙建偉 · 郭沂의 《郭店竹簡與先秦學術思想》에서는 裘錫圭의 견해에 따라, '拔'로 읽었다. 한편 趙建偉는 '拔'을 '發動 · 感動'의 의미라고 풀이했으며, 郭沂은 《禮記 · 曲禮》의 釋文에 근거하여 '發揚', 즉 현대어 '激發'로 해석했다. 陳偉는 '拔'을 '襏'로 읽고, 그

---

200) ≪上博簡(一)≫ 240쪽 재인용 참고. ≪荀子 · 樂論≫: 樂者, 聖人之所樂也, 而可以善民心, 其感人深, 其移風易俗. 夫聲樂之入人也深, 其化人也速, 故先王謹爲之文. ≪說文通訓定聲≫: 羊臭也, 從三羊, 會意, 或從羊 · 亶聲……假借爲馨. ≪尙書 · 君陳≫: 我問曰, 至治馨香, 感于神明. 黍稷非馨, 明德惟馨. ≪莊子 · 雜篇 · 徐無鬼≫: 舜有羶行, 百姓悅之.

201) 劉昕嵐 ≪郭店楚簡<性自命出>篇箋釋≫ 인터넷, '簡帛硏究中心網站' 참고.

뜻을 '除'로 해석했으며, '敂'는 '昫'로 읽고, '暖'의 뜻으로 해석했다. 이러한 독음과 해석 가운데, 음악을 빌어 나쁜 생각을 버리고 정조를 도야한다는 것, 즉 음악의 효과와 기능을 낯설지 않고 온화함을 느끼는 것이라고 파악하여 趙建偉의 해석을 수용하였다. 노래와 음악에 대한 竹簡의 내용과 일맥상통하는 자료들을 예로 들면, 《孟子 · 盡心上》의 "너그러운 말보다는 부드럽고 따뜻한 소리가 사람의 마음을 더 깊이 감동시킨다(仁言不如仁聲之入人深也).", 《樂記 · 樂施》의 "그 소리가 깊이 감동시킨다(其感人深).", 《荀子 · 樂論》의 "노래와 음악은 사람에게 미치는 영향이 매우 크고, 사람들을 매우 빠르게 변화시킨다(夫聲樂之入人也深, 其化人也速).", 《說苑 · 脩文》의 "밖으로부터 들어오는 것 가운데 노랫소리가 가장 사람의 마음을 감동시킨다(凡從外入者, 莫深於聲音, 變人最極)." 등이 있다. '粲'과 '鮮'은 讀音이 서로 비슷하며, 환하게 웃는 모습을 형용하는 말이다.[202]

李零은 '敂'는 전에는 裘錫圭의 견해에 의거하여 '厚'로 읽었으나, 지금은 '夠(많다, 충분하다)'의 의미로 추측된다. '粲(淸母元部)'와 '鮮(心母元部)'의 독음은 서로 비슷하다. '鮮如'는 웃는 모습을 형용하는 '粲然'의 의미로 쓰였다.[203]

(15) 제15간

□□(陶)□(女)□□. 聖(聲, 聽)□(琴)□(瑟)之聖(聲), 則悸女(如)也斯(則)難(戁, 嘆). □(觀)《□(賚)》·《武》, 則□(懠, 齋)女(如)也斯(則)□(作). □(觀)□(韶)□(夏), □□(勉)□(如)□

202) 李天虹 ≪<性自命出>集釋≫(≪郭店竹簡<性自命出>研究≫) 157쪽.

203) 李零 ≪校讀記≫ 109쪽.

《郭店楚簡》

則舀女(如)也斯奮. 聖(聲)鎏(琴)幵(瑟)之聖(聲),【24】則誶女(如)也斯戁(難). 雚(觀) 埅(賚)武, 則齊女(如)也斯复(作). 雚(觀)卲(韶)頣(夏), 則免(勉)女(如)也【25】

【주석】

濮茅左는 '悸'는《說文》에 마음이 두근거리는 것을 형용한다고 풀이하고 있으며,《集韻》에서는 '悸'를 '㥯'로도 쓰인다고 하였으며, '㥯'는 '㥯㥯', 즉 두려워하고 놀라 당황하여 마음이 두근거리는 모습으로 풀이하였다. '戁'은 '難'으로 읽는다.《詩·商頌·長發》의 "요동하지도 않으시며 두려워하지 않으시니(不難不竦),"《孔子家語·弟子行》의 "不戁不悚"에서는 '戁'·'悚'을 '竦'과 통하는 글자로서, 이 두 글자의 뜻은 죽간의 내용과 일치한다. '戁'은 또한 '敬·動'의 뜻이 있다.《說文》에서 '戁'을 '敬'이라고 풀이하였으며,《爾雅·釋詁下》에서는 '戁'을 요동하는 모양으로 풀이했다. 죽간의 문장은 "사람의 마음이 금슬의 소리와 어울리게 되면 두렵고 떨리게 되고 공경하며 감동을 받는다."는 뜻이다. '戁'은 또는 '嘆'이라고도 읽는다.

《埅》는《詩·周頌》의 편명인 <賚>로 해독한다.《詩序》에서는 이것을 사당에서 크게 봉해주는 시라고 하였다.(大封於廟之詩),[204] 鄭玄의 箋에는 "大封이란 무왕이 주왕을 정벌하였을 때, 공이 있는 자를 신하로 봉하였던 일을 말한다(大封, 武王伐紂時封諸臣有功者)."라고 설명하였다. 또는 武王이 殷을 무너뜨린 후 文王의 사당에 돌아와 지은 시를 가리키기도 한다. 이 작품은《大武》6편 가운데 하나로, <武>는

204) 毛詩序 : <賚>는 사당에서 공신들을 크게 봉해주는 시이다. 뢰는 준다는 뜻이니, 선인에게 작위와 토지를 주는 것을 말한다(賚大奉於廟也. 賚予也, 言所以賜予善人也).

《詩·周頌》의 篇名이다. 《大武》는 주무왕의 공덕을 찬양하는 무악이다.[205]

제15간의 음악 《坴(賚)》《武》《邵(韶)》《顕(夏)》은 《左傳·襄公二十九年》에는 《大武》《韶濩》《大夏》《韶箾》로, 《太平御覽·歷代樂》에는 《蕭韶》《大夏》《大濩》《大武》로, 《通典·樂一》에는 《大韶》《大夏》《大濩》《大武》로, 각각의 명칭에 약간의 차이가 있다. 제17간에서는 백성들이 은나라의 紂 임금의 실정을 토벌하여 나라를 세웠으므로 즐거워하고 순임금 우임금의 아름다운 정을 즐거워하였기 때문에, "<賚><武>는 음악을 취하였고, <韶><夏>는 정을 즐거워하였다(《坴(賚)》《武》樂取, 《邵(韶)》《顕(夏)》樂情)."이라고 한 것이다. '悆'는 '懠'이다. 《爾雅·釋言》에는 '懠'을 '노하다. 성내다(怒)'로 풀이하였으며, 《集韻》에서도

205) ≪上博簡(一)≫ 241쪽. 大武에 관한 기록인 ≪春秋繁露·楚莊王≫의 내용 재인용 참고. "문 임금 시절에 인민들은 그가 군사를 일으켜 폭군을 응징했으므로 '무'라고 불렀다. '무'는 정벌하다 라는 뜻이다. 네 가지 경우 세상 사람들이 모두 즐거워한다는 점에서는 동일하지만 즐거워하는 단초에서 보면 동일하지 않다. 악곡을 만드는 원칙은 반드시 인민들이 즐거워하는 근본으로 돌아가야 한다. 이처럼 즐거워하는 이유가 같지 않으므로 음악이 어찌 시대마다 다르지 않겠는가! 이렇기 때문에 순임금은 소를 지었고 우 임금은 하를 지었고 탕임금은 호를 지었고 문 임금은 무를 지었던 것이다. 네 음악의 이름은 각각 다르지만 하나같이 모두 그들의 인민이 자신을 처음으로 반긴 사업에 의거하고 있다. 나는 바로 여기에서 음악의 효과를 확인할 수 있었다. 시경(고대 시가집)에서 읊는다. "문 임금이 하늘의 명령을 받아 이런 무공을 세웠도다. 벌써 崇 나라를 공경하고 나서 豊에 도읍을 만들었네." 음악의 교화를 말하고 있다. 또 읊었다. "임금이 벼락같이 진노를 하여 군사를 정비하는구나!" 그 당시 紂 임금이 비인간적인 행위를 하여 제후들이 완전히 갈피를 잡지 못하는 상황이므로 인민들이 문 임금의 公憤을 즐거워하여 그의 활약을 노래 불렀다. 주나라 왕의 덕업이 온 세상에 골고루 흘러들자 첫 출발점으로 돌아가서 악곡을 만들어 '대무'라고 일컬었다(文王之時, 民樂其興師征伐也, 故武, 武者, 伐也. 四者天下同樂之, 一也, 其所同樂之端, 不可一也. 作樂之法, 必反本之所樂, 所樂不同事, 樂安得不世异! 是故舜作韶而禹作夏, 湯作頀而文王作武, 四樂殊名, 則各順其民始樂于己也, 吾見其效矣. 詩云: '文王受命, 有此武功; 既伐于崇, 作邑于丰.' 樂之風也. 又曰: '王赫斯怒, 爰整其旅.' 當是時, 紂爲無道, 諸侯大亂, 民樂文王之怒, 而歌咏之也. 周人德已洽天下, 反本以爲樂, 謂之大武).

같은 의견이이며, 《詩·大雅·板》의 "하늘이 바야흐로 노하였다(天之方懠)"에 대하여, 毛亨의 傳에는 '懠'를 '怒'로 풀이하였다. '𢓜'은 '作'으로 읽는다. 《說文》에는 '作'을 '起'로 해석하였다. 즉 전체 문맥의 의미는 백성들은 《𧶠(賚)》·《武》'의 음악과 춤을 감상하게 되면, 주왕의 부패에 대하여는 분노가 일어나고, 문왕과 무왕의 업적에는 기쁨과 환희가 일어난다는 것이다. '免'은 '俛'과 같다. 《說文通訓定聲》에는 '免'은 '俛'의 正體이다고 하였다. 《禮記·表記》의 "전심전력하여 날마다 힘쓰다가 죽은 후에야 그만두는 것이다(俛,焉日有孳孳, 斃以後已."에 대하여 鄭玄은 '俛焉'을 부지런한 모습이라고 설명하였다. '僉'에 대하여 《說文通訓定聲》에서는 전심진력하는 것이라고 풀이했다. 簡文 전체 문맥의 의미는 《韶》·《夏》의 춤과 음악을 살펴보게 되면, 순임금과 우임금의 위대함에 감복되어, 스스로 힘을 다하게 될 뿐 아니라 부지런해진다는 뜻이다. '免'은 또는 '勉'으로 읽으며, '僉'은 혹은 '儉'·'斂'으로도 읽는다.[206]

李零: '舀如'은 '陶如'로 읽는다. 즉 음악이 흘러나오자 감흥에 취한 것을 형용한 것이다. '𧨳如'는 '悸如'로 즉 읽고 감동을 받음을 형용한 것이다. '𦗔'은 '嘆'으로 읽으며, '勉如'는 노력하는 모습을 형용한 것, 곧 근면한 모습을 형용한 것이다.[207]

李天虹: 문맥을 살펴 보건데, '舀'는 아마도 '기뻐하다(慆)'로 읽어야 할 것이다. 《說文》心部에는 '慆'를 '悅'이라고 하였다. 《玉篇》心部에는 '慆'를 '喜'라고 풀이했다. 죽간의 '舀'는 '慆'로 읽거나, 또는 '陶'로 읽을 수 있다. 제24간의 '聖'이 '聽'으로 읽을 수 있고, '聲'으로 쓰일 수 있는 것과 흡사한 예이다.[208]

---

206) ≪上博簡(一)≫ 241 - 242쪽.

207) 李零 ≪校讀記≫ 109쪽.

208) 李天虹 ≪<性自命出>集釋≫(≪郭店竹簡〈性自命出〉研究≫, 157쪽.

劉昕嵐: '𢘓'은 '難'이다. 裘錫圭는 '歎'으로, 李零은 '嘆'으로 읽었다.《說文 · 欠部》에는 "'歎'은 읊조리다(吟), 즉 음송(吟誦)의 뜻이다."고 하였다.《說文 · 口部》에는 "'嘆'은 목 속에 탄식을 삼키는 것이다. …… 또는 큰 탄식의 소리(太息)이다."라고 설명하였다. 段玉裁는 '嘆'·'歎' 이 두 글자는 통용된다고 注하였다. 살펴 보건데, 裘錫圭가 "歎으로 읽고 소리를 내어 읊다(吟誦)."라고 해석하는 것이 아래 문장, "'難', 思之方也."와도 문맥상 소통될 수 있기 때문에 李零이 '嘆'으로 읽고 '太息'으로 해석하는 것보다는 타당하다고 본다. 饒宗頤은《涓子〈琴心〉考》라는 글에서 죽간의 원문에 근거하여, '𢘓'을 '悸'로 읽는다고 하였다. '齊'는 '齋'와 발음과 뜻이 같다. '齊如'는《論語 · 鄉党》의 "식사할 때는 말씀이 없으셨고, 잠자리에서도 말씀이 없으셨다. 비록 거친 밥과 야채국이라 할지라도 반드시 고수레를 하셨는데, 언제나 엄숙한 모습이셨다."의 예와 같이, 즉 엄숙하고 장중한 모습을 형용한 것이다.[209]

裘錫圭: '𢘓'은 '歎'일 것으로 추정된다.《賚》《武》 모두《詩 · 周頌》에 보이는 篇名이다, 원래 武王이 殷나라를 멸하고 천하를 통일한 일을 송축하는 <大武>의 가사이다. <大武> 음악의 가사는 춤과 어울린 것이기 때문에 "觀賚武"이라고 한 것이다.[210] '斯'는 원래 '斤'旁을 생략한 것이다. 楚簡에서는 '則'에서 '刀'旁을 흔히 생략하고 있다. 여기에서도 '斤'旁을 생략하고 있다.《韶》는《周禮春官 · 大司樂》에서는 '大磬'으로 되어 있으며, 舜임금의 음악을 가리킨다.《夏》는《大夏》로 禹임금의 음악을 말한다. 이 두 가지 음악은 모두 춤과 배합된 것이다.[211]

---

209) 劉昕嵐 ≪郭店楚簡〈性自命出〉篇箋釋≫ 인터넷, '簡帛研究中心網站'의 내용 참조. ≪論語·鄉党≫: 食不言, 寢不語, 雖疏食菜羹, 瓜祭, 必齊如也.

210) 荊門市博物館編 裘錫圭 注釋 ≪郭店楚墓竹簡≫ 158쪽

211) 荊門市博物館編 裘錫圭 注釋 ≪郭店楚墓竹簡≫ 183쪽 注 25에서 재인용.

(16) 제16간

斷僉(儉, 斂). 羕(詠)思而𢾾(動)心, 莀(匯, 喟)女(如, 然)也[歎], 丌(其)居節也舊, 丌(其)反善遉(復)司(始)也𣂑(愼)■, 丌(其)出內(入)也訓(順), 絧(治)丌(其)悳(德)也. 奠衛之

《郭店楚簡》:

斯僉(儉). 羕思而𢽳(動)心, 莀女(如)也, 其居卽(次)也舊, 其反善司(始)也【26】𣂑(愼), 其出內(入)也訓(順), 司其悳(德)也. 奠(鄭)衛(衛)之

【주석】

簡文의 '僉'에 대하여, 裘錫圭는 '儉'으로 읽었으며, 李零은 제15간의 앞 문장 "齊如也'斯作'에서의 '作'과 대비하여 반의어에 해당하는 '斂'이 쓰였을 것이라고 추정하였다.[212]

李天虹: 《樂記 · 師乙》 "공손하고 청렴하면서도 예의를 좋아하는 사람은 소아를 부르는 게 좋다.(恭儉而好禮者, 宜歌小雅.)"의 예와 같은 '儉'으로 읽어야 할 것이다. 《說文》은 '人'部에 속하고, "儉은 約이다."라고 설명하고 있다.[213] 문맥의 의미가 훌륭한 음악은 마음을 감동시키고, 기쁨이 넘쳐나게 하며, 행동을 엄숙하고 겸손하게 만든다는 것이므로, '僉(儉)'으로 보고자 한다.

濮茅左: '羕', 古字 '羕'은 《尙書 · 舜典》 "詩言志, 歌永言."의 '永'과 같다. 孔安國傳 "詩란 뜻을 노래로 이끌어 내는 것(謂詩言志以導之歌), 詠은 그 뜻을 말로 길게 풀어내는 것(詠其義以長其言)"의 '詠', 또는 '長'과 같은 뜻이다. '莀女', 《呂氏春秋 · 愼勢》: "간공이 크게 탄식

---

212) 裘錫圭 ≪郭店楚墓竹簡≫ 183쪽, 李零 ≪校讀記≫ 109쪽.

213) 李天虹 ≪<性自命出>集釋≫(≪郭店竹簡<性自命出>硏究≫) 158쪽.

하여 말하기를(簡公喟焉太息曰)",《禮記・禮運》: "옛날 공자가 노나라 蜡祭의 賓이 되었었다. 일을 마치고 밖으로 나와 성문의 觀 위에서 쉬고 있다가 '아아!' 하고 탄식하였다.(昔者, 仲尼與於蜡賓,事畢,出遊於觀之上, 喟然而嘆.)"의 '喟爾', '喟然'과 같이 한숨을 쉬며 서글프게 탄식하는 모양이다. '萁女(如)也' 뒤에 '斯嘆' 두 글자가 원래 있었으나, 죽간으로 抄錄하는 과정에서 빠뜨렸을 것으로 추정된다. 진정한 음악은 귀로 듣고 눈으로 보고 머리와 마음으로 생각함으로써 완성되고, 마침내 독자로 하여금 절로 탄성을 짓게 하는 것이라고 본 것이다. '反'과 '復', '出'과 '入'이 병렬 결합사로 이루어진 구조임을 감안한다면, '居'와 '節' 역시 반의어일 가능성이 있다. '舊'와 '慎', '順'은 모두 앞에서 제시한 주어에 대한 서술어이다. '居'는 '擧'로, '舊'는 '久'로도 읽을 수 있다. 문장 "反善逡(復)司(始)也斱(慎)"의 의미는 本性으로의 회귀를 의미한다. '絧(司)'는 '治'로 읽는다.[214]

劉昕嵐: '萺'에 대하여 馬王堆漢墓帛書整理小組는《馬王堆帛書六十四卦釋文》(《文物》1984年3期)에서 古文《易》: "拔茅連茹以其萺",《馬王堆帛書周易・乾卦》: "初六, 拔茅茹以其萺, 貞吉, 亨.",《易・泰》: "初九, 拔茅茹以其匯, 徵吉." 등의 문장을 근거로, 이 글자를 '匯'로 해독하였다. 그렇다면 '萺如'는 '匯如'로 읽을 수 있다.《易・泰卦初九》孔疏: "匯는 類이다. 같은 종류끼리 따른다는 뜻이다(以類相從)."라고 설명하였다. 만일 '匯'를 "類"로 해석할 경우, "匯如"는 그 뜻을 추측하기 어려워지므로, 여기에서 '匯'는《詩・大雅・召旻》: "저 해가 가뭄에 풀이 무성하지 못함(如彼歲旱, 草不潰茂)"과 같으며, 鄭玄箋: "潰茂之潰當作匯. 匯, 茂貌."라고 한 예와 같이, '匯如'는 茂盛한 모양을 가리킨다.《玉篇・尸部》: "居, 어디에 위치하다. 즉 '處于'・'位于'의 뜻이다.《莊子・田子方》: "희노애락이 마음속으로부터 들어오지 않는다.(

214) ≪上博簡(一)≫ 244-245쪽.

喜怒哀樂不入于胸次.)"라는 예가 보이는데, 여기에서 次는 가운데란 뜻이고, '居次'란 즉 사람의 마음속에 자리하고 있다는 의미이다.[215]

李天虹: "其居卽(次)也舊", 李零은 '舊'를 '久'로 읽었다. '居卽', 劉昕嵐(《郭店楚簡<性自命出>篇箋釋》), 陳偉(《郭店簡書<人雖有性>校釋》), 郭沂 등은 '居次'로 읽었다. 陳偉는 '居'와 '次'는 모두 '停止'를 의미하므로, "居次也舊"는 옛날 음악의 교화작용은 영구한 것임을 가리킨다고 보았다. 郭沂는 '居次'는 '停留'로 해석하여, "其居次也久"를 의의의 영속성을 가리키는 문장이라고 보았다. 劉釗는 '居節'로 읽고, "其居節也久"는 "그러한 음악에는 절주가 영속적으로 따르는 법"이라고 해석하였다. 廖名春(《新出楚簡試論》)은 제16간에 출현하는 '居節'과 비교하고 劉釗의 견해를 받아들여 '居節'로 읽고, '居序'로 해독하되, 그 뜻을 '守節', '守序'에 근사한 것으로 파악하였다.[216] "咏思而動心"으로부터 "始其德也"까지는 음악이 사람의 心, 性과 情에 미치는 영향을 말하는 總論임을 감안해 볼 때, 李零의 문자해독과 劉釗의 문장해석이 타당할 것으로 본다. "其反善復訂(始)也新(愼)", 劉釗는 "처음상태로 돌아가려거든 신중히 다시 시작해야한다"라고 해석하였다. 陳偉는 '反', '復'을 '도리어 뒤돌아보는 것'으로, '始', '本'을 '자신 스스로에게 구하는 것'으로. '愼'은 '삼가고 공경하는 마음'으로 풀이하였다. 郭沂는 '反'을 '돌아감, 귀환'으로, '復'을 '복귀'에 근접한의미로, '善'은 '착한 본성'으로, '始'는 '사람의 원초적 본성'으로 간주하여, '反善'을 "사람의 본래 착한 성품으로 되돌아가다"로 해석하였다. '愼'은 《說文》의 字意와 段玉裁의 "성실하지 않으면서 삼갈 수 있는 것은 아무것도 없다"는 해설에 근거하여 "삼가고 정성되며 진실하다"라고 해석하였다. 廖名春은 "진실한 감정을 읊는 노래는 사람의 선량

215) ≪郭店楚簡<性自命出>篇箋釋≫(이하 인터넷 '簡帛研究中心網站' 참조).

216) ≪<性自命出>集釋≫(≪郭店竹簡<性自命出>研究≫) 159쪽.

한 본성을 표출해내는 유익이 있다"라고 해석하였다. 예의 작용과 음악의 효능에 관한 기록을 살펴보면,[217] 둘 다 선량한 본성으로 돌아가도록 돕는 기능이 존재한다는 공통점이 있다. 왜냐하면 예와 음악은 필연적으로 역사적 사건이나 인물과 같은 진실한 소재를 포함하고 있기 때문이다. "其出入也訓(順)", 郭沂는 '出入'을 "무릇 소리란 마음속 깊은 감정과 믿음으로부터 뽑아져 나오고 들어간다"라고 해석하였다. 다시 말해 착한 본성으로부터 나와 밖으로 덕스러운 행동으로 표출되어 나온다고 본 것이다. 그런데 음악은 사람의 내심을 환히 들여다 볼 수 있고, 정조를 도야하는 데 결정적인 영향을 미치는 작용을 하는 것이므로, "소리란 감정으로부터 나와서 듣는 사람의 착한 마음을 감동시키는 것이니, 그 과정은 자연스럽고 순조로운 것이다"라고 해석하는 것이 좀 더 죽간의 原義에 접근한 해석이라고 본다.

---

217) ≪<性自命出>集釋≫ 160쪽 재인용. ≪禮記 · 禮器≫: "예란 사람의 본심으로 되돌아가서 옛날 慣例를 알고 사물의 기원을 잊지 않기 위한 학습 교양이다.(禮也者, 反本修古, 不忘其初者也.)", ≪春秋繁露 楚莊王≫: "그러므로 악곡을 지을 경우 반드시 세상 사람들이 자신을 처음으로 반기던 상황으로 돌아가서 그것을 핵심 주제로 삼아야 한다. 예컨대 순 임금 시절에는 인민들은 그가 요 임금의 공업을 이어받는 것을 즐거워하였으므로 '소'라고 불렀다. '소'란 이어받아 더욱 밝힌다는 뜻이다. 우 임금 시절에는 백성들은 요, 순, 우라는 세 명의 성스러운 왕이 서로 이어가는 것을 즐거워하였으므로, '하'라고 불렀다. '하'는 위대하다는 뜻이다. …… 악곡을 만드는 원칙은 반드시 백성들이 즐거워하는 근본으로 돌아가야 한다. 이처럼 즐거워하는 이유가 같지 않으므로 음악이 어찌 시대마다 다르지 않겠는가! …… 주나라 왕의 덕업이 온 세상에 골고루 흘러들자 첫 출발점으로 돌아가서 악곡을 만들어 '대무'라로 일컬었다. …… 따라서 대부분 음악은 공업이 완성되는 마무리 단계에서 만들어지고 처음으로 일어났던 상황에 따라 이름을 지었다. 이것은 근본을 중시한다는 뜻이다.(是故作樂者, 必反天下之所始樂于己以爲本, 舜時民樂其昭堯之業也, 故韶. 韶者, 昭也. 禹之時民樂其三聖相繼, 故夏. 夏者, 大也. …… 作樂之法, 必反本之所樂, …… 周德已給天下, 反本以爲樂, 謂之大武. …… 故凡樂者作之于終, 而名之以始, 重本之意也.)"

(17) 제17간

[樂], [則][非][丌](其)聖(聽)而㘴(從)之也■. 凡古樂龍(隆)心. 益(溢)樂龍(隆)[指], [皆][教][丌](其)人者也. 《䝴(賚)》《武》樂取, 《卲(韶)》《頣(夏)》樂情■. 凡

《郭店楚簡》

樂, 則非其聖(聽)而從之也.【27】凡古樂龍心. 益樂龍指, 皆𦤎(教)其人者也. 𡊄(賚)武樂取, 佋(韶)頣(夏)樂情.【28】凡

【주석】

濮茅左: "聖(聽)而㘴(從)之也"는 "마음으로부터 그 소리를 따르고자 한다."라는 의미로, 제20간의 "丌(其)聖(聲)𠬪(變), 則心㘴(從)之矣. 丌(其)心𠬪(變), 則丌(其)聖(聲)亦肰(然)", 소리와 마음은 상호 영향을 주고받으며 변화한다는 논리와 일맥상통한다. 정치와 음악과의 밀접한 관계를 언급한 옛 문헌자료는 허다하며,[218] 이 가운데 雅樂과 비교하

218) ≪上博簡(一)≫ 245-246쪽 재인용. ≪呂氏春秋 · 音初≫: "무릇 음이라는 것은 사람의 마음으로부터 생겨난 것이다. 마음에 감동이 일어나면 음조에 흔들림이 일어난다. 음조는 밖으로부터 이루어져 나오지만 그 속마음에서는 교화가 일어난다. 그러므로 그 소리를 들으면 그 풍속을 알게 되고, 그 풍속을 살피면 그 의지를 알게 되며, 그 의지를 관찰하면 그 덕을 알게 된다. 흥성함과 쇠락함, 현명함과 어리석음, 그리고 군자됨과 소인됨 등은 모두 음악으로부터 나타나 숨 쉴 수 없게 된다. 그래서 [음악에서 관찰되어야 할 것이 깊다]고 말하는 것이다. 흙이 나쁘면 초목이 자라지 않고, 물이 철렁거려 흐리면 물고기와 자라가 커지지 않으며, 세상이 혼탁하면 예가 어지럽혀지고 음악이 바르지 않게 된다. 정나라와 위나라의 퇴폐적인 음악과 桑間 물가의 음란한 음악들은 어지러운 나라가 좋아하는 것이고, 쇠퇴하는 덕이 즐겨하는 것이다. 방자하고, 편벽되고, 경박하고, 표준을 잃고, 방탕한 음조가 생겨나면, 기세 넘치는 기운과 사악하고 방자한 마음이 움직여 일어나고, 이렇게 되면 모든 간사한 짓과 온갖 못된 짓들이 이로부터 만들어지게 된다. 그러므로 군자는 道로 돌아가게 함으로써, 덕을 다스리고, 덕을 올바르게 함으로써 음악을 낳게 하며, 음악을 조화시킴으로써 순리를 이룩한다. 음악이 조화로우면 백성들이 올바

여 鄭衛의 음악에 대한 부정적 시각은 당시 보편적 현상이었다.[219] '㘴'은 '縱'으로도 읽는다.

'古樂'이란 여기에서는 先王의 正樂을 가리킨다. '益樂'의 '益'은 '溢'

른 길을 향하게 된다.(凡音者,産乎人心者也. 感於心則蕩乎音, 音成於外而化乎內, 是故聞其聲而知其風, 察其風而知其志, 觀其志而知其德. 盛衰、賢不肖、君子小人皆形於, 不可隱, 故曰 之爲觀也深矣. 土弊則草木不長, 水煩則魚鼈不大, 世濁則禮煩而 淫. 鄭衛之聲, 桑間之音, 此亂國之所好, 衰德之所說. 流辟誂越慆濫之音出, 則滔蕩之 氣、邪慢之心感矣, 感則百姦衆辟從此産矣. 故君子反道以修德, 正德以出, 和 以成順. 和而民鄉方矣.)", ≪論語 八佾≫: "공자께서 순임금의 음악인 韶에 대해서는 '아름다움을 다했고 또 훌륭함도 다했다'라고 하였고, 주 무왕의 음악인 武에 대해서는 '아름다움은 다했으나 훌륭함은 다하지 못했다'라고 하였다. (子謂≪韶≫: 盡美矣, 又盡善也. 謂≪武≫: 盡美矣, 未盡善也.)" ≪論語 · 述而≫: "공자께서 제나라에서 韶라는 음악을 듣고 석 달 동안 고기 맛을 잊고 '음악 연주가 이런 경지에 이를 줄은 몰랐다!'고 하였다.(子在齊聞≪韶≫, 三月不知肉味. 曰: 不圖爲樂之至于斯也!)", ≪論語 · 衛靈公≫: "안연이 나라를 다스리는 법을 묻자, 공자께서 말씀하였다. '하나라의 法을 쓰고, 은나라의 수레를 타고, 주나라의 冠을 쓰되, 음악은 韶와 武를 쓰며, 정나라 노래는 몰아내고, 간사한 자들을 멀리한다. 鄭나라 노래는 음탕하고, 간사한 자들은 위태롭기 때문이다.'(顔淵問爲邦. 子曰: 行夏之時, 乘殷之輅, 服周之冕, 樂則韶舞. 放鄭聲, 遠佞人. 鄭聲淫, 佞人殆.)", ≪孟子·盡心下≫: "공자가 말씀하였다. '근사하나 아닌 것을 미워한다. 강아지풀을 미워하는 것은 그가 묘를 어지럽힐까 두렵기 때문이요, 말 잘하는 자를 미워하는 것은 그가 의로움을 어지럽힐까 두렵기 때문이요, 말 잘하는 입을 이워하는 것은 그가 믿음을 어지럽힐까 두렵기 때문이요, 정나라 음악을 미워함은 그가 아악을 어지럽힐까 두렵기 때문이요, 자색을 미워함은 그가 주색을 어지럽힐까 두렵기 때문이요, 향원을 미워함은 그가 덕을 어지럽힐까 두렵기 때문이라고 하였다.'(孔子曰: 惡似而非者: 惡莠, 恐其亂苗也; 惡佞, 恐其亂義也; 惡利口, 恐其亂信也; 惡鄭聲, 恐其亂樂也; 惡紫, 恐其亂朱也; 惡鄕原, 恐其亂德也.)"

219) ≪上博簡(一)≫ 245쪽 재인용. ≪禮記 · 樂記≫: "정나라와 위나라의 음악은 난세의 것이다(鄭衛之音, 世之音也).", "자하가 대답했다. '정나라의 음악은 사람의 마음을 휘저어서 타락시키고, 송의 음악은 마음을 유약하게 하여 좋지 않은 방향으로 유도합니다. 위의 음악은 속도가 지나치게 빨라서 사람의 마음을 조급하게 하며, 제의 음악은 속도가 지나치게 빨라서 사람의 마음을 조급하게 하며, 제의 음악은 오만하고 편벽되니 사람의 마음을 교만하게 합니다. 이 네 가지는 모두 사람을 유혹하여 여색에 탐닉하게 하여 덕의를 가벼이 여기게 하므로 신을 제사지내는 데에는 사용하지 않는 것입니다.'(子夏對曰, 鄭音好 音志, 宋音燕女 志, 衛音趨数煩志, 齊音敖辟喬志: 此四者, 皆音於色而害於德, 是以祭祀弗用也.)"

로 읽으며, '溢樂'이란 즉 '淫樂, 新樂'을 가리킨다.[220] '龍'은 '寵'으로도 읽을 수 있으나, 여기에서는 隆과 雙聲 通假字로서, 깊고 무성하다는 의미로 쓰였다. …… 고악이 마음을 융성하게 한다는 것은 사람의 마음을 깊숙이 파고들어 예의를 존중하게 할 수 있음을 지적한 것이다. 指, 손가락질하다, 배척의 의미. 즉 "益(溢)樂龍指"는 "음란한 음악은 수많은 사람들로부터 배척을 당하고 마음을 고통에 빠뜨릴 뿐이다."로 해석된다. 《𡍮(賁)》는 《陳䏁簋》의 '䆗(鼖)'와도 자형이 흡사하다. 《𡍮》, 《武》는 제15간에는 《𡍮(賁)》, 《武》로 되어 있다. 《𡍮》, 《𡍮》는 역사적으로 전해오는 四代四帝四樂에 속하는 湯임금의 악곡인 '護(湯)'의 다른 이름일 가능성이 있으며, '𡍮(鼖)'는 《後漢書・梁統傳》의 "오랜 기간에 걸쳐 시행이 된 것이지 어찌 하루아침에 이뤄진 것이겠는가(施

---

220) ≪上博簡(一)≫ 246쪽 '古樂'과 '新樂'에 관한 내용 재인용. ≪禮記・樂記≫: "위나라의 文侯가 子夏에게 물었다. '나는 裝을하고 古樂을 들으면 자꾸만 졸음이 와서 난처하고, [새로운] 정나라나 위나라의 음악을 들으면 싫증나는 일이 없다. 그런데 어찌하여 고악이 그처럼 싫증이 나고 신악이 재미있는 것일까?' 자하가 대답하기를, '이제 古樂은 앞으로 나가는 것도 무리로 하고 뒤로 물러가는 것도 무리로 하며, 그 소리가 和하고 바르면서도 넓습니다. 弦 포 생 황 등 악기를 한데 모으고 拊鼓를 준비하고서 북을 울려 연주를 시작하고 징을 울려서 연주를 끝냅니다. 相을 가지고 그릇된 것을 바로잡고, 빠른 것을 바로잡는 것은 雅로써 합니다. 그러므로 군자들은 고악의 [위에서 말한 것 같은] 그러한 성질에 대해서 말하고 혹은 고대의 학예를 설명하며 다시 나아가서 일신의 수양, 일가의 처리에 대하여 말하고 다시 나아가서 천하를 공평하게 다스리기에 노력합니다. 이상이 고악의 작용입니다. 다음으로 그 신악에 있어서는 그것이 舞樂이면 춤추는 사람들은 앞으로 나아가고 물러가는 데도 몸을 구부려 흔들므로 전체의 움직임이 맞지 않고, 奏樂에는 불순한 音이 들어가 있어서 品이 나쁘며 듣는 사람은 관능적인 움직임에 이끌려서 걷잡을 수 없게 됩니다. 또 신악에는 俳優와 侏儒가 부인이나 어린이 속에 섞여들어 마침내 부자형제간의 윤리질서도 알지 못하며, 한 곡이 끝나도 善美를 논할 곳이 없고 고악에 비해서 논할 것이 못됩니다. 이상이 신악의 작용입니다.'(魏文侯問於子夏曰:「吾端冕而聽古樂, 則唯恐臥; 聽鄭衛之音, 則不知倦. 敢問: 古樂之如彼何也? 新樂之如此何也?」子夏對曰:「今夫古樂, 進旅退旅, 和正以廣. 弦匏笙簧, 會守拊鼓, 始奏以文, 復亂以武, 治亂以相, 訊疾以雅. 君子於是語, 於是道古, 修身及家, 平均天下. 此古樂之發也. 今夫新樂, 進俯退俯, 奸聲以濫, 溺而不止; 及優侏儒, 獶雜子女, 不知父子. 樂終不可以語, 不可以道古. 此新樂之發也.」)"

行日久, 豈一朝所釐)"의 예와 같이 改革과 治理의 뜻일 수도 있다. '蘉'는 원래 탕왕이 선양을 하고 걸왕을 정벌하여 세상을 구하고 천하를 얻었음을 근거로 세상을 구한다는 의미로 쓰였다는 점에서, 두 가지 해석은 일치한다고 볼 수 있다.[221]

劉昕嵐: '聖'은 '聽'으로 읽는다. "非其……而……之"의 구문형식은 선진자료에 자주 등장하는 표현으로 부당한 일을 하고자 할 때 사용하였다.[222] 따라서 여기에서 말하고 있는 "非其聲(聽)而從之"란 鄭衛의 음악을 가리키며, 사람들이 듣고 감화를 받을 수 없는 음악임에도 불구하고 듣고 따라가려는 당시 비정상적인 인정세태를 지적한 것이다. "益樂龍指"에 대하여 王博은 다른 학자들의 견해를 인용하여, '益'은 '溢'이며, '淫'과 통한다고 보았으며, '指'는 '嗜', '嗜欲'으로 해석하였다. 앞 뒤 문맥을 살펴보면, 古樂은 '韶夏賚武'의 음악을, '淫樂'이란 鄭衛의 음악을 가리키는 것이므로, "益樂龍指"는 "淫樂動嗜"라고 해석할 수 있다.[223]

李天虹: 제24간의 "聖(聲)𥑮(琴)开(瑟)之聖(聲)"이라는 내용에 따르면, "非其聖而從之"에서 '聖'은 '聽' 또는 '聲'으로 읽을 수 있겠으나, 문맥상 '聲'으로 읽어야 할 것이다. 사람들이 賚, 武 등의 雅正한 음악인 古樂을 들으면 마음속으로부터 감동을 일으키게 되지만, 鄭衛의 음악은 正樂이 아님에도 불구하고, 그 음악을 듣고 싶은 욕망에 빠지는 모순을 범하게 된다는 것이다. 그러므로 "非其聲而從之"란 사람들은 鄭衛의 음란한 음악을 입으로는 늘 부정하면서도, 실제로는 그러한 음악에 현혹되어 정욕에 따르는 비정상적 현상을 지적한 것이

221) ≪上博簡(一)≫ 246쪽.

222) ≪郭店楚簡<性自命出>篇箋釋≫(인터넷 '≪簡帛硏究中心網站≫')의 예시 구문 재인용. ≪禮記 曲禮下≫: "제사해서는 안 되는 것을 제사 하는 것을 淫祀라고 한다. 음사는 복이 없는 것이다.(非其所祭而祭之, 名曰淫祀. 淫祀無福.)"

223) ≪郭店楚簡<性自命出>篇箋釋≫(인터넷 '≪簡帛硏究中心網站≫').

다.[224] '古樂'이란 先王의 '正樂'을 가리킨다. '龍'에 대하여 趙建偉은 '適'으로 읽고, 李學勤은 '和'로 해석하였으며, 李零은 '動'으로 해석하였다. 廖名春은 '寵'으로 읽고, 尊崇의 뜻으로 해석하였다. 살펴 보건데, 기록에 의하면 '龍'은 '和'로는 해석하는 예가 드물지만, 죽간에서는 그렇게 읽는 것이 보다 자연스럽다. 옛 음악을 감상함으로써 마음을 조화롭게 만든다는 의미로 볼 수 있겠다. 즉 좋은 음악은 사람의 마음을 '和敬', '和順', '和親'하게 만든다는 의미로, 여기에서는 '和心' 또는 '動心'과도 뜻이 통한다.[225] 陳偉는 '益'은 '溢'과 통하고, '指'는 '手指'를 가리킨다고 보았다. 손가락은 신체의 끝에 위치하므로 고대인들은 음악을 마음에 곧잘 비유하였다. 廖名春은 '益'을 동사로 볼 경우 '增益'의 의미로, '古樂'은 '韶夏'를, '益樂'을 한 단어로 볼 경우 '賚武'로, '指'는 '主旨'로 해석하였다. '寵心'은 尊崇하는 마음, 즉 '寵指'와 뜻이 통한다. 죽간의 '[illegible]'은 실재로는 '嗌'이 부분적으로 깨진 글자이다.[226]

裘錫圭: 《大武》는 武王이 천하를 얻었음을 송축하는 노래이므로, '樂取'라고 한 것이다.[227]

李零: '龍'은 '動'으로 읽는 것은 잘못이며, '가지고 놀다(遊戲玩弄)', 음악에 적용할 경우 문맥상 연주의 의미로 쓰였다. '益樂'은 '古樂'과 대칭되는 '新樂'(많은 학자들은 이것을 '鄭衛의 악곡'으로 간주함)을 가리키는 단어일 것이므로, 죽간의 이 구절은 "古樂은 마음으로부터 연주되었으나, 新樂은 손가락에 의하여 연주되었음"을 지적한 것으로 추정된다.[228]

---

224) ≪<性自命出>集釋≫ 161쪽.

225) ≪<性自命出>集釋≫ 162-163쪽.

226) ≪<性自命出>集釋≫ 163쪽 재인용. ≪說文≫口部: "嗌은 '咽'이다. …… '[illegible]'은 籀文에는 '嗌'으로 되어 있다." 包山簡에는 '嗌'字가 "[illegible]"로 쓰여 졌다. 天星觀簡에서는 "[illegible]"로 되어 있어 모두 죽간의 글자와 흡사하다.

227) ≪郭店楚墓竹簡≫ 183쪽.

228) ≪校讀記≫ 113쪽.

(18) 제18간

至樂必悲, 哭亦悲, 皆至丌(其)情也■. 哀·樂, 丌(其)性相近也■, 是古(故)其心 遠■. 哭之(動)心也, 浸焊■, 丌(其)

《郭店楚簡》

至樂必悲, 哭亦悲, 皆至其情也. 依(哀) 樂, 其眚(性)相近也, 是古(故) 其心【29】不遠. 哭之𢽳(動)心也, 瀸(浸)澱, 其

【주석】

濮茅左: 첫 구절 "기쁨이 다하면 반드시 슬픔이 따라온다. 울면 또한 슬퍼지게 되는 것이다(至樂必悲, 哭亦悲)"는 슬픔과 즐거움이란 본성에 있어서 유사하고, 마음에 있어 멀지 않음을 말한 것으로, 《荀子·樂論》: "그러므로 상복을 입고 곡하는 소리를 들으면 사람들의 마음은 슬퍼지고(故齊衰之服, 哭泣之聲, 使人心悲)"와 뜻이 통한다. '浸'은 '漸進'의 뜻으로 쓰였으며, 悍, '忓'으로 읽고 그 뜻은 지극함이다. 이 구절과 제19간의 문장 "哭之𢽳(動)心也, 浸焊, 丌(其)𣐺(拔)䜌=(累累)女(如)也, 慼(戚)肰(然)㠯(以)冬(終). 樂之𢽳(動)心也, 濬深(鬱)慆, 丌(其)臬(拔)則瀏(流)女(如)也以悲, 攸肰(然)㠯(以)思(息)."은 서로 대구를 이루며, 슬픔과 기쁨이라는 감정의 변화과정에 대하여 설명하고 있다. 먼저 감정의 표출이 있으면, 그것은 마음속으로 깊이 스며들게 되고, 극도의 감정변화를 수반하게 되며, 결국 슬픔과 기쁨의 감정은 상호 작용을 통하여 변화의 과정을 거치게 된다는 것이다. 즉, 예를 들어, 울음이라는 감정이 표출되면, 마음이 움직이게 되고, 지속됨으로써 점차 침울함에 깊이 빠지게 되고, 결국은 기쁨으로 마치게 되고, 마찬가지고 즐거워하면, 마음이 움직이게 되고, 흥분된 상태가 지속

적으로 심화되어 마침내 슬픔으로 마치게 된다는 것이다.[229]

李天虹: "至樂必悲"란《樂記 · 樂禮》의 "음악을 즐겨 정도가 지나치면, [실제 생활에 지장을 초래하여] 우환을 만나게 될 것이고, 예의를 소홀히 하면 사람들이 모두 그 好惡에 따라 편파적으로 기울어지게 될 것이다.(樂極則憂, 禮粗則偏.)",《禮記 · 孔子閑居》子云: "뜻이 이르는 곳에 詩志 또한 이른다. 시가 이르는 곳에 禮 또한 이른다. 예가 이르는 곳에 樂 또한 이른다. 악이 이르는 곳에 슬픔도 또한 이른다. 이리하여 슬픔과 즐거움이 서로 생기게 된다.(志之所至, 詩亦至焉, 詩之所至, 禮亦至焉. 禮之所至, 樂亦至焉. 樂之所至, 哀亦至焉. 哀樂相生.)",《淮南子 · 道應》子曰: "사물은 무성하여 지면 쇠락하기 마련이고 즐거움이 다하면 슬픔이 밀려오고, 달은 차면 기운다.(夫物盛而衰, 樂極而悲, 日中而移, 月盈而虧.)"의 예와 같이 즐거움이 극점에 도달하면 슬픔에 빠지게 된다는 것, 즉 기쁨과 슬픔의 상호작용에 대하여 설명하고 있다.[230]

(19) 제19간

𣓁(拔)纍=(累累)女(如)也, 慼(戚)肰(然)㠯(以)冬(終). 樂之歱(動)心也, 濬深𩰫(鬱)慆, 丌(其)臬(拔)則瀏(流)女(如)也以悲, 攸肰(然)㠯(以)思(息). 凡𢝊(憂), 思而句(後)悲; 四

《郭店楚簡》

---

229) ≪上博簡(一)≫ 247-248쪽. "由外表現 → 深入內心 → 至情變化 → 哀､樂彼此轉化.",…… "哭 → 動心 → 浸焊 → 拔累累如也 → 戚然以終. 樂 → 動心 → 溶深鬱慆 → 拔 如也以悲 → 攸然以息."

230) ≪<性自命出>集釋≫ 164쪽.

剌(?)**䌨䌨女**(如)也, **慼**(戚)**肰**(然)以終. 樂之**皷**(動)心也, 【30】**濬**(?)深**臧**舀, 其**剌**(?)則流**女**(如)也以悲, 條**肰**(然)以思. 凡**𢝊**(憂), 思而句(後)悲【31】; 凡

【주석】

濮茅左: '**臬**', 첫 번째 글자는 깨져있지만, 이어지는 문장의 '其' 다음의 글자와 비교할 때, '**臬**(拔)'임이 분명하다. 《周易 · 重天乾》: "즐거우면 행하고 근심스러우면 행하지 않는 것이니, 확고하도다! 그 뜻을 빼앗을 수 없음이여! (樂則行之, 憂則違之, 確乎, 其不可拔)"의 '拔'의 의미와 통한다. '**䌨**', 아래에 重文부호가 있으므로, '**䌨䌨**'이며 '累累'로 읽는다. 첫 구절과 이어지는 제29간의 "居喪必又(有)夫**䌨**=(累累)之哀"는 《禮記 · 玉藻》: "무릇 제사지낼 때에는 얼굴 표정이나 태도를 마치 제사지내는 신령을 눈앞에 보는 듯이 공경한다. 喪중에 있을 때의 용모는 피곤하여 실의에 찬 듯하고 그 안색은 수심이 있어 마음이 편치 않은 것 같고, 그 사물을 보는 모양은 놀라고 당황하여 모두 어렴풋하게 보이고, 그 말소리는 나직하여 들릴 듯 말 듯하다(凡祭, 容貌顔色, 如見所祭者. 喪容累累, 色容顚顚, 視容瞿瞿梅梅, 言容繭繭)"과 내용과 의미가 일치한다. '**慼**'은 '戚'의 異體字로서, 그 뜻은 '憂'로 읽을 수 있으나 자연스럽지 않고, 여기에서는 《詩 · 大雅 · 行葦》: "戚戚兄弟"(毛亨傳: 「戚戚內相親也」, 孔穎達疏:「戚戚猶親親.」), 《禮記 · 大傳》: "동족으로 姓을 달리하는 사람들은 먼 선조 세대에 분가해서 자손인 우리들 세대에 와서는 친족의 인연이 끊어졌다면(其庶姓別於上, 而戚單於下)"(孔穎達疏 : 「戚, 親也.」)의 예와 같이, '親'의 의미로 해석하는 것이 더 자연스러울 것으로 본다.[231]

231) ≪上博簡(一)≫ 248쪽의 예) 재인용. ≪郭店楚墓竹簡 五行≫: "仁之思也清, 精则察, 察则安, 安则温, 温则悦, 悦则戚, 戚则新(親), 新(親)则, 愛则玉色, 玉色则形

'瀊女'는 천천히 흘러 절제할 수 없는 모양(流如)을 가리킨다. "樂而不流"에 대한 언급은《荀子》의 기록에 자주 출현한다. '攸'는 '悠'로도 읽고, 그 뜻은 슬픈 생각에 빠진 모양이다.《詩・鄭風・子衿》: "悠悠我思"는 죽간의 "攸肰(然)㠯(以)思(息)"와 의미가 통한다. 대구의 마지막 두 글자, '終', '息'은 의미가 서로 通用할 수 있으며, 그 의미는 근심과 슬픔이란 사람의 마음의 깊은 정서로부터 잉태되어 나온 감정의 표출단계임을 설명한 것이다.[232]

劉昕嵐: '剌'은 '央'로 읽고 '盡'으로 해석한다. '㦹'은 裘錫圭, 李零의 해독에 따라 '戀'으로 읽고, 여기에서는 일종의 슬픔의 감정을 형용한다. '濬'은 裘注는 '濬'로 읽는다.《爾雅・釋言》: "濬(濬), 深也.", '賊舀'는 李零은 '鬱陶'로 읽으면서, 슬픔이 쌓인 모양을 형용한 말로 해석하였다. '鬱陶'는 문헌에서 '喜' 또는 '憂'의 의미로 자주 쓰였으며, 王念孫《廣雅疏証》의 "<方言>에는 '鬱悠'를 '思'로 해석하고 '鬱陶'로 주석하였다. 한 글자에 두 가지 뜻을 가지고 있으며 반복적으로 통용되는 예는 셀 수 없이 많은 데, '鬱陶'가 바로 그러한 단어이다. 그러므로 기쁨이 아직 표출되지 않는 상태 혹은 슬픔이 울분으로 가득 차 있는 상태, 또는 더운 기운이 융성한 상태를 가리키기도 하는 것이다. 경우는 각각 다르겠지만 모두 감정이 막히고 쌓여있다는 뜻에 있어서는 동일하거나 유사하다"는 설명을 감안해 볼 때, "심사가 울적하다." 정도로 해석할 수 있다. '流如'의 의미는 아직 분명하지 않은데,《廣雅・釋詁三》에서는 '流'를 '化'로 해석하고 있으므로, '流'는 '變'으로, '流如', 즉

, 形则仁."

232) ≪上博簡(一)≫ 249쪽 재인용. ≪詩・周南・漢廣≫: "남쪽에 교목이 있으니, 가서 쉴 수 없도다. (南有喬木, 不可休息[思].)", ≪淮南子 本經訓≫: "사람의 본성은 슬퍼지면 마음이 아프다. 마음이 아파지면 애달파지고 애달파지면 통곡을 한다. 통곡을 하면 자연히 몸이 움직인다. 움직이면 수족은 가만히 있을 수가 없다.(人之性, 心有憂傷則悲, 悲則哀, 哀斯憤, 憤斯怒, 怒斯動, 動則手足不靜.)"

변화하는 모양을 가리키는 말일 것으로 본다.

李天虹: '剌', …… 劉釗는 '刺'로 고치고 '烈'로 읽었으며, 그 뜻을 '甚'으로 풀이했다. 《郭店簡 · 性自命出》 제31간, 60간의 글자'와 같은 모양이다. 제30간과 31간은 내용은 세 부분으로 나뉜다. 사람의 두 가지 정서인 슬픔과 기쁨이 사람의 마음에 어떤 변화를 가져오는 가에 대한 세 단계 과정을 설명한 것이다. 즉 두 가지 정서(슬픔과 기쁨)의 영향을 받은 마음이 움직이는 것이 시작단계이고, 흥분되는 고조기에 다다랐다가 마침내 종결되는 단계에 진입한다는 것이다. '剌(烈)'은 그 가운데 최고점에 해당한다. '鬱陶'는 여기에서 두 가지 상호 유관한 해석이 가능하다. 첫째는 '思'라고 보는 것이고, 둘째로 '思'는 내재적인 심리활동이므로 "마음속에 담겨 있되 표출되지 않은 상태"라고 보는 것이다. 제31간의 '鬱陶'는 심사가 울적하여 아직은 표출되지 않은 상태만을 가리킨다. '流'는 《樂記 · 樂禮》: "樂極則憂, 禮粗則偏."에 대한 孔疏: "음악은 사람이 좋아하는 것인데 지나치게 되는 것을 피해야 한다. 만약 극점에 다다라 그만 멈추지 않는다면 반드시 극단적인 슬픔에 빠지게 되는 것이다(樂, 人之所好也, 害在淫侉, 若極而不止, 則必至憂慼也)"라고 해설한 예와 같이, 지나쳐 음난함으로 흐르게 되는 것을 가리킨다.[233]

李零: 원래 '慼'은 전에는 '戚'으로 해독하여 읽었으나, 지금은 '慼'으로 읽는다. 죽간의 '戚'은 《尊德義》 제7간과 《語叢一》 제34에는 草頭와 心旁이 안 보인다. 죽간의 '慼'은 郭店簡 <性自命出> 제34간에서도 草頭는 없고 心旁은 있어 그 모양이 각기 다르게 쓰여 졌다. 그리고 나중에 또 다른 죽간의 예에서는 '察'字의 모양과 흡사한 형태로도 쓰여 졌다. '烈'은 자형으로 볼 때, 아마도 '刀'와 '央'으로 이뤄진 회의자로 보인다. 아마도 이 글자는 '刺(烈)'자의 착오라고 판단된다. '烈'

233) ≪<性自命出>集釋≫ 165-167쪽.

이란 매우 극심하다는 의미이다.[234]

(20) 제20간

樂思而句(後)忻(忻). 凡思之甬(用)心爲甚. 難(難), 思之方也. 丌(其)聖(聲)貞(變), 則心㘯(從)之矣. 丌(其)心貞(變), 則丌(其)聖(聲)亦肰(然).

《郭店楚簡》

樂, 思而句(後)忻. 凡思之甬(用), 心爲甚. 難(難), 思之方也, 其聖(聲)貞則□□□,【32】其心貞則其聖(聲)亦肰(然).

【주석】

李天虹:《國語・晋語九》의 "저 윤탁이 자신의 생각을 밝혀 말하기를, '즐거운 일을 생각하면 흥겹고, 환난을 생각하면 두려워지는 것이 인지상정이오.(夫尹鐸曰思樂而喜, 思難而懼, 人之道也.)"와 의미가 통한다. 죽간 위아래 구절의 문맥,《樂記・樂言》,《大戴禮記・文王官人》,《說苑・脩文》 등의 기록들을 살펴 볼 때, 사람의 감정, 마음과 소리는 서로 영향을 주고받는 것임을 알 수 있다.[235] '忻'은《玉篇・心部》

---

234) ≪校讀記≫ 113-114쪽.

235) ≪<性自命出>集釋≫ 169쪽 재인용. ≪樂記・樂言≫: "그러므로 세상에 음조가 급속하고 섬세하며 찍어 눌리고 약해진 느낌의 음이 많은 악곡이 연주되는 것은 백성에게 근심이 많음을 나타내고 있다. 음조가 느리고 부드러우며 화려하게 장절이 긴 느낌이 드는 악곡은 백성이 안락하다는 것을 나타내고 있다. 음조가 거칠며 처음에는 격하고 끝에는 솟아오르며 전체로서 웅장한 느낌이 드는 악곡은 백성이 굳세다는 것을 나타낸 것이다. 단조롭고 힘차며 장중한 느낌의 악곡은 백성이 공손하다는 것을 나타내고 있다. 느슨하고 윤기가 있고, 부드럽고, 조용하게 흘러가는 느낌의 악곡은 백성이 자애로움을 나타내고 있다. 음조가 자주 변전하고 산만하고 경

에는 '喜'로 풀이하였다. '難'은 '𪓐'으로 읽고, 吟誦의 의미이다. '方'은 《論語 · 雍也》: "공자께서 말씀하셨다. 어찌 어짐에 그치는 일이겠느냐? 틀림없이 성덕일 것이다. 요순임금조차도 그런 일을 못할까 걱정하셨다. 어진 사람은 자기가 서고자 하면 남부터 서게 하고, 자기가 뜻을 이루고자 하면 남부터 뜻을 이루게 한다. 가까이 자기에게서 미루어 남까지 이해하는 것이 바로 인의 방도라 할 수 있다.(……子曰: 夫仁者, 己欲立而立人, 己欲達而達人. 能近取譬, 可謂仁之方也已.)"의 예와 같이, '術', 즉 方法 혹은 辦法을 가리킨다. '㝵'은 裘錫圭는 '變'일 것으로 추정하였으며, 李零 또한 '變'으로 읽었다.

(21) 제21간

𢣪(吟), 㳺(遊)𢘉[哀]也, 喿(噪)㳺(遊)樂也, 諫, 㳺(遊)聖(聲)也; 㪅, 㳺(遊)心也■. 凡人情爲可兌(悅)也. 句(苟)㠯(以)丌(其)情, 唯(雖)𢜬(過)不亞(惡); 不㠯(以)

쾌하고 미친 듯이 춤추는 것 같은 느낌이 드는 악곡은 백성이 방종하다는 것을 나타내는 것이다.(是故急微噍殺之音作, 而民思憂. 嘽諧慢易 繁文簡節之音作, 而民康樂. 粗厲猛起 奮末廣賁之音作, 而民剛毅. 廉直 勁正 莊誠之音作, 而民肅敬. 寬裕肉好 順成和動之音作, 而民慈愛. 流辟邪散 狄成滌濫之音作, 而民淫亂.)", ≪大戴禮記 · 文王官人≫: "심기가 과장되고 제멋대로인 것은 그 소리가 흘러 흩어지고 심기가 순하고 믿음직한 것은 그 소리가 절도에 따르고, 심기가 비루하고 도에 벗어나는 것은 그 소리가 갈라져 듣기가 싫고, 심기가 너그럽고 부드러운 것은 그 소리가 溫好하다.(心氣華誕者, 其聲流散; 心氣順信者, 其聲順節; 心氣鄙戾者, 其聲斯醜, 心氣寬柔者, 其聲溫好.)", ≪說苑 · 脩文≫: "종과 북의 소리에 노하여 이를 치는 것이 무이며, 슬퍼서 이를 치는 것이 비이고, 즐거워서 이를 치는 것이 낙이다. 그 뜻이 변하면 그 소리도 변한다. 그 뜻이라는 것은 진실로 이처럼 금석에게조차 통하니, 하물며 인간에게 있어서랴?(鐘鼓之聲, 怒而擊之則舞; 憂而擊之則悲; 喜而擊之則樂. 其志變, 其聲亦變. 其志誠, 通乎金石, 而況人乎?)"

《郭店楚簡》

㥿游怺(哀)也, 喿游樂也, 啾游聖(聲), 䜌游心也.【33】<中 篇>

凡人青(情)爲可兑(悅)也. 句(苟)以其青(情), 唯(雖)怂(過)不亞(惡);

不以【50】

【주석】

濮茅左:《說文》: "'喿'는 새가 때 지어 지저귀다라는 뜻이다.", 段玉裁注: "'集'과 같은 의미로 '噪' 또는 '譟'로도 쓴다.", '斿'는 '遊'로 읽고,《尙書·大禹謨》: "편한 데 놀지 마시며 즐거운 데 지나치지 말며(罔遊于逸, 罔淫于樂)"의 예와 같이, 지나치게 방종하다는 뜻이다. '啾'는 '啾'로 읽으며, '噍'와도 통한다. '敾'는 '尌'로 추측되며, '粗'로 읽는다. 제21간의 '斿(遊)哀', '斿(遊)樂', '斿(遊)聖(聲)', '斿(遊)心'과 제19, 20간의 '憂思', '樂思', '聖(聲)變', '心變'은 문장구조, 내용에 있어 대등한 관계이다. 슬픔과 기쁨, 소리와 마음의 관계를 대응시킴으로써, 궁극적으로는 마음과 음악과의 관계를 두 가지로 분류하여 설명하고 있다. 첫째, 우울한 생각에 빠진 뒤에는 슬픔이 찾아오고, 슬픈 노래를 부른다. 한편 즐거운 생각을 한 후에는 기뻐하며 즐겁게 노래를 부르게 되는 것이다. 둘째, 소리가 변하면 마음도 그 소리에 따라 변하게 된다. 반면 마음이 변하면 그 소리도 함께 따라 흘러가게 된다는 것이다. 첫 번째 경우, 대구의 첫 글자가 '凡'이 쓰였고, 두 번째 경우, 대구의 첫 글자가 '其'가 구별되어 쓰였다. '也'아래에 조그만 횡선 '墨節'이 존재한다. 이것은 장절을 표시하고 있으며 한 편의 마침을 표시하기도 한다. 죽간의 상태를 볼 때, 당시 구두표점부호는 아직 명확하거나 엄격하지 않았던 것으로 보인다. 본 편 가운데에서도 어떤 때에는 작은 정방형의 부호가 구두점으로 사용되기도 하고 어떤 경우에는 구두점이 누락되기도 하며, 어떤 경우는 구두점이 아예 없는 경우도 보이고 있다. 戰國시기 죽간에는 일반적으로 '墨鉤'라는 한 편의 종결을 표시하는 표점부호가 쓰였으며, 어떤 경우에는 작은 횡선의 '墨節'이 사용되거나 작은 정방형의 표점부호가 함께 사용되기도 하였다. 따라서 문장에 대한 판단을 내릴 때 중요한 의미를 갖기 때문에 죽간연구에 있어 세심한 주의를 기울여야 한다. '人情'에 대해서는 인간은 본능적으로 이목구비의 감각기관을 통하여 기쁨을 추구하고자 한다는 《荀子・王霸》의 설명을 참조할 수 있을 것이다.[236]

劉昕嵐: '𢡺'은 李零(《校讀》)은 '吟'으로 읽고 가벼운 탄식으로 해석하였으며, '游'은 李零(《校讀》)은 '流'로 추정하고 표현해내다로 해석하였다. '喿'은 李零(《校讀》)은 '噪'로 읽고 시끄럽게 부르는 소리라고 해석하였다. '啾'은 李零(《校讀》)은 '啾'로 읽고, 시끄럽게 웅성거리는 소리라고 해석하였다. 李零(《校讀》)은 이 구절의 의미를 보충하기 위하여 '也'를 보충하였다. '𧧒'은 李零(《校讀》)은 '嘔'로 읽고, 노래를 부르다라고 해석하였다.

李天虹: '𢡺'은 '唫'의 이체자일 가능성이 있다. 《汗簡》卷上之一口部와 《古文四聲韻》卷二侵韻引《古尚書》에서 '吟'을 '唫'으로 쓰고 있다. 《玉篇》口部에는 '唫'은 '吟'의 古字라고 설명하고 있다. 《楚辭・九章》: "외로운 아들(신하)은 말없이 눈물을 흘리고, 쫓겨난 자식은 나가서 돌아오지 않네(孤子唫而抆淚兮, 放子出而不還)."에 대하여, 洪興祖는 《補注》에서 '唫'은 '吟'의 古字로서 탄식하다는 뜻이라고 설명하였다.[237]

---

236) ≪上博簡(一)≫ 251-252쪽 재인용. ≪荀子・王霸≫: "사람들의 감정이란, 눈은 색깔을 추구하려 하고, 귀는 음악을 추구하려 하며, 입은 맛을 추구하려 하고, 코는 냄새를 추구하려 하며, 마음은 편안함을 추구하려 한다. 이 다섯 가지의 추구란 사람들의 감정으로서는 절대로 피할 수가 없는 것이다.(夫人之情, 目欲綦色, 耳欲綦聲, 口欲綦味, 鼻欲綦臭, 心欲綦佚. 此五綦者, 人情之所必不免也.)"

237) ≪<性自命出>集釋≫ 169쪽.

이 네 구절 가운데 '斿(遊)哀', '斿(遊)樂', '斿(遊)聖(聲)', '斿(遊)心'의 해석은 확실히 단정 짓기 어려우며, 다만《淮南子》: "군자는 정진하여 자세히 관찰하고, 그 재능을 갈고 닦으며, 그 신명을 다하되 사물의 전개를 관찰하며, 사물의 폐색을 개통시키고 시작과 끝을 살피며, 그 귀착하는 곳을 관찰한다. 이렇게 하여 티끌 같은 세상 밖으로 나와서 마음을 무위에 두고 초연하게 홀로 서서 홀연히 세속을 등진다. 이것이야 말로 성인이 마음을 한가롭게 하여 노닐던 방법인 것이다.", …… "사람의 마음이 항상 무욕한 것을 평온이라고 할 수 있고, 신체가 항상 무사한 것을 평안이라고 말할 수 있다. 마음을 평안한 경지에 풀고 신체를 평안한 경지에 이르게 하여, 그런 상태에서 천명을 기다리는 것이다."에서 언급되고 있는 '流心'이라는 단어를 참고할 수 있을 것이다.[238]

다음은《上博簡(一)》의 <性情論>에는 존재하지 않고,《郭店楚簡》의 <性自命出> 제34호 - 제35호 죽간에만 실려 있는 내용이다.

【34】-【憙(喜)斯慆, 慆斯奮, 奮斯羕(咏), 羕(咏)斯猷, 猷斯迬. 迬, 憙(喜)之終也. 恩(慍)斯憂(憂), 憂(憂)斯戚, 戚】

【35】-【斯歎, 歎斯㝐, 㝐斯通. 通, 恩(慍)之終也.】

【주석】

李天虹: 제34, 35간의 내용과《禮記》에 有子와 子游의 대화의 내용은 마음과 음악, 춤과 노래, 이러한 감정과 동작, 행위를 조절하는 데

238) ≪<性自命出>集釋≫ 170쪽 재인용. ≪淮南子・俶務訓≫: "君子有能精摇摩監, 砥礪其才, 自試神明, 覽物之博, 通物之壅, 觀始卒之端, 見無外之境, 以逍遥仿佯于塵埃之外, 超然獨立, 卓然離世, 此聖人之所以游心.", …… ≪淮南子・詮言≫: "心常無欲, 可謂恬矣; 形常無事, 可謂佚矣. 游心于恬, 舍形于佚, 以待天命."

필수요소인 禮와의 관계를 밝히고 있다는 점에 있어 일맥상통한다.[239]

'[illegible](戕)'는 戚의 古字로서,《語叢一》에는 '[illegible]', 馬王堆帛書《老子》甲後에는 '[illegible]'로 되어 있는데, 이러한 자료를 근거한다면, '[illegible]'는 '慽'로 읽어야 한다, '慽'은 '戚'과 같은 글자이며, '憂', '悲'의 뜻이다. '[illegible]'은 아직 논의가 분분하며, 윗부분이 '亡'인 것은 확실하므로, 아직까지는 '撫'로 읽는 것이 무난해 보인다.《檀弓下》의 '拊'와 '撫'는 소리와 뜻이 일치한다. 죽간 <性自命出> 제34, 35간 전체 문장은 "喜斯慆, 慆斯奮, 奮斯咏, 咏斯猷, 猷斯舞. 舞, 喜之終也. 慍斯憂, 憂斯慽, 慽斯嘆, 歎斯撫, 撫斯踴, 踴, 慍之終也."로 읽으며, 그 내용의 대략은《檀弓下》,《詩大序》,《樂記・師乙》과도 일치한다.[240]

劉昕嵐: '慆', 李零(《校讀》)은《禮記・檀弓下》의 '陶'로 읽는다. 孫希旦《禮記集解》注曰: "陶란 마음속으로부터 억제할 수 없이 기쁨이 솟아나는 것"이라고 설명한다. '猷', 李零(《校讀》)은《禮記・檀弓下》

239) ≪<性自命出>集釋≫ 171쪽 재인용. ≪禮記・檀弓下≫: "어느 날 유자가 자유와 함께 서서 어린아이가 어버이의 상여 뒤에 따라가며 울부짖는 것을 보고 유자가 자유에게 말했다. "나는 지금까지 喪禮 중에 뛰는 일, 즉 踊이란 것이 있는데 무엇 때문에 있는 것인지 몰랐었다. 그래서 나는 그것을 상례에서 제거하려고 생각한지 오래였다. 이제 저 어린아이의 울부짖으며 몸부림쳐 뛰는 것을 보고 슬퍼하는 정이 이렇게 뛰는 데에 있다는 것이 바로 이것을 두고 하는 말임을 깨달았노라."라고 하였다. 자유가 말하기를 "예는 애통하는 정을 쇠미하게 만드는 것이 있고, 일부러 최질(衰絰) 같은 것을 만들어 슬픈 마음을 흥기시키는 것이 있다. 만약 자기의 심정이 내키는 대로 곧바로 경솔하게 행하는 자가 있다면 그것은 오랑캐의 道이다. 중국의 道는 그렇지가 않다. 원래 사람의 마음은 기쁘면 陶然해져서 즐거우며, 즐거우면 노래를 부르고, 노래를 부르면 몸이 움직이고, 몸이 움직이면 춤추게 되고, 춤추면 마음이 앙양되고, 마음이 앙양되면 이윽고 마음이 아프고, 아프면 탄식하고, 탄식하면 가슴을 두드리게 되고, 가슴을 두드리면 춤춘다는 식으로 변화한다. 그러므로 이를 조절하는 것을 예라고 한다.(有子與子游立, 見孺子慕者, 有子謂子游曰:「予壹不知夫喪之踊也, 予欲去之久矣. 情在於斯, 其是也夫?」子游曰:「禮: 有微情者, 有以故興物者; 有直情而徑行者, 戎狄之道也. 禮道則不然, 人喜則斯陶, 陶斯詠, 詠斯猶, 猶斯舞, 舞斯慍, 慍斯戚, 戚斯嘆, 嘆斯辟, 辟斯踊矣. 品節斯, 斯之謂禮.」)"

240) ≪<性自命出>集釋≫ 172-173쪽.

의 '猶'로 읽는다. '猶', 《禮記 · 檀弓下》 鄭注曰: "猶란 몸을 이리저리 움직이는 것을 가리킨다."라고 설명한다. '𨒟', 裘注는 '迮'으로 읽는다. 《說文 · 辵部》: "迮, 迮迮, 起也." 李零(《校讀》)은 '作'으로 읽으며, '作' 또한 '起'의 뜻이 있다. 《禮記 · 檀弓下》에서도 "猶斯舞"라고 하였으므로, '迮' · '作'은 죽간에서는 "일어나서 춤을 추다."는 의미로 해석할 수 있다. '戠', 원래는 隸定만 할 뿐 해석은 하지 않았다. 李零(《校讀》)은 《禮記 · 檀弓下》의 '戚'으로 읽고, 슬퍼하다는 뜻으로 보았다. '憖', 李零(《校讀》)은 《禮記 · 檀弓下》의 '嘆'으로 읽는다. '𡩜', 李零(《校讀》)은 《禮記 · 檀弓下》의 '辟'으로 읽고, 가슴을 두드린다('拊心', '捶胸')는 뜻으로 보았다. '通', 李零(《校讀》)은 '慟'으로도 읽고 있으나, 《禮記 · 檀弓下》에서는 이 자리에 '踊'을 쓰고 있다. 그런데 '通'과 '踊'은 같은 부수 '甬'에 속한다는 점, '通'과 앞 문장의 '作'이 호응함으로써 "몸을 흔들면서 일어나 춤을 추다"와 "가슴을 두드리며 다리를 움직이다"라는 문맥이 어울리게 되므로 '踊'으로 읽는 것이 보다 자연스럽다고 생각한다.

李零: '舞', 마음이 기쁠 때 일어나는 신체동작으로서 손과 발로 춤을 추는 행위를 가리킨다. '辵'과 '亡'으로 이뤄진 회의자이다. '𨒟', 簡文에서 '亡'과 '乍'는 모양이 비슷하여 자주 혼동되어 사용되었으나, 엄밀한 측면에서 그 필법의 모양은 구별되었기 때문에, 釋文에서의 隸定은 정확한 것으로 판단된다. 裘錫圭는 '迮'이라고 해독한 것은 스스로도 인정했듯이 착오이다. '踴', '慟', 마음이 비통으로 가득 찼을 때 일어나는 신체동작으로 발을 동동 구르며 우는 동작을 가리킨다. 裘錫圭는 隸定에 따라 '𨒟'을 '作'으로, '通'을 '憧'으로 해독하기도 하였으나 이 역시 잘못 본 것이다. 여러 학자들 가운데 龐樸(《初讀《郭店楚簡》》, 簡34-35)은 처음으로 이 문장을 "喜斯陶, 陶斯奮, 奮斯詠, 詠斯猷, 猷斯舞. 舞, 喜之終也. 慍斯憂, 憂斯慼, 慼斯歎, 歎斯辟, 辟斯憧, 憧, 慍之終也."라고 해독하였는데, 지금까지 문맥과 문헌, 학자들의 견해 등을 종합해 보면, 논란이 되었던 簡文의 隸定字 가운데, '辻', '㦸', '通'은 각각 '舞', '慼', '踴'으로 해독하는 것이 가장 정확한 것으로 본다.[241]

(22) 제22간

囨情, 唯(雖)難不貴. 未言而信, 又(有)㒵(媺)靑(情)者也. 未孶而民恆, 眚(性)善者也. 未賞而民懽(勸), 含福者也.

《郭店楚簡》

其靑(情), 唯(雖)難不貴.【50】[句(苟)又(有)其靑(情), 唯(雖)未之爲, 斯人信之壴(矣).] 未言而信, 又(有)娓(美)靑(情)者也. 未簹(敎)【51】而民亘(恒), 眚(性)善者也. 未賞而民懽(勸), 含福者也.

【주석】

곽점초간의 51간의 상반부는 상박초간에 존재하지 않고 있어, 부호 [ ]로 표시한다.

濮茅左: '不貴'에 관해서는, 《荀子 · 不拘》: "그렇지만 군자들이 귀중히 여기지 않은 것은 예의에 합당한 일이 아니기 때문이다. …… 그러므로 '군자는 행동은 다만 행하기 어려운 것만을 귀중히 여기지 않고, 말은 굳이 잘 살펴 아는 것만을 귀중히 여기지 않으며, 이름은 세상에 전해지는 것만을 귀중히 여기지 않는다. 오직 합당한 것만을 귀중히 여긴다.'고 말했던 것이다. 시경에 '사물이 있으되, 오직 합당해야만 하네.'라고 노래한 것은, 바로 이것을 가리키는 말이다.(然而君子不貴者, 非禮義之中也. …… 故曰 : '君子行不貴苟難, 說不貴苟察, 名不貴

241) ≪校讀記≫ 113-114쪽.

苟傳, 唯其当之爲貴.' 詩曰 : '物其有矣, 惟其時矣.' 此之謂也.)"에서 설명되고 있는 군자의 행동규범을 보면, 쉽게 이해할 수 있다. 문구 "唯(雖)難不貴"는 《淮南子 · 繆稱訓》: "대저 행동에 진정이 실려 있다면, 설령 과실을 범했다 하더라도 원망을 사는 일은 없고, 진정에서 나온 것이 아니라면, 비록 헌신적이었다 할지라도 그 행동의 결과는 미움을 받게 되는 것이다.(凡行戴情, 雖過無怨 ; 不戴其情, 雖忠來惡.)"의 구절과도 통한다. 《淮南子 · 繆稱訓》: "말하지 않아도 믿고, 부르지 않아도 오는 것은 미리 통하는 것이 있기 때문이다. 자기가 세상에 알려지지 않는 것을 조급해하는 자는 자기 자신조차도 모르는 사람인 것이다.(未言而信, 弗召而至, 或先之也, 忣于不己知者, 不自知也.)"에서 "未言而信" 구절을 혹은 "不言而信"으로 기록한 문헌이 많다. 죽간에서는 군자의 이러한 행동양식의 이치는 바로 "又(有)㜲(媺)靑(情)者"에 그 원인이 있다고 주장하고 있다. 이처럼 군자의 예와 음악의 관계를 논하고 있는 내용이 《荀子》, 《禮記》, 《韓詩外傳》 등에도 실려 있다. '恒'은 '順'의 뜻을 가지고 있다. 殘文과 이어지는 제23간 "[刑](刑)而民愄(畏), 又(有)心愄(畏)者也."의 내용은 예와 음악에 정통한 군자의 현명함과 백성들과의 관계, 그 도리를 설명하고 있는 《荀子》, 《禮記》의 내용과도 통한다.[242]

242) ≪上博簡(一)≫ 253쪽 재인용. ≪荀子 · 彊國≫: "예의와 음악은 잘 정비되고, 신분과 의리는 분명하며, 여러 가지 하는 일은 때에 알맞고, 사람들을 사랑하고 이롭게 하려는 뜻이 잘 드러난다면, 백성들은 임금을 하느님처럼 존귀하게 여기고, 하늘처럼 높이 받들며, 부모처럼 친근히 여기고, 귀신처럼 두려워한다. 그러므로 상을 내릴 필요도 없이 백성들은 힘쓰게 되며, 형벌을 쓸 필요도 없이 위엄이 행해진다. 이런 것을 두고 도덕에 의한 위세라 한다.(禮樂則修, 分義則明, 擧错則時, 愛利則形. 如是, 百姓貴之如帝, 高之如天, 親之如父母, 畏之如神明. 故赏賞不用而民勸, 罰不用而威行, 夫是之謂道德之威.)", ≪荀子 · 君道≫: "그러므로 상을 내리지 않아도 백성들은 일에 힘쓰고, 벌을 주지 않아도 백성들은 복종하게 된다. (故赏不用而民勸, 罰不用而民服.)", ≪禮記 · 中庸≫: "그렇기 때문에 군자는 상 주지 않아도 백성들이 힘쓰게 되며, 노하지 않아도 백성들은 도끼의 위협보다도 더욱 위압당하

劉昕嵐: 陳來(《荊門竹簡之<性自命出>篇初探》)은 '未言而信'은 이어지는 '未教而民恒' · '未賞而民勸' · '未刑而民畏' 죽간의 다른 세 구절과 비교해 볼 때, '信' 앞에 '民'이 생략되었을 것으로 추정하였으나, 다른 자료들 예컨대, 《禮記 · 中庸》: "그러므로 군자는 움직이지 않아도 존경 받으며, 말하지 않아도 믿게 되는 것이다.(故君子不動而敬, 不言而信.)," 《禮記 · 祭義》: "마음이 하늘에 미치는 사람은 아무 말을 하지 않아도 사람들로부터 존경과 신임을 받으며 신에게 통하는 사람은 怒하지 않아도 위엄이 있다.(天則不言而信, 神則不怒而威.)"등의 예를 근거해 볼 때, 그리고 문장의 의미가 "未言而信", 즉 "군자는 말을 하지 않고도 행동으로 신뢰할 수 있음을 보여준다."이므로 굳이 백성이라는 단어를 꼭 보충해야할 필요는 없다고 본다. '民恒'이란 백성에게는 항상 착한 본성이 있음을 가리킨 것이다. 《孟子 · 梁惠王上》: "(孟子)曰: '일정한 재산이 없으면서도 항상 일정한 마음을 가지고 있는 자는 오직 선비만 그러할 수 있습니다. 일반 백성과 같은 경우에는 일정한 재산이 없으면 그로 인하여 항상 일정할 수 있는 마음이 없어집니다. 진실로 항상 일정할 수 있는 마음이 없어지면 방자함, 편벽됨, 사악함, 사치스러움 등을 하지 아니함이 없을 것이다.'(無恒產而有恒心者, 惟士爲能. 若民則無恒產因無恒心. 苟無恒心, 放僻邪侈, 無不爲已.)", 朱子注曰: "恒, 常也 …… '恒心'이란 사람이 항상 가지고 있는 착한 마음이다."에서 '恒'의 의미를 추정할 수 있다. '勸'은 《小爾雅 · 廣詁》: "勸, 力也.", 《書 · 多方》: "크게 음란하고 혼용하여 상제의 길을 종일토록 힘쓰지 않았다함은 너희들이 들었다.(乃大淫昏, 不克終日勸于帝之迪.)", 《戰國策 · 宋策》: "齊나라가 宋나라를 공격하자 宋

는 것이다. <시경>에 '덕이 매우 밝아서, 제후들이 그대로 본받는 도다.'(是故君子不賞而民勸, 不怒而民威於鈇鉞. 詩曰: 不顯惟德, 百辟其刑之.)"라고 하였다 等의 설명과도 일맥상통한다.

나라는 臧子로 하여금 荊(楚)나라에게 구원을 청하도록 하니, 楚柄王이 크게 기뻐하여 구원병을 보내주겠다고 굳게 약속하였다.(齊攻宋, 宋使臧子索救于荊. 荊大說, 許救甚勸.)" 등의 기록을 살펴볼 때, 힘 써 매진하다는 뜻으로 쓰였을 것으로 추정된다. '含福'을 李零(《校讀》)은 "貪富"로 해독할 뿐 구체적인 이유를 설명하지는 않았다. 그런데 만약 '貪富'라고 해석한다면, "군자가 부귀를 탐하는 것은 상을 주지 않아도 백성이 서로 권면하기 때문이다"라고 보는 것으로 문맥상 어울리지 않는다. 또한 만일 "사람들이 부귀를 탐하는 까닭은 상을 주지 않아도 백성들이 권하기 때문이다"라고 해석하는 것 역시 대의와 어울리지 않게 된다. 백성들은 상을 주지 않아도 권면한다는 문장이라면, 원래 그들에게 부귀를 내리지 않는다하더라도 여전히 근면하게 노력하며 힘쓰기 때문이라고 보아야 할 것이다. 그런데 만일 백성들이 부귀를 탐하지 않는 이유가 상을 주지 않아도 스스로 노력하기 때문이라면, 문맥상 모순된다. 그러므로 '含福'으로 읽는 것이 가장 어울리는 해석으로 판단된다. 그런데 '含福'의 福에 대하여, 《禮記・祭統》에는 "현자가 제사를 지내면 반드시 그 보답으로 복을 받는다. 그것은 세상에서 말하고 있는 복이 아니다. 현자가 받는 복이란 備이고, 이 비란 만사가 구비되어서 순조로운 상태를 말하는 것이며, 모두 순조롭지 않은 곳이 없는 상태를 구비되어 있다라고 말하는 것이다, 그러므로 복을 받고 만사가 순조로운 경우에 들어가려면 먼저 순종으로써 君父를 섬긴 다음 신령을 섬기지 않으면 안 된다. 충신이 임금을 섬기거나 효자가 어버이를 섬기는 데에도 그 몸가짐은 단 하나 순종이라는 것이다. 즉 위로는 귀신에게 공순하고 밖으로는 임금께 순종하며 안으로는 부모에게 효순함으로써 신하나 자식의 마음가짐이 구비되는 것이며 이로써 현자만이 제례의 준비를 갖출 수가 있고, 그럼으로써 비로소 제례를 올릴 수가 있다.(賢者之祭也, 必受其福. 非世所謂

福也. 福者, 備也; 備者, 百順之名也. 無所不順者之謂備. 言內盡于己, 而外順于道也. 忠臣以事其君, 孝子以事其親, 其本一也. 上則順于鬼神, 外則順于君長, 內則以孝于親. 如此之謂備. 唯賢者能備, 能備然後能祭.)"라고 하였으므로, '含福'은 군자의 안으로는 자신을 버려 내적인 성실과 충심을 다해야 함을 가리키고 있으며, 밖으로는 천지인륜의 이치를 따져 반드시 순종함으로써 구비하지 않음이 없음을 가리킨 것이다.

(23) 제23간

[未]型(刑)而民愄(畏), 又(有)心愄(畏)者也. 戔(賤)而民貴之, 又(有)悳(德)者也. 貧而民聚安(焉), 又(有)道者也■. 蜀(獨)居而樂, 又(有)內𢽳(動)

《郭店楚簡》: 未型(刑)而民愄(畏), 又(有)【52】心愄(畏)者也. 戔(賤)而民貴之, 又(有)悳(德)者也. 貧而民聚安(焉), 又(有)衍(道)者也.【53】蜀(獨)処而樂, 又(有)內𢽳

【주석】

濮茅左는 '畏'에 대하여《禮記·曲禮上》의 "두려워하며 未슬퍼하다(畏而哀之)"를 근거로 '心畏'를 마음으로부터 두려워하며 복종하는 것'이라고 해석하였고, '戔'에 대하여《郭店楚簡·成之聞之》의 "䜌(讓)而處戔(賤)"의 예를 근거로 '賤'으로 해독하였다. 또한《荀子》의 "사람에게는 상서롭지 못한 세 가지 조건이 있는데, 나이가 어리면서도 어른을 섬기려 하지 않는 것과, 신분이 천하면서도 높은 사람을 섬기려 하지 않는 것과, 어리석으면서도 현명한 사람을 섬기려 하지 않는 것이다. 이것이 사람들의 상서롭지 못한 세 가지 조건이다.", "어린 사람은 어른을 섬기고, 신분이 낮은 사람은 신분이 높은 사람을 섬기고 어리석은 사람은 현명한 사람을 섬기는 것이 천하에 통용되는 의리이다", "내가 천하면서도 귀해지고 싶고, 어리석으면서도 지혜로워지고 싶고, 가난하면서도 부유해지고 싶다면 가능한 일이겠는가?", "그러므로 예의를 닦는 사람은 왕자가 되고, 올바른 정치를 하는 사람은 강자가 되고, 백성들의 마음을 얻는 사람은 편안해지고, 세금을 가혹하게 거두는 사람은 멸망할 것이다."라는 인용문을 제시하면서, "戔(賤)而民貴之"를 "비록 신분이 낮지만 덕이 고귀한 사람이라면 그를 섬길 수 있다"는 뜻으로 보았다. '寚'은 '獨'으로 읽고, "寚(獨)居而樂"에 대하여《荀子》의 "그러므로 군자는 …… 궁핍하게 지내더라도 영화롭고, 혼자 살더라도 즐거운 것이다."와 같은 보충자료를 제시하였다. '𢿌'에 대하여는《郭店楚墓竹簡·性自命出》에 '𦔻'로 되어 있어, '禮' 또는 '體'·'論'으로도 읽을 수 있겠으나, 字形이 모호하여 단정할 수 없고, 다만 '動'으로 잠정적으로 추정하였다.[243]

李天虹은 "상을 내리지 않아도 백성들은 힘쓰고 형벌이 없어도 두려워할 줄 안다(未賞而民勸, 未刑而民畏)."라는 구절은《左傳》의 "옛날 백성을 다스리는 자는 상 주기를 좋아하고 형벌 가하기를 두려워했고, 백성들을 돌보기를 게을리 하지 않았다",《禮記》의 "그러므로 군자는 상을 내리지 않아도 백성들은 스스로 권면하며, 성내지 않아도 백성들은 도끼보다도 위엄을 느낀다.",《莊子》의 "옛 요순시대에는 상

243) ≪荀子·非相≫ "人有三不祥 : 幼而不肯事長, 賤而不肯事貴, 不肖而不肯事賢, 是人之三不祥也)." ≪荀子·仲尼≫ "少事長, 賤事貴, 不肖事賢, 是天下之通義也." ≪荀子·儒效≫ "我欲賤而贵, 愚而智, 贫而富, 可乎? ≪荀子·王制≫ "故修禮者王, 爲政者强, 取民者安, 聚斂者亡." ≪荀子·儒效≫ "故君子 …… 窮處而榮, 獨居而樂." 이상 馬承源 主編, ≪上博楚書(一)≫, 254쪽 재인용 참조.

을 내리지 않아도 백성이 서로 권면하고 형벌을 내리지 않아도 두려워할 줄 알았다.",《荀子》의 "그러므로 상을 내릴 필요도 없이 백성들은 힘쓰게 되며, 형벌을 쓸 필요도 없이 위엄이 행해진다. 이런 것을 두고 도덕에 의한 위세라 한다." 등의 문맥과 통한다고 보았으며, "貧而民聚焉"은《禮記》의 "그러므로 재물이 모이면 곧 백성들이 흩어지고 재물이 흩어지면 곧 백성들이 모이는 것이다."라는 문장과 義理가 일치한다고 보았다.[244] <六德> 43簡의 '[illegible]'字에 대하여 죽간 정리자는 자세히 해석하지 않았고, 劉德勝은 오른쪽 편방은 '冊'의 번체로, '二冊'과 '曰'이 결합한 회의자, 즉 '偏'으로 보았다고 하였다.《說文》에서는 '扁'은 戶와 冊이 결합한 회의자로 예서체로는 '[illegible]'로 쓰였으며, 그 뜻은 '偏'으로 간주했으며,《廣韻 · 線韻》에서 '徧'은 두루 미치다(周)는 뜻으로 해석하였고, 朱駿聲은《說文通訓定聲》에서 '徧'은 혹은 '遍'으로 쓰이며. 두루 온전하다는 의미로 보았다고 하였다. <六德> 40簡 "君子於此弌(一)[illegible]"에서는 '偏'으로, 41簡 "[illegible](失)其[illegible]", 43간 "[illegible](道)不可[illegible]也, 能獸(守)弌(一)曲安(焉)"에서는 '遍' 또는 '編'으로 해독하였고, 陳偉는《莊子 · 天下》"비록 그렇지만, 전부를 포괄하거나 두루 미치지 못하여 일부분밖에 알지 못하는 사람들이다(雖然不該不徧, 一曲之士也)."의 예를 인용하면서이 글자를 '偏'으로 보았는데, <性自命出>의 '[illegible]'과 <六德>의 '[illegible] · [illegible]'은 동일한 자형이므로, '冊'으로 읽거나 또는 '策', 즉 '모략(謀略)'의 의미로 해석할 수 있다고 보았다.[245]

244) ≪左傳 · 襄公二十六年≫ "古之治民者, 勸賞而畏刑, 恤民不倦." ≪禮記 · 中庸≫ "是故君子不賞而民勸, 不怒而民威於鈇鉞." ≪莊子 · 天地≫ "昔堯治天下, 不賞而民勸, 不罰而民畏." ≪荀子 · 疆國≫ "故賞不用而民勸, 罰不用而威行, 夫是之謂道德之威." ≪禮記 · 大學≫ "財聚則民散, 財散則民聚." 이상 李天虹, ≪集釋≫, 186쪽 재인용 참조.

245) 李天虹, 앞의 책, 186-187쪽.

劉昕嵐은 '內'는 이어지는 제61간의 "少枉內之可也"에서 '內'가 '入'으로 읽을 수 있듯이, 여기에서도 '入'으로 해독하였다. '■'은 이 글자가 '禮'의 聲旁과 흡사하고, 앞 제15간의 '禮'와 같은 글자로 간주하여 '禮'의 異體字로 추정된다고 보았다. <六德> 第 40・41・43簡에 출현하고 있는 3글자는 그 모양은 흡사하지만, '體'로 읽어야 한다고 보았으며, '內■'를 '入禮'로 파악하였다.[246] 李零(《校讀記》)은 濮茅左(《上博楚書》)의 견해에 동의하여, '■'는 뜻이 '攴'이고 독음이 '童'인 형성자로서 '動'과 같은 글자로 파악했을 뿐 자신의 분명한 해석을 내놓지는 않았다.[247]

연구자는 문제가 되는 '■'에 대한 위 학계 견해를 종합해 볼 때, 자형만을 고려해 '■'로 볼 경우, '動'으로 해독할 수 있고, '扁' 또는 '偏'으로 볼 경우, '遍' 또는 '編'로 해독할 수 있으며, 심지어 '冊'으로 볼 경우 같은 음 '策'으로 해독하여, '謀略'이라고 해석할 수는 있겠으나, 문맥상 이러한 의미들로 보기에는 모호하고 무리가 있어 보인다. 반면 이 글의 주지는 군자는 내적으로 예를 갈고닦아 道德을 함양한 인물로서, 외적으로 엄격한 형벌로 다스리지 않아도 백성들로 하여금 경외심을 갖게 하고, 백성 스스로 감동을 받아 주변에 모이게 한다는 것으로 볼 수 있다. 다시 말해 진정한 군자는 외면적인 지위의 고하에서 나오는 권력이나 경제적 빈부에 의지하지 않고 오직 내면적 인격을 수양을 쌓음으로써 '홀로 기쁨이 충만(獨樂)'할 수 있고, 백성은 마음으로부터 '경외(畏)'하며, '존중(貴)'하게 되고, 마침내 스스로 '모이(聚)'도록 만든다는 것이다. 이와 같은 군자의 고귀한 인품에 대한 요구는 <中庸>의 "군자는 안으로 반성하여도 병이되지 않아 마음에 부끄러워하지 아니하니, 군자에게 미칠 수 없는 것은 바로 사람들이 보지 못하는 곳

246) 劉昕嵐, ≪郭店楚簡〈性自命出〉篇箋釋≫, 인터넷, '簡帛研究中心網站'의 내용 참고.

247) 李零, ≪校讀記≫, 114쪽.

이다. …… 군자는 움직이지 않아도 공경하며, 말하지 않아도 믿음이 있다. …… 군자는 상 주지 않아도 백성들이 권면하며, 노하지 않아도 백성들은 도끼보다도 더 위압을 당하는 것이다. …… 군자는 돈실하고 공경함으로써 천하를 화평하게 하는 것이다."[248]라는 설명을 떠올리게 한다. 즉 스스로 솔선수범하여 백성을 교화하고 공경하는 마음으로 신뢰와 겸손을 바탕으로 禮義와 品德을 수양하고 관리할 줄 아는 인물이어야 함을 강조하고 있음을 알 수 있으며, 결과적으로 <性情論> 제22간에서는 "군자는 백성을 굳이 가르치지 않아도 한결같은 마음으로 따르는 것은 그의 마음이 착하기 때문이다(未敎而民恒, 性善者也)"라고 하여 내면으로부터 예를 성실히 쌓아감으로써 착한 성품을 지니게 되어 모든 사람의 마음을 얻게 된다는 논리를 전개하고 있음을 확인할 수 있다. 따라서 첫째, 이 글자의 자형을 근거로 살펴보면 <性情論> 제9, 10간, <性自命出> 제16, 18간의 '豊', <性自命出> 제21, 23의 '𢡺'과도 흡사하고, 둘째, 저자의 논지전개와 앞 뒤 문장 내용이 군자의 사람됨, 덕목에 대한 지적이므로 그 의미를 살릴 경우, '禮'로 해독할 수 있으며 "마음속에 항상 예를 품고 있다(內禮)", 혹은 "내면의식에 깊이 들어가 예를 수련한다(入禮)"로 해석하는 것이 타당하다고 본다.

(24)제24간

者也. 亞(惡)之而不可非者, 𧧑(謂)於宜(義)者也. 非之而不可亞(惡)者, 篙(篤)於𢚧(仁)者也■. 行之不而𢜫(過), 智(知)道者

248) ≪禮記 · 中庸≫ "君子內省不疚, 無惡于志. 君子之所不可及者, 其唯人之所不見乎! …… 君子不動而敬, 不言而信. …… 君子不賞而民勸, 不怒而民威于鈇鉞. …… 君子篤恭而天下平."

《郭店楚簡》: 者也. 亞(惡)之而不可非者, 達(?)於義者也. 非之【54】而不可亞(惡)者, 篙(篤)於悬(仁)者也. 行之 怂(過), 智(知)道者

【주석】

濮茅左는 첫 구는 第34간의 "唯亞(惡)不悬(仁)爲迡宜(義)"와도 의미가 통한다고 보고, 둘째 구는《荀子》의 "비록 모욕을 당하는 것을 욕되다고 여긴다 하더라도 싫어하지 않으면 서로 싸우지 않는다. 비록 모욕을 당한 것이 욕되지 않음을 안다 하더라도 싫어하면 반드시 싸운다. 그러므로 싸우고 싸우지 않는 것은 욕되고 욕되지 않는 것과 관계가 없으며, 바로 그것을 싫어하는지의 여부에 달려 있는 것이다."라는 예문을 근거로, 돈후한 인품을 수양한 사람을 미워할 수 없음을 언급한 것으로 간주하였다. '智(知)道者'에 대해서는《荀子》"나무는 먹줄을 따르면 곧아지고 쇠는 숫돌에 갈면 날카로워지는 것처럼, 군자도 널리 배우며 매일 자기에 대해 생각하고 살피면 밝아지고 행동에 허물이 없을 것이다."의 '知明',《管子》"한마디 말을 들으면 만물의 이치를 깨닫는다는 것을 가리킨다."의 '知道'를 연관시킴으로써, 널리 배우고 지혜를 깨닫고 예의를 갖추는 것이라고 해석하였다.[249]

劉昕嵐은 <性自命出>의 '達'을《論語 · 鄕党》의 예를 근거로 '깨닫다'로, '篤'을《公羊傳 · 宣公十二年》의 예를 근거로 '신실하다'라고 해석하였다.[250] 李天虹은 <性情論>의 '眘'에 대하여 '達'과 '月'의 고

249) ≪荀子 · 正論≫ "雖以見侮爲辱也, 不惡則不鬬 ; 雖知見侮爲不辱, 惡之則必鬬. 然則鬬與不鬬邪, 亡於辱之與不辱也, 乃在於惡之與不惡也." ≪荀子 · 勸學≫ "故木受繩則直, 金就礪則利, 君子博學而日參省乎己, 則知明而行無過矣." ≪管子 · 戒≫ "聞一言以貫萬物, 謂之知道." 이상 馬承源 主編, 앞의 책, 255쪽 재인용 참조.

250) ≪論語 · 鄕党≫ "丘未達, 不敢嘗.", ≪公羊傳 · 宣公十二年≫: "莊王曰: ……是以君子篤于禮而薄于利, 要其人而不要其土……" 劉昕嵐, 앞의 인터넷≪箋釋≫ 재인용 참조.

음은 동일한 '月'부에 속한 글자로 간주하여, '月'을 추가한 의도는 발음을 표시하기 위한 것으로 파악하여, '達'이 아닌 '謂'로 보고 복모좌의 해독에 따랐다.[251] 그러나 연구자가 보기에 '謂'로 볼 경우, 이어지는 개사 '於'와의 문장구조상 연결이 어색하고, 문맥상 그 의미가 애매하므로, '통달하다, 뛰어나다(達)'로 해독하고자 한다.

<案>: 연구자는 이 글의 주지는 군자는 모름지기 우주만물의 이치를 깨달은 자임을 밝히고 있는 것으로 파악하여 濮茅左의 '知道'에 대한 해석이 《荀子》, 《管子》와 같은 방증자료에 의한 풀이에 근거하고 있음에 기본적으로 동의한다. 다만 군자의 인격에 있어 갖춰야 될 덕목으로서 道義와 仁德의 수양, 節制된 행위를 제시하고 있음을 첨언하여 지적하고자 한다. 濮茅左도 의견이 다르면 말다툼을 피할 수 없고 심지어 모욕을 주는 일도 다반사인 것은 어쩔 수 없는 상례이나, 어진 덕을 가진 자는 온유와 겸손, 인내심과 인화력으로 상대를 감동시키고 마음으로부터 따르게 만든다는 주장을 펼치고 있다. 따라서 연구자는 군자란 항상 자신의 행위를 보편적 입법에 합치되도록 성찰함으로써 자기 스스로 내면화된 엄격한 도덕률에 따라 행동하는 자로서, '우주만물의 이치와 질서를 깨달은 지혜로운 자'라는 의미를 덧붙이고자 한다.

(25) 제25간

也.【……】昏(聞)道近下, 下交者也. 昏(聞)道反己, 攸(修)身者也■. 上交近事君, 下交得衆近從(從)正(政)■, 攸(修)身近至息(仁). 同方而

251) 李天虹, 앞의 책, 187쪽.

《郭店楚簡》: 也. 昏(聞)衍(道)反上, 上交者也.【55】昏(聞)衍(道)反下, 下交者也. 昏(聞)道反믐(己), 攸(修)身者也. 上交近事君, 下交得【56】衆近從正(政), 攸(修)身近至𢝊(仁). 同方而

【주석】

濮茅左는 '攸'를 通假字 '脩'로 파악하여, '修身'을《呂氏春秋 · 論人》의 '反己'로 보고, "자기 자신을 뒤돌아본다는 것은 무슨 뜻인가? 이목(용모)을 적절히 하고 기호와 욕심을 절제하며 꾀를 버리고 거짓된 것을 버리고서, 마음을 끝없이 넓은 공간에 아무런 구속 없이 노닐게 하며, 마음을 자연무위의 도에 맡기는 것이다. 이렇게 하면 어떤 것도 본성을 해치지 못하는 것이다."[252]와 같이 마음과 본성은 물론 구체적인 행위까지 갈고 닦아 자유의 경지에 이른다는 의미로 풀이하였다. '上下交'에 대한 보충자료로,《法言 · 重黎》의 "어떤 사람이 교제에 대하여 물으니, 대답하기를 '인으로써 교제하라'(或問交, 曰仁).",《周易 · 泰》의 "위아래 사람이 서로 사귀어 그 뜻이 하나가 된 것이다(上下交而其志同也).",《周易 · 繫辭下》의 "군자는 윗사람과 사귀어도 아첨하지 않으며 아랫사람과 사귀어도 더럽히지 않는 것이다(君子上交不諂, 下交不瀆).",《法言 · 修身》의 "윗사람과의 사귐에는 권세에 굴하여 도리를 굽히는 일 따위를 하지 말며, 아랫사람들과의 사귐에는 교만한 마음을 가져 상대를 업신여기는 따위의 짓을 하지 않는다. 이와 같아야 하는 것이 있을 수 있는 것이다(上交不諂, 下交不驕, 則可以有爲矣).",《周易 · 屯》의 "귀한 몸으로 천한 사람을 존대하니 크게 백성을 얻을 것이다(以貴下賤, 大得民也)." 등을 제시하였다. '至𢝊(仁)'에 대해서는

252) ≪呂氏春秋 · 論人≫ "何謂反諸己也? 適耳目, 節嗜欲, 釋智謀, 去巧故, 而游意乎無窮之次, 事心乎自然之塗, 若此則無以害其天矣." 馬承源 主編,앞의 책 256쪽 재인용 참조.

《呂氏春秋·任數》의 "지극한 지혜는 지혜를 버리고, 지극히 어진 것은 그 어진 것을 잊는다(至智棄智, 至仁忘仁).", "지극히 인자한 사람은 그 하나의 언행이 모두 자연히 어진 도에 합치되므로 마음이 항상 그것을 체험할 필요는 없으며, 만물을 하나로 보되 친소의 구별을 알지 못하는 것이다(至仁之人, 其一言一行皆自然合於仁道, 以不必心常體念之, 其視萬物爲一體, 而不知有親疏之別)."[253]와 같이 치우침이 없는 무한한 사랑으로 풀이 하였다.

劉昕嵐은 '反'은 《孟子》의 "스스로 돌이켜보아 바르지 않으면 비록 갈관박(베옷이나 몸에 맞지 않은 옷을 입은 미천한 사람)이라도 내가 두려워하지 않겠는가? 스스로 돌이켜 보아서 바르면 비록 천만의 사람이라 하더라도 내가 가서 대적할 것이다."의 근거를 들어 反省으로 풀이 하였다. '方'은 <尊德義> 제28간 "그러므로 백성을 이끌고 常道를 지향하고자 한다면, 오직 덕을 갖춰야만 할 것이다(爲故率民向方者, 唯德可)."의 예를 근거로 올바른 이치, 도리나 방법(義理·道理)로 풀이하였다.[254]

李天虹은 '道'와 '修身', '仁'의 관계에 대해 《中庸》의 "그러므로 정치를 하는 것은 사람을 쓰는 데 달려 있으니, 사람을 취할 때에는 몸가짐을 보고서 해야 할 것이고, 몸을 닦음에는 道를 따라해야 할 것이며, 도를 닦음에는 仁을 바탕으로 해야만 할 것이다."[255]과 통한다고 보았다.

죽간의 전반부는 이미 파손 된 상태이며, 《郭店楚簡》 제55간의 내용을 감안한다면, "昏(聞)衍(道)反上, 上交者也."의 구절을 복원할 수

---

253) 馬承源 主編,앞의 책 257쪽.

254) ≪孟子·公孫丑上≫ "自反而不縮, 雖褐寬博, 吾不惴焉. 自反而縮, 雖千萬人, 吾往矣." 劉昕嵐 앞의 인터넷≪箋釋≫ 재인용 참조.

255) ≪中庸≫ "故爲政在人, 取人以身, 修身以道, 修道以仁." 李天虹, 앞의 책, 187쪽 재인용 참조.

있을 것이다. 도를 체득한 군자는 상하교제와 자기성찰을 통해 민중의 마음을 얻고 지극한 仁(至仁)에 이르게 되어 올바른 정치를 실현할 수 있게 될 것임을 지적한 것이다

(26) 제26간

交, 𠳐(以)道者也. 不同方而交, 𠳐(以)古(故)者也. 同悅而交, 𠳐(以)悳(德)者也. 不同兌(悅)而交, 以𢠸(猷)者也. 門內之紿(治)谷(欲)丌(其)𩰫(逸)也.

《郭店楚簡》: 交, 以道者也. 不同方而□□□□.【57】同兌(悅)而交, 以悳(德)者也. 不同兌(悅)而交, 以猷者也. 門內之紿, 谷(欲)其【58】𩰫也.

【주석】

濮茅左는 '同方'을《禮記·儒行》의 "선비는 뜻을 합하여 학업을 같이하고, 도를 영위함에 술을 같이하며, 어울려 나란히 입신하면 곧 즐기고, 상대보다 아래에 있어도 싫어하지 아니한다. 오랫동안 서로 만나지 못해도 떠도는 말을 듣고 믿지 않으며, 그 행실은 방정함을 근본으로 서서, 의가 같으면 나아가나 같지 않으면 물러가니, 그 교제가 이와 같은 자가 있다."의 예와 같이 '뜻을 함께 지향함'으로 해석하였다. 반면 '不同'은《大戴禮記·文王官人》의 "좌우에 자신과 뜻이 다른 이와 교제한다. 사귐에는 반드시 자기를 중요시 한다. 마음은 그것을 기뻐하면서도 몸은 그를 가깝게 하지 않는다. 몸이 가까워도 실제로 다가가지 않으며, 충을 기뻐하면서도 다하지 않는다. 충을 기뻐하여 다하면 많은 사람들에게 보이게 되어 얼굴빛을 이기게 된다. 이와 같은

자는 교우관계를 꾸미는 자이다."의 예와 같이 진심으로 교제하지 않는 경우를 가리키는 것으로 보았다.[256] '憋'는 "거만하다(■), 또는 '싫어하다, 반목하다(惡)'로 해독하였다. '同悅'에 대해서는 <六韜 · 發啓>의 "사람을 사귐에 있어 아픔을 서로 나누고 마음을 함께 하여 이루고 싫어하는 것이 같으면 서로 돕고, 좋아하는 것이 같으면 함께 쫓는다.", 《史記》의 "미워하는 것이 같은 자는 서로 돕고, 좋아하는 것이 같은 자는 서로 붙들며, 뜻하는 바가 같은 자는 서로 이루며, 하고자 하는 것이 같은 자는 같은 길로 달려가고, 이익을 같이하는 자는 서로를 위하여 죽는다고 한다."에서도 언급하고 있듯이, 덕성에 바탕을 둔 교제라야 함께 즐겁고 편안할 수 있음을 설명하는 것으로 보았다. '門內'는 '가족, 안, 친척'을 가리키는 것으로, '門外'란 朝廷을 가리키며 '絧'는 '治'로, '𢤽'는 《大戴禮記》의 "문 안을 다스리는 이치는 은혜가 의리를 덮고 문 밖을 다스리는 이치는 은혜가 의리를 덮는 것이다.", 《孔子家語》의 "문 안에서 생긴 일은 은혜가 의리를 덮어 버리게 되고 문 밖에서 생긴 일은 의리가 은혜를 덮어 버리게 됩니다.", 《禮記》의 "집안의 다스림은 은혜가 의리를 우선한다. 집밖의 다스림은 의리가 은혜를 끊는다." 등의 자료를 근거로, '逸'로 해독하여, '잃다(失)', 또는 '제거하다(去)'로 풀이하여, 가족 친척사이에는 온정에 치우쳐 사사로움에 얽매일 수 있으므로, 공의를 저버리는 경우가 있음을 경계한 것으로 풀이 하였다.[257]

---

256) ≪禮記 · 儒行≫ "儒有合志同方, 營道同術 ; 并立則樂, 相下不厭 ; 久不相見, 聞流言不信 ; 其行本方立義, 同而進, 不同而退. 其交友有如此者." ≪大戴禮記 · 文王官人≫ "與左右不同而交, 交必重己. 心說之而身不近之, 身近之而實不至, 而懽忠不盡, 懽忠盡見於衆而貌克. 如此者隱於交友者也." 이상 馬承源 主編, 앞의 책, 258쪽 재인용 참조.

257) <六韜 · 發啓> "與人同病相救, 同情相成, 同惡相助, 同好相趨." ≪史記 · 吳王濞列傳≫ "同惡相助, 同好相留, 同情相成, 同欲相趨, 同利相死." ≪大戴禮記 · 本名≫ "門內之治恩揜義, 門外之治義斷恩." ≪孔子家語 · 本名解≫ "門內之治恩掩義, 門

李天虹은 '同方'은《大戴禮記 · 文王官人》의 "뜻을 합하여 태도를 같이 하고(合志如同方.)"과 같은 의미로 해석하였다. 廖名春은 郭店楚簡의 부서져 사라진 부분을 문맥을 고려하여 "交, 以古者也."로 채우고, '古'는 '故'로 보고 '꾸미어 속이다(巧詐)'라고 해석하였고, '𩨨'에 대해서는 학자들의 견해가 분분하다고 하면서, 顔世鉉은 오른쪽 편방이 '肙'인 글자로 보고 古音을 元部로 보았는데, 발음과 뜻을 근거해 볼 때 '弇'으로, 李零은 조각된 부분이 모호하여 釋文과 隷定 자형에 근거로 '逸'로, 劉昕嵐은 '逸'을 '한적하고 안락함'으로, 劉國勝은 '은익(隱匿)'의 뜻으로, 廖名春은《禮記 · 喪服四制》의 '揜',《大戴禮記 · 本命》의 '掩', <六德>의 '弇', 독음을 '匽' 혹은 '宛'으로 해독하여, '숨기다'로 해석한다고 하였다.[258]

劉昕嵐은 '猷'는 '꾸미다(謀)', '계획을 세우다(謀劃)'로, '𩨨'는 석문의 隷定 자형으로 볼 때, '逸'字로 추정되며, 그 의미는《書 · 無逸》"왕들은 날 때부터 안일함을 누렸는데, 그러므로 농사일의 어려움을 모르고 백성들의 노고를 몰랐습니다(生則逸, 不知稼穡之艱難)."의 예와 같이 '한적하고 안락함'으로 해석하였다.[259]

<案>: 연구자는 글의 주지가 군자와 소인의 사귐의 차이를 설명하고 있다고 파악한다. 즉 군자의 교제는 마음으로부터 나오는 기쁨을 순수하게 함께하기 때문에 성립하는 관계이기 때문에 지속적인 우정을 나눌 수 있고, 소인의 교제는 자신의 목적을 성취하기 위해 상대를 기만하는 관계이기 때문에 순간에 그칠 뿐이라는 것이다.

'同方'은 '도리와 원칙을 같이하다'로, '猷'는 '함께 일을 꾸미다'로

外之治義掩恩." ≪禮記 · 喪服四制≫ "門內之治恩揜義, 門外之治義斷恩." 이상 馬承源 主編, 앞의 책, 258쪽 재인용 참조.

258) 李天虹, 앞의 책, 188쪽.

259) 劉昕嵐, 앞의 인터넷 ≪箋釋≫ 참고.

해석할 수 있겠으나, 전후 문장을 대구 관계로 볼 때 '同悅'과는 상대적인 의미로 간주하여 '기만하다'라는 뜻을 추가하여 의역을 시도하고자 한다. 즉 순수하게 道를 근본으로 맺어진 관계 속에서 발전한 교제는 공정하고 자연스러운 반면, 인위적으로 思理·法則을 따지며 성립된 관계 속에서 발전한 만남은 사리사욕에 치우치게 되고 결국 깨질 수 밖에 없는 관계임을 지적한 것이다. 논란의 여지가 있는 '𢕪'은 그간 학자들이 제시한 자료들을 근거로 보면, '揜'·'掩', 또는 '逸'로 압축할 수 있을 것이다. 전자로 해독할 경우 집안에서는 사적인 감정을 감춰야 한다는 뜻으로 보아야 하는데, 해석에 모순이 생기며 오히려 대구를 이루는 하단의 "門外之紿(治), 谷(欲)丌(其)折也."의 뜻에 어울린다고 보겠다. 따라서 동시대 《郭店楚墓竹簡·六德》의 "門內之紿(治), 紉(仁)弇宜(義), 門外之紿(治), 宜(義)斬紉(仁)."에서 제기한 '仁內義外'라는 관점을 감안한다면, 후자의 의미를 적용하여 "가정에서는 온화함을 바탕으로, 공직에 나아가서는 절제를 바탕으로 한다."라고 해석하는 것이 자연스러울 것으로 판단한다.

(27) 제27간

門外之紿(治), 谷(欲)丌(其)折也. 身谷(欲)寈(靜)而毋遃(動?), [甬(用)尋谷(欲)悳而毋苟], 慮谷(欲)困(淵)而毋異■, 退谷(欲)緊(?)而毋巠(輕),

《郭店楚簡》: 門外之紿, 谷(欲)其折(制)也.【 …… 】【59】【 …… 】身谷(欲)寈(靜)而毋訬, 慮谷(欲)困(淵)而毋愲,【62】[行谷(欲)恿(勇)而必至, 宙(貌)谷(欲)壯而毋果(拔),]

【주석】

濮茅左는 '𡨦'은 '靜'으로 읽고, '𨘋'은 古文의 '動'자로 추정하였다. '動'과 '躁'는 《文子 · 九守》 "사람은 모름지기 하늘과 땅의 변화에 의하여 탄생한다. 8월에 움직이고, 9월에 태동하여 10월에 태어난다(人受天地變化而生……八月而動, 九月而躁, 十月而生)," 《逸周書 · 謚法》 "변동하기를 좋아하는 백성을 '조급하다(躁)'라고 부른다(好變動民曰躁)."의 예와 같이 의미가 서로 통한다고 보았다. "身谷(欲)𡨦(靜)"은 《呂氏春秋 · 仲夏》의 "군자는 부정한 것을 피하고, 몸은 조용히 욕심을 가라앉히며, 여색을 멀리하고, 임금을 침석으로 모시는 일이 절대로 없도록 한다. 음식 맛을 담백하게 하고, 양념을 쳐서 극도로 지나치게 좋은 맛을 내지 않으며, 기호와 욕망을 억제하고 심기를 편안케 하며, 모든 일을 안정케 하고, 무슨 일이든 함부로 잘라 시행하지 않음으로써 미약한 음기가 자라나는 것을 안정시킨다."와 같이 군자의 절제된 몸가짐과 수양에 관한 서술로 보았다. '𦬁'은 '憓'로 해독하고, '피곤하다(困)'로 해석하였다.[260] '𡈼'는 '淵'의 고문자로 口 · 水.으로 이뤄진 회의자로 보고, 《荀子》 "그것에 대한 생각을 깊이 하지 않고 하는 일을 신중히 선택하지 않으며 자기가 취하고 버릴 것을 아무렇게나 정한다면, 이는 그가 위태로워지는 근거가 된다."라고 하였듯이, '신중히 고려하다(慮深)'로 해석하였다. '異'는 《呂氏春秋》의 "가르치지 못하는 자는 그 의지와 기개의 굳세고 부드러움이 중용에 맞지 않고, 행위의 버리고 취함이 자주 변하며, 변치 않는 마음이 원래 없어서, 마치 날씨의 흐리고 갬이나 또 사람의 기쁘고 성냄과 같이 변덕스럽다. 말하고 이야기 하는 것이 날마다 바뀌고, 함부로 제멋대로 행동해

260) 《呂氏春秋 · 仲夏》 "君子齋戒, 處必掩, 身欲靜無躁, 止聲色, 無或進, 薄滋味, 無致和, 退嗜慾, 定心氣, 百官靜, 事無刑, 以定晏陰之所成." 馬承源 主編, 앞의 책, 259쪽 재인용 참조.

서 잘못이 자기 자신에게 있는데도 스스로를 자책하지 않으려 하며, 어긋나게 행동하고 잘못을 저질러놓고도 스스로를 옳다고 여기니, 다른 사람의 諫을 듣고 잘못을 고치지 못한다."에서 언급하고 있듯이, 修身 가운데 경계해야할 속에 품은 두 가지 마음, 즉 수시로 변하여 일정하지 않으며 명확하지 않고 변덕스럽고 흔들리기만 하여, 판단력이 흐려지고 결국 일을 그르치는 마음을 가리킨다고 보았다. '緊(?)'은 '[illegible](輕)'과 대비하여, '急' 또는 '速'의 의미로 해석하여, 즉 "나아갈 때는 가볍게, 물러설 때는 빠르게(輕進速退)"라고 풀이하였다.[261]

劉昕嵐은 '折(制)'는 '제지·금지하다(禁)', 또는 '檢'·'節'로 볼 수 있지만, 문맥상 '검속(檢束하며 절도(節度)를 지니다'라는 다소 義理적인 해석을 가하는 것이 타당하다고 보았다. 《郭店楚簡》'訧'에 대하여 劉信芳(《郭店竹簡文字考釋拾遺》(紀念徐中舒先生誕辰一百周年暨國際漢語古文字學硏討會論文))은 '訧'와 동일한 글자로서 여기에서는 '讀'으로 해독되며, '죄를 논의하다(議罪)'로 해석하였다고 하였다. '淵'은 '심오하다(深邃)'로 해석하였고, '拔'에 대하여 李零(《校讀記》)은 '伐'로 해독한 것에 덧붙여, '伐'을 《論語·公冶長》"안연이 말하였다. 선함을 남에게 자랑하지 않고, 공로를 남에게 과장하는 일이 없기를 바랍니다(顔淵曰: '願無伐善, 無施勞)."의 예와 같이 '自矜', 또는 '자랑하다(誇耀)'로 해석하였다.[262]

李天虹은 '折(制)'에 대하여 顔世鉉은 '折'字는 '결단력이 있다'로, 劉昕嵐은 "검속하며 절도가 있다(檢束而有節度也)."로 풀이한 것을 인용하였다. 《郭店楚簡》의 '訧'의 구조형태에 대하여 3가지 설명을 가

261) ≪荀子·榮辱≫ "其慮之不深, 其擇之不謹, 其定取舍楛僈, 是其所以危也." ≪呂氏春秋 誣徒≫ "不能教者, 志氣不和, 取舍數變, 固無恒心, 若晏陰喜怒無處, 言談日易, 以恣自行, 失之在己, 不肯自非, 愎課自用, 不可証移." 이상 馬承源 主編, 앞의 책, 260쪽 재인용 참조.

262) 劉昕嵐, 앞의 인터넷 ≪箋釋≫ 재인용 내용 참조.

하였다. 첫째, 從𠁁從氵으로, 둘째, 從𠁁從欠으로, 셋째 從𠁁從■의 구조로 파악하였다. 銘文 가운데는 '遣'과 독음이 흡사한 '衍'이 있으며, 이러한 필형과 유사한 필법이 郭店楚簡 가운데도 발견된다고 하였다. 근거로 <語叢四>의 21號簡에는 從𠁁從辶으로 결합된 '遣'字가 보이며, '𠁁'은 '言'의 생략된 필형과 흡사하고, 包山簡 139反 '命'아래 글자의 오른쪽 윗부분은 從欠, 아랫부분은 從氵으로 왼쪽 윗부분의 모양이 이와 같이 쓰였으므로, 이 글자를 '遣'으로 해독할 수 있다고 하였다. 또《包山簡》137反 '古'아래 글자와 이 글자가 흡사하며, 왼쪽 윗부분은 '言'의 형태를 갖고 있고, 두 죽간의 문맥을 근거로 추정해 볼 때, 137反의 윗부분의 이 글자와 139反 위의 '遣'이 같으므로 '遣' 왼쪽 윗부분의 '言'의 모양은 사실은 '𠁁'의 異形 구조로 파악된다고 보았으며, 이 죽간 글자와 비교하면, 결국 𠁁과 欠이 결합한 글자로 여기에서는 '譴' 혹은 '愆'으로 읽을 수 있다고 하였다. 劉釗는 '言'과 '欠', '欠'과 '感'의 고음이 서로 통한다고 보고, '訦'은 '感' 또는 '撼'으로 읽고, 그 뜻은 '흔들리다(動)'으로 추정한다고 하였다.[263]

李零은 '訦'에 대하여, '羨'으로 해독하여, 원래 言과 欠이 결합한 글자로서 '欠'을 독음으로 취한 글자로 파악하여, 그 뜻을 처음에는 '번잡한 생각(煩意)'이라고 보았으나, 후에 '교만(倢羨)'으로 교정하였고, '莊'은 같은 독음 '壯'字로 해독하였다.[264]

연구자는 上博楚書의 순서를 기준으로 배열함으로써 郭店楚簡의 순서가 뒤섞여 혼동의 소지가 있으므로, 따로 구분하여 배치하였다.[265]

---

263) 李天虹, 앞의 책, 189-192쪽.

264) 李零, ≪校讀記≫, 115쪽.

265) 上博楚書 27간의 "甬(用)尋谷(欲)惠而毋苟" 구절은 上博楚書에만, 郭店楚簡 63간 상반부의 "行谷(欲)恿(勇)而必至, 䫉(貌)谷(欲)壯而毋拔(拔)" 구절은 郭店楚簡에만 보이고 있다. 上博楚書 27간 "慮谷(欲)𣶒(淵)而毋異■," 다음에 이어지는 "退谷(欲)緊(?)而毋輕(輕)" 사이에는 郭店楚簡 65간 "[進谷(欲)孫(遜)而毋攷(巧), 退谷(欲)■而

제26간, 제27간의 '門內之治'와 '門外之治' 개념은 유가의 전통이념 가운데 중요한 실천덕목으로 제시되어 왔다.[266] 가정과 조정을 다스리는 경영규범에 관해서는 동시대 다른 죽간《郭店楚簡 · 六德> 제28-29, 30-31간에서도 "家內에서는 恩情으로 道義를 가릴 수 있겠으나, 家外에서는 道義로 恩情을 끊는 것이 마땅한 도리이다. 仁은 '𦬊'와 같이 유연하고 부드럽지만 끊어지지 않으며, 義는 '𠦃'와 같이 굳세고 단단하지만 끊어지기 마련이다(門內之紿(治)紉(恩)弇(掩)宜(義), 門外之紿(治)宜(義)斬紉(恩). 息(仁)頪(類)'𦬊'而速, 宜(義)頪(類)𠦃而㡭(絶)."와 같이 유가의 '仁內禮外'라는 논리에 입각한 이념이 '恩內義外'라는 현실생활에의 실천윤리로 제시되고 있음을 확인할 수 있다.

《上博楚書》'逩(動?)'에 대한 학자들의 隸定의견은 여전히 분분하고 모호하여 추정하기 곤란하다. 연구자는 정설이 나오기까지 논란의 여지는 많겠지만 異本《郭店楚簡》과 비교를 통해 다음과 같은 대

毋巠(輕), 谷(欲)皆𡨦而毋偽.]"와 비교해 볼 때, 문맥상 밑줄 그은 짙은 글자로 표시된 두 구절을 보충할 수 있을 것이다. 郭店楚簡 59간 상반부 "門外之紿, 谷(欲)其折(制)也."에 이어지는 후반부 첫 구절 '凡兌人勿𢝊' 부분은 上博楚書 29간의 내용과 일치하며, 이어지는 후반부 두 번째 구절 "也, 身必從之, 言及則"은 上博楚書 30간의 내용과 일치한다. 郭店楚簡 62간의 상반부 "凡𢝋(憂)患之事谷(欲)𡥞(任), 樂事谷(欲)後."는 上博楚書 32간의 내용과 일치한다.

266) 예컨대 ≪禮記 · 喪服四制≫의 "인의예지는 인도가 갖추어져 있다. 그 은혜가 두터운 자는 그 喪服이 중하다. 그러므로 아버지를 위해서 참최(斬衰) 3년 동안 은혜로 만든 喪服을 입고 지낸다. 문안(집안)의 다스림은 恩이 义를 덮는다. 문밖(집밖)의 다스림은 义가 恩을 끊는다. 아버지를 섬기는 도리와 같이 임금을 공경으로써 섬긴다. 귀한 이를 귀히 여기고, 높은 이를 높이는 것은 대의이다(仁義禮智, 人道具矣. 其恩厚者, 其服重 ; 故爲父斬衰三年, 以恩制者也. 門內之治, 恩掩義 ; 門外之治, 義斷恩. 資于事父, 以事君而敬同, 貴貴尊尊, 義之大者也)."라는 기록이 있으며, ≪大戴禮記 本命≫의 "門안의 다스림은 恩이 義를 덮고, 문밖의 다스림은 義가 恩을 끊는다. 아버지를 섬기는 것을 바탕으로 하여 그것으로써 군주를 섬기지만 공경은 같게 한다. 귀한 이를 귀하게 여기고, 높은 이를 높이는 것은 义의 큰 것이다(門內之治, 恩掩義, 門外之治, 義斷恩, 資於事父以事君而敬同, 貴貴尊尊, 義之大者也)." 등과 같은 자료를 살펴보면, 전통 유가의 입장에서 禮를 恩惠와 義理의 도리에 입각하여 門內와 門外로 구분하여 강조하였음을 알 수 있다.

안을 제시해 보고자 한다. 먼저 '歆'의 해독에 대한 학계의 견해를 종합해보면, 자형으로 볼 때, '感 · 撼', '遣 · 譴 · 愆', 또는 '羨'으로 볼 수 있겠고, 그 뜻은 첫째, '흔들리다', 둘째, '허물(과오)', 셋째, '번잡함', 또는 '교만함' 크게 세 가지의 해석이 가능할 것으로 본다. 이 가운데 '교만함'은 문의로 볼 때, 일단 어색하다고 판단하여 제외하기로 한다. 그렇다면 "고요하되 흔들리지 말라", 또는 "고요하되 번거롭게 하지 말라"로, 그리고 "몸은 고요하되 과오를 저지르지 말라"로 해석될 수 있을 것이다. 한편 동시대 죽간자료《郭店楚簡 · 語叢四》의 '不遣(譴 또는愆)'과도 같은 맥락에서 의미가 상통하고 있다는 점이 확인되므로, 후자를 좀 더 타당한 해석으로 판단하여 이를 택하기로 한다.

(28) 제28간

[□谷(欲)而又(有)豊(禮), 言谷(欲)植(直)而毋潌(流), 居仉(處)谷(欲)牆(壯)葛(?)毋曼]■, 孝-埶(執)志必又(有)夫柱=(注注)之心■, 出言必又(有)夫柬=(柬柬)

《郭店楚簡》: [谷(欲)柔齊而泊, 憙(喜)谷(欲)智而亡末,【63】樂谷(欲)睪而又有志, 悥(憂)谷(欲)僉(儉)而毋惛, 惹(怒)谷(欲)浧(盈)而毋囗, 進谷(欲)孫(遜)而毋攷(巧),【64】退谷(欲)囗而毋坙(輕), 谷(欲)皆囗而毋憍.] 君子執志必又(有)夫圭圭之心, 出言必又(有)【65】夫柬柬

【주석】

濮茅左는 '植'은 '直'으로 읽고,《戰國策 · 齊策四》"선왕께서는 직언, 직간을 피하지 않으셨다고 들었습니다(聞先王直言正諫不諱)."의 예와 같이 "말은 정직하고 하며, 표현은 직설적이야 한다"로 풀이하였다. '毋瀶(流)'는 《荀子 · 大略》 "근거 없는 말은 지혜 있는 사람에 의해 멈춰진다(流言止於知者).", 《荀子 · 致士》 "모든 근거 없는 말이나 낭설과 허튼 일, 허튼 계획, 근거 없는 칭찬, 무고 등 출처도 모르는 것들이 함부로 들려오면, 군자는 그것에 대하여 신중히 행동한다."에 대해 楊倞이 "유란 근거 없이 떠도는 것을 가리킨다(流者, 無根據之謂)."라고 考釋한 것을 참고하여 '不流言', 즉 "떠도는 말에 흔들리지 말라"로 해석하였다. '居仉'는 '居處', 여기서는 일상적인 행동거지를 가리키는 것으로 보았으며, '牆'은 '莊'으로 읽고, '蓦'은 해독을 보류하였다. '曼'은 '慢'과 통하며, '교만(驕慢) 또는 오만함(傲慢)'으로 해석하였다. '埶'은 '執'으로 읽고, 《後漢書 · 高鳳傳》 "뜻을 세워 견지함에 게으르지 아니하면 명성은 세상에 알려지게 마련이다(執志不倦, 名聲著聞)."를 근거로, 즉 '(바른 뜻을) 견지하다'로 해석하였다. '柱'는 '注'로 읽고, '(전심전력으로) 집중하다, 힘쓰다'라는 의미로 보았다. '柬柬'은 '堅堅', 또는 '閑閑' · '謇謇'으로 읽고 '簡簡'이라고 풀이하였다. '簡簡'에 대하여 《爾雅 · 釋訓》 "簡簡, 大也.", 《禮記》 "군자가 말하기를 큰 인물에게는 특별한 재능이 없고, 대학자에게는 특별한 지식이나 기술이 없으며, 신의가 두터운 사람은 서약을 하지 않으며, 긴 시간이 오히려 짧게 느껴진다. 군자는 이상의 네 가지를 자세히 살펴봄으로써 학문의 근본을 굳건히 세울 수 있게 되는 것이다."를 근거로, "柬柬之信", 즉 '大信' · '堅信'을 가리킨다고 보았다.[267]

劉昕嵐은 '齊'에 대하여 '莊', '齋戒', 또는 엄숙경건한 모양(嚴敬貌)이라고 해석하였다. '泊'에 대하여 '담박하고 고요하고 자연스런 모양(澹泊, 恬靜無爲貌)'이라고 해석하였다. '末'은 《廣韻 · 末韻》 '末'은

267) ≪荀子· 致士≫ "凡流言·流說· 流事·流謀·流譽· 流愬, 不官而衡至者, 君子愼之." ≪禮記· 學記≫ "君子曰 : 大德不官, 大道不器, 大信不約, 大時不齊. 察於此四者, 可以有志於學矣." 이상 馬承源 主編, 앞의 책, 261쪽 재인용 참조.

미약함,《呂氏春秋 · 精諭》“얕은 지혜를 가진 사람들이 다투는 것은 곧 지엽적인 것이다(淺智者之所爭則末矣).” 高誘注 “末, 사소한 것(小也).”이라고 풀이한 것처럼, ‘얕고 천박함(鄙薄淺陋)’를 가리키는 것으로 보았다. ‘睪’에 대하여, 李零(《校讀記》)이 ‘懌’으로 해독한 것을 근거로, ‘즐거워하는 모양(悅樂)’이라고 해석하였다. ‘儉’은《荀子 · 非十二子》“그의 얼굴은 성실하고, 겸손하고, 사랑스럽다(其容慤, 儉然, 侈然).”에 대하여 楊倞는 ‘儉然’을 ‘스스로를 낮추는 모양(自卑謙貌)’이라고 注하였으며,《大戴禮記 · 文王官人》“침정하여 말이 적고 생각이 많고 검소한 모습을 한 것을 바탕이 고요한 사람이라고 한다(沉靜而寡言, 多稽而儉貌, 質靜者也).”에 대하여 王聘珍은 ‘儉貌’를 ‘겸비(謙卑)한 모양’이라고 解詁한 것을 인용하였다. 劉信芳은《郭店竹簡文字考釋拾遺》에서 “‘惛’에 대하여, ‘睪’의 독음은 ‘悶’이다. ‘睪’는 昏聲이며 ‘悶’은 ‘門’聲이다. 馬王堆 漢墓帛書《老子》甲30本에는 ‘啓其悶’, 傅奕本에는 ‘悶’을 ‘昏’으로 쓰고 있다.”라고 하였는데, 실제로는 왕실의 ‘문지기, 환관(閽)’인데 이로 보건데, ‘昏’聲과 ‘門’聲의 차이가 없음을 알 수 있다고 하였다. 劉昕嵐은 ‘悶’을《說文 · 心部》‘悶’은 ‘번민(懣)하다.’라고 해석한 것을 근거로 “번민하며 분노하고 불평하다(煩悶不爽 · 憤怨不平).”라고 해석하였다. ‘[illegible]’에 대하여 李零은《校讀記》에서 이 글자의 상반부는 從‘[illegible]’이고 하반부는 從‘[illegible]’이므로, 아마도 ‘希’로 해독할 수 있을 것으로 추정하였으나 구체적인 해석을 가하지는 않았다고 하였다. ‘[illegible]’에 대하여 李零은《校讀記》에서 ‘尋’字로 추정하였으나, 이 문장에서는 그 뜻이 모호하므로 ‘따르다(隨)’ 또는 白居易 <琵琶行> “비파소리 찾아 은근히 타는 분 누구신가 물으니(尋聲暗問彈者誰?)”의 시구의 예와 같이 ‘尋’을, 즉 ‘좇다(循)’로 풀이하였다. ‘循’은《論語 · 鄉黨》“공자께서 마을에 있을 때에는, 공순하여 말할 줄 모르는 사람 같았다. 종묘와 조정에 있을 때에는 말씀을 똑똑히 잘하였으나 다만 근신하였다. …… 규를 들었을 때에는, 몸을 굽히어 그것을 이기지 못하는 것 같았다. 규를 올릴 때에는 읍하는 정도로 하였고, 내릴 때에는 물건을 넘겨주듯 하였으며, 얼굴빛은 바로 잡되 두려워하는 듯하였고, 발걸음은 뒤꿈치를 끌면서 조심스럽게 떼어 놓았다(孔子于鄕黨, 恂恂如也, 似不能言者. 其在宗廟朝廷, 便便言唯謹爾. …… 執圭, 鞠躬如也, 如不勝. 上如揖, 下如授, 勃如戰色, 足蹜蹜如有循).”에 출현하며, 《禮記 · 玉藻》 “귀나 옥을 가졌을 때는 한쪽 발을 들며 뒤꿈치를 당겨서 될 수 있는 한 보폭을 넓게 벌리지 않도록 하여 걷는다(執龜玉, 擧前曳踵, 叔叔如也).”라는 구절을 근거로 “발걸음이 땅에서 떨어지지 않는 것(行不離地, 如緣物也).”이라고 추정하였다. 劉寶楠은 ‘循’을 “두 발이 나누어 걸을 수 없음을 가리킨다. 즉 발굼치가 서로 이어져 교대로 걷는 것이다(順行也. 兩足不能分步, 則趾踵相接, 順遞而行)”라는 《說文》의 설명과 “발을 들지 않고 걷는다(行不擧足).”라는 《曲禮》의 설명을 인용하면서 신중함을 이르는 말로 풀이하였다. ‘執’은 ‘守’, 즉 ‘굳게 잡고 지키다(執守)’로 해석하였다. ‘𡈼𡈼’에 대하여 李零은 《校讀記》에서 ‘끝없이 넓고 크다(廣廣)’라고 해독하였는데, 원래 이 글자는 隷定일 뿐이고, 실제는 ‘往往’으로 읽어야 할 것(‘往’은 影母陽部字이고 ‘廣’은 見母陽部字이므로 讀音이 서로 비슷하여 통가할 수 있기 때문이다)이며, 《莊子 · 天道》 · 《荀子 · 解蔽》等의 자료에 실제로 그 단어의 용례가 출현하고 있듯이, ‘廣廣’이란 ‘원대한 뜻’으로 풀이 할 수 있을 것으로 추정하였다. ‘柬柬’은 앞 구절문맥에 의거 정직하고 충성된 모습을 가리킨다고 보았다.[268]

李天虹은 ‘末’에 대하여 趙建偉는 ‘終’ 혹은 ‘極’으로, 劉昕嵐은 ‘천박하고 비루함(鄙薄淺陋)’으로, 郭沂은 ‘終止’로 보았는데, ‘천박함(淺

268) 《莊子 · 天道》 “노자께서 말씀하였다. 대저 도는 크기로는 끝이 없고, 작기로는 빠뜨림이 없다. 그러므로 만물이 따른다. 넓은 광야처럼 포용 못할 것이 없고, 깊은

薄)'으로 해석하는 것이 타당하다고 보았다. '僉(儉)'에 대하여, 李零은 '斂'으로 읽고, 劉昕嵐는 '儉'을 '謙卑한 모습'이라고 하였는데, 아마도 '斂' 즉 '收斂', 또는 '節制'라고 풀이할 수 있겠다고 하였다. '[illegible]'에 대하여, 張光裕는 '[illegible]'로 隸定하고, '버리다(弃)'로 해독하였고, 李零은 이 글자의 상반부가 從'[illegible]'이고 하반부가 從'[illegible]'일 것으로 보고 '希'로 해독하였다고 하였다. 劉國勝은 이 글자가 從网, 從畢, 從[illegible](양 손의 모양)로 이뤄진 회의자로 추정하여 '마치다(畢)'로 해독하였고, 包山楚簡에는 '畢'이 '[illegible]'로 쓰였는데, 이 글자는 网은 添加形符에 속하고, [illegible]은 會意에 속하여, '다하다(盡)'는 뜻으로 볼 수 있다고 하였다. 劉昕嵐은 글자의 모양은 李零의 견해에 따랐으며, 그 뜻을 '흩어져 사라지다(散)'로 보았으며, 劉釗는 張光裕의 이 글자에 대한 隸定에 동의하였다고 하였다. 李天虹은 包山楚簡의 '[illegible]'(109)·'[illegible]'(102反)와 흡사하며 《說文》의 뜻에 근거하여 '발이 절룩거리는 병([illegible], 異體字 [illegible])'의 의미로 보고, '[illegible]'와 '[illegible]'는 같은 글자로 "怒欲盈而[illegible]"은 "怒欲盈而掩"으로 읽어야 한다고 하였다. 廖名春은 이 글자의 상부를 '盇'로 隸定하고, 하단부를 從雙手인 '盖'로 그 뜻이 '받들어 숭상하다(崇尙)'로 해석된다고 보았다.[269]

연못처럼 측량할 수 없다(夫子曰: 夫道, 于大不終, 于小不遺, 故萬物備, 廣廣乎其無不容也, 淵淵乎其不可測也).", ≪荀子·解蔽≫ "마음이 텅 비고 한결같아지고 고요한 것을 크게 맑고 밝다고 하는 것이다. 그렇게 되어 만물이 형체가 있는 것이라면 보이지 않는 것이 없게 되고, 보이는 것들은 조리가 없는 것이 없으며, 조리가 있는 것들은 자기 자리를 잃는 일이 없게 된다. …… 그의 마음 끝없이 넓은 데 누가 그 한계를 알 수 있겠는가? 크고 넓은데 누가 그 덕의 위대함을 알겠는가? 끓어오르듯 뒤섞이고 있는데 그 누가 그 원칙을 알 수 있겠는가? 그 마음은 밝기가 해와 달 같고 크기는 모든 곳에 가득 차 있다. 이러한 사람을 대인이라 하는데, 그런 분이야 어찌 가려지는 일이 있겠는가?(虛壹而靜, 謂之大淸明. 萬物莫形而不見, 莫見而不論, 莫論而失位. …… 恢恢廣廣, 孰知其极? 睪睪廣廣, 孰知其德? 涫涫紛紛, 孰知其形? 明參日月, 大滿八极, 夫是之謂大人. 夫惡有蔽矣哉!)." 劉昕嵐, 앞의 인터넷, '簡帛硏究中心網站'의 재인용 내용 참조.

269) 李天虹, 앞의 책, 193-196쪽.

李零은 '[illegible]'은 '僞'로 해독하고, '欲柔齊而泊'의 윗부분 첫 글자는 문맥으로 볼 때, '心'자가 누락되었을 것으로 추정하였다. '[illegible](希)'의 하반부와《老子》乙組 簡3의 '員'은 모양이 흡사하고 보았다. '[illegible]'에 대하여 郭店楚簡에서 裘錫圭가 '度'로 해독하고, '文'의 의미로 해석한 것은 오류로 보고, '敏'으로 해독하여, 古書에서는 보통 '敏'은 사람이 '精明幹練'함을 의미하였다고 하면서, 즉 '기민 · 근면 · 전심전력함'을 뜻한다고 하였다.[270]

<案>: 전통유가에서 제시하고 있는 군자의 덕목 가운데 언어와 행동에 대한 언급이 원시유가에서도 동일하게 강조되고 있음을 알 수 있다. 표현은 직설적이되 공경함과 예의를 잃지 않고, 유언비어에 휘둘리지 않아야 하며, 행위는 분명하고 강직하되 겸손을 겸비해야 한다는 것이다. 감정과 마음을 절제할 수 있어야 하고, 원대한 의지를 품되 폭넓은 관용의 미덕을 품을 수 있어야 함을 지적하고 있다. 논란의 여지가 있는 '睪', '惛'를 살펴보면, 자형상 같은 글자로 보기에는 무리가 있어 보인다. '睪'은 '喜'와 '樂', '亡末'과 '有志'와 짝을 이룰 경우, '智'와 상대할 수 있는 단어로 '기쁨(悅樂)'이라는 의미가 무리가 없을 것으로 추정하여 '懌'으로 해독하기로 한다. '惛'은 '昏', '混', '煩'으로 해독할 경우, 뜻이 모두 통할 수 있다고 본다. 다만 문맥상 근심을 조절할 줄 알고, 번뇌라는 심연에 깊이 빠지지 말아야 한다는 의미를 좀 더 살리기 위해서 '煩'을 채택하고자 한다. '[illegible]'는 자형으로 보면, '제거하다, 버리다(弃)', '존중하다, 받들다(崇, 崇)', '가리다(奄, 掩)', '드물다(希)', '마치다(畢)', '다하다(盡)'로 해독할 수 있다. 弃로 볼 경우 '제거하다, 버리다'로, 봐야 하는데, 이 경우 앞에 금지 부정어가 붙어 "분노가 가득차면 화를 버리지 말라."로 되어 해석이 모호해진다. '崇, 崇' 또는 '奄, 掩'로 볼 경우에도, 두 해석 모두 금지명령어를 붙이면 뜻이 애

270) 李零, ≪校讀記≫, 108-115쪽.

매해져 어색하다. '希'로 해독하여, '盡'에 '散'의 의미를 추가하여 '모두 발산하다'로 해석할 경우, 주어가 '분노(怒)'이고 술어가 '(마음속으로부터) 가득 차오르다(盈)' 이므로 "이러한 분노를 외부로 모두 발산하지 말라"가 되어 문맥이 통할 수 있을 것으로 판단한다. '𢓜'는 자형으로 보면, '尋'으로 '찾다. 좇다'라는 의미 모두 가능하나, 여기에서는 행동거지를 가리키고 있으므로 '발 앞을 들고 뒤꿈치를 끌고 가장자리로 걷는 걸음(循行)', 즉 지극히 신중히 행동하는 것을 뜻하며, 따라서 이 구절은 "退欲尋" 또는 "退欲循", 즉 "물러날 때에는 반드시 발뒤꿈치를 끌듯 조심스럽게 해야 한다"로 해석하기로 한다. '𡨋'은 '敏', '度' 두 가지 해석의 경우를 가정할 수 있다. 첫째, 주어를 욕망으로 볼 경우 "욕심은 '절도(度)'가 있어야 하되 거짓이 없어야 한다."로, 둘째, 앞에 주어 進退가 생략되었다고 볼 경우, "진퇴에 있어서는 '민첩(敏)'하되 거짓이 없어야 한다."로 해석할 수 있을 것이다.[271] 연구자는 후자의 의미가 보다 더 자연스럽다고 판단하여 '敏'으로 해독하여 해석을 시도하고자 한다.

(29) 제29간

因信, 賓客之豊(禮)必又(有)夫齊=(齊齊)之頌(容)■, 祭祀之豊(禮)必又(有)夫臍=(臍)之敬■, 居喪必又(有)夫䌖=(累累)之哀. 凡悅人勿𡐦(吝)

271) 그런데 후자의 경우로 해석할 경우에도 문제는 여전히 남는다. 예컨데 제26간으로부터 제28간에 이르는 '門內之治, 門外之治, 身, 慮, 行, 貌, 心, 喜, , 憂, 怒, 进, 退'를 모두 생략된 주어로 볼 수 있는 가정이 성립될 수 있기 때문이다. 연구자 역량의 한계로 단정을 짓기는 어렵겠지만, 이렇게 볼 경우 너무 포괄적인 의미를 갖게 되어 해석이 더욱 모호해질 위험을 배제할 수 없다고 판단한다. 따라서 구절이 6자로 이뤄져 있고, 앞에 나온 명사를 주어로 생략하는 경우가 개연성이 더욱 높을 것으로 추정하여, 현재 잠정적으로 '진퇴'만을 생략된 주어로 보기로 한다,

《郭店楚簡》: 之信, 賓客之豊(禮)必又(有)夫齊齊之頌(容), 祭祀之豊(禮)必又(有)夫齊齊之敬,【66】居喪必又(有)夫臍䜌(戀)䜌(戀)之㤌(哀). [君子身以爲宔(主)心.]【67】凡兌人勿㥶【59】

【주석】

濮茅左는 '齊', '齊齊'는 '공손히 삼가다(恭慤)'라고 해석하였다. '頌'은 '容'과 통한다고 보았다. '䜌'와 '累'는 上古音이 微部에 속하는 같은 운에 속하여 通假할 수 있어 '䜌䜌'를 '累累'로 해독하였다. 이 구절을 賓客·祭祀·居喪에 대한 구체적인 행동강령으로 파악하였다.[272] '悅'은 '윗사람에게 유세하거나, 아랫사람을 가르치다'로 해석하였다. '㥶'은 '吝'로 읽고, "勿吝"은 "不吝惜", 즉 "사람을 가르치는 일에 인색하지 말아야 함을 교훈한 것이다"고 풀이하였다.[273]

劉昕嵐은 '齊齊'는 李零(《校讀記》)의 견해를 인용하여, 《禮記》의 <玉藻·少儀·祭義>편에 나오는 표현으로 손님을 맞이하거나, 제사를 지내거나, 상을 치를 때에는 예로써 지내되 지극히 '恭敬'하는 태도를 갖추어야 한다는 뜻을 가리킨다와 그 文意가 일맥상통하는 것으로 간주하였다. '戀戀'은 앞 문장과 맥을 같이하여 '依依之哀情'의 의미로 보았다. 劉昕嵐은 裘錫圭가 "凡悅人勿吝也."라고 읽은 구절에 대하여, '吝'을 《周易》" …… 길하고 흉하다는 것은 실패하고 성공하는 것을 말한 것이요, 뉘우치고 부끄러워한다는 것은 그 작은 허물을 말

272) 濮茅左는 保氏가 담당한 六藝와 六儀의 업무와 이에 따른 구체적인 행동규범을 제시하였으며, 鄭玄은 "祭祀之容을 공경하고 엄정한 모양(齊齊皇皇)으로, 賓客之容을 공경하면서 화평하며, 바르면서도 아름다운 모양(穆穆皇皇)으로, 朝廷之容을 엄숙하고 씩씩함, 威儀가 바름, 몸을 바르고 편안하게 하는 모양(濟濟翔翔)으로, 喪紀之容을 피곤하고 실의에 찬 모양(累累), 근심하여 마음이 편치 않은 모양(顚顚)으로, 軍旅之容을 용감하고 과단성이 있는 모양(暨暨), 호령이 지엄한 모양(詻詻)으로, 車馬之容을 운치 있게 움직이는 모양(匪匪), 정중하게 움직이는 모양(翼翼)"을 가리킨다고 설명하였다.

273) 馬乘源 主編 ≪上博楚簡(一)≫ 263쪽.

한 것이요, 허물이 없다는 것은 선으로 허물을 보충하는 것이다."라는 예를 인용하면서, '아까워하다' 혹은 '부끄러워하다'로 해석하였다.[274]

李天虹은 '戀戀'을 "슬픔이 마음속으로부터 끊임없이 흘러나온다(哀思縷縷, 不絶于心)."는 뜻으로 해석하였다. 趙建偉는 "君子身以爲宔(主)心"을 마음이 몸의 주인임을 밝히고 있는 것으로 보았다. 劉釗는 이 구절은 죽간의 필사자가 착각하여 잘못 쓴 것으로 원래는 "군자의 몸은 마음이 주인이다(君子身以心爲主)."이었을 것으로 추정하였다. 劉昕嵐은 "군자는 마음을 몸의 주인으로 삼는다."를 "군자는 마음을 단정히 함으로써 자신의 의용거지(儀容擧止)를 가다듬는다."는 의미로 해석하였고, 龐朴은 이 문장의 뜻을 "마음이 몸의 흥패를 좌우한다."로 보았다. 郭沂는 이 구절에서 '主'와 '心' 사이에 '於'가 탈락되었다고 보고, 원래 "君子身以爲主於心"이었을 것으로 추정하고, 완전한 문장은 "君子以爲身主(於)心", 혹은 "君子以身爲主(於)心"이고, 그 뜻을 "군자는 몸이란 마음의 조정을 받는 것으로 인식한다."라고 해석하였다. 廖名春은 "군자의 몸은 마음이 주인이다(君子身以爲主心)"란, "군자는 몸의 주인을 마음으로 삼는다(君子以身爲主心)."의 뜻으로 파악하였다. '主'란 원래 主象의 뜻이며, 나아가 代表·表現·反映 등의 확장의미를 갖으며, 여기에서는 '守'로도 해석될 수 있다고 보았다. 李天虹은 이상 여러 학자들의 견해를 종합하여, 즉 군자는 한 사람의 외형적 의용과 행동거지란 그 사람의 속마음을 반영

274) ≪禮記·玉藻≫"凡行容惕惕, 廟中齊齊, 朝廷濟濟翔翔." ≪禮記·少儀≫"言語之美, 穆穆皇皇; 朝廷之美, 濟濟翔翔; 祭祀之美, 齊齊皇皇, 車馬之美, 匪匪翼翼, 鸞和之美, 肅肅雍雍." ≪禮記·祭義≫ "唯聖人, 爲能饗帝, 孝子, 爲能饗親. 饗者, 鄕也. 鄕之, 然後能饗焉. 是故孝子, 臨尸而不怍. …… 齊齊乎其敬也, 愉愉乎其忠也, 勿勿諸, 其欲其饗之也." ≪周易·繫辭上≫ "吉凶者, 言乎其失得也. 悔吝者, 言乎其小疵也. 無咎者, 善補過也." 이상 劉昕嵐 ≪郭店楚簡<性自命出>篇箋釋≫(인터넷 '簡帛硏究中心網站') 재인용 참조.

하는 것으로 간주한다는 의미로 보았다.[275]

군자가 취해야할 행동 규범, 예컨대 賓客之禮, 祭祀之禮, 居喪之禮 등과 같은 예의는 반드시 때와 장소, 취지에 걸 맞는 儀容과 威儀를 갖춰야 함을 주장하고 있다. 郭店楚簡에만 제시되고 있는 '君子身以爲主心'이라는 논점은 '心爲身主', '心以體廢', '獨心捨體'와 같은 전통 유가의 심성론과 맥락을 같이 하는 것으로, 아마도 전체 문장의 주제에 해당할 것으로 추정된다.[276] 이렇게 본다면 "君子身以爲主心"이란 앞서 제시한 군자의 행동규범인 儀容擧止가 心에 대한 影響·作用을 부연한 것일 것이며, 따라서 趙建偉, 劉釗, 郭沂, 廖名春, 李天虹 등의 구체적인 자구 해석이나 문장 분석에 대한 견해도 타당한 면이 있지만, 劉昕嵐·龐朴의 설명이 죽간의 원의에 좀 더 합당한 해석으로 판단된다. "凡悅人勿𡐕(吝)"에서 문제되는 '悅'은 濮茅左의 견해에 따라 '설득(說)'과 '가르침(敎)'의 의미로 볼 경우, '윗사람에게 유세하다', 혹은 '아랫사람을 가르치다'와 같은 상하관계를 전제로 한 해석이 가능

275) 李天虹 ≪<性自命出>集釋≫ 196-197쪽.

276) ≪禮記·緇衣≫ "공자가 말하였다. 백성은 임금으로써 마음을 삼고, 임금은 백성으로써 體를 삼는다. 마음이 씩씩할 때에는 몸이 부드럽고, 마음이 엄숙하면 용모가 공손하다. 마음으로 좋아하면 몸은 반드시 편안하고, 임금이 좋아하면 백성도 반드시 좋아한다. 마음은 몸으로써 온전하고 또한 몸으로써 傷한다(子曰民以君爲心, 君以民爲體, 心莊則體舒, 心肅則容敬. 心好之, 身必安之; 君好之, 民必欲之, 心以體全，亦以體傷)."에서는 백성과 임금과의 관계를 마음과 몸의 관계로 비유하였다. 郭店楚簡 <性自命出>의 '君子身以为主心'이라는 개념은 두 가지 측면에서 해석할 수 있다. 첫째, 군자 자신의 행동규범으로서 마음을 몸의 주인으로서 관리해야 한다고 보는 경우이고, 둘째, 위 ≪禮記≫의 관점과 유사한 맥락에서 군자를 통치자 즉 왕도정치를 실현할 군주로 보고, 백성을 군주의 마음 또는 몸으로 비유하여 해석하는 경우이다. 上博楚簡 <性情論>에서도 두 가지 해석이 가능한 데, 첫째, 필사자가 실수로 이 구절을 누락하였을 경우, <性自命出>의 두 가지 관점에 따른 해석과 일치할 것이고, 둘째, 의도적으로 생략하였을 경우, 군자는 모름지기 마음을 몸의 주인으로 삼아 타인에게 무한한 즐거움을 줄 수 있어야 한다로 해석 가능할 것이다. 연구자는 군자를 군주로 간주하여 해석할 경우, 중복의 의미를 갖게 되어 뜻이 애매해질 뿐만 아니라 지나친 협의적 입장에 빠질 위험이 있어 취하지 않기로 한다.

하겠는데, 앞에 '凡'의 의미를 살리고자 한다면, 아무래도 무리가 있어 인다. 또한 劉昕嵐의 견해에 따라 '吝'을 '부끄러워하다'고 본다면, 이 구절은 "사람을 기쁘게 하되 부끄러워하지 말라"가 되는데, 문맥상 어색하므로 연구자는 '悅'과 '吝'에 대한 裘錫圭의 견해에 따라 "무릇 사람을 즐겁게 하는 일에 인색하지 말라"로 해석을 시도하고자 한다. <성정론>을 기준으로 <성자명출>의 편련순서를 배열할 경우, 67간 다음에 59간이 이어지고 있어 판본의 진위와 선후문제 등, 원본에 대한 논의도 차후 해결해야할 과제로 남는다.

(30) 제30간

囮, 身必㘸(從)之; 言及則明, 𨑝(擧)之而毋𢙼(僞). 凡交毋剌(拔), 必㝵(使)又(有)末■.【30】凡於道追毋愄(畏), 毋蜀(獨)言■. 蜀(獨)居則習,

《郭店楚簡》: 也, 身必從之, 言及則【59】明𨑝(擧)之而毋𢙼. 凡交毋剌(?), 必㝵(使)又(有)末. 凡於追毋愄(畏), 毋蜀(獨)言. 蜀(獨)【60】処(處)則習,【61】

【주석】

濮茅左는 '𨑝之'를《後漢書·馮異傳》의 "그의 언어와 행동거지를 살피니, 비범한 사람이구나(觀其言語擧止, 非傭人也)."를 예로 들어, '擧止'로, '𢙼'를,《新書·道述》의 "언행이 한결같으면 이를 곧음(貞)이라 하고, 곧음에 반대되는 것을 거짓(僞)이라고 한다(言行抱一謂之貞, 反貞爲僞)."를 예로 들어 '僞'로 풀이했다. 즉 몸으로 규칙을 삼아야 한다는 것으로 언제나 언행이 일치해야함을 지적한 것으로 보았다. '剌

'는 '刀'가 부수인 글자로 '拔'로 읽고 《禮記·少儀》 "급하게 오지도 말고 급하게 가지도 말라(毋拔來, 毋報往)."의 예와 같이, '지나치게 빠르다(迅疾)'로 해석하였다. '迻'는 《包山簡楚簡》·《曾侯乙墓竹簡》의 예와 같이 '路'로 '𡪞'은 '蜀'으로 읽고 '獨'으로 해석하였다. 죽간의 "𡪞(獨)居則習囡兄之所樂"은 《荀子》의 "그러므로 군자는 벼슬이 없어도 신분이 귀하고, 받는 녹이 없어도 부유하며, 말하지 않아도 신의가 있고, 성내지 않아도 위엄이 있으며, 궁하게 지내더라도 영화롭고, 혼자 산다 하더라도 즐겁다. 그러니 어찌 지극히 존귀하고 지극히 부유하고 지극히 중대하고 지극히 위엄이 있게 되는 본질이, 모두 그에게 쌓여 있기 때문이 아니겠는가?"와 일맥상통할 뿐만 아니라, '獨居而樂'의 구절을 보충 설명한 것이라고 파악하였다.[277]

劉昕嵐은 '擧'를 행동거지(擧措·行動)로 '㤰'를 '僞'로, '𠜱'을 '央'. 다하다(盡)의 의미로, '末'을 《廣雅 釋言》 "末, 드리우다(垂也).", '垂'는 '남기다(遺餘·留傳)'로 해석하였다. '迖'을 李零(《校讀記》)은 "정리자가 글자의 隷定을 잘못했는데, 죽간을 살펴 보건데, '迖'로 해독해야 한다."고 하였으며, 劉昕嵐은 나아가 이 글자를 '徵', 즉 불러 일을 맡기다(召而任事)로 해석하였는데, 이 경우 해석이 모호하다.[278]

군자의 행동거지를 설명하고 있다. 마음이 행동을 좌우하므로 마음을 다스릴 줄 알아야 하고, 언어가 분명해야하며, 교제는 오랫동안 지속하여 매듭을 잘 짓는 것이 중요하며, 독선적인 말을 삼가야 하고, 홀로 있어도 두려워하지 않고 오히려 즐거움을 누릴 수 있다는 것이

---

277) 《荀子·大略》 "迷者不問路, 溺者不問水, 亡人好獨." 《荀子·儒效》 "故君子無爵而贵, 無禄而富, 不言而信, 不怒而威, 穷处而荣, 独居而乐！岂不至尊·至富·至重·至严之情举积此哉！" 이상 馬承源 主編 《上海博物館藏戰國楚竹書(一)》 263-264쪽 재인용 참조.

278) 《書·蔡仲之命》 "爾乃邁迹自身, 克勤無怠, 以垂憲乃後. 率乃祖文王之彝訓, 無若爾考之違王命." 劉昕嵐 《郭店楚簡<性自命出>篇箋釋》(인터넷 '簡帛研究中心網站') 재인용 참조.

다. '末'의 의미는 글자그대로 '終'으로 볼 것인지, 혹은 '垂'로 볼 것인지가 논란의 여지가 있다. 문맥상 앞 구과 호응관계에 있으므로, 관건이 되는 앞 구의 정확한 뜻을 살펴볼 필요가 있다. 濮茅左의 견해에 따르면, '㧞(拔)'로 해독하여 "사귐에 있어 서두르지 말라."로, 劉昕嵐의 견해에 따르면, '㓺(央)'로 해독하여, "교제를 다하지 말라"로 해석할 수 있을 것이다. 후자의 해독은 애매모호하여 무리가 따르므로, 전자의 해독에 따라, "[군자]의 사귐에는 결실을 남겨야 하므로, 결코 서둘러서는 않된다."로 해석하기로 한다.

(31) 제31간

図兄之所樂. 句(苟)毋害, 少枉內(納入)之可也, 已則勿𢓭(復)言也. 凡𢝊(憂)惓(惓)之事谷(欲)任樂事谷(浴)逡(後)■. 凡孝者求丌(其)

《郭店楚簡》: 父兄之所樂. 句(苟)毋(無)大害, 少枉內(入)之可也, 已則勿復言也.【61】凡𢝊(憂)患之事谷(欲)妊(任), 樂事谷(欲)後.……【62】凡學者隸(求)其【36】

【주석】

濮茅左는 '枉'은 '彎曲' 또는 '不正', 즉 정도에서 벗어남을 뜻한다고 보았다. '內'는 '納'으로 읽고 '양해해주기를 기원하다'라고 확대해석할 수 있다고 보았다. '惓'은 '惓'으로 읽고 '번빈(悶)'으로 풀이하였다. "凡憂惓事欲任樂事浴後"는 《荀子》의 예를 들어 "천하의 근심은 자신이 맡고, 기쁘고 즐거운 일은 나중에 누린다."로 해석하였다.[279]

279) ≪荀子· 修身≫ "수고롭고 고생하는 일은 앞 다투어 맡고, 매우 즐거운 일은 남에

劉昕嵐은 '枉'은 '억울함(冤屈·冤枉)'으로, '入'을 '받아들이다·용납하다(接納·收納)'로, '任'은 '맡다·지다(担當·承負)'로 해석하였다. '隸'는 裘注에서 글자의 형태로 보면, '隸'로 추측 가능하지만 문맥으로 보면 '求'字가 되어야 하기 때문에 필사자의 착각으로 인한 誤字로 추정하면서, 다른 죽간에서도 이런 오류가 발견된다고 지적하였다.[280]

李天虹은 廖名春은 '隸'字는 착오가 아니며, 이어지는 문장 제32간 첫 구 "隸其心有僞也"도 '隸'로 해독해야 한다고 주장하였으며, 32간의 '隸'는 '及', 즉 '掌握'의 의미로 '隸其心'이란 "성현의 정신을 깨닫다."로 해석한 것을 근거로 제시하였으며, 다음에 이어지는 '從'과 '得'도 같은 뜻으로 파악하였다. 즉 "隸丌心有爲也"란 "성현의 그 마음을 깨달아 알아야 한다"라고 주장하였으나, 李天虹은 字形으로 볼 때, 죽간 정리자의 견해대로 '隸'가 아닌 '求'로 해독되어야 한다고 반박하였다.[281]

전통 유가에서는 성현으로부터 교화(교훈과 순화)를 얻어야 함을 강조하고 있는데, 배움의 한 가지 중요한 측면으로서, 성현의 마음을 얻는다는 '求心'에 대해서는《孟子》에 잘 기술되어 있다.

인자함은 사람의 본래의 마음이요, 의로움이란 사람이 걸어가는 바른 길이니라. 그 길을 버리고 따르지 않으며, 그 마음을 놓치고도 찾아낼 줄 모르니 슬프도다! 사람이 닭이나 개를 놓치는 일이 있으면, 곧 그것을 찾을 줄 아는데, 마음을 놓치고도 찾을 줄을 알지 못하니, 학문을 하는 방법은 다른 것이 없다. 그

게 양보하며, 정직하고 성실하며 직분을 잘 지키며 빈틈이 없다면, 천하를 종횡으로 다니다가 비록 사방 오랑캐 땅에서 곤경에 빠진다 하더라도, 그를 신임하지 않는 사람이 없을 것이다(劳苦之事则争先, 饶乐之事则能让, 端悫诚信, 拘守而详；横行天下, 虽困四夷, 人莫不任)." 馬乘源 主編 앞의 책 265쪽 재인용 참조

280) 劉昕嵐 ≪郭店楚簡<性自命出>篇箋釋≫(인터넷'簡帛硏究中心網站').

281) 李天虹 앞의 책 175쪽.

놓쳐버린 마음을 찾아내는 것일 뿐이다.[282]

그렇다면 구체적으로 어떻게 성현의 마음을 구할 수 있을까? 이에 대한 요령으로 《禮記》의 일단을 살펴보면, 예를 올바로 배우는 것을 방법론으로 제시하고 있음을 알 수 있다.

> 그러므로 욕망과 혐오는 인정의 기본이 된다. 사람은 모두 그 심정을 숨기고 있는 일이 많으며, 그것을 알아내기는 어려운 일이다. 사람의 행위의 선악은 모두 그 심정에서 일어나는 것이지만, 즉시 외부로 나타나지 않으므로 무언가 한 가지 방법에 의해 사람들의 심정을 알아내려고 한다면, 예를 제외하고 무엇이 있겠는가?[283]

마음에 품고 있는 욕망과 혐오는 행위로 나타날 수 밖에 없으므로, 예로써 그 행위의 올바름을 바로잡을 수 있다는 설명이다. 이처럼 행동규범으로서의 마음과 감정을 다스리고 순화시키기 위한 예의 수련에 대하여 더욱 선명한 판단을 내려야 하는 전통유가의 이론적 근거를 찾을 수 있는 것이다.

논란이 되는 구절을 살펴보면, 상박초간의 정리자는 제31간의 "凡孥者'求'丌(其)"와 이어지는 제32간의 "心又(有)'爲(僞)'也"에 대하여 첫 구의 네 번째 글자를 '求'로 둘째 구의 세 번째 글자를 '爲'로 해독하고 '僞'로 隸定하였으며, 곽점초간의 정리자는 제36간의 "凡學者'隸(求)'其"와 이어지는 제37간의 "心又(有)爲也"에 대해 첫 구의 네 번째 글자를 '隸'로 해독하고 '求'로 예정하고, 둘째 구의 세 번째 글자를 '爲'로 읽었다. 상

282) 《孟子·告子上》 "仁, 人心也. 義, 人路也. 舍其路而弗由, 放其心而不知求, 哀哉! 人有雞犬放, 則知求之, 有放心, 而不知求. 學問之道無他, 求其放心而已矣."

283) 《禮記·禮運》 "故欲惡者, 心之大端也. 人藏其心, 不可測度也; 美惡皆在其心, 不見其色也, 欲一以窮之, 舍禮何以哉?"

박초간의 예정에 따른다면 "무릇 성현의 마음을 배워 깨닫고자하는 자는 거짓된 마음을 품기 때문에 얻을 수 없다."로 해석해야겠고, 곽점초간의 해독에 의하면, "무릇 성현의 마음을 배워 구하고자하는 자는 마음에 하고자 함이 있기 때문에 얻을 수 없다."로 해석해야 할 것이다. '隸' 혹은 '求'로 해독할 경우, 성현의 마음을 깨닫는 것이나 구하는 것은 해석상 큰 무리가 없어 보이지만, '爲'로 해독하는 것에는 문맥상 무리가 따르고, 전통유가에서 제시하고 '求心', 즉 성현의 마음을 구함에 있어 자신의 행위의 목적과 의도가 거짓이 없는 순수함을 추구해야한다는 측면에서 '僞'로 해독해야 더 자연스럽다고 여겨 이를 채택하여 해석하기로 한다. <성정론>을 기준으로 <성자명출>의 편련순서를 배열할 경우, 62간 다음에 36간이 이어지고 있어 판본의 진위와 선후문제 등, 원본에 대한 논의도 차후 해결해야 할 과제로 남는다.

(32) 제32간

心又(有)爲(僞)也, 弗得之矣. 人之不能以僞(僞)也, 可智(知)也■. 不悠(過)直舉(擧), 其心必才(在)安戠其見者, 青(情)安遊(失)才(哉)?

《郭店楚簡》: [心爲難. 從其所爲, 近(近)得之壴(矣), 不女(如)以樂之速也.【36】<後 篇> 唯(雖)能其事, 不能其心, 不貴. 求其] 心又(有)爲也, 弗得之壴(矣). 人之不能以爲也,【37】可智(知)也. □悠(過)十舉(擧), 其心必才(在)安(焉), 戠(察)其見者, 青(情)安遊(失)才(哉)?

【주석】

濮茅左는 '過'는 '과오(誤)' 혹은 '실수(失)'로, '直'은 주장이 반드시 공평하고 마음이 한쪽으로 치우치지 않는 것을 말한다(直者義必公正, 心不偏黨也).”와 같이 공정함을 가리키며, ‘直’과 ‘十’은 음과 뜻이 통한다고 보고, ‘直學’는 ‘十學’로도 읽었다. ‘直(十)學’는 ‘修十義’·‘明十敎’와 같은 의미로도 해석될 수 있다고 하여, 이 경우 ‘十義’·‘十敎’는 是非를 가리는 근거, 즉 규범으로 이해할 수 있다고 하였다. 또는 “不過直(十)學”는《荀子·臣道》“어떤 행동에도 잘못이 없게 된다(百學而不過).”와 의미가 통할 수 있다고도 보았다.[284]

劉昕嵐은 ‘樂’은 ‘快樂’으로서의 악이 아닌, ‘禮樂’으로서의 ‘樂’으로 풀이하였다. 裘注는 “이 구절의 ‘有爲’와 이어지는 구절의 ‘不能以爲’에서 ‘爲’는 모두 ‘僞’로 읽어야 할 것이다.”라고 하였는데, 자세히 고찰해보면, 여기에서 ‘爲’와 다음 문장의 ‘靑(情)’은 상대어로서, 옛 文獻 가운데 ‘진실(情)’과 ‘거짓(僞)’가 함께 쓰인 예가 많이 보인다고 부연하였다.[285] ‘學’에 대해서는《荀子》가운데 ‘행위(學)’·‘과오(過)’를 병용

---

284) 馬乘源 主編 앞의 책 266쪽.

285) 예를 들어,《周易·繫辭下》“그러므로 사랑과 증오가 서로 공격하여 길하고 흉한 것이 생겨나며 멀고 가까운 것이 서로 취하여 뉘우치고 부끄러운 것이 생겨나는 것이며, 진실과 거짓이 서로 감응하여 이롭고 해로운 것이 생겨나는 것이다(是故愛惡相攻而吉凶生, 遠近相取而悔吝生, 情僞相感而利害生).”에서는 ‘진실과 거짓’으로,《左傳·僖公二十八年》“진나라 군주인 후작은 외국에서 19년을 지내고, 결국 진나라를 차지했다. 그는 어려운 처지에서 고난을 두루 맛보았으며 백성들의 마음의 진정과 허위를 다 알고 있다(晋侯在外十九年矣, 而果得晉國. 險阻艱難, 備嘗之矣; 民之情僞, 盡知之矣).”에서는 ‘진정과 허위’로 해석되는 데, 이 경우 ‘情僞’는 ‘眞僞’라는 병렬구조의 합성어로 볼 수 있으며,《大戴禮記·文王官人》“왕은 말하였다. ‘태사여, 삼갈 것이며 오직 깊이 생각하시오. 안으로는 백성의 임무를 살피고 情의 거짓됨을 밝히 헤아리고 관직을 조절하여 백성의 능력을 관리하고 그 재능을 다하여 그대는 오직 공경하시오.’(太師! 愼維深思, 內觀民務, 察度情僞, 變官民能, 歷其才藝, 女維敬哉!)”의 경우에는 ‘情僞’는 ‘감정의 거짓됨’ 혹은 ‘거짓된 허위감정’이라는 편정구조의 합성어로 볼 수 있을 것이다. 이러한 근거로 보면, ‘爲’는 ‘僞’로 해독되어야 한다는 주장을 펼칠 수 있으며, 같은 맥락에서《語叢三》“父孝子愛, 非有爲也”의 ‘爲’ 역시 ‘僞’로 읽는 것 또한 타당할 것이라는 견해를 제시하였다. 이상 劉昕嵐《郭店楚簡<性自命出>篇箋釋》(인터넷 ‘簡帛硏究中心網站’)의 의견, 재인용 참조.

한 경우가 많다고 주장하면서 구체적인 예를 들고 '조처(擧措)'의 의미로 보았다.[286] '𢦏'에 대해서는 裘注를 근거로 문맥상 '察'로 보았으며, '見'을 '現'으로 해독하여 '現于外'로 해석하였다.[287]

李天虹은 "能其事"에 대해서, 일을 잘 능숙하게 처리하는 것을 가리킨다고 보았다. '遊'에 대하여 李家浩는 偏旁 '𡴀'은 '失'字의 初文 '𡳾'의 譌變이므로 이 글자는 원래 '迭'로 해독해야 한다고 하였다. 《說文》 '迭'의 소리부분이 '失'이고 楚國 문자 '迭'은 '失'로 해독된다고 하였다. 趙平安은 이 글자를 '達'으로 隸定하였으며 甲骨文 '𡴀'와 같은 글자로 간주하여 '逸'의 本字로 추정하였다. '逸·失'의 古音이 매우 근사하여 '逸'은 '失'로 읽을 수 있으므로 이 글자는 '失'로 해독한다고 하였다.[288]

평범한 사람으로서 성현의 덕성을 얻기 위해 마음수양과 음악교화가 필수적임을 강조하고 있다. 즉 인간의 몸은 마음의 조절을 받기 마련인데, 덕성을 갖춘 모범적인 성현의 삶에 가까워지려면 우선 음악으로부터 깊은 감화를 받는 것이 주요하다는 것이다. 아울러 사람의 마음은 아무리 숨기고 싶어도 밖으로 드러날 수 없으며, 그 사람의 행동은 마음의 발현이므로 따라서 마음을 순화시키기 위해서는 음악이 절대적으로 필요하다는 樂敎論을 전개하고 있다.

---

286) 《荀子·君道》 "그러므로 신분이 낮은 사람이 신분이 높은 사람 위에 군림할 수 없고, 직분이 가벼운 사람이 직분이 무거운 사람을 평가할 수 없으며, 어리석은 자가 지혜 있는 사람의 생각을 아는 체 할 수 없었다. 그러므로 만 가지 일을 해도 한 번의 잘못을 범하지 않았던 것이다(……故卑不得以臨尊, 輕不得以縣重, 愚不得以謀知, 是以萬擧而不過也).", 《荀子·臣道》 "그러므로 군자는 예의와 음악으로 편안히 지내고, 근신하여 이익을 얻으며, 화를 내어 다투는 법이 없다. 그러므로 어떤 행동에도 잘못을 범하지 않게 되는 것이다. 소인은 이와 반대이다(……故君子安禮樂利, 謹愼而無斗怒, 是以百擧不過也. 小人反是)." 등의 예와 같이, 지혜자 즉 군자는 공자의 '從心所慾不踰矩'와 같은 경지를 근거로, '擧'를 행위나 조처로 해석하였다. 이상 昕嵐 《郭店楚簡<性自命出>篇箋釋》(인터넷 '簡帛硏究中心網站')의 견해, 재인용 참조.

287) 劉昕嵐 《郭店楚簡 <性自命出> 篇箋釋》(인터넷'簡帛硏究中心網站').

288) 李天虹 앞의 책 175쪽.

곽점초간 36간의 '凡學者求其'를 제외한 나머지 전체, 37간의 상반 일부는 상박초간에는 아예 존재하지 않는다. 연구자는 "心有爲也, 弗得之矣. 人之不能以爲也, 可知也."에서 '爲'는 첫째, 다음에 이어지는 "情安失哉?"와 호응하고 있다는 측면, 둘째, 진실한 마음을 담지 않은 거짓된 행위는 이뤄질 수 없으며 따라서 행위는 진실을 가릴 수 없다는 전후 문맥상의 의미라는 측면에서 볼 때, 모두 '僞'로 해석하는 것이 타당할 것으로 판단하며, '情僞' 즉 진실과 허위라는 관점에서 해석을 시도하고 있는 유흔람의 주장을 따르고자 한다. "不過直(十)擧" 가운데 '過'에 대해서는 과오나 잘못 등으로 해석하는 것에는 학자들의 견해가 일치하나, 상박초간의 隷定字 '直'과 곽점초간의 隷定字 '十'에 대해서는 논란의 여지가 있다. '直'으로 볼 경우 '공평무사' 또는 '규범'으로, '十'으로 볼 경우, 百이나 萬과 같은 수사로서 '모든 경우'의 강조 또는 일반화의 의미로 해석될 수 있다. 그런데 '擧'가 행위나 조처의 의미이므로, '直'으로 해독하면 "공정한 행위에 과오가 없다"로, '十'으로 해독할 경우 "모든 행위에 과오가 없다"로 해석할 수 있으며, 《荀子》 등의 典籍에서 사용된 '萬擧而不過', '百擧不過'와 같은 용례를 감안한다면, 복모좌도 지적했듯이 후자의 유흔람의 해석이 좀 더 타당한 견해라고 사료된다.

(33) 제33간

詘(?), 宜(義)之方也■. 宜(義), 敬之方也■. 敬, 勿(物)之卽(則)也. 篤(篤), 𢖽(仁)之方也. 𢖽(仁), 眚(性)之方也. 眚(性)或生之. 忠信之方也, 信, 情(情)之方

《郭店楚簡》: □, 宜(義)之方也.【38】宜(義), 敬之方也. 敬, 勿(物)之即也. □(篤), □(仁)之方也. □(仁), 眚(性)之方也. 眚(性)或生之. 忠, 信【39】之方也. 信, 靑(情)之方

【주석】

濮茅左는 '方'은 비유·방법·규범·준칙 등의 의미로 쓰였으며,《郭店楚墓竹簡·五行》에도 "柬〈柬(簡)〉, 義之方也. 匿, □(仁)之方也. □(剛), 義之方也. 矛(柔), □(仁)之方也."와 같이 흡사한 문형의 내용이 출현하고 있는데, '柬'은 '堅'과 쌍성관계로 통한다고 보았다. "柬〈柬(簡)〉, 義之方也"·"□(剛), 義之方也"의 구절과《馬王堆漢墓帛書·五行》의 "□(强), 義之方",《郭店楚墓竹簡·六德》의 "宜(義), 剛而簡",《荀子·法行》의 "孔子曰: 堅·剛而不屈, 義也" 등의 문장은 모두 일맥상통하는 것으로 간주하였다.《郭店楚墓竹簡·語叢一》"□(義), 膳(善)之方也."라고 언급한 것을 근거해 보건데, 義·敬·善 모두 유사한 의미의 글자로 '□(篤)·□(仁)·眚(性)', '中(忠)·信·靑(情)'은 독립된 개념이 아닌 상호 연관관계를 가지고 모두 마음을 근본으로 출발한다는 점에서 일치한다고 보았다. "眚(性)或生之"는 "천성이 아니면 후천적인 습관으로부터 나온다."로 해석하였다.[289]

劉昕嵐은 여기에서 '情'이란 '情緖'·'情感'의 뜻이 아니라, '僞'와 상대어인 '진실'의 의미로 해석하였다.

'□'[290]에 대하여, 龐朴과 陳來의 《荊門竹簡之〈性自命出〉篇初探》

289) 馬乘源 主編 앞의 책 268쪽.

290) '情'의 의미는 감정 또는 정서, 사물의 실정, 진심 또는 진정이나 성심성의, 사물의 본질 또는 이치 등으로 다양하게 해석될 수 있으며, <性情論>에서는 오늘날 광의적인 의미에서의 감정보다는 性이라는 본질(천성)으로부터 외부사물과의 관련성을 전제로 한 발현이라는 측면에서의 진정 혹은 진실의 의미로 주로 사용되었다고 본다. ≪左傳·哀公八年≫ "손숙첩은 '노나라는 유명무실하오니, 치신다면 반드시 그

(《中國哲學》第二十輯)은 모두 <五行> 40간의 "簡, 義之方"에 근거하여 '簡'으로 간주하였으나, 원 죽간의 도판을 살펴보면, 이 글자와 <五行> 40간의 '簡'字의 字型과는 상당히 다르다는 것을 확인할 수 있으며, <五行> 41간에는 "剛, 義之方"이라는 구절이 등장하고 있으므로, '剛' 역시 이 글자가 될 수 있다고 추정하였다. 李零(《校讀記》)에서는 이 글자를 '察'로도 볼 수 있음을 근거로 '明辨'·'詳審'으로 해석할 수 있다고 주장하였다.[291] '方'은 첫째, '術' 즉 '方法·辦法', 둘째, '常法·定規', 셋째, 道義·准則 등의 의미로 쓰였는데, 여기서는 아마도 세 번째 의미가 합당할 것으로 추정하였다. '卽'은 '節' 혹은 '次', 즉 '准則'의 의미로, '篤'은 '惇厚'로, '或'은 '又'로 '情'은 情實'로 풀이하였다.[292]

인성론에 대한 논술로 사람의 행동은 마음으로부터 나오기 때문에, 행동을 감찰함으로써 속마음을 훤히 알 수 있음은 물론, 마음이 강직

뜻을 이루실 수 있을 것입니다'라고 대답하였다(叔孫輒對曰: 魯有名而無情, 伐之必得志焉.)"에서는 실정의 의미로, ≪禮記·樂記≫ "그러므로 예악의 본질을 아는 사람이 예악의 표현방법을 만들 수 있으며, 표현방법을 완전히 아는 사람이 선현이 만든 예악을 이어받아 전달 할 수 있는 것이다(故知禮樂之情者能作, 識禮樂之文者能述)"에서는 본질의 의미로, "만물의 化生이란 만일 시기를 잃으면 이루어지지 않으며, [인간에게 있어서는] 남녀간에 예의분별이 없게 되면, 음란에 빠지는 것이 천지의 定理인 것이다(化不時則不生, 男女無辨則亂升; 天地之情也)" 에서는 정해진 이치의 의미 등으로 사용되었다. 이상 劉昕嵐 ≪郭店楚簡<性自命出>篇箋釋≫(인터넷'簡帛研究中心網站') 재인용 참조.

291) 劉昕嵐은 '𧧻'을 '察'로 해독하고 사물을 대하는 이치가 자세하고 분명함을 가리키는 '察物'의 의미로 파악하였다. 이를 뒷받침하는 근거 예문으로, 賈誼≪新書·道術≫ "아주 작은 것까지 모두 살피는 것을 세심함이라 하고, 세심함에 반대되는 것을 눈이 흐리다고 한다(纖微皆審謂之察, 反察爲旄).", ≪老子·二十章≫ "속인들은 깨끗하고 분명하지만, 나만 홀로 흐릿하다(俗人察察, 我獨悶悶).", ≪禮記·禮器≫ "마음속에 예절이 통달하지 못한 자는 사물을 관찰하여도 그것의 득실을 통찰하지 못한다. 사물을 관찰하고 싶어도 예를 근원으로 삼지 않는다면, 그것을 얻지 못하는 것이다(無節于內者, 觀物弗之察矣. 欲察物而不由禮, 弗之得矣)." 등을 제시하였다. 이상 劉昕嵐 ≪郭店楚簡<性自命出>篇箋釋≫(인터넷'簡帛研究中心網站') 재인용 참조.

292) 劉昕嵐 ≪郭店楚簡<性自命出>篇箋釋≫(인터넷'簡帛研究中心網站').

하면서도 견고한 것(또는 이러한 이치를 사물을 깊이 통찰함에 적용하는 것)을 義라고 하고, 의는 공경하는 마음으로부터 출발한다고 보았다. 또한 篤, 仁, 信은 인간의 성정을 근본으로 함을 밝히고 있다. 이 가운데 사물을 대하는 근본 태도인 '모심(敬)'에 대한 언급이《禮記》에도 그 중요성에 대해 사물을 대하는 태도가 공경으로부터 출발해야 함을 강조하였고, 宋 范祖禹 역시 "대소 예의 전부를 한마디로 일괄한 마음가짐은 '毋不敬' 세 자밖에 없다라고 하였다(經禮三百, 曲禮三千, 一言以蔽之, 曰'毋不敬')."라고 밝히고 있다. 예와 악이 경애를 근본으로 한다는 것이《禮記·樂記》에 다음과 같이 언급되고 있다.

> 예는 사물을 구분하고 사람의 마음을 한결같이 존경하게 하는 것이고, 악은 여러 가지의 다른 곡절에 의해 사람의 마음을 한결같이 친애하게 하는 것이지만 두 가지 예와 악 모두 (세계에 조화를 가져오는 것이라는) 본질에 있어서 같다. 그러므로 예로부터 현왕이 모두 이를 이어받아 예약을 중용하는 것이며, 그 왕들의 시세에 적합하며 공적에 알맞은 이름의 악곡이 만들어지고 있는 것이다(禮者殊事合敬者也, 樂者异文合愛者也, 禮樂之情同. 故明王以相沿也. 故事與時竝, 名與功偕)."

이에 대하여 孫希旦은 "예의란 일은 다르지만 공경하는 실정은 같다. 음악이 다르지만 사랑하는 실정은 같다. 예의와 음악은 그 말단이요, 사랑과 공경은 그 근본이다. 말단은 변할 수 있으나 근본은 변할 수 없으므로, 현명한 왕들이 이를 이어받은 것이다(禮之事異, 而敬之情則同. 樂之文殊, 而愛之情則同. 禮樂之文與事者其末, 而愛敬之情者其本. 末可變而本不可變, 故明王以相沿也)."라고 하면서 경애의 중요성을 한걸음 더 나아가 예와 악은 말단이고 사랑과 모시는 마음이야말로 근본이라고까지 단언하고 있다. 사물과 백성을 모시는 사랑하는 마음(敬愛)을 치국의 근본, 왕도정치의 이념으로 설명하고 있는 것이다.

첫 번째 글자에 대하여 상박초간의 정리자는 '詘(?)'로 해독하였으며, 곽점초간에서는 '[illegible]'로 隸定하였는데, 모양만 가지고 추정할 경우 논란의 여지가 많으므로 문맥을 고려하여 추단할 수 밖에 없다. 첫 번째 유흔람의 견해대로 '察'로 볼 경우, "사물이 지니고 있는 의리를 밝게 통찰하는 것"이라고 해석할 수 있고, 둘째로 龐朴과 陳來, 濮茅左 등의 견해에 따른다면, "마음이 강직하면서도 견고한 것"이라고 해석 가능할 것이다. 연구자는 둘 다 타당한 풀이로 간주하되, 다만 동시대 다른 죽간 <五行>, <六德> 등 그리고 《荀子》에서 '義'에 대한 설명을 고려하여 잠정적으로 후자의 해석을 취하기로 한다. 李天虹은 '或'에 대하여 陳寧(《郭店楚墓竹簡中的儒家人性言論初探》)은 '有'로, 劉昕嵐은 '又'로 으로 해독하여 "인애로운 마음 또한 사람의 성품으로부터 나온 것이다(仁心又從人性而生)."라고 해석하였으며, 郭沂는 '則'으로 해독하여 "성이란 하늘로부터 부여받은 것이다(性則是天生的)"라고 풀이하였다고 설명하였는데,[293] 연구자는 같은 맥락으로 바로 뒤에 이어지고 있는 '情出於性'을 고려해 볼 때, 郭沂의 견해가 좀 더 타당할 것으로 판단한다.

(34) 제34간

[illegible]. 靑(情)出于眚(性)■. 炁(愛)頪(類)七, 唯眚(性)炁(愛)爲近急(仁)■. 智(知)頪(類)五, 唯宜(義)道爲近中(忠). 亞(惡)頪(類)參(三), 唯亞(惡)急(仁)爲近宜(義). 所

293) 李天虹 앞의 책 177쪽 재인용 참조.

《郭店楚簡》: 也. 靑(情)出于眚(性). 㤅(愛)頪(類)七, 唯眚(性)㤅(愛) 爲近悬(仁). 智頪(類)五, 唯【40】宜(義)衍(道)爲忻(近)忠. 亞(惡)頪(類)參(三), 唯亞(惡)不悬(仁)爲忻(近)宜(義). 所

【주석】

濮茅左는 '情來於性'에 대하여《荀子·正名》의 '性之好·惡·喜·怒·哀·樂謂之情'과 일치하는 것으로 간주하고, '㤅(愛)頪(類)七'은 '敬老·尊齒·樂施·親賢·好德·惡貪·廉讓'을 가리키는 것으로 보았다.[294] '智頪(類)五'란 다섯 가지 感知, 즉《荀子·天論》"귀, 눈, 코, 입과 육체는 각각 밖의 것들과 접촉하여 기능을 발휘하지만, 기능을 함께 할 수는 없는 것이다. 이것을 가리켜 천관이라고 한다. 마음은 가운데 텅 빈 곳을 차지하고, 귀, 눈, 코, 입, 육체의 오관을 다스린다. 이것을 천군이라 한다.(耳目鼻口形能各有接而不相能也, 夫是之謂天官. 心居中虛, 以治五官, 夫是之謂天君)."의 '五官', 또는《尙書·洪範》"둘째 오사란 일은 모양이요, 이는 말이요, 삼은 보는 것이요, 사는 듣는 것이요, 다섯은 생각함이니라. 모양은 이른바 공손함이요, 말은 순함이요, 봄은 밝음이요, 들음은 귀가 밝음이요, 생각은 통함이라(二五事, 一曰貌, 二曰言, 三曰視, 四曰聽, 五曰思. 貌曰恭, 言曰從, 視曰明, 聽曰聰, 思曰睿)."의 '五事'를 가리키며, 이러한 다섯 가지 감각은 義에 기초해야만 '忠'에 가까워질 수 있다는 설명이다. '惡類三'이란 '暴·虐·頗'의 三惡을 가리킨다고 보았다.《論語·堯曰》"교화하지 않고 죽이는 것을 잔학함이라 하고, 미리 戒告 하지는 않고 일한 성과만 따지는 것을 포악함이라 하고, 명령을 소홀히 하고 실천 기한을 조이는 것을 해치는 것이라

294) 濮茅左는 '七教'·'七德'은 사람에 대한 '七愛'를 표현한 것으로 파악하였다. 馬乘源主編 앞의 책 268쪽 재인용 참조.

한다(不教而殺謂之虐, 不戒視成謂之暴. 慢令致期謂之賊).”의 ‘暴·虐’을 말하며, ‘頗’는《荀子·臣道》“그러므로 정의로운 신하가 등용되면 조정은 사악해지지 않는다(故正義之臣設, 則朝廷不頗).”의 예와 같이 ‘치우침·망령됨’을 가리킨다고 하였다.[295]

仁, 忠, 信, 情이 性으로부터 기인하며, 情은 性으로부터 자연스럽게 나오는 것으로서, 性과 情의 상호작용 관계를 밝히고 있다. 또한 필자는 사람의 본성을 교화의 대상으로 인식함으로써, 애호해야할 7가지의 마음, 지혜로워야 할 5가지의 마음, 혐오해야할 3가지의 마음을 구체적인 설명이 없이 거론하고 있다. 연구자는 전체적인 맥락을 고려하여 7가지 마음은《國語》의 出典을 근거로 해석하고, 5가지의 마음은《荀子·天論》과《尙書·洪範》의 典故를 절충하여 해석하고, 3가지 혐오하는 마음은 杜預의 注와《荀子·臣道》의 해석에 따르기로 한다. 필자의 관점이 ‘性仁’으로부터 기인하고 있어 孟子의 ‘性善’과 흡사한 주장을 펼치고 있는데, 이는 性善說의 전단계가 아닌가 싶다. 즉 仁을 좀 더 포괄적인 인성의 요소로 간주한 것으로 판단된다. 이러한 ‘性仁’의 요소 가운데 사랑을 가장 높은 것으로 간주하고 있으며, 人性의 틀을 善惡의 문제가 아닌, 好惡의 문제에서 출발하고 있다는 점이 이채롭다. 仁을 추구하는 마음을 義로 간주하고, 不仁함을 혐오하는 마음을 義로 풀이한 것 역시 흥미롭다.

(35) 제35간

爲道四者, 四唯人道爲可道(導)也■. 凡甬(用)心之趮(躁)者, 思爲甚■. 甬(用)智之疾者, 惓(倦)爲甚. 甬(用)靑(情)之至

295) 馬乘源 主編 앞의 책 269쪽.

《郭店楚簡》: 爲衍(道)者四, 唯人衍(道)爲【41】可衍(道)也. 凡甬(用)心之喿(躁)者, 思爲甚. 甬(用)智之疾者, 患爲甚. 甬(用)靑(情)之【42】至

【주석】

濮茅左는 '喿'은 上古 宵部에 속하는 동음 '躁'로 읽고, 《荀子·勸學》 "게는 여덟 개의 발에 두 개의 집게를 지니고 있지만 장어의 굴이 아니면 의탁할 만한 곳이 없는 것은 산만하게 마음을 쓰기 때문이다(蟹八跪而二螯, 非蛇蟺之穴, 無可寄託者, 用心躁也)."의 예와 같이, 즉 마음이 '부산함·산만함'을 가리킨다고 보았다. '惓'은 卷과 心으로 이뤄진 회의자로서 '惓'과 '倦'·'勌'은 모두 通假字이다. 《廣韻》 "倦, 疲也." 《玉篇》 "惓, 悶也." 《淮南子·人間訓》 "걱정거리가 생긴 다음에야 이것저것 고민하는데, 이것은 마치 환자가 도저히 손쓸 수 없게 된 후에야 양의를 찾는 것과 같아서, 비록 편작·유부의 기술로도 살려낼 수 없다(患至而多後憂之, 是猶病者已惓而索良醫也. 雖有扁鵲·兪跗之巧, 猶不能生也)." 高誘注 "惓, 劇也.", 따라서 '惓爲甚'이란 "고민이 깊어지고 피곤하게 되어 매우 어려운 처지에 놓인 때"라고 해석하였다.[296]

劉昕嵐은 첫 구절이 《性自命出》上篇 제14-15간의 "道四術, 唯人道爲可道也."와 같은 내용으로 보았다. '躁'는 '擾動'으로 풀이했다. '疾'은 '亟'으로 읽고, '전심진력하다'로 풀이하였다. 곽점초간의 '근심걱정(憂)'로 풀이하였다.[297]

<案>: 네 가지 도 가운데 人道(禮樂)가 백성을 다스리는 근본 원리임을 천명하고 있으며,[298] 사려와 지혜의 극치는 평상시가 아닌 환난가

---

296) 馬乘源 主編 앞의 책 270쪽.

297) 劉昕嵐 ≪郭店楚簡<性自命出>篇箋釋≫(인터넷'簡帛硏究中心網站')

298) 四術과 人道에 대한 정의, 상호작용 및 관계에 대하여 濮茅左는 '禮'를 주체로 하여 詩書禮樂의 네 가지 경술을 통하여 인도받는다는 해석을 제시하였고, 孫希旦

운데 깊어진다는 인식, 즉 위기가 닥쳐왔을 때, 소극적으로 피하는 것이 아니라, 적극적으로 대처하여 활용함으로써 지혜를 높이는 기회로 삼아야 한다는 유가의 적극적 현실참여 논리를 전개하고 있다.

(36) 제36간

𧗊, 㦞(哀)樂爲甚■. 甬(用)身之㝵(弁)者, 悅爲甚. 甬(用)力之聿者, 利爲甚■. 目之好色, 耳之樂聖(聲), 𣉻𠇋之䁂(氣)也, 不

《郭店楚簡》: 者, 依(哀)樂爲甚. 甬(用)身之覍(弁)者, 兌(悅)爲甚. 甬(用)力之𦘕(盡)者, 利爲甚. 目之好【43】色, 耳之樂聖(聲), 膩舀之䁂(氣)也, 人不

【주석】

濮茅左는 '哀樂爲甚'은 제18간 "기쁨이 다하면 반드시 슬픔이 다가온다. 울게 되면 또한 슬퍼지게 되는 것이다. 이러한 기쁨과 슬픔은 감정이 극점에 도달하였기 때문이다(至樂必悲, 哭亦悲, 皆至丌(其)情

은 네 가지 경술 가운데 '樂'을 특히 중시하는 관점을 내놓았으며, 연구자는 劉昕嵐, 李天虹의 견해를 참고하여, '詩書禮樂'을 '人道'의 구체적인 표현으로 간주하여, 이것을 군주가 백성을 다스리는 도리로 삼았다는 해석을 내놓은바 있다. 上博楚簡 <性情論>에 대한 考釋(≪中國語文論叢≫ 第34輯), 90-93쪽 참조. 그런데 상박초간 제8간과 제35간의 '四術'과 '人道'의 개념정의에 대해서는 여전히 논란의 여지가 남아있다. 즉 '道四術' 혹은 '道四者'와 '唯人道'는 어떻든 층위의 구별을 선제 조건으로 삼은 표현이기 때문이다. 게다가 제8간에는 "其三術者, 道之而已."라고 규정지음으로써 '人道'를 상대적으로 높였음을 감안해야만 할 것이다. 연구자는 지난 제 8간에 대한 濮茅左와 孫希但의 견해를 절충하여, '人道'를 '禮樂으로써 백성을 다스리는 이치'라고 정의함으로써, 이 수정된 고석을 새로운 해석이 확정될 때까지 잠정 유지하고자 한다.

也).”와 일맥상통한다고 보았다. ‘㝃(弁)’은《禮記·玉藻》“급히 뛰어갈 때는 몸을 일으켜 세우고 신 끝을 가지런히 한다(弁行, 剡剡起屨).”, 鄭玄注 “此疾趨也.” 孔穎達疏 “弁, 急也.”, ‘疾’, ‘急’의 의미로 보았다. ‘好色·樂聲’은 ‘好色音聲’, ‘好聲樂聲’을 가리킨다고 보았다.[299]

劉昕嵐은 ‘弁’에 대해 裘注는《禮記·檀弓上》“아버님의 병이 위급하셔서 움직일 수가 없습니다(夫子之病革矣, 不可以變).”, 鄭玄注 “變, 動也.”의 예를 들어 ‘움직이다·떠나다’로 해석하였고, 李零(《校讀記》)은 ‘忭’으로 해독할 수 있으나 필법이 다르기 때문에 ‘方便’의 ‘便’으로 읽어야 한다고 주장하였으나, 문맥을 살펴 보건데 ‘弁’으로 해독하고, ‘서두르다(急)’로 해석해야 한다고 하였다. ‘䐈舀’란 ‘울적한 심사’를 가리킨다고 보았다. 李天虹은 ‘㤅’은 정리자의 견해대로 ‘氣’로 해독해야 한다고 보았다.[300]

<案>: 기쁨과 슬픔이라는 감정은 어떤 과정 속에서 어떻게 변화하는 것일까? 성정론의 필자는 인성론의 견지에서 외부사물에 대한 감응으로써 시작되지만, 애환의 극점에 도달되면, 상호작용을 통하여 변화하게 된다고 설명하고 있다.[301] 또한 우리의 감각기관 가운데 시각과 청각은 천성적으로 아름다움을 추구한다는 것이다. ‘㝃’은 ‘弁’로 해

299) 馬乘源 主編 앞의 책 270-271쪽.

300) 李天虹 앞의 책 179쪽.

301) <性情論>에서 저자는 ‘감정의 상호작용(哀樂性相近)’이라는 관점을 제시하였으며, ‘樂’으로써 지극한 감정을 조절해야 한다는 전통유가의 도학적 입장을 제시한 李天虹의 견해와 달리, 濮茅左는 한 걸음 더 나아가 외물의 현상을 감응함으로써 표현된 감정의 결과가 내심의 정서를 질적으로 변화시켜 轉化의 과정을 거치게 되며, 현상에 의한 반응으로서의 감정이 아닌, 자발적인 표출로서의 감정이 내심을 변화시킬 수 있다는 해석을 제기하였다. 이러한 심리기제현상을 현대적으로 해석한다면, 내면의 무의식에 있는 감정을 스스로 자극함으로써 울면 슬퍼지고, 웃으면 기쁨이 온다는 심리구조를 설명하는 면으로도 이해할 수 있을 것이다. 上博楚簡 <性情論>에 대한 釋文考釋(≪中國語文論叢≫ 第40輯 362쪽) 가운데 제18간에 대한 고석 및 주 21) 참조.

독하는 데에는 학자들의 견해가 일치하고 있으며, 발음으로 보면 '便' '忭' 으로 읽을 수 있겠으나, 뜻은 문맥상 '用身'을 받아야 하므로 '疾', '急'의 '급히 서두르다(急身)'로 해석하기 보다는 '變', '動' 즉 '몸을 움직이다(動身)'로 본 裘錫圭의 의견이 더욱 이치에 맞는다고 판단하여 택하기로 한다.

(37) 제37간

[難]爲之死. 又(有)其爲人之怟=(怟怟)女(如)也, 不又(有)夫柬=(柬柬)之心則悉. 又(有)其爲人之柬=(柬柬)女(如)也, 不又(有)夫恆(恒)忻(忻)之志則曼(慢)■. 人之

《郭店楚簡》: 難爲之死. 又(有)其爲人之迴迴女(如)【44】也, 不又(有)夫柬柬之心則采. 又(有)其爲人之柬柬女(如)也, 不又(有)夫亙(恆)怡之志則縵. 人之

【주석】

濮茅左는 '怟怟'을 '惛惛'으로 해독하고, 《荀子·勸學》"그러므로 굳은 뜻이 없는 사람은 밝은 깨우침이 없을 것이며, 묵묵히 일하지 않는 사람은 뛰어난 업적을 이루지 못할 것이다(是故無冥冥之志者, 無昭昭之明 ; 無惛惛之事者, 無赫赫之功)."이라는 예를 들어 '묵묵히 정성을 다하다(專默精誠).'는 뜻으로 풀이했다. '柬'은 '堅', '견고함·굳셈', '悉'은 '窸'로 해독하고 '輕微·細小'로 해석하였다. '忻'은 불확실하지만 '忻'의 이체자로 간주하고, '曼'은 '慢'으로 해독하였다.[302]

302) 馬乘源 主編 앞의 책 272쪽.

劉昕嵐은 '迦迦'에 대하여, 李零(《校讀記》)은 '節節'로 해독하였으며, '節節如'는 '절도에 딱 들어맞다'로 해석하였다. 柬柬'은 李零(《校讀記》)은 '柬柬'은 '謇謇'('謇'·'柬'은 모두 母元部字)으로 해독하고, 이어지는 곽점초간 제66간 "出言必有夫柬柬之信"에서와 같이 사람의 진실한 믿음을 형용한 표현한 것으로 해석하였으나, 劉昕嵐은 '謇'은《正字通 言部》"謇, 直言貌."이므로 '정직하고 충성된 모양'으로 보았다. '采'는 李零(《校讀記》)은 자형이 분명하지 않기 때문에 待考하였으나, 劉昕嵐은 '采'를 문채, 즉 '내용을 벗어난 지나친 수식'이라고 해석하였다. '怡'에 대하여 李零(《校讀記》)은 '始'로 추정하였고, '恒始'란 항상 끊임없이 노력한다는 '自强不息'의 의미로 해석하였다.[303] 李天虹은 '節節'에 대하여 '예절에 맞는 절도 있는 행동'으로 풀이하였다. '采'에 대하여, 趙建偉는 '彩'와 같은 글자로 파악하여, '彩飾·浮華'로 해석하였으며, 陳偉는 '간사함(■)', 郭沂은 '태만함·게으름'으로 읽었다. 廖名春은 죽간에 '采'자는 '悉'로 빈번히 통용되었고, '悉'은 즉 '■'라고 하여 陳偉의 견해를 지지하였다. 陳偉가 '柬柬'을 '簡簡'으로 해독하여, '質朴·平易'로 해석하였다. 廖名春도 陳偉의 견해에 동의하여 '簡簡之心'으로 '관대한 마음(寬大之心)', '사람에게 선함을 베푸는 마음(與人爲善之心)'이라고 해석하였다. 李天虹은 이들이 견해에 동의하여, 곽점초간 제66간 '柬柬' 역시 '簡簡'으로 읽고,《五行》제22간의 '柬'도 '簡'으로 읽고 '진실한 마음'으로 해석하였다.[304]

논란이 되는 "不又(有)夫恆(恒)悊(忻)之志則曼"의 구절을 濮茅左 자신도 의구심을 갖고 제시한 '恒忻'으로 해독할 경우, "항상 기뻐하는 마음을 갖지 않는다면, 태만해진다."로 해석해야 하는데, '忻'과 '慢'의 비교의미가 두드러지지 않는 약점이 있다. 다음으로 劉昕嵐의 해

303) 劉昕嵐 ≪郭店楚簡<性自命出>篇箋釋≫(인터넷'簡帛硏究中心網站').

304) 李天虹 앞의 책 180쪽.

독에 따라 '恒始'로 볼 경우, "항상 처음처럼 변함없이 노력하는 마음을 잃게 되면 나태에 빠진다."로 해석되는데, 이는 先秦문헌에 '恒始'가 같은 의미로 자주 사용되었다는 점도 설득력을 가질 뿐만 아니라, 문맥상 자연스러운 해석이라고 본다.

(38) 제38간

攷(巧)言利詞(詞)者, 不又(有)夫詘=(詘詘)之心則流■. 人之𢘽(悅)肰(然)可與和安者, 不又(有)夫奮(奮)猛(猛)之青(情)則悔(侮). 又(有)丌(其)爲人之惠女(如)也, 弗牧不可■. 又(有)丌(其)爲人之

《郭店楚簡》: 攷(巧)【45】言利詞(詞)者, 不又(有)夫詘詘之心則流. 人之悅肰(然)可與和安者, 不又(有)夫奮(奮)【46】猛之青(情)則悔. 又(有)其爲人之快女(如)也, 弗牧不可. 又(有)其爲人之.

【주석】

濮茅左는 '考言'을 겉치레가 화려하기만 할뿐 실속이 없는 말을 가리키는 것으로 '巧言·考言'은, '考'와 '巧'가 음이 서로 통하는 글자로 흔히 혼용되었으며, 《韓非子·詭使》"말을 교묘하게 잘하고 간악한 일을 행하여 세상에 요행을 낚으려 하는 자가 (군주를) 자주 모신다(巧言利辭行奸軌以倖偷世者數)."의 예와 같다고 하였다. '詘詘'은 '出出·咄咄'로, 《左傳·襄公三十年》"또는 송나라 태조묘에서 소리지름이 있어, '아아! 오오!'를 연발했다(或叫于宋大廟, 曰《嘻嘻咄咄》)"의 예와 같이 '귀신이 우는 소리'로 풀이했다. 또 이 구절은 군자, 성인과 소인의 언변에 대한 차별성을 언급한 것으로 《荀子·大略》"말을 많이 하면서도 모두 합당하다면, 그는 성인이다. 말을 조금하면서도 모두 법도에 들어맞는다면, 그는 군자이다. 말은 많이 하는데 법도에도 들어맞지 않고 비뚤어지고 멋대로라면, 비록 말을 잘한다 해도 소인이다(多言而類, 聖人也. 少言而法, 君子也. 多言無法, 而流面然, 雖辯, 小人也).”의 군자와 성인의 말은 많고 적음이 아니라 법도에 딱 들어맞기 때문에 소인의 교묘한 말이나 달변과는 질적으로 차이가 있음을 구분한 내용과 일치한다고 부연하였다. ‘[illegible]’의 자형은 불확실하나 ‘悅’로 읽을 수 있다고 보았다.[305] ‘和安’이란 ‘평화와 안락(平和安泰)’으로, ‘[illegible]’는 ‘奮’으로 추정하였다. ‘[illegible]’은 ‘猛’으로 읽고 《周易》의 ‘無妄’, 《馬王堆漢墓帛書·周易》의 ‘亡孟’이 있는데. ‘妄’은 소리가 ‘亡’, ‘孟’과 同音으로 통용된다고 하였다. ‘猛奮’에 대해서는 《禮記·樂記》 “음조가 거칠며 처음에는 격하고 끝에는 솟아오르며 넓고 높은 전체로는 웅장한 느낌이 드는 악곡은 백성이 굳세다는 것을 나타낸 것이다(粗厲·猛起·奮末·廣賁之音作, 而民剛毅).” 鄭玄注 “奮末이란 사지를 움직이는 것이다(奮末, 動使四支也)” 孫希旦集解 “조려맹기분말광분하는 소리는 분노로부터 나와 영향을 주므로, 백성들의 마음이 이런 소리에 감응하여 분노하게 되는 것이다(粗厲·猛起·奮末·廣賁之音, 出於怒者也, 以此感民, 則民之心亦應之而怒矣).”의 예를 들어 설명하였다. ‘惠’는 《郭店楚墓竹簡·性自命出》에 ‘快’로도 쓰이고, 《馬王堆漢墓帛書·老子甲本》에서는 ‘惠’가 ‘快’로도 쓰였으며, ‘惠’와 ‘快’는 通假字로 쓰이며 여기서 ‘快’는 ‘방종’의 의미로 쓰였다고 하였다. ‘牧’은 ‘治’로 《逸周書·周祝解》“爲天下者用牧.”의 예와 같이 ‘法’ 또는 ‘牧養’의 의미로 보았다.[306]

劉昕嵐은 ‘詘’은 ‘언사가 꾸밈이 없고 진실된 모양(朴拙無巧)’을 가

---

305) 濮茅左는 ≪郭店楚墓竹簡 五行≫에서도 ‘悅’과 ‘安’의 관계를 두 차례 언급한 사실을 거론하면서, 군자의 내심에 인애를 쌓는 것이 궁극적으로는 덕을 수양하는 것이고 이러한 내면의 원리가 喜怒哀樂으로 표출된다는 논리는 당시 상당히 보편적인 인식이었음을 추리할 수 있다는 견해를 피력하였다. 馬乘源 主編 앞의 책 274쪽 인용문 및 의견 참고.

306) 馬乘源 主編 앞의 책 274쪽.

리킨다고 보았다. '流'는 '음난방탕함(淫放夸蕩), 지나치게 화려한 문사(文勝其質)'로, '逆'은 '悅', '樂', 또는 '喜'로 해독하여, '悅然'을 '和易喜樂'으로 해석하였다. '犿'은 '作'으로 보고, '진작시키다'로 해석하였다. '牧'은 '司' 또는 '治'로 보았다.[307]

군자의 행동규범에 대한 언급으로, 언사가 솔직하고 진실이 담겨 있어야 하고, 부단히 노력하고 돈독하게 분투하는 마음을 견지해야만 한다는 것이다. 즉 군자란 타인을 향한 그럴듯한 행위와 같은 화려한 겉모습보다는 내면의 성실함을 수양함으로써 품덕이 고상한 인격을 소유한 자임을 알 수 있다. 고난과 근심이 지혜를 낳는다는 관점도 상당히 주목해야할 지점이다. 논란이 되는 '詘'은 濮茅左가 의성·의태어로 간주하려고 시도한 것은 지나친 추정으로 보여지고, 劉昕嵐의 해석을 참고하고 더우기 앞 구절 상대어로 제시된 '巧言利詞'와 비교를 감안하더라도, '꾸밈이 없고 질박하고 진실한 언사' 정도로 해석하는 것이 타당한 것으로 판단한다. '[illegible]'는 자형만으로 보면 추정하기 곤란하므로 잠정적으로 濮茅左의 견해에 따라 '悅樂'의 의미로 해석하기로 한다. 곽점초간의 '[illegible]', 상박초간의 '[illegible]'에 대해서는 글자의 해독부터 논란의 여지가 있지만, 곽점초간 정리자의 견해 보다는 상박초간 濮茅左의 해석에 의거하여 '奮猛'으로 해독하는 것이 문맥에 어울리는 해석이라고 판단된다. '惠'는 濮茅左의 견해에 따라 자형이나 通假字 관계로 보면 해독가능 하겠지만, 뜻으로 보면 문맥상 '治理·官敎'의 상대어인 방종함(縱逸), 즉 앞에서 나온 '流'와 근사한 의미인 '快'로 보는 것이 자연스런 해석일 것으로 판단된다. 마지막으로 '牧'은 '治, 法, 司, 牧養', 모두 가능하다고 판단된다. 연구자는 이 구절을 이중부정의 강조의미를 살려서, "방종에 빠지지 않도록 항상 가르치고 돌봐주며 인도해 주어야만 한다."로 해석하고자 한다.

307) 劉昕嵐《郭店楚簡<性自命出>篇箋釋》(인터넷'簡帛硏究中心網站').

(39) 제39 – 40간

□□(如)也, 弗校不足■. 凡人㥋=(僞爲)可亞(惡)也. 㥋(僞)斯𠾂(吝)矣, 𠾂(吝)斯慮矣■, 慮斯莫與之結■. 訢, 慮之方也, 肰(然)而其𢙼(過)不亞(惡). 速(數), 悔(謀)之方也, 又(有)𢙼(過)則咎■. 人不訢【39】斯又(有)𢙼(過), 信矣.【40】

《郭店楚簡》: 𡖊女(如)也,【47】弗校不足. 凡人㥋爲可亞(惡)也. 㥋斯𠾂𡔶(矣), 𠾂斯慮𡔶(矣), 慮斯莫與之【48】結𡔶(矣). 訢(愼), 急(仁)之方也. 肰(然)而其𢙼(過)不亞(惡). 速, 悔(謀)之方也, 又(有)𢙼(過)則咎. 人不訢(愼)斯又(有)𢙼(過), 信𡔶(矣).【49】

【주석】

濮茅左는 '𡖊'을 '願'로 읽고. '謹'으로 풀이했다. '校'은 같은 맥락으로 '數'·'補'·'輔'로 읽었다. '𠾂'은 '文'로 읽고. '美·善'으로 해석하였다, '慮'는 모사(謀思)로 해석하고. '訢'은 '訢'의 생략형이고 '愼'으로 읽는다고 하였다. '愼'·'慮'가 합성어로 쓰였으며 '愼'은 '誠'로도 읽었다. '速'은 '數'로도 읽으며, '분별하다(分辨)'·'자세히 헤아려 살피다(詳察)'의 뜻으로 해석할 수 있다고 하였다, '悔'는 謀의 이체자로서 '計', '速(數)'·'謀'은 모두 同義詞이다. 이어지는 구절 "又(有)𢙼(過), 信矣"와 하나의 문장을 이뤄 "사람이 심사숙고하여 처리하지 않으면 반드시 과오가 있기 마련이다."라고 해석된다.[308]

劉昕嵐은 '𡖊'는 李零(《校讀記》)은 '淵'으로 읽고 '深'으로 풀이하고, '校'은 '輔'로 읽고 '助'로 풀이하고, '㥋'은 '僞'로 '𠾂'은 '吝'으로 해독하고 '수치(羞恥)'로 풀이했다고 인용하여 수용하는 한편, 이 글자들 가운데 '𠾂', 즉 '吝'을 비루하고 인색하고 탐욕스러운 마음(鄙嗇貪戀)으로 해석하였다.

308) 馬乘源 主編 앞의 책 275-276쪽.

李天虹은 '菒'에 대하여 趙建偉는 '悾'의 음 가차한 것으로 추정했고, '謹愼'으로 풀이했고, 陳偉는 '願'으로 추정하여 마찬가지로 謹愼의 의미로 풀이했으며, 郭沂는 '勸'으로 추정하여 '勸如', 즉 노력하는 모습이라고 풀이했으며, 李天虹 자신은 趙·陳의 견해에 따라 '悾·願'으로 해석하였다. '柎'에 대하여 趙建偉는 '附'로 해석할 수 있다 라고 하여 (附麗于正道·美德)를 가리킨다고 하였으며, 李零은 '輔'로, 陳偉는 '不足'과 대구를 이룬다는 점에서 '補'로 읽는 것이 타당하다고 하였다.[309]

'菒'은 濮茅左, 劉昕嵐, 李天虹, 陳偉 모두 '悾', '願', '淵'로 보고 '謹愼'으로 풀이한 점에 있어 일치하며, 郭沂는 '勸'으로 읽고 있으나, 전자의 해석이 좀 더 문맥에 어울린다고 본다. 즉 "삼가고 근신하는 것이 이와 같으니, 보완하지 않으면 부족해진다."로 해석하고자 한다. '咎'는 두 가지 뜻으로 첫째, '미워하다(憎惡)'로. 둘째, '비난하다(責備)'로 즉 '잘못을 추궁하다(追究過失)' 혹은 '비난하다·탓하다'로 쓰이는데,[310] 여기서는 '미워하다' 또는 '잘못을 꾸짖다'로 뜻이 대동소이하므로 둘 다 해석가능하다고 본다. '矣' 다음에 墨鉤는 편이 끝남을 표시하고 있으며, 아울러 빈 여백이 죽간의 내용이 종결되었음을 가리킨다.

2) 원문에 대한 한글 번역

무릇 사람은 '性'을 가지고는 있지만, 사람의 마음(心)에는 일정한 지(志)가 없다. 외계사물과 접촉한 후에야 작용이 있게 되며, 즐거움을 가져야 행동으로 나타나게 된다. 습관으로 뿌리내린 후에는 고정

309) 李天虹 앞의 책 182쪽.

310) 劉昕嵐 ≪郭店楚簡<性自命出>篇箋釋≫(인터넷'簡帛研究中心網站').

되어진다. 즐거움·노함·애석함과 슬픔 등의 '氣'가 바로 '性'의 표현이며, 이러한 내면의 '性'은 물질과의 접촉을 통한 다음에 외부로 발현되어지는 것이다.

'性'은 또한 '命'으로부터 나온 것이며, '命'이란 곧 하늘로부터 부여받은 것이다. '道'는 '情'으로부터 시작되며, 그 '情'은 또한 '性'으로부터 나온다. 그 시작은 '人情'을 근본으로 하는 것이지만, 그 궁극적인 목적은 곧 '義'를 세우는 것이다. 사람의 情에 통달한 자라야, '人情'을 마음대로 발현시킬 수 있으며, 사람의 義를 통달한 자만이, '人情'을 조절하며 거둘 수 있다. 좋아함과,

(좋아함과) 싫어함은 '性'의 발현이다. 이른바 좋아하고 싫어함은 곧 외계의 물질에서 비롯된 것이다. 선함과 선하지 않음 또한 '性'의 표현이다. 이른바 선하고 선하지 않음은 곧 情勢에서 비롯된 것이다. 무릇 '性'이란 內在된 가장 주체적인 것으로, 객관적인 사물과 접촉하지 않으면 발생되지 않는다. (이 과정에서 '心'은 중요한 관건이다.) 金石악기가 만약에 두드리지 않는다면 소리를 내지 못하는 것과 같이,

【 殘缺 1,2부분 번역 】

사람에게는 비록 '性'이라는 것이 있지만, 마음(心)이 없으면 '性'이 취해지지 않는다. 이른바 '心'에는 '志(意志)'가 있기 마련인데, 만약에 그것이 없다면 사람은 언행으로 옮길 수 없다. 사람이 心志없이 할 수 없는 것은 입이 스스로 말을 할 수 없는 것과 같다. 소가 천성적으로 크고, 기러기가 날 수 있는 것은 그 '性(본성)'이 그렇게 한 것이다. (사람은 본시 천성이 같기 때문에) 학습을 통해서만 서로 구별이 되는 것이다. 모든 물질이 서로 다르지 않은 것이 없다. 강한 나무가 세워지는 것은 강한 속성을 취했기 때문이며, 부드러운 것을 묶을 수 있는 것은 부드러운 성향을 취했기 때문인 것이다. 천하 모든

모든 만물의 속성은 원래 한가지로 같으나, 心志가 서로 다름은 교육(후천적 가르침)이 그렇게 만든 것이다. 사람의 천성을 감동시키기도 하고, 迎合시키기도 하며, 조화시키기도 하고, (엄격하게) 고양시키기도 하고, (질적으로) 변화시키기도 하고, 자라게도 만든다.

(性을) 增益하기도 한다. 이른바 본성을 움직이게 하는 것은 物이고, 性에 순조롭게 반응하는 것은 기쁨(悅)이고, 性과 적절하게 어울리는 것은 道理이고, 性을 단련하는 것은 義이고, 性을 발현시키는 것은 勢이고,

性을 양성하는 것은 習俗이고, 性을 增益시키는 것은 道이다. 世間으로 표현되어 나타내어지는 것은 物이고, 자기 자신을 즐겁고 편하게 하는 것을 悅이라 하고, 物의 情勢를 勢라하고, 인위적으로 하는 것(을 故라 한다).

(인위적으로 만드는 것을) 故라 한다. 義라는 것은 모든 善의 徵表이며, 習이라 하는 것은 性을 修養하는 것이고, 道란 만물에 내재되어 있는 고유의 規則을 말한다. 이른바 道에 있어서는 마음의 느낌이나 체험이,

(道에 있어서는 마음의 느낌이나 체험이) 그 중심이 된다. 도는 네 가지의 經術이 있는데, 그 중에서 人道(禮樂이나 治民의 道)만이 民衆을 가르쳐 引導할 수 있고, 나머지 셋은 단지 道일 따름이다. 《詩》《書》《禮》《樂》은 모두 (사람으로부터 근원을 찾을 수 있다).

《詩》는 사람이 노래 부르기 위하여 지은 것이고, 《書》는 사람이 생각을 말로 표현하기 위해 지은 것이며, 《禮》와 《樂》 또한 목적한 것을 얻기 위한 행동거지를 서술한 것이다. 聖人들은 《詩》《書》《禮》《樂》을 각종 人倫 관계에 따라 비교 고찰하여 論議하고 조합하였다.

즉 그 先後 관계의 질서를 깊이 통찰하여, 그 발전과 연변을 알아냈고, 그 의리를 체득하여 규율을 제정하였으며, 그 人情을 條理있게

정리하여 발현하거나 수습할 수 있게 하였다. 그런 후에 다시금 백성을 敎化한다. 敎化란 백성으로 하여금 마음속에서 德과 善한 心志가 생겨나도록 하는 것이다.

禮란 사람의 마음으로 부터 흘러나오는 것이며, 또한 이 人情을 근본으로 하여 발현되어 나타나게 되는 것이다. 事理에 따라서 혹은 사람의 신분에 의거하여 禮가 갖추어지게 되는 것이며, 그의 本末과 輕重·先後 등의 관계와 질서는 義道에 맞음으로써 생겨나는 것이다. 질서의 예절인 규범은 곧 節度를 일컬음이다.

容貌를 단아하게 하는 것은 風度나 儀表가 예의 규범에 맞게 하기 위해서다. 군자는 禮의 情을 가꾸어 아름답게 하며, 禮의 義理를 尊貴롭게 하며, 예의 절도를 愛慕하며, 儀容을 좋아하고 禮의 道理에서 安樂함을 얻고, 禮의 가르침(敎化)을 즐거워하기 때문에 서로 편안하다고 느끼며 공경할 수 있는 것이다.

參拜하는 것 [그 용모를 갖추어 기쁘게 순복하는 것] 또한 禮儀의 규범이다. 幣帛은 말하자면 예의의 信物이며 表徵이기 때문에, 그 폐백을 선물하여 응대할 때 사용하는 말은 도의에 맞게 구사하여야 한다. 웃음은 풍요로운 기쁨을 표현한 禮이고, 음악은 深厚한 기쁨의 윤택함을 내포하고 있는 禮이다.

이른바 소리는 모두가 진심어린 사람의 감정에서 나오며, 그래야 또한 사람의 마음을 깊이 있게 감동시킬 수 있는 것이다. 사람이 웃는 소리를 들으면 환하게 미소를 지으며 기뻐하듯, 歌謠를 들으면 기쁨이 넘쳐난다.

琴瑟의 소리를 들으면 마음이 경건해지고 감동이 되듯, <賚>와 <武>를 들으면 행동이 엄숙해지고, <韶>와 <夏>를 들으면 성실하고 겸손한 마음이 발동된다.

마음과 생각을 길게 읊조림으로써 다른 사람의 마음을 감동시키고 감탄하게 만들 수 있다. 그러므로 《賚》《武》《韶》《夏》와 같은 한결 같은 음악의 절주는 사람의 가슴 속에 오랫동안 남아있고, 진실로 인간본연의 善으로 돌아갈 수 있게 하고, 순박하고 온화한 情操를 陶冶할 수 있게 하여, 결국 감상자가 그 德을 몸으로 행동하게 만드는 것이다.

[鄭衛와 같은 음란한] 음악은 사람들이 입으로는 듣지 않는다고 하면서 마음은 들으려고 한다. 옛날 正樂은 사람의 마음을 유익하게 하여 예의를 尊崇하게 하나, 淫濫한 음악은 향락에 빠뜨린다. 그러므로 음악은 사람을 교화시키는 것이다. 《賚》와 《武》와 같은 음악은 武王이 천하를 통치함을 즐겁게 노래한 것이고, 《韶》와 《夏》는 진실한 감정을 즐거이 읊은 것이다. 무릇 기쁨이 극에 달하게 되면 반드시 슬픔이 생겨나고, 울게 되면 또한 슬픔에 빠지게 된다. 이러한 기쁨과 슬픔은 감정이 극점에 도달하였기 때문이다. 슬픔과 기쁨의 감정은 다 같이 인간의 본성으로부터 발현되므로, 그 마음은 같은 것이다. 즉 곡(哭)하는 마음이 발동되면 점점 슬픈 마음이 쌓여 극에 도달하게 되고, 극도의 슬픔이 지속되게 되면, 결국은 기쁜 감정에 사로잡히게 된다. 한편 기쁨이 표출되어 그 마음이 극점에 도달하게 되면, 오히려 슬픔이 다가와 사람의 마음을 울적함에 휩싸이게 되는 것이다. 사람의 心思가 침울함 속으로 빠지게 되면, 마침내 슬픔(悲)이 밀려오게 되는 것이다.

心思가 즐거우면 곧 기쁨이 생기는 법이니, 사람의 생각 가운데 마음의 작용이 가장 중요하다. 그러므로 사람의 탄식소리는 心思가 표출된 것이다. 소리가 변하면 마음도 따라 변화하고, 마음이 변하면 그 소리 또한 변하게 되는 것이다. 앓는 소리는 슬픔의 표출이며, 떠들썩한 소리는 기쁨의 표시이다. 무릇 진실하고 성실한 사람의 마음은 다른 사람들을 기쁘게 한다. 만일 성실하고 진심에 찬 마음으로 일을 하게 되면, 설령 잘 못이 일어나도, 다른 사람은 그를 미워하지 않게 되는 법이다. [성실하지 않은 마음으로 일을 처리하게 된다면, 설사 그 일을 어렵게 완성하였다하더라도 다른 사람은 그의 가치를 인정하지 않게 될 것이다.]

《郭店楚簡》의 <性自命出> 제34호 – 제35호 죽간

사람은 원래 즐거우면 기쁨이 일어나고, 즐거우면 노래를 부르게 되고, 노래를 부르면 몸이 움직이고, 몸이 움직이면 손과 발이 춤을 추게 되고, 춤을 추면 기쁨이 극에 달하게 된다. 사람이 노여움이 일어나면 슬퍼지고, 슬픔이 더해지면 애통하게 되고, 애통한 마음이 더해지면 탄식하고, 탄식이 더해지면 가슴을 두들기게 되고, 가슴을 두드리리다가 이내 몸부림을 친다. 이처럼 몸부림을 치며 슬퍼하는 것은 화를 표출하는 극단적 행위인 것이다.

[사람이 진실 되지 않은 마음으로 일을 행한다면, 비록 그 일을 어렵게 완성하였다하더라도 다른 사람은 그의 가치를 인정하지 않게 될 것이다.] 만약 그가 성실하고 진실한 사람이라면, 자신의 일을 아직 행동에 옮기지 않았더라도 다른 사람들은 믿어주게 되는 것이다. (군자가) 말로써 설명하지 않아도 신뢰할 수 있음은, 그가 아름다운 性情을 가지고 있기 때문이다. 군자들은 굳이 가르치지 않아도 백성들이 한결같은 마음으로 따르는 것은 그의 마음이 본래 착하기 때문이다.

賞을 내리지 않아도 백성들이 성실하게 일하는 것은 넉넉한 마음을 가지고 있기 때문이다. 형벌을 가하지 않아도 백성들이 두려워함은 마음속에 이미 경외심이 자리 잡고 있기 때문이다. 비록 지위가 낮다 해도 백성들이 존경하는 것은 그가 德을 갖고 있는 까닭이다. 가난하나 백성들이 보호하고 따르는 것은 그가 道義를 지니고 있기 때문이다. 혼자 있어도 항상 기쁨이 넘쳐나는 것은 내면에 禮의 심오한 道義를 통달하였기 때문이다.

군자는 미워할 수 있지만 비난할 수 없는 자이고 그것은 의리에 뛰어난 자이기 때문이다. 비록 비난할 수 있으나 미워할 수 없음은 그가 진실로 돈후한 仁德을 갖췄기 때문이다. 행동으로 과오를 범하지 않는 자야말로 진정 道를 아는 사람이다.

[도를 듣고 위에 있는 사람의 언행을 성찰하는 것은 윗사람과 교제하기를 좋아하기 때문이다.] 도를 듣고 아랫사람의 언행을 성찰하는 것은 아랫사람과 교제하기를 좋아하기 때문이다. 도를 듣고 자신의 언행을 살피는 사람은 수양할 줄 아는 사람이다. 윗사람과 교제함으로써 임금 섬기는 도리에 가까워지고, 아랫사람과 교제하여 대중의 지지를 얻게 되면, 政治의 道理에 근접할 수 있게 되고, (도에 합당하게) 스스로를 수양하면, 지극한 仁에 도달하게 되는 것이다.

(자신과 뜻을 같이 하는 사람과) 교제하는 것은 道를 함께 하기 때문이고, 뜻이 다르면서도 사귀는 것은 잠시 목적을 이루려 하기 때문이다. 기쁜 일을 즐거워하며 함께 교제를 나누는 것은 서로 덕을 나눌 수 있기 때문이며, 기쁨을 나누지 않으면서도 교류하는 것은 계략을 세워 함께 圖謀할 일이 있기 때문이다. 집안은 溫情을 바탕으로 경영하되,

관직에 나아가서는 檢束하며 절제함을 근본으로 삼아야 한다. 몸은 고요히 하되 과오를 범치 말아야 하고, 덕을 쫒되 몸을 피곤하게 하지 말며, (취사선택을 할 때는) 신중하게 따져보아야 하지만, (일단 결정되면) 두 마음을 품지 않아야 한다. [위선을 범하지 말며], 물러설 때는 신속하되 결코 가볍게 움직이지 말아야 한다. [행동에는 과감히 결단력을 발휘하여 반드시 열매를 맺어야 하고, 용감하게 처신하되 자신을 내세우지 않아야 한다.]

…… 는 예의를 갖춰야 한다. 언어는 정직하고 직언을 하되 떠도는 말에 현혹되지 말아야 한다. 행동거지는 굳세고 웅장하되 교만하지 않아야 되고, [마음은 유연하면서도 일관성이 있고 담백해야 한다. 기

빠하면서도 지혜로워야 하며 사사로운 말단에 치우치지 않아야 한다. 즐거움을 표현할 때는 균형을 잃지 않아야 하며. 근심할 때에는 절제하여 깊은 번민에 빠지지 않도록 해야 한다. 분노가 마음 가득 속 차오르면 밖으로 발산되지 않도록 조심해야한다.

나아감에 있어서는 겸손하고 신중해야하며 거짓을 품지 말아야 하고, 물러날 때에는 반드시 발뒤꿈치를 끌듯 조심스럽게 해야 하며 경박하게 움직이지 않아야 한다. 나아가고 들어옴에는 민첩하되 거짓이 없어야 한다.] 군자는 반드시 의지를 굳게 하되, 전심으로 투구해야 한다. 말을 한번 내뱉으면 반드시 신뢰로 열매를 맺도록 힘써야 한다. 군자는 굳건한 의지를 세우되 원대한 포부를 품어야 하며, 언어는 항상 겸손하고 진실을 바탕으로 표현하되 분별력을 갖춰야 한다.

[언어는 항상 겸손하고 진실을 바탕으로 표현하되 분별력과 믿음을 갖춰야 한다.] 빈객과 교제를 나눌 때에는 공손한 예의를 갖춰 맞이해야 하고, 제사를 지낼 때에는 반드시 엄숙하고 공경하는 마음으로 예를 갖춰야 한다. 상중에는 반드시 절절하고 애틋한 심정으로 슬픔을 표현해야 한다.

군자의 몸은 마음이 주인이다. 무릇 사람을 기쁘게 하는 일에 인색하지 말지어다. [군자는] 몸이 반드시 마음을 따르는 법이다. 그의 말은 분명히 거론하되 거짓이 없고, 무릇 사귐에는 반드시 결실을 맺어야 하므로 급히 서둘지 않는다. 길에 다닐 때에는 두려움이 없고, 독선적 언행을 삼가되, 홀로 있으면 [부형의 즐거움에] 동참하게 될 것이다.

[군자는 홀로 있으면] 부형의 즐거움을 배우게 될 것이다. 큰 해로움이 없다면 작은 억울함은 감당할 수 있을 것이니, 이미 그렇게 된 바에야 다시 중언부언하지 말라. 무릇 근심걱정은 스스로 맡아 해결해 주고, 자신의 기쁨은 나중으로 미루어라.

무릇 (성현의 마음을) 배우고자 하나. 거짓이 있기 때문에 얻을 수 없는 것이다. 사람이 거짓행위를 하는 자가 성현이 가지고 있는 덕성을 이해할 수는 없다. [성현의 행동거지를 따라 그 언행을 행함은 이미 마음속에 德性이 쌓여있기 때문이기도 하겠지만, 음악으로부터 감화를 받음으로써 성인의 마음을 더욱 빠르게 깨닫게 되는 것이다.

비록 성현의 언행을 본받고자 하나 똑같은 덕성을 갖출 수 없다 해서 실망할 필요는 없겠지만, 만약 진실하고 성실된 마음으로 추구하지 않는다면] 성현의 덕성을 얻을 수 없게 될 것이다. 사람은 자신의 진면목을 거짓으로 숨길 수 없는데, 왜냐하면 속마음은 결국 다른 사람이 알게 되기 마련이기 때문이다. 군자는 어떤 행위를 해도 잘못을 범하지 않는 이유는 그의 행동에는 반드시 진정성이 있기 때문이다. 그러므로 어떤 사람의 밖으로 드러난 행동거지를 자세하게 살핀다면 어찌 진실을 알지 못하겠는가? [마음이 견고하면서도 강직한 것은] 義의 준칙이다. 義는 모시는 마음의 준칙이다. 恭敬하는 마음은 만물을 대함에 있어 반드시 갖추어야 할 규범이다. 敦厚함은 仁心의 범칙이며, 인애로운 마음은 人性의 뿌리이고, 어진 마음은 하늘로부터 부여받은 것이다. 忠誠은 믿음의 準則이며, 믿음은 진실한 내면의 법도이다. 人心의 진실(情)은 또한 人性에서 생겨난 것이다. 사랑하는 마음에는 일곱 가지가 있는데, 그중 人性에서 나온 愛가 가장 仁에 가깝다. 지혜로워야할 마음은 다섯 가지가 있는데, 그 중 義가 忠誠에 가장 근접하고, 미워하는 마음은 세 가지가 있는데, 그 중 不仁을 싫어하는 마음이 義의 준칙에 가장 가깝다.

道는 네 가지가 있는데, 그 중 人道, 즉 禮樂으로써 다스리는 것만이 백성들을 이끌어 교화시킬 수 있는 것이다. 이른바 사람의 마음이 전심전력할 때 思慮가 매우 깊어지게 되고, 智慧가 시급히 필요할 때는 患亂이 깊을 때이다. 감정이 극치에 도달하는 것은 悲哀와 歡樂에 이를 때에 고조에 달한다. 몸을 움직일 때는 마음에 기쁨이 넘칠 때이다. 이로움을 얻기 위해서는 온 힘을 다하여 열정을 쏟는다. 眼目은 보기에 좋은 것을 추구하기 마련이고, 귀는 좋은 소리(음악)를 듣고자 하기 마련이며, 心思가 울적하게 되면 사람은 쉽게 죽음에 이르게 된다. 비록 사람의 행실이 節度가 있으나 관대하고 진실한 마음을 갖고 있지 않으면, 헛된 꾸밈만을 추구하게 될 것이다. 비록 質朴하고 성실한 마음을 지니고 있으나, 항상 처음처럼 노력하는 마음을 갖지 않는다면 결국 게을러 태만에 빠지기 마련이다. 사람이 비록 교묘하고 재주있는 말로 언변이 좋아도 순박하고 성실한 마음이 없다면 방종에 빠지기 쉽고, 기쁨으로 다른 사람과 조화롭게 어울리더라도 분투하는 마음이 없다면 남에게 모욕들 당하기 마련이다. 사람이 방자하고 안일한 생활 습관을 가지고 있으면 반드시 바로잡아 이끌어줘야 한다. 사람이 비록 성실하고 돈후한 품성을 소유하고 있다고 하더라도, 그는 스스로 항상 삼가고 근신하며 부족함을 보완하는 자세를 지켜나가야만 한다. 무릇 虛僞란 경계하고 혐오해야만 할 대상이다. 虛僞는 사람을 쉽게 경거망동하게 만들고, 경거망동한 행위는 거만함에 빠뜨릴 수 있기 때문이다. 거만한 사람에게 가까이 다가가려는 사람은 없다. 謹愼은 어짐의 준칙이다. 인애로운 사람은 매사에 신중하고 성실하기 때문에 실수를 범해도 미워할 수 없게 된다. 일을 신속하게 처리하는 것은 計策을 세우는 원리이다. 과실이 있다면 다른 사람으로부터 책망의 소리를 듣게 마련이다. 사람이 일을 신중히 처리하지 않으면 결국 잘못을 저지르게 되는 것은 필연적 귀결이다.

12. 〈五行〉 주석, 문자 해독 및 번역

일러두기

帛書本은 명제와 원리로 되어 있는 '經'부분과 앞 명제나 원리에 대한 해설로 되어 있는 '說'부분으로 구성되어있어 어쩌면 백서본이 죽간본의 간행 이후 주석의 성격을 띤 글을 추가한 것이 아닌가라는 추정을 하게 된다. 龐朴(2000. 92쪽) 역시 帛書 <五行>을 經, 說 두 부분으로 분류하였는데, 죽간본에는 經 28장만 존재하며, 백서본 <五行>을 기준으로 죽간본의 순서를 배열할 경우 제1-9, 13, 10-12, 17-19, 14-16, 20-26 까지의 서두부분과 말미는 같지만, 중간 제13, 17-19의 위치가 다르게 배치되어 있고, 문장이나 단어도 약간의 차이가 있음을 밝혔다. 龐樸은 장의 순서가 바뀐 것은 착간 혹은 두 판본간이 근거한 원본의 차이, 또는 편집자의 의도에 의한 것이라고 추정하였다. 이 가운데 帛書본은 仁義禮智聖의 순서대로 논의를 진행하고, 竹簡본은 聖義를 먼저 제시한 후 仁義禮智를 거론하는 순서를 밟은 것은 두 판본의 필자가 五行의 가치와 중요성을 다르게 인식한 결과라는 견해를 제시했는데, 참고할만한 가치가 있다고 본다. 연구자는 두 판본의 순서가 다름을 인정하나, 그 원인에 대해서는 차후에 논하기로 하고 우선 곽점초간의 죽간배열을 기준으로 아 다음과 같은 체제에 따라 주석 작업을 진행하기로 한다.

釋文은《郭店楚墓竹簡》(荊門市博物館編著, 文物出版社, 1998年 5月 第一版)을 底本으로 한다. 隷定이나 의미해석에 대한 이론이 있을 경우 주석에서 설명하기로 한다. '裘注'란《郭店楚墓竹簡》(1998) 중의 '裘錫圭'의 註釋을 가리킨다. 傍點은《郭店楚簡》을 따르기로 한다.

圖版 문자는 簡帛書法選編輯組가 편집한《郭店楚墓竹简》(文物出版社; 2002年10月第一版)을 참고 하기로 한다. 석문이나 예정은 원본과 기타 자료를 참고하기로 한다.

2.3) 문자 중간에 보이는【 】안의 숫자는 죽간의 번호를 가리킨다. 죽간에 보이는 合文과 重文(짧고 얇은 횡선표시) 등은 부호 대신 문자로 표기하기로 한다. 다만 학자들이 의견을 달리하는 합문은 부호를 표시하고 주석에서 설명하기로 한다. 通假字와 古今字는 ( )로 표시한다. 다른 經書와 문맥 전후를 살펴 簡文에 誤字가 있는 경우엔 〈 〉로 표시한다. 문맥과 現行本 등을 고려하여 缺文과 奪文 등은〔 〕로 표시한다. 衍文은 { }로 표시한다. 缺文 중 문자의 수는 알 수 있으나, 해당하는 자는 모르는 경우엔, ㅁ로 표시하며, 문자의 흔적이 있어 추증할 수 있는 문자가 있을 경우에, ㅁ 안에 문자를 표기하며; 확실한 字數를 모르는 경우에 ……로 표시한다.

竹簡本 經을 주 대상으로 하되, 논의나 논지의 전개를 위해 필요할 경우 帛書本 說을 각주 또는 주석에서 제시하기로 한다. 帛書本 說은 梁濤(中國社會科學原 歷史研究所)의 인터넷자료에서 취하였다.

分章은 죽간본의 짧고 두꺼운 정방형 횡선표시(제시원문의 ■에 해당)에 따른다.(26장으로 보는 견해도 있으나, 내용 파악에 큰 차이는 없다고 판단하여 제시하지는 않기로 한다)

본 역주는 대의, 한역, 원문, 고석, 각주(논점분석)의 순서에 따라 진행한다. 필요한 경우 연구자의 의견을 <案>으로 표시하여 다뤘다. 역주자는 원전에는 없는 형식이지만 후속작업의 논의(바람직한 인간행위와 관계를 밝힌 군자론으로서의 <五行>의 의미)를 전개하기 위한 한 방편으로서, 그리고 저자의 의도와 주제를 밝혀주기 위해, 각 장의 큰 주제를 항 제목으로, 작은 주제를 소절 제목으로 빼어내어 제시하였음을 밝힌다.

1) 五行의 정의

(1) 經 1장

<五行> : 인이 내면으로부터 형성되어 나타나는 것을 덕의 행위라고 하며, 내면에서 형성되지 않은 것을 (단순한) 행동이라고 한다. 의가 내면으로부터 형성되어 나타나는 것을 덕의 행위라고 하며, 내면에서 형성되지 않은 것을 (다만) 행동이라고 한다. 예가 내면으로부터 형성되어 나타나는 것을 덕의 행위라고 하며, 내면에서 형성되지 않는 것을 행위라고 한다. 지가 내면에서 형성되어 나타나는 것을 덕의 행위라고 하며, 내면에서 형성되지 않은 것을 행위라고 한다. 성이 내면에서 형성되어 나타나는 것을 덕의 행위라고 하며, 내면에서 형성되지 않은 것을 덕의 행위라 한다.

(五行𢚧(仁)型(形)於内胃(謂)之悳(德)之行, 不型(形)於内胃(謂)之行. 義型(形)於内胃(謂)之悳(德)之【1】行, 不型(形)於内胃(謂)之行. 豊(禮)型(形)於内胃(謂)之悳(德)之行, 不型(形)於内胃(謂)之【2】行, 智形 於内胃謂之悳(德)之行, 不型(形)於内胃(謂)之行. 聖型(形)於内胃(謂)之悳(德)【3】之行, 不型(形)於内胃(謂)之(悳(德)之)行.■)

【주석】

'𢚧'은 '身'이 발음이고, '心'이 의미인 형성자로 '仁'의 古體字이다. '型'과 '形'은 발음부분이 '井'으로 서로 通假한다. '悳'은 '德'의 고체자이다. '豊'는 '禮'의 고체자이다. 앞 뒤 문형과, 帛书本을 참고하여 죽간 제3간의 서두부분의 잔결부분을 3자 '行智形'으로 보충할 수 있다. '内'에 대한 해석으로는 '内面', '内心(황희경 2007, 232-233쪽)', '안(

김경수 2008, 418쪽)', '마음 속(김백희 2003, 223쪽)' 또는 '中心', '마음의 中心' 등으로 풀이하고 있다.

<案>: 연구자는 한국학자들의 해석은 대동소이한 견해로 간주한다. 저자는 다음 장에서 '중심'이라는 어휘를 동의어로 사용하고 있다. 그런데 첫 장에서부터 '仁義禮智聖內在'를 주장하고 있고, '愼獨', 帛書本 說에서도 '捨體獨心'을 주장하고 있다는 점을 감안하면, 내면은 곧 '신체감각을 주재하는 마음'으로 가정할 수 있겠다. 이런 측면을 고려하면 내면 혹은 마음으로 보는 것이 좀 더 원의를 살리는 한역이 아닌가 싶다. '形'을 '형성되다', '드러나다(황희경)', '우러나오다(김백희)' 등으로 보았는데, 해석상 큰 차이는 없다. '德之行'을 孟子의 四端처럼 해석하여 '德의 단초(池田地久2000, 233쪽)'라고 본 것은 '內'의 원의를 잘 살린 해석이라 판단된다. 이외에도 직역에 가까운 '德行(황희경, 김백희 앞의 논문)', '德之行' 또는 '德의 행위(김경수 앞의 책)'와 같은 유사한 해석들이 제시되었다. 연구자는 <五行>에서 규정하고 있는 '德行'은 궁극적으로는 군자에 대한 언급이므로, 《周易·乾卦·文言傳》의 "君子以成德爲行, 日可見之行也."라고 규정한 것이나, 《周禮·地官·師氏》에 대한 馬融의 주석 "덕행은 안과 밖을 모두 칭하는 말로 마음 속에 있는 것이 덕이고 행위로 베풀어 나오면 행이 된다(德行, 內外之稱, 在心謂德, 施之爲行)."라는 개념과 일치한다고 본다. 그렇다면 내심에 있는 것이 '五德'이고, 이것이 바깥으로 표출된 것을 '五行'이며, 五行이 조화롭게 펼쳐지는 것을 '五行의 德', 즉 '天道'라고 볼 수 있겠다. 따라서 경1장에서 언급하고 있는 '五行'의 '행'과 1장의 '德之行', 2장 서두의 '德之行', 3장의 '時行'의 '행'은 엄밀히 따지면, 용례가 다른 각각의 의미를 내포하고 있다고 생각한다. 다시 말해 '五行의 行'은 '人道의 善'과 '天道의 德'이 실현되는 주제어에 해당되는 개념으로, '德之行의 行'은 '표출 행위' 또는 '결과'

등의 명사적 어휘로, '時行'의 행은 '적용·행위·행동하다'의 동사적 의미로 파악된다. 한걸음 나아가 인도와 천도를 구분하여 분석한다면, '人道'는 사람이 걸어가야 할 길이므로 행을 '행위'로, '天道'는 하늘이 움직이는 이치이므로 행을 '운행'으로 해석하는 것이 합리적이라고 판단하여 앞으로 이 의미를 한역에서 최대한 활용하여 해석하고자 한다. 이상의 해석을 고려하고, 1장 말미의 '德之行'을 연문이 아닌 것으로 간주하여 <五行>의 대의를 훑어본다면 다음과 같다. "'五德'은 인간의 마음 속에 존재하는 것으로서 '仁義禮智聖'을 가리킨다. 이것이 조화롭게 형성되어 밖으로 표현되면 이것을 덕의 실현이라 하고, 즉 사람이 밟아가야 할 선한 길이라 한다. 그런데 이 '聖'이라는 개념은 인간의 마음과 하늘에 존재하는 것으로서 이것이 인간행위로서 '仁義禮智'와 함께 조화롭게 형성되어 표현되면 이것을 하늘이 운행하는 이치라고 할 수 있으며, 군자는 이 하늘의 이치를 듣고 따르면서 시의적절하게 행동하는 자로 많은 사람을 이끄는 리더인 것이다."

<案>: 帛书本은 '仁·智·義·禮·聖'의 순으로 서술하고 있다. 죽간본은 마지막 '聖'에 대한 언급에 관해서는 내심에서 형성되지 않은 것을 앞 네 항목과는 달리 "德之行"으로 쓰고 있다. 이는 두 가지 가설이 가능하다, 첫째, 앞 뒤 문맥으로 보아 '衍文'으로 보는 경우(황희경 2007, 원문에는 '덕지행'으로 해석은 '행'으로 해석. 김백희 2003, 연문으로 보고 '行'으로 해석, 원문오타. 박봉주 2002, 18쪽, 연문으로 보고 원문만 게재)이고, 둘째, 앞의 '仁義禮智' 四行과 '聖'을 구분하기 위한 의도적인 조처라고 보는 경우. 즉 성을 하늘의 덕과 인간의 마음을 연결하는 중계자로 보려는 해석(김경수 2008, 419-426, 518-519쪽 해석설명 참조)이다. 그렇다면 연문으로 간주한다면, 왜 하필 천도로 규정하는 '성'에서 사용했을까 라는 의문이 남는다. 인의예지를 인

도로 보고 성을 추가한 것을 천도로 보았다면, 당연히 성은 앞의 4가지로 이뤄진 것과 차별을 두어야 하지 않을까? 만일 연문이 아니라면 성은 인간심성의 내부와 외부에서 모두 존재하는 것이라는 추측이 가능하다. 인의예지가 내면에서 형성되어 하는 행위를 덕의 표현이며 인간의 길인 선행으로, 여기에 성이 포함될 경우 하늘의 길인 덕행으로 간주한 저자의 의도라면 '성'은 인간 내면과 외면에 존재하는 하늘의 도, 두 세계에서 형성되는 것을 가리키는 것이 아닌가 싶다. 연구자는 후자의 가능성이 짙다고 판단한다. 연구자는 후자에 동의하여 연문이 아닌 것으로 보고 싶지만, 연문여부에 관해서는 여전히 논란의 대상이 되므로 일단 여기에서는 { }부호 대신 ( )로 표시하기로 한다.

백서, 초간본의 서두에서 정의내리고 있는 五行이란 인간의 내면, 마음 속에 있는 다섯 가지 情性 즉 '仁'·'義'·'禮'·'智'와 '聖'이 행위로 나타나는 것을 가리키고 있음을 알 수 있다. 그러므로 竹簡本 <五行>론은 원시 五行론과는 달리 유가적 의미의 '仁義禮智聖形於內', 즉 五德內在, 五德之行說을 주장하고 있는 것이다. 1장의 핵심어는 '內(내면, 즉 마음)'와 2장의 '和(조화)', 3장의 '時(시의)'이다.

主旨: 군자의 내면으로부터 형성되어 나오는 다섯 가지 덕행(仁義禮智聖), 人道(善性)와 天道(德性)

(2) 經 2장

덕의 행위에는 다섯 가지가 있는데, 이것의 조화를 덕이라고 한다. 네 가지의 행위가 조화를 이루는 것을 선이라고 한다. 선은 사람이 걸어야할 길이며, 덕은 하늘이 운행하는 이치이다. 군자는 내면에 근심이 없으면, 지혜가 없게 되고, 내면에 지혜가 없으면 기쁨도 없게 되며, 내면에 기쁨이 없으면, 편안함도 있을 수 없으며, 내면에 편안함이 없으면, 즐겁지 않을 것이고, 내면에 즐거움이 없으면 덕이 없게 된다.

(悳(德)之行五, 和胃(谓)之悳(德), 四行和胃(谓)之善. 善, 人【4】道也. 悳(德), 天道也. 君子亡审(中)心之{憂}(忧)则亡审(中)心之智, 亡审(中)心之智则亡审(中)心【5】之悦, 亡审(中)心之悦则不安, 不安则不藥(乐), 不藥(乐)则亡悳(德).■)

【추석】

'审'은 소리부분이 '中'이기 때문에 '中'과 통한다. '樂'을 죽간은 '藥'으로 쓰고 있는데, 이는 '藥' 중의 윗 부분을 생략하여 쓴 형태이다. 君子無中心之忧则無中心之聖, 無中心之聖则無中心之悦, 無中心之悦则不安, 不安则不乐, 不乐则無德. 백서본과, 죽간본 제5간 '亡审(中)心之{憂}(憂)'부터 6간 '樂'에 이르기까지 '則'을 제외한 매 글자에 중문부호를 사용하였다.

主旨: 군자란 천도를 실행하는 주체자, 마음 속 으로부터 발현된 근심, 지혜, 기쁨, 평안, 즐거움, 덕을 소유한 자이다.

(3) 經 3장

[군자란] 내면에 인의예지성이 만들어져 때에 맞춰 행동하는 사람을 가리킨다. 사는 군자도에 뜻을 가지고 있는 사람을 가리킨다(혹은

천도를 알지만 행하지 않기 때문에 지사라 부르는 것이다). 선은 행하지 않으면 가까이 할 수 없고 덕은 뜻을 두지 않으면 이뤄질 수 없다. 지혜는 생각하지 않고는 얻을 수 없고, 깊이 사색하지 않으면 확실히 볼 수 없으며, 오래 생각하지 않으면 얻을 수 없다. 얻지 못하면 편안하지 않고 편안하지 않으면 즐거울 수 없고, 즐겁지 않으면 덕이 있을 수 없다.

(五行皆型(形)于内而时行【6】之, 胃(谓)之君子. 士又(有)志於君子道, 胃(谓)之時志)士. 善弗为亡近, 悳(德)弗【7】之(志)不成, 智弗思不得. 思不清不𧦝(察), 思不倀(长)【不得, 思不清】不型(形), [不型(形)則不安], 不安[則]不藥(乐), 不藥(乐)【8】[則]亡悳(德).)

【주석】

'時'는 '寺'가 발음이고, '寺'는 '之'가 소리부분이고; '志' 또한 '之'가 발음부분이다. 𧦝은 裘注는 帛書本과 《包山楚簡》 등을 참고하여 '세밀하게 살피다(察)'로 해석하고 있다. 帛书本은 思不倀(长)【不得, 思不清】이 구절을 "思不精长, 不能悦"로 쓰고 있어 '清'을 '精'으로 이해하고 있음을 알 수 있다.

主旨: 군자는 내면으로부터 五行을 가지고 있어 때에 맞게 행동한다. 오랫동안 내면으로부터 지혜, 사색, 명찰을 통해 안락을 얻게 됨으로써 덕을 쌓게 된다.

(4) 經 4장

인애롭지 않으면 생각은 정미하지 않고, 총명하지 않으면 생각은 오래가지 못한다. 인애롭지도 않고 총명하지도 않으며 군자를 알아보지도 못하면서도 근심하지 않는다면 군자를 보아도 마음으로부터 기쁨을 누리지 못한다. 시경에서 "그를 확실히 보고 그를 확실히 만나면 나는 진정 기쁠 것이다."라고 노래하는 것이 바로 이것이다. 인애롭지 못하면 면밀히 생각할 수 없고, 현명하지 않으면 민첩히 생각할 수 없다. 인애롭고 거룩하지 못하면 군자를 보지 못해도 걱정할 줄 모르며 군자를 보고도 마음을 내려놓지 못한다.

(不𢜔(仁), 思不能清. 不智, 思不能倀(长). [不𢜔(仁)不智], 未见君子, 𢝊(忧)心【9】不能惙惙; 既见君子, 心不能兌(悦). [《诗》曰 : "未见君子, 忧心惙惙], 亦既見止(之), 亦既詢(覯·觀)止(之), 我心则【10】悦." 此之胃(谓)也. 不𢜔(仁), 思不能清. 不聖, 思不能𨍏(輕). 不𢜔(仁)不聖,【11】未见君子, 𢝊(忧)心不能忡(忡)忡(忡); 既见君子, 心不能降.■)

【주석】

'惙惙'은 '근심이 있어 시름에 젖은 모양'을 뜻한다. '詢'와 '覯'는 見紐侯部에 속하는 글자로 서로 통가할 수 있다. 魏啓鵬(《五行箋證》)은 《詩經·召南·草蟲》 "군자를 뵙지 못하였으니, 근심걱정으로 마음이 두근거리네. 또한 그를 보며, 그를 만나면 내 마음 평안하여지리라."에서 '覯'를 '만나다(遇)'로 읽고, 孔穎達은 周易을 인용하여 '合'의 의미라고 疏하였다고 하였는데 둘 다 가능한 해석이라 여겨지며 후자의 "군자와 마음이 합해지다"라는 것은 의역으로 보고, 연구자는 직역인 "군자를 만나다"를 취하기로 한다. '終', '中', '冲'은 모두 발음이 유사하여 통가할 수 있다. '충충'은 위 구절의 '惙惙'과 마찬가지로 '근심하는 모양'을 나타낸다.

主旨: 仁은 깊은 생각을 낳고, 智은 오랜 사고를 낳으며, 聖은 경쾌한 판단을 낳는다. 사랑과 지혜, 성명은 군자를 만나는 통로이다.

(5) 經 5장

인애로운 생각을 하게 되면 정밀해지고, 세밀하면 깊이 살피게 되고, 깊이 살피게 되면 편안함에 들 수 있다. 편안하면 온화해지고 온유하면 기쁘게 되고, 기쁘면 가까워지고 가까워지면 다정하게 되고, 다정하면 좋아하게 되고, 좋아하면 얼굴빛이 온화하게 된다. 온화한 얼굴빛은 마음에서 생겨나는데, 마음으로부터 우러나오는 것이 바로 인애이다.

(悬(仁)之思也清, 清·精【12】则戠(察), 戠(察)则安, 安则悃(溫), 悃(溫)则兑(悦), 兑(悦)则豪(戚), 豪(戚)则新(亲), 新(亲)则忢(爱), 忢(爱)则玉色, 玉色则型(形), 型(形)则悬(仁).■【13】)

【주석】

‘戠’은 裘注는 《帛書本》와 《包山楚簡》 등을 참고하여 ‘察’자로 해석하였다. ‘豪’는 ‘就’로서 발음이 ‘戚’과 서로 통하는 通假字이다. 또는 朱德熙(《古文字論集》 112쪽)는 이 글자를 ‘戚’으로 읽고 慽으로 通假하여 ‘가깝다·친근하다(近)’로 즉 가까워지면 친해진다로 해석하였다.

<案>: 연구자도 문맥상 군자의 인간관계는 내면으로부터 감동을 받게 되므로 만나 볼수록 가까이 하게 된다는 뜻으로 파악하여 朱德熙의 견해를 취하기로 한다. ‘玉色’은 옥의 품성으로서 보통 사람의 성품을 묘사하기도 하는데, <案>: 여기에서는 온화한 얼굴빛(용모)

을 비유하였다. 帛书에는 "溫则见君子道, 见君子道则不忧, 不忧则玉色."라는 구절이 포함되어 있다. '悃'은 '慍'의 이체자로 帛書本에는 '溫'으로 되어 있으며, 여기서는 '온유하고 너그러운 마음(溫柔寬緩)' 또는 '따뜻하고 어질고 공손하고 검소하며 나보다 남을 높게 여기는 마음(溫良恭儉讓)'의 의미로 볼 수 있다.《荀子·法行》에도 "무릇 옥은 군자의 덕으로 비유된다. 온화하고 윤택한 것은 인의 덕이요, 분명히 드러나 문리가 있는 것은 지의 덕이다. 굳고 강하며 굽히지 않는 것은 의의 덕이요, 모가 나면서도 상처를 주지 않는 것은 행의 덕이다. 꺾여 질지라도 굽히지 않는 것은 용의 덕이요, 옥티와 옥빛이 나란히 드러나는 것은 정의 덕이다. 그것을 두드리면 소리가 맑고 높게 멀리 들리며, 두드리는 것을 멈추면 그치는 것은 말의 덕이다. 그러므로 비록 옥돌 조각이 아름다워도 옥의 윤택만 못한 것이다. 시경에 '군자를 그리노니, 온유함이 옥과 같네'라고 한 것은 이것을 가리키는 것이다(夫玉者, 君子比德焉. 溫润而泽, 仁也；缜栗而理, 知也；坚刚而不屈, 义也；廉而不劌, 行也；折而不挠, 勇也；瑕适并见, 情也.扣之, 其声清扬而远闻, 其止辍然, 辞也. 故虽有珉之雕雕, 不若玉之章章.《诗》曰：'言念君子, 溫其如玉.'此之谓也."라고 기재되어 있다. 詩經 秦風 小戎의 구절을 인용하여 진정한 군자의 덕이 비록 조작된 화려한 외모는 아니지만, 내면의 인격으로부터 뿜어져 나오는 은근한 향기와 빛에 감동될 수 밖에 없음을 밝히고 있다. 이를 근거로 유가의 바람직한 군자상에 대한 태도라는 측면에서 볼 때, 지하자료와 문헌자료의 표현과 내용이 거의 일관되게 기술되고 있음을 확인할 수 있다.

主旨: 仁은 군자 내면의 德의 작용(仁 → 精 → 察 → 安 → 溫 → 悅 → 戚 → 親 → 愛) ⇒ 외면의 온화한 얼굴빛으로 표출된다.

(6) 經 6장

지혜로운 생각은 오래 지속되고, 오랜 시간을 거쳐야 획득될 수 있으며, 일단 얻게 되면 잃지 않고, 잃지 않으면 현명하게 되고 현명하면 어진 사람을 만날 수 있게 된다. 현자를 만나면 얼굴빛이 온화해지고, 온화한 얼굴빛은 내면으로부터 만들어지며, 마음속에 깃들게 되면 지혜로워 진다.

(智之思也倀(长)㪽倀(长)则得, 得则不亡(忘), 不亡(忘)则明, 明则见(贤)人, 见㪽(贤)人则玉色, 玉色則型(形), 型(形)【14】则智.■)

【주석】

'亡'과 '忘'은 모두 明紐陽部에 속하는 글자로 통가할 수 있으며, 帛書本에는 '亡'이 '忘'으로 쓰인 예가 보이고 있다.

主旨: 군자는 지혜를 오랫동안 견지하여 현명해지면 내면으로부터 빛을 발하게 되어 반드시 현인을 만나게 된다.

(7) 經 7장

비범하고 총명한 생각은 민첩하고, 민첩함은 마음으로부터 만들어져 나오고, 마음으로부터 형성되니 망각될 수 없고, 망각하지 않으면 총명해지는 것이다. 총명하면 군자의 도리를 들을 수 있고, 군자의 도리를 듣는 것은 하늘의 소리를 듣는 것이니, 하늘의 소리는 마음으로부터 만들어지며, 마음으로부터 형성되는 것이 바로 거룩한 하늘의 덕인 것이다.

(聖之思也翠(輕), 翠(輕)則型(形), 型(形)则不亡(忘), 不亡(忘)则聪, 聪则聋(闻)君子道, 聋(闻)君子道则玉音, 玉音则型(形), 型(形)【15】则聖.■)[311]

【주석】

'聖'에 대한 두 가지 해석이 가능하다. 첫째, 문장 맨 앞에 나오는 성과 문장 맨 끝에 나오는 성을 한 가지 의미로 해석하는 경우이고, 둘째, 앞의 '聖'은 생각에 있어 비범함, 총명함, 현명함을 가리키고, 문장 끝의 '聖'은 이 글의 맨 처음에 등장하는 '五行(仁義禮智聖)'이 조화롭게 운행하여 '德行'이 완성되는 단계를 가리킨다고 보는 것이다. 즉 앞에서는 조건을 말하고 뒤에서는 그에 따른 결과로서 개념을 총괄하여 글을 맺고 있다고 보는 것이다.

<案>: 앞 5장에서 仁之思 = 仁, 6장에서 智之思 = 智 라고 언급했기 때문에, 여기서도 聖之思 = 聖, 즉 사람이 지극히 성스러운 생각을 하게 되면 천도가 완성된 덕의 단계로 들어갈 수 있다고 풀이하는 것이 타당한 해석이라고 본다. '聋'은 '闻'자의 고문자이다. '玉音'은 '자연의 소리(天籟)'로 오직 어진사람만이 귀가 밝아 들을 수 있다. 즉 聖明하고 賢德한 사람이 듣고 변별할 수 있는 소리를 비유한 것이므로, 비범하고 총명하며 어진 후덕한 소리를 가리키기도 한다. 帛書本에는 '王言'으로 되어 있는데, 《尚書大傳》卷五의 기록에도 "제후 모두 옥음에 몸을 굽히어 받든다(諸侯皆莫不磬折玉音)"에서 玉音은 왕의

311) 帛書【说7장】"圣之思也轻". 思也者, 思天也；轻者尚矣. "轻则形". 形者, 形其所思也. 酉下子思轻于翟, 路人如斩；酉下子见其如斩也, 路人如流. 言其思之轻也. "不忘则聪". 聪者, 圣之藏于耳者也, 犹孔子之闻轻者之鼓而得夏之庐也. "聪则闻君子道". 道者, 天道也, 闻君子道之志耳而知之也. "闻君子道则玉音". □□□□□□而美者也, 圣者闻志耳而知其所以为□者也. "玉音则形". □□□□."形则圣".□□□□圣.

말을 가리켰음을 추정해 낼 수 있다, 즉 고문에서 玉音, 德音, 天籟, 王言 등은 모두 유사한 비유적 의미로 쓰였다고 볼 수 있겠다.

主旨: 군자는 마음으로 玉音(天籟)을 들을 수 있으므로 聖人이라 부른다.

2) 君子論 - 愼獨, 德行

(1) 經 8장

[“뻐꾸기가 뽕나무에 있으니 그 새끼가 일곱이네] 단정하신 군자여, 그 위의가 한결같구나(一)” 하나(一)가 될 수 있게 된 후에야 군자가 될 수 있으니, 군자는 신독하는 것이다.

(“[鳲鳩在桑, 其子七兮].要(淑)人君子, 其義(仪)罷(一)也”. 能爲罷(一), 肰(然)句(後)能爲君子, 慜(慎)其蜀(独)也.■【16】)[312]

【주석】

‘要’의 ‘弔’음과 ‘叔’은 음이 서로 통하기 때문에 ‘淑’의 의미로 사용된다. ‘叔’, ‘婌’, ‘淑’은 모두 通假하여 사용되었다. ‘罷’는 원래 ‘羽’와 ‘能’이 결합한 회의자로서, 楚文字에서 ‘罷’는 ‘一’로 가차하여 사용되

---

312) 帛書【經8장】“鳲鳩在桑, 其子七兮. 淑人君子, 其宜一兮.”, 能爲一, 然後能爲君子. 君子愼其獨[也]. 帛書【说8장】‘鳲鸠在桑’. 直也. ‘其子七兮’. 鳲鸠二子耳, 曰七也, 兴言也. ‘淑人君子, 其儀一兮’. 淑人者□, 仪者义也. 言其所以行之义之一心也. ‘能为一然后能为君子’. 能为一者, 言能以多为一；以多为一也者, 言能以夫五为一也. ‘君子愼其独’. 愼其独也者, 言舍夫五而愼其心之谓也. 独然后一, 一也者, 夫五为□心也, 然后得之. 一也, 乃德已. 德犹天也, 天乃德已. ‘燕燕于飞, 差池其羽’. 燕燕, 兴也, 言其相送晦也. 方其化, 不在其羽矣. 說

었다. '𢡱'는 '慎'의 이체자이다. '蜀'은 초나라에서는 '獨'의 의미로 쓰였다. 《詩經·曹風·鳲鳩》의 원문과 백서를 근거로 앞 구절을 채워 넣고자 한다. 시구는 뻐꾸기를 가리키며, 어미새가 새끼에게 먹이를 줄 때, 아침에는 위로부터 아래로 저녁에는 아래로부터 위로 올라가는 것이 항상 같다.

說8장 가운데 "하나가 될 수 있게 된 후에야 군자가 될 수 있다."란 말은 여럿을 하나로 만든다는 것이고, 여럿을 하나로 만든다는 것은 다섯을 하나로 만들 수 있다는 의미이다. <案>: 여기에서 논의의 초점은 두 가지 이다.

첫째, '다섯'이 무엇을 가리키는 지에 대한 정의가 분분하다. 龐樸과 郭沂는 '五行'인 '인의예지성'으로, 廖名春은 五行이 안에서 형성된 것이 아니라 겉모습에서 형성된 것을 지칭한다고 보았으며, 陳來는 오관(다섯 가지 감각기관)이 마음에 의해 통제되는 것으로 보았다. 龐樸(1980) 32쪽, 郭沂 164쪽, 廖名春 52쪽, 陳來(2008) 7-8쪽, 33-34쪽. 이상 장원태(2011) 재인용 참조. 帛書의 설명은 군자의 조건을 부연하고 있으며, 여기에서 다섯을 五官 즉 다섯 가지 감각기관의 몸으로 풀이하려는 진래의 견해는 마음의 통제를 받는 감각이라는 측면에서 설득력이 있다고 본다. 우선 '慎獨'을 설8장에서는 '捨五慎心'이라고 하였고, 이어지는 설9장에서도 '捨體獨心'으로 풀이한 것을 고려해보면, '五'가 '體'와 상응한 것임을 쉽게 짐작할 수 있다. 다시 말해 帛書의 설명자는 군자의 인식행위를 탈기관의 주체자로서 오로지 마음 만을 인정한 것이 아닌가 싶기도 하다. 또한 <五行>의 經과 說의 저자 모두 일관되게 설명하고 있듯이 龐樸과 郭沂가 주장한 五行을 가리킬 가능성도 배제할 수는 없다. 그렇다고 廖名春의 五行이 내면이 아닌 외부에서 형성된 것을 가리킨다면 외부로 표출된 五行을 한가지로 전념한다는 의미보다는 오히려 경과 설의 편저자들이 강조하고 있는 내면으로부터의 자발적 덕행을 부정하는 측면이 부각될 위험이 있으므로, 한마디로 단언하기는 곤란하다고 본다. 다음으로 여럿을 하나로 만든다는 것은 한 가지에 집중한다는 의미를 나타낸다는 것은 짐작 가능하다. 예컨대 인용한 《시경·조풍·시구》에서도 '마음이 묶여있는 듯하다(心如結)'라는 것으로 마무리 되듯, 뻐꾸기가 자식을 향한 마음처럼 사람의 마음이 한결 같이 한 곳에 집중한다(專一)는 것을 비유하고 있다. 《순자 권학》에서도 이 시구를 인용하면서 "그런 까닭에 군자는 하나에 마음을 매어 놓는다(故君子結於一也)."라고 하여, 마음 씀이 한결같아야 목표에 도달할 수 있다고 하였다. 《설원·빈질》에서도 같은 시구를 인용하면서 "스스로 그 뜻을 하나에 깊이 매어 둘 수 있다(自深結其意於一)."고 하였다. 이런 측면에서 <五行>의 신독은 한결같음(如一), 집중(專一)을 의미하고, 이런 맥락에서 도와 한시도 떨어질 수 없음을 강조하고 있는 <中庸>의 신독의 개념과도 상통하는 점이 발견된다고 본 장원태의 견해는 충분한 설득력이 있다고 판단한다.

둘째, 신독이 이루어지는 장소, 즉 내면을 강조하고 있다는 점이다. 이 점은 <五行>의 서두 부분부터 일관되게 서술되고 있다. 경1장에서는 五行(仁義禮智聖)이 내면으로부터 일어나 외면으로 나타나지 않는 것은 단순한 행위일 뿐, 덕행이 될 수 없음을 말하고 있다. 또 경3장에서는 "인의예지성이 마음 속에서 형성되어 때에 맞춰 행동하는 것을 군자라 부른다(五行皆型(形)于內而時行【6】之, 胃(谓)之君[子])."라고 하여 군자의 五行은 내면에서 형성되는 것이라는 것을 설명하였다. 결국 '군자'란 '五行'의 덕을 내면에 쌓아 조화롭게 행동으로 표출할 후 있도록 전념하여 부단히 노력하는 자를 가리키는 것이고, 이러한 과정을 '愼獨'으로 표현할 수 있으며, 愼獨을 마음으로부터 떠나지 않도록 경계하는 것을 시경의 시구를 들어 비유적으로 설명한 것이라 볼 수 있겠다. 또한 "그 깃이 가지런하지 않다라고 함은 최질에 있지 않다는 것을 의미한다. 최질에 있지 않은 후에야 지극히 슬퍼할 수 있는 것이다. 상을 치르면서 최질을 바로하고 옷깃을 갖추면 슬픔은 적어진다. 지극한 내면의 것은 외부에 있지 않다는 것을 말한다. 이것을 '독'이라 한다. '독'이란 몸을 버리는 것이다(差池者，言不在衰絰，不在衰絰也，然后能至哀. 夫丧，正絰修领而哀杀矣，言至内者之不在外也. '是之谓独'. 独也者，舍体也)."라고 하여, '獨'을 '捨體'라고까지 언급하고 있으며, 설9장에서는 '獨心'이라고 강조하고 있다. 설25에서도 마음과 관련하여, 내면에서부터 덕성을 형성함으로써 인의를 기쁘게 하는 것이라고 보았으므로, '愼'을 일반적인 '경계(戒)'의 의미가 아닌, 지키고 따라야 하는 '진심(誠)'으로 해석하는 것이 타당할 것으로 판단한다. 이외 비슷한 맥락에서 魏啓鵬, 陳來는 마음이 몸에 대하여 군주의 지위를 갖는다는 점을 들어 '따른다(順從)'로, 인의를 좋아하는 마음을 '진중이 여긴다(珍重)'로, 郭沂는 '독을 조심스럽게 지킨다'로 해석하였다. 장원태 36쪽 재인용 참조. 장원태는 《설원·반질》편을 인용하면서 <五行>의 '愼獨'이 이 문장에서는 '誠'으로 대체되고 있음을 지적하고, <五行>을 참고하여 작성하였을 가능성을 제기하였다. 나아가 《禮記·大學》에서 '愼獨'이 '誠意' 장에서 언급되고 있다는 점, 《荀子·不苟》에서 '誠'과 '愼獨'이 거의 동일하게 언급되고 있다는 점을 들어 <五行>의 저자는 中庸의 '誠'에 준하는 의미로서 '愼獨'을 이해했을 가능성을 추론하였다. 이러한 논의는 자료출간에 대한 명확한 시간의 선후구분이 전제되어야 함은 물론이다. 현재 죽간 <五行>는 《郭店楚墓竹簡》의 하장연대, 저자문제, 사상내용 등에 대한 논란과 더불어 저작시기를 분명히 확정짓지 못하고 있는 실정이다. 특히 초간의 연구방법에 있어 감안해야 할 것은 첫째, 출토자료의 성립연대에 대한 선입견의 문제, 둘째, 문자해독의 문제를 해결하는 것이다. 이승률 <신발견초간과 초간연구방법론에 대한 일고찰>(서지학연구 제24집 473-492쪽 2002) 참조. 장원태는(37-43쪽) 鄭玄과 孔穎達이 '獨'을 혼자 있을 때로 이해하여 악을 저지르기 쉬운 상황으로 간주하여 愼獨과 誠을 같은 위상으로는 규정하지 않았다. 그런데 <五行>에서는 '獨'이 내면을 의미하고, 악의 잠재적 가능성을 전제하기보다는 도덕성을 소유하고 있는 상태로 이해하였으며, '愼獨'은 인간의 도가 하늘의 도에 이르는 계기가 된다는 점에서 중용의 '誠의 개념과의 관련성을 찾을 수 있으며, 이러한 측면에서 荀子의 不苟편에서도 誠의 개념을 중심으로 천도와 인도의 일치를 논한다는 점을 지적하고 있음을 알 수 있다. 연구자는 사상의 영향관계는 차치하더라도,' 獨 '의 개념,' 愼獨 '의 의미,' 誠 '과의 관련여부 등에 대한 이들 상호관련성에 대한 견해에는 동의를 표하고자 한다.

<案>: 죽간의 저자는 시경의 인용을 통해 뻐꾸기가 새끼를 항상 균일하게 먹이는 것을 비유로 들어 군자가 마음으로부터 덕행을 실천하여 신독에 힘씀으로써 한결 같이 威儀을 갖춘 품행을 표현하고자 한다고 본 것이다.

(2) 經 9장

["제비들이 날아가니 그 깃이 가지런하지 않구나. 之子가 돌아감에 멀리 들에서 전송하노라. 멀리 바라보아도 미치지 못하여,] 비오듯 눈물 흘리노라."란 그 깃이 가지런하지 못한 모습을 본 후에야 지극히 슬퍼할 수 있음을 노래한 것이니, 그러므로 군자는 신독해야 하는 것이다.

("[燕燕于飞, 差池其羽. 之子于归, 远送于野]. 瞻望弗及, 泪(泣)涕

女(如)雨". 能遍(差)沱(池)其翆(羽), 肰(然)句(後)能至哀. 君子認(愼)其獨也.■【17】)[313]

【주석】

'及'은 죽간의 남아 있는 흔적을 근거한다면 '汲'으로 추정된다. '汲'은 '及'과 용법이 같고 흔히 번체와 간체로 쓰인다. '湨'를 裘注는 '溧'로 예정해야 된다고 주장하고 있다. 이 주석에 따르면 '溧', '泣'의 고음은 같아 서로 通假하여 사용되었으며, 따라서 여기서의 의미는 '泣'으로 본다. '翆'는 '羽'의 번체이고, '遍沱(池)'를 《詩經》 원문에는 '差池'로 쓰고 있다. 원래 제비가 날 때, 위아래로 날개 짓 하는 모습, 즉 가지런하지 않은 모양(不齊)을 형용한 連綿詞이다.

<案>: 魏啓鵬(<五行箋證>은 '遍'을 '屈'로 읽고 '짧다', 혹은 "꼬리가 짧다(없다)"로 해석하여 길이의 개념으로 이해하였으나, 연구자는 시경에 비유된 시구의 내용과의 관련성을 살펴볼 경우 의미연결이 쉽지 않다고 판단하여 취하지 않고 날개를 펄럭이며 때를 지어 날아가는 모습을 형용한 표현으로 해석하고자 한다. 위계붕은 같은 책에서 '沱'를 '髳'와 발음이 유사하다는 점을 근거로 通假하여 '다하다(盡)'의 의미로 쓰인다고 하였는데, 이 경우 "끊임없이 위아래로 날개 짓을 다하다."로 해석할 수 있을 것이다. 그렇다면 제비의 어떤 모습을 보고서야 슬픔에 이른다는 것일까? 저마다 외롭게 하늘을 나는 제비의 모습이 군자의 신독하는 모습을 연상하게 되고, 그러한 절대고독은 마치 들판에서 날아가는 새들이 시선에서 벗어나듯 멀리 헤어져 보이지 않는 상대 연인에 대한 외롭고 쓸쓸한 분위기를 떠올린 것은 아닐까? 죽간의 저자가 시경을 인용하여 주지를 전개하였다는 일관성을

313)【说9장】"君子之为善也, 有与始, 有与終". 言与其体始与其体終也. "君子之为德也, 有与始, 无与終". 有与始者, 言与其体始 ; 无与終者, 言舍其体而独其心也.

감안한다면, 위계붕이 끊임없이 날개 짓하는 것으로 신독의 어려움을 비유하고자 한 견해의 가능성을 열어놓더라도, 여기서는 가지런하지 않은 깃을 들어 신독의 고행을 비유적으로 표현하고자 한 것으로 해석하고자 한다.

<案>: "군자의 선행은 시작이 있고 끝이 있다"고 하였는데, 이는 몸으로 시작하여 몸으로 마치는 것을 가리킨다. "군자의 덕행은 시작이 있고 끝은 없다"고 하였는데, 시작이 있다고 한 것은 몸에 있어 시작이 있다는 것을 가리키고, 끝이 없다고 한 것은 몸을 버리고 오직 마음을 다한다는 것을 가리키는 것으로 해석하고자 한다. '捨體獨心', 즉 여기서 '獨'은 '一' 혹은 '壹', '愼獨'의 '獨'을 가리키므로, "몸을 버리고 마음을 온전히 하나로 한다."로 해석한다.

主旨: 군자는 **天道**를 지향하여 **愼獨**에 힘쓴다.

(3) 經 10장

군자의 선한 행위는 시작과 끝이 있다. 군자의 덕행은 시작은 있지만 끝은 없다. 음악에 있어서는 종소리로 시작하여 옥소리로 마무리되는 것이 바로 덕인 것이다.

(君子之为善也, 又(有)與司(始), 又(有)與冬(終)也. 君子之为悳(德)也,【18】又(有)與司(始), 亡(無□)與終也. 金聖(声)而玉晨(振)之, 又(有)悳(德)者也.■)[314]

---

314)【說10장】"金声而玉振之".……… ………□□□由德重. 善也者, 有事焉者, 可以刚柔多合为. 故□善□□□. "德, 天道". 天道也者, 己有弗为而美者也. "唯有德者然后能金声而玉振之". 金声而玉振之者, 动□而□□形善于外, 有德者之□.

‘晨’과 ‘振’은 고음이 유사하여 통가하여 사용되었다.

<案>: 여기에서는 ‘떨치다(振)’ 혹은 ‘거두다·수렴하다(收)’의 의미로 쓰였다. 즉 악기의 소리가 종소리로 시작하여 옥소리로 마무리한다는 것을 들어 군자가 선으로 시작하여 덕으로 마무리한다(완성, 수렴)는 것을 비유한 것으로 추측된다. 帛書本 說에서는 군자의 善行을 ‘有始有終’이라 하고, 德行을 ‘有始無終’이라고 규정한 것은, 몸으로는 행위를 표출하여 마쳤지만, 마음으로는 온전히 끝이 없이 다함을 가리키는 것으로 풀이하였는데, 이는 道家에서 ‘道’를 ‘有始無終’으로 정의한 것과 사뭇 흡사하며 죽간 서두의 五行을 조화롭게 실천하는 것을 ‘天道’, 군자의 완성된 덕행이라고 규정한 것과도 부합되는 측면이 있어 타당한 견해로 채택하고자 한다. 즉 ‘선행’이라함은 인의예지가 마음으로부터 조화롭게 발현된 행위이며, ‘덕행’이라함은 ‘仁義禮智聖’이 마음으로부터 조화롭게 발현된 행동으로서, 몸으로 행동을 마쳤지만 한결같은 마음으로 지극함을 다하여 끝이 없는 단계를 덕행의 완성이라고 본 것이다. ‘金聲’은 鐘과 같은 악기에서 울려 퍼지는 소리이고, ‘玉音’은 ‘磬’과 같은 악기에서 나는 소리를 의미한다. 고인들은 ‘金聲’으로 ‘善’을 비유하고, ‘玉音’으로 ‘德’을 비유하였다. 고대의 음악은 ‘禮’를 실현하는 구체적인 형식임과 동시에 ‘德’을 실현하는 방식이기도 하였다. 쇠소리는 시작을 알리며 사람의 귀를 울려 들으면서 사라지지만, 옥소리는 마음에 울려 잔잔한 감동으로 이어지기 때문에 음악을 완성하지만 그 소리는 끝이 없다고 말한 것이다. 결국 연구자는 여기에서 군자의 ‘善’은 사람의 도리로서 ‘有始有終’하고, 군자의 ‘德’은 하늘의 원리로서 ‘有始無終’하는 것이라고 하여, 모름지기 군자의 ‘善德’을 실천하는 행위란 사람과 하늘의 도에 합치되어 따르는 것이라는 해석을 제시하고자 한다.

(4) 經 11장

종소리는 선하고 옥소리는 거룩하다. 선은 사람이 가야할 길이고 덕은 하늘이 운행하는 이치이다. 덕을 소유해야 종소리로 시작하여 옥소리로 아름답게 끝낼 수 있다. 귀가 총명하지 못하면 눈이 밝지 못하고 총명하지 못하면 지혜로울 수 없고, 지혜롭지 못하면 인애로울 수 없고, 인애하지 못하면 편안하지 못하고, 편안하지 못하면 즐겁지 못하고, 즐거움이 없으면 덕행을 실천할 수 없다.

金聖(声), 善也; 玉音, 聖也. 善, 人【19】道也; 悳(德), 〈天〉道也. 唯又(有)悳(德)者, 肰(然)句(後)能金聖(声)而玉晨(振)之. 不聰不明,【不明不聖】, 不聖不【20】智, 不智不悬(仁), 不悬(仁)不安, 不安不乐, 不乐亡悳(德).■)[315]

【주석】

李零은 전후 문맥과 형식을 고려하여 제19간과 제20간 사이의 여백에【不明不聖】을 보충하고 있다. 邢文(《中國哲學》 제20집 《郭店楚簡研究》)은 백서본에는 앞 구절에 "不存不恭, 不恭亡禮"이 나오며, 죽간본에는 22장에 포함되어 있다고 하였다.

---

315) 판본을 고찰해보면 이 단락에 특히 重文부호가 상당수 출현하고 있으나,《書法選》에는 이 단락뿐만 아니라 이하 문장에서도 重文을 재대로 반영하지 못하고 있으므로,《郭店楚簡》을 근거로 정정하고자한다.【说11】"不聪不明", 聪也者, 圣之藏于耳者也; 明也者, 智之藏于目者也. 聪, 圣之始也; 明, 智之始也. 故曰. "不聪明则不圣智", 圣智必由聪明. 圣始天, 智始人; 圣为崇, 智为广. "不智不仁", 不智所爱则何爱, 言仁之乘智而行之. "不仁不安", 仁而能安, 天道也. "不安不乐", 安也者, 言与其体偕安也, 安而后能乐. "不乐无德", 乐也者流体, 机然忘塞, 忘塞, 德之至也, 乐而后有德.

<案>: "종소리는 선이며 옥의 소리는 성이다. 선은 사람의 도리이고 덕은 하늘의 도리이다. 오직 덕이 있는 사람이라야 비로소 쇠로 소리를 내고 옥으로 거둘 수 있다."라는 문의를 근거로 볼 때, 맹자도 "공자의 말씀을 집대성하여 요약하니, 음악으로 말하자면 금성이요 옥진이라. 종소리는 처음에 맥락을 바로잡고, 옥소리는 마지막으로 마무리한다. 처음에 바로잡는 것은 지혜의 일이요, 마지막으로 마무리하는 것은 성덕의 일이다."[316]라고 비유한 것처럼, 여기서는 앞 10장의 내용과 일관된 주지를 전개하여, 군자의 인품을 선을 초월하여 덕성을 함유한 것이 마치 음악의 시종과 강약을 겸유한 집대성인 것처럼 하늘의 지극한 도의 이치에 이른 경지라고 본 것이다.

<案>: 백서본 說에서는 聰을 귀에 聖이 깃들어 있음을, 明을 눈에 智가 숨어있음을 가리킨다고 보아 '聰明'을 합성어로서 '신체 속의 聖智'로 해석해내었으며, 聰을 聖의 시작으로, 明을 智의 근원으로 간주하여, 聖은 天道의 시작으로, 智는 人道의 근원으로 파악하였음을 알 수 있다.

主旨: 군자의 善行과 德行, 군자는 善行으로 사람이 가야할 길을 완성하고, 德行으로 하늘이 운행하는 길을 따르는 자이다.

(5) 經 12장

힘쓰지 않으면 기쁘지 않고, 즐겁지 않으면 가까이하지 않게 되고, 가까이 하지 않으면 친하지 않게 되고, 친하지 않으면 사랑하지 않게 되고, 사랑하지 않게 되면 인자해지 않는 것이다.

316)《孟子·萬章下》"集大成也者, 金聲而玉振之也. 金聲也者, 始條理也, 玉振之也者, 終條理也. 始條理者, 智之事也, 終條理者, 聖之事也."

(不貞(变·勉)不兌(悦), 不兌(悦)不𧗿(戚), 不𧗿(戚)不新(亲), 不新(亲)不悉(爱), 不悉(爱)不悬(仁).■)[317]

帛书본에는 이 장이 경14장 "不远不敬" 뒤에 배치되고 있으며, 이 구절의 내용이 "不恋不悦, 不悦不戚, 不戚不亲, 不亲不爱, 不爱不仁."로 되어 있다. 浅野本은 "行而后能" 义也를 보충하였으며, '貞'은 弁, 變과 通假字로 '힘쓰다·격려하다(勉)' 혹은 '변화하다(變)'의 의미로 쓰였다.

<案>: 변화의 의미는 결국 힘쓰는 행위와 흡사한 것으로 두 가지 측면에서 그 의미를 추정해볼 수 있겠다. 첫째로 군자의 심성과 행위는 자신을 부단히 반성하고 연마하여 변화를 추구하는 것임을 주장한 것으로 보인다. 둘째로는 일반적인 범인의 경우에도 변화를 추구하며 자신을 단련시키게 되면 기쁨을 얻게 되고, 친해지게 되고, 사랑하게 되고, 자비를 베풀 수 있게 된다는 맥락으로 이해할 수 있을 것이다. 두가지 해석 모두 '仁'을 설명하는 것으로 파악되며, 이러한 논리는 이어지는 13장 '義'를 설명하는 문장과 자연스럽게 연결지고 있다고 본다. 즉 인의 궁극적인 메커니즘을 勉 → 悅 → 戚 → 親 → 愛 → 仁이라는 이중부정 형식의 가언명령으로 규정화시켜 설명하고 있는 것이다.

(6) 經 13장

거리낌이 없지 않으면 과감하지 못하고, 과감하지 못하면 호방할 수 없으며, 호방하지 않으면 결단력을 발휘할 수 없다. 결단력이 없으

317)【说12장】"不变不悦".变也者, 勉也, 仁气也. 变而后能悦. "不悦不戚". 悦而后能戚所戚. "不戚不亲". 戚而后能亲之."不亲不爱". 亲而后能爱之. "不爱不仁". 爱而后仁.

면 분간하기 어렵고, 분간할 수 없으면 행동으로 옮길 수 없고, 실행할 수 없으면 정의롭지 못한 것이다.

(不悳(直)不遙(肆), 不遙(肆)不果, 不果【21】不柬(簡), 不柬(简)不行, 不行不义.■)[318]

【주석】

《老子·德經》에는 '直而不肆'라는 구절이 보이고, 《禮記·樂記》에는 '肆直而慈愛'라는 구절이 있다. <案>: '遙'를 《帛書本》은 '泄'로, 張光裕는 불확실하다고 판단하여 해석을 보류하였고, 李零은 음성적 관계를 고려하여 "肆, 즉 거리낌이 없다."로 해석하였으며, 연구자도 문맥상 이령의 해석을 타당한 견해로 받아들이고자 한다. '果'는 《論語·憲問》의 "果哉! 末之難矣"나, 《大戴禮記·文王官人》의 "潔廉而果敢者也"라는 예를 근거로 볼 때, '과감하다·결단력이 있다'로 해석할 수 있을 것이다. 帛書本 說에서는 '簡'을 "不以小害大, 不以輕害重."라고 하여 "작은 것으로 큰 것을 놓치거나 경박한 것으로 장중한 것을 소홀히 여겨서는 안된다."고 해설하였는데, '柬'을 '簡'과 통가하여 쓴 것이라고 하여 '크다'의 뜻으로 풀이하는 예가 있긴 하지만 의미가 통하지 않으므로, 연구자는 이 구절이 '直' → '肆' → '果'의 조건과 인과관계를 대비한 가언명령으로 구성된 점을 고려하여, '簡'을 거칠어 분별하지 못한다는 의미의 '揀'으로 통가하여 해석하고자 한다.

318) 帛書【说13장】"不直不肆".直也者, 直其中心也, 义气也. 直而后能肆. 肆也者, 終之者也; 弗受于众人, 受之于孟贲, 未肆也. "不肆不果", 果也者, 言其弗畏也, 无介于心□也. "不果不简", 简也者, 不以小害大, 不以轻害重. "不简不行", 行也者, 言其所行之□□□"不行不义", □□□□[9]义也.

(7) 經 14장

거리를 두지 않으면 경외하지 않고, 경외하지 않으면 위엄이 없고, 위엄이 없으면 높이지 않고, 받들지 않으면 예가 없게 된다.

(不䟶(远)不敬, 不敬不严, 不严不障(尊), 不障(尊)不共(恭), 不共(恭)亡豊(禮).■)[319](未尚(尝)【22】

'障'은 '尊'의 初文이다. '䟶'은 見과 袁이 결합한 형성자로서 '遠'으로 읽으며 '袁'과 '遠'은 통가하였다. '遠'은 '떠나다, 물러나다' 또는 '멀다, 소원하다', 여기에서는 '거리를 두다'로 해석한다.

<案>: 앞에서 인의의 과정을 규범화시켰다면, 이어서 '禮'의 메커니즘을 遠 → 敬 → 嚴 → 尊 → 恭 → 禮로 규정하였다.

(8) 經 15장

군자의 도를 아직 들어보지 않은 사람을 귀가 밝지 않다고 하고, 현자를 아직 보지 못한 사람을 눈이 어둡다고 한다. 군자의 도를 듣고도 깨닫지 못하는 사람을 거룩하지 않다고 하고, 현자를 만나고도 그의 덕행을 알아보지 못하는 사람을 지혜롭지 않다고 하는 것이다.

(未尚(尝)【22】聋(闻)君子道, 胃(谓)之不聪. 未尚(尝)见臤(贤)人, 胃(谓)之不明. 聋(闻)君子道而不智(知)【23】其君子道也, 胃(谓)之不聖.

319) 帛書【说14장】"不远不敬". 远心也者, 礼气也. 质近者, □弗能□, □□□敬之[10]. 远者, 动敬心, 作敬心者也. 左麾而右饭之, 未得敬□□□ "不敬不严", 严犹══, ══者, 敬之积者也. "不严不尊", 严而后已尊. "不尊不恭", 恭也者, [用上]敬下也. 恭而后礼也, 有以礼气也.

见𦣻(贤)人而不智(知)其又(有)𢛳(德)也, 胃(谓)之不智.■【24】)[320]

'尙'은 '嘗'과 통가자 관계이다. '見'은 두 가지 용례, 자동일 경우 '드러나다, 나타나다(顯)'의 의미로, 타동일 경우 '視(보다)'보다'로 해석하는 데, 여기에서는 목적 대상 '賢人'을 가지므로 타동사로 간주한다. '賢人'은 여기서는 '尊賢'의 대상, 즉 '덕이 있는 사람' 또는 '도를 깨우치고 행하는 사람'을 가리킨다.

<案>: 이 문장을 근거로 보면, 이어지는 '尊賢'의 대상은 '有德者', '智慧者'인 '君子'임을 알 수 있으며, 이러한 군자를 알아보는 능력은 치자로서 갖춰야할 필수덕목으로서 聰明, 聖智를 제시하고 있음을 알 수 있다. 이러한 측면에서 聖人은 현명한 治者라 규정할 수 있으며, 치자의 도리로서 존현의 이치, 그러한 이치를 깨닫는 능력이 바로 총명이라는 논리적 맥락을 찾을 수 있으며, 이러한 관점은 <郭店楚簡>의 유가류의 입각점과도 일치하는 것으로 전통적 유가사상으로 계승 전개되어졌을 가능성이 짙다.

<案>: 帛書本에서는 '聖'과 '智'를 구분하여 하늘로부터 말씀을 들어서 아는 것, 즉 듣고서 마침내 천도를 알게 되는 것을 '聖'의 단계로 보았으며, 사물의 현상을 보고 아는 것을 '智'의 단계로 설명하고 있음을 알 수 있다. 다시 말해 죽간의 필자는 육안으로 살펴보고 그렇게 된 이치를 깨닫게 되어 밝아지는 것, 즉 현상 속에 담겨있는 숨겨진 의미를 분명하게 파악하는 것을 '明明'의 단계로, 하늘의 명령을 깨달아 아는 것을 '赫赫'의 단계로 간주였다. 따라서 연구자는 초간과 백서의 저자, 해설자 모두 군자의 참된 리더십은 '智慧者'에 머물

---

320) 帛書【說15장】"未尝闻君子道, 谓之不聪." 同此闻也, 独不色然于君子道, 故谓之不聪. "未尝见贤人, 谓之不明." 同此见也, 独不色贤人, 故谓之不明. "闻君子道而不知其君子道也, 谓之不聖." 闻君子道而不色然, 而不知其天之道也, 谓之不聖. "见贤人而不知其有德也, 谓之不智." 见贤人而不色然, 不知其所以为之, 故谓之不智.

지 않고 '聖者'으로 완성되어야 한다는 견해를 피력하였음을 확인할 수 있겠다.

主旨: 仁義禮智, 군자가 따르는 이치를 듣고 깨닫는 것이 지혜요, 군자의 덕행을 듣고도 깨닫지 못하면 어리석은 것이다. 군자의 도를 듣고 깨달음에 이르는 것, 현자를 만나 덕행을 배우는 것을 聰明, 聖智라 한다.

(9) 經 16장 智, 聖

보고 알게 되는 것을 智慧라 하고, 듣고 알게 되는 것을 聖明이라 한다. 즉 밝고 밝음을 지혜라 하고 빛나고 빛남을 성명이라 이르는 것이다. 《詩經·大雅·大明》에 "밝고 밝은 德이 아래에 있고, 빛나고 빛나는 命이 위에 있느니라(총명하고 지혜로운 자가 아래에 있고, 성스럽고 위풍당당한 자가 위에 있도다)."라고 노래한 것이 바로 이것이다.

(见而智(知)之, 智也. 聋(闻)而智(知)之, 聖也. 明明, 智也. 虩(虩·赫)虩(虩·赫), 聖也. "明明才(在)下, 虩(虩·赫)虩(虩·赫)【25】才(在)上", 此之胃(谓)也.■)[321]

【주석】

'虩'는 '虩'의 약자이다. 虩·赫은 발음이 같아 통가한다. '赫赫'은 원

321) 帛書【說16장】"闻而知之, 聖也." 闻之而遂知其天之道也, 聖也. "见而知之, 智也."见之而遂知其所以为之, ㅁㅁ智也. "明明, 智也." 智也者, 由所见知所不见也. "虩虩, 聖也." ㅁㅁ言ㅁㅁㅁㅁㅁㅁㅁㅁㅁ. "明明在下, 赫赫在上, 此之谓也." 明者始在下, 赫者始在上, ㅁㅁㅁㅁㅁ谓聖智也.

래 사람이나 사물에 대한 형용, 동작 따위의 '찬란함' 또는 '두려워하는 모양' 혹은 '빠르고 신속함'을 가리키고, 사람에게 쓰일 경우 '환하고 의젓함'의 의미로 쓰이며, 여기에서는 시경의 인용구를 통해 군자의 거룩한 지혜와 깨달음을 비유하고 있으므로 "(천명을 받은 자의 덕이) '밝고 찬란하게 빛남'"을 뜻한다.

<案>: 智와 聖을 비유한 시경의 시구를 들어 智에서 聖에 이르고 人道에서 天道에 이르는 사람을 밝은 덕이 있는 사람으로 규정한 것이다. 감각가운데 시각을 통한 앎을 '智慧'라고 하고, 청각을 통한 앎의 습득을 '聖明'이라고 하였다. 지혜를 '밝음(明)'으로, 성명을 '빛남(赫)'으로 비유하면서 시경의 '명(下)'과 '혁(上)'의 표현을 빌려, 오덕 가운데 '智', '聖'을 풀이하였다. 그렇다면 저자는 왜 감각론에서 시각보다 청각을 중시하는 인식론을 전개하고 있을까? 聖이라는 글자를 해석할 때, 귀와 입 가운데 귀를 첫 번째 위치함으로써 어쩌면 청각을 강조하려 한 것은 아닌지 추정해본다. 이런 논리를 대입시킨다면, 聖者란 하늘의 이치를 듣고 이해하는 자를 가리킨다고 볼 수 있을 것이다. 다시 말해 聖의 본래의 의미는 "왕이 하늘로부터 들은 소리를 백성들에게 입으로 전달하다."로 해석될 수 있다. 고대 중국에서 왕은 신의 목소리를 들어서 백성에게 알리는 사제의 역할도 담당하였다. 그렇다면 神의 목소리를 전달하는 자를 총명한 자로 인식하고, 도덕의 완성자 또는 문명의 창시자로 까지 간주하였을 가능성을 추론할 수 있을 것이다. 하늘의 음성을 듣고 백성들에게 전달한다면, 성은 본래는 사람의 마음 속에 간직하고 있던 것이 아니라 밖에서 들어온 것이며, 성인은 이러한 하늘로부터 온 외래적 청각요소를 내면에 축적하고 승화시킨 자임을 알 수 있다. 즉 聖은 밖(하늘의 음성)과 안(내면의 소리)에 모두 존재하는 것이므로, 경 1장에서 모순처럼 보일 수밖에 없었던 "성이 안에서 드러난 것을 덕의 행위라 하고, 안에서 드

러나지 않은 것도 덕의 행위이다"라고 정의 내렸던 명제의 진의를 재해석할 수 있을 것이다. '仁義禮智'는 본래 하늘이 심어준 인간의 본성 안에 있는 것이므로 안에서 나오지 않는 행위는 단순한 행위에 지나지 않지만, '聖'은 하늘로부터 존재하는 외재적인 것이면서도 인간 마음 속에 내재하고 있는 것의 合一體로 간주되므로, 안과 밖의 것을 모두 거룩하게 표현한 것을 '덕의 행위'로 본 것이다.

(10) 經 17장 聖人의 정의

군자의 도를 듣는 것을 聰明이라 하고, 듣고 깨달아 알게 되는 것을 聖明이라 한다. 聖人은 天道를 깨달을 수 있다. 천도를 이해하고 행하는 것이 義이다. 행하되 때를 맞추는 것을 德이라 한다. 현자를 만나는 것이 明察이요, 현자를 만나서 이해하는 것이 智慧이다. 현자를 이해하고 그를 편안하게 할 수 있음이 바로 仁愛이다. 현자를 편안히 대하고 받드는 것을 禮라고 한다. 聖明과 智慧는 예와 악이 생기는 근원이고, 五行이 조화롭게 운행되는 원리이다. 조화롭게 어울리게 되면 즐겁고 즐거우면 덕이 생기고, 덕이 있으면 나라는 부흥하게 된다. 문왕이 이것을 밝히고자 한 것이다. 그래서《詩經·大雅·文王》에 "문왕이 하늘위에 계시니, 밝게 바라보고 천제를 돕네"라고 노래한 것이 바로 이것이다.

(聋(闻)君子道, 聪也. 聋(闻)而智(知)之, 聖也. 聖人智(知)而〈天〉【26】道也. 智(知)而行之, 义也.[322] 行之而时, 悳(德)也. 见賢(贤)人, 明也. 见而智(知)之,【27】智也. 智(知)而安之, 悬(仁)也. 安而敬之,

322) 浅野本 补作 质近者, "中" 弗能 "远, 外不能" 敬之.

豊(禮)也. 聖, 智(知)豊(禮)藥(乐)之所𣪠(由)生也, 五【28】行之所和也. 和则𨟻(乐), 𨟻(乐)则又(有)悳(德), 有悳(德)则邦𡩜(家)舉(興). 文王之见也女(如)此. "文【29】王在上, 於昭于而〈天〉", 此之胃(谓)也.■)[323]

【주석】

"智(知)而行之, 义也"를 帛書本의 經과 說에서는 각각 '聖'과 '義'로 되어있는데, 經을 필사한 사람의 착오로 추정한다. 裘注는 '𣪠'는 隸定의 오류라고 지적하고, '䌛'로 추정하였다. '䌛'와 '由'는 유사하므로 통가자로 간주할 수 있다. '舉'는 '부흥하다(擧, 興)'의 의미이며, 帛書本에는 '與'로 잘못 쓰였다.《論語 爲政》에는 "그 사람의 편안함을 살펴보라(察其所安)"라고 하였고, 皇疏는 安을 "뜻이 돌아가는 것(謂意氣歸向之也)"라고 풀이했다.

<案>: 17장의 文意는 "성인은 천도를 깨닫고 義, 德, 明, 智, 仁, 禮의 덕행을 실천하는 자이며, 거룩한 지혜는 禮樂의 근본으로 五行(仁義禮智聖)을 조화롭게 운행하게 하므로, 성인은 樂德을 조화롭게 펼침으로써 나라를 부흥시키는 자이다."로 파악하고자 한다.

<案>: 帛書의 해설자는 '聰明'을 군자의 도로 파악하여 하늘로부터 숨겨진 도리를 밝혀내는 지혜를 가진 덕목으로 간주하고, 도를 깨

323) 帛書【說17장】"闻君子道, 聪也." 同此闻也, 独色然辩于君子道, (道者)聪也, 聪也者, 聖之藏于耳者也. "闻而知之, 聖也."闻之而遂知其天之道也, 是聖矣. "聖人知天之道." 道者, 所道也. "知而行之, 义也." 知君子之所道而搬然行之, 义氣也. "行之而时, 德也." 时者, 和也；和也者, 惠德也."见贤人, 明也." 同此见也, 独色然辩于贤人, 明也. 明也者, 智之藏于目者, 明则见贤人."贤人见而知之, 智也." 曰：何居？孰休烝此而遂得之, 是智也."智而行之, 仁也." 知君子所道而㥾然安之者, 仁氣也. "[行] (安) 而敬之, 禮也." 既安之矣, 而又愀愀然而敬之者, 禮氣也. ㅁㅁㅁㅁ天道ㅁ. "仁氣, 禮乐所由生也." 言禮乐之生于仁义ㅁㅁㅁㅁㅁㅁ. "五行之所和, 和则乐." 和者, 有猶五声之和也. 乐者, 言其流體也, 机然忘塞也. 忘塞, 德之至也. "乐而后有德, 有德而国家兴." 国家兴者, 言天下之兴仁义也, 言其ㅁㅁ乐也."文王在上, 于昭于天, 此之谓也." 言大德备成矣.

달아 행동으로 표출하는 것을 의기로 인식하였음을 알 수 있다. 이러한 귀의 총명을 실천하는 자를 알아보고 발탁하는 것을 현인의 지혜라고 이해하였으며, 이러한 지혜를 실행으로 옮기는 것을 어짐(仁)으로 규정하였음을 알 수 있다. 또한 仁을 '禮樂'의 출발점으로 간주하였고, 이러한 禮樂은 '仁義'에서 자연스럽게 나오는 행동양식이라고 인식하였다. 五行의 조화를 樂이라고 보고, 이는 음악에서 五聲이 조화로운 것과 같다고 해설하였다. 즉 樂 → 德 → 家興 → 國興 → 天下興 → 天下之仁義興이라는 유가적 덕목을 성취시키기 위한 논리적 전개과정을 구조화시켜 설명하고 있다.

(11) 經 18장

보고 깨달을 수 있는 것을 지혜라 한다. 깨닫고 평안할 수 있는 것을 仁愛라 한다. 인애를 평안하게 실행하는 것을 義라 한다. 인애를 실행하면서 공경하는 것을 禮라 한다. 仁愛는 義와 禮의 근원이며, 仁義禮智의 調和로운 어울림이다. 調和되면 곧 섞여 하나가 되고 섞이게 되면 善하게 된다.

(见而智(知)之, 智(知)也. 智(知)而安之, 急(仁)也. 安【30】而行之, 义也. 行而敬之, 豊(禮)也. 急(仁), 义豊(禮)所𣪊(由)生也[324], 四行之所和也. 和【31】则同, 同则善.■)[325]

324) 《帛書本》은 이 구절을 "仁, 义禮智之所由生也."라고 쓰고 있으며, 경21 "以其外心与人交"의 뒤에 배치하고 있다.

325) 帛書【说18】"见而知之, 智也."见者, 口也 ; 智者, 言由所见知所不见也. "知而安之, 仁也." 知君子所道而娛然安之者, 仁氣也. "安而行之, 义也." 既安之矣, 而撤然行之, 义氣也. "行而敬之, 禮也." 既行之矣, 又愀愀然敬之者, 禮氣也. 所安所行所敬, 人道也. "仁(知)[义], 禮[智]所由生也." 言禮智生于仁义也. "四行之所和."言和仁义也. "和则同." 和者, 有猶五声之和也. 同者, 守約也, 與心若一也,

主旨: 善은 智, 仁, 義, 禮의 조화로운 어울림

(12) 經 19장

안색이 온화하고 도탑다는 것은 진심으로 사람들과 사귀어 즐거움을 얻게 되기 때문이다. 진심으로 기쁨을 얻으면 형제에게도 전달되어 가까워질 수 있다. 형제와 가까워져 성심을 다하게 되면 친하게 될 것이다. 친해지고 돈독해지면 깊이 사랑하게 된다. 부친을 사랑하는 마음으로 타인을 사랑하면 이것이 곧 仁愛이다.

(顏色伀(容)佼(貌)悃(溫)㝵(变, 亶)也. 以其审(中)心與人交, 兑(悦)也, 审(中)心兑(悦)𤇯(焉, 播). 遷(遷)【32】於兄弟, 𧶠(戚)也. 𧶠(戚)而信之, 新(亲)[也]. 新(亲)而篙(笃)之, 悉(爱)也. 悉(爱)父, 其𢼸(攸)悉(爱)人, 息(仁)也.■)[326]

【주석】

죽간에서는 '顏色'을 합문기호를 사용하였다. 伀은 容의 통가자이

言舍夫四也, 而四者同于善心也. 同, 善之至也. "同则善矣." ロロロロロロロ人行之大, 大者, 人行之ロ然者也.《世子》曰 : 人有恒道, 达ロロロ.][14]

326) 帛書【說19】"顏色容貌恋恋也", 恋恋也者, 勉勉也, 逊逊也, 能行恋恋者也. 能行恋恋者, □□心悦, 心悦然后顏色容貌温, 以悦恋也."以其中心与人交悦也", 轂轂□□□□□□……"中心悦焉", ……是□悦已.人无悦心也者, 弗迁于兄弟也."迁于兄弟, 戚也", 言迁其悦心于兄弟而能戚也. 兄弟不相能者, 非无所用悦心也, 弗迁迁于兄弟也. "戚而信之, 亲也", 言信其[体]也. 剐尔四体, 予汝天下, 弗为也. 剐汝兄弟, 予汝天下, 弗迷也 ; 是信之已. 信其[体]而后能相亲也. "亲而笃之, 爱也", 笃之者厚, 厚亲而后能相爱也. "爱父, 其攸爱人, 仁也", 言爱父而后及人也. 爱父而杀其邻之子, 未可谓仁也.

다. '佼'는 음성부분이 '爻'로 '佼'와 통가하였으며, '佼'는 모습, 형상의 의미로 '貌'와 서로 통한다. 愠은 恩의 이체자이며, 溫은 恩의 통가자이다. '㝃'은 '變', '亶'으로 읽는데, 뜻을 정확히 알기는 어렵다.

<案>: 帛書本에는 '㝃(變)'을 "恋恋"이라고 쓰고 說에서는 '근면하여 노력하다(勉)'의 뜻으로 풀이하고 있지만, 이 경우에도 해석은 난해하다. 연구자는 일단 자형이 '溫'과 어울리는 것으로 간주하고 뒤에 출현하는 '親', '篤', '愛'와도 문맥상 어울려야 한다는 측면에서 마음속으로부터의 '진실함(亶)'은 온화한 용모, 안색으로 표출된다는 것으로 파악하여 해석을 진행하고자 한다. '䆁'은 곽점초간 정리자는 '焉'으로 隸定하였으며, 음성부분이 '釆'으로 '옮기다·퍼트리다(播)'의 의미로 보았으며, 여기에서는 내면의 기쁨이 외부로 '베풀어지다(布)·시행되다(施)'의 뜻으로 해석하고자 한다. '壆'는 첫째, '䙴'이나 '䙴'으로 쓸 수 있고, 이 자는 '遷'의 의미로 보는 경우이고, 둘째, '譽'로 읽고 '預'로 통가하여 '기쁘고 즐겁다(悅)'로 보기도 한다. 연구자는 자형이나 백서본 설을 근거로 '遷'으로 보기로 한다. '𢼸'는 첫째, '稽'의 初文으로 정리자는 攸로 隸定하였으며, '繼'와 서로 통하여 '뒤를 따르다(隨)·쫓아가다(追)'의 의미로 보는 경우이고, 둘째, '攸'의 이체자로 보고 '迪'으로 읽고, '나아가다(進)'의 의미로 해석하는 경우이다. 연구자는 자형으로 보면 후자의 견해인 '攸' 혹은 '稽'와도 근사하다고 판단하고, 발음은 자형을 '稽'로 볼 경우 '迪', '繼'로 읽을 수 있으며, 그 뜻은 繼, 隨, 追, 迪, 進 모두 가능할 것으로 본다. 연구자는 전체 文義를 경18장과의 문맥을 고려하여, "仁은 禮와 義의 바탕으로서, '仁義禮智'가 어울려 하나가 되면 善이 된다."로 파악하고자 한다.

<案>: 백서의 해설자는 心과 顔色의 관계를 내심으로부터 즐거움이 차오르면 안색과 용모로 자연스럽게 표출된다고 인식하였다. 이러한 심열은 형제친척으로 확대되어 가는 것이고, 천하로 확장되어

나타날 수 밖에 없다고 이해하였고, 자신의 부모를 사랑하듯 이웃 부모사랑으로 실천되어 나타나게 된다는 것이다. 또한 이러한 가족과 사회의 관계망을 유지하는 것은 '信篤, 仁愛'라는 것을 강조하였다.

主旨: 仁은 진실된 마음의 구현

(13) 經 20장

마음의 중심이 분명하여 정도로 행하는 것을 정직이라 한다. 정직함을 실천하는 것을 거리낌이 없다(恣肆)라고 하는 것이다. 거리낌이 없으면서 포악함을 두려워하지 않는 것을 **果敢**하다고 한다. 작은 도리로 큰 도리를 방해하지 않는 것을 **剛簡**이라고 한다. 큰 죄를 엄한 법으로 처벌하는 것을 당연하다고 한다. 높은 지위에 있는 사람을 존귀하게 여기고 다음으로 현자를 존귀하게 대하는 것은 모두 의를 실천하는 것이다.

(审(中)心【33】䟫**(辩)肰(然)而正行之, 植(直)也. 悳(直)而逑(遂)之, 䢔(肆)也. 䢔(肆)而不畏**彊**(强)語(禦), 果也. 不【34】以少(小)道夌(害)大道, 柬(简)也. 又(有)大辠(罪)而大戭(诛)之, 行也.** 贵贵, **其止(等)**䢐**(尊)尊**臤**(贤)贤, 义也.■)[327]【35】**

327)【说20】"中心辩然而正行之,直也", 有天下美食于此, 吁嗟而予之, 中心弗迷也. 恶吁嗟而不受吁嗟, 正行之, 直也."直而遂之,肆也", 肆者,遂直者也. 直者, □贵□□□□□□□□□□肆也. "肆[而]弗畏强御, 果也", 强御者, 勇力也, 谓□□□□□□□□□之以□□□, 无介于心, 果也. "不以小道害大道, 简也", 简也者, 不以小爱害大爱, 不以小义害大义也. 见其生也, 不食其死也, 祭亲执诛, 简也. "有大罪而大诛之,行也", 无罪而杀人, 有死弗为之矣 ; 然而大诛之者, 知所以诛人之

【주석】

'詨'은 '卞'으로 읽고 '辯'로 해독한다. '변'은 '구별·분별·판별·분간하다(別)', '옳고 그름을 가리어 알다(辨)'의 뜻으로 사용되었다. '述'과 '遂'자는 음성이 근사하기 때문에 자주 호용된다. 곽점초본과 백서본 노자갑에 '遂'라 모두 '述'로 되어있다. 백서본 <五行>에는 '迣'로 되어 있으며, 여기에서는 '끝내다(遂)'의 의미로 쓰였다. 이 자를 '彊'자로 예정하는 경우가 있으나, 왼쪽은 '毋'의 형태가 아니라, '畺'의 생략형이므로 '彊'으로 예정하고 '强'의 의미로 보는 것이 타당하다. '强禦'는 두 가지 의미로 쓰인다. 첫째, 강하고 건장한 사람. 둘째, 《詩經大雅烝民》에 "부드럽다고 삼키지 않고 딱딱하다고 토하지 않으며, 홀아비나 과부를 업신여기지 않았으며, 힘이 있는 자를 두려워하지도 않았네(柔亦不茹, 剛亦不吐, 不悔矜寡, 不畏强禦)"에서와 같이 권세가 있는 자의 횡포에 대항하다의 의미이다. 여기에서는 시경의 '不畏强禦'가 그대로 인용되었다. '麦'을 <五行箋證>에서는 '陵'과 유사하다고 하여 "범하다(犯)"의 의미로 해독하였으며, 裘注는 '麦'을 백서본 등을 참고하여 '萬'자로 예정하고 '害'의 의미로 해석하고 있다. '豉'는 음성부분이 '豆'로 음성부분이 '朱'인 '誅'와 서로 통한다. '等'의 '寺'는 음성부분이 '止'이다. 뜻은 '구별하다·등급을 나누다(分等)'이다. 전통 유가에서 말하는 '尊賢有等'을 가리킨다. 귀귀와 존현은 모두 나라를 다스리는 방법을 지칭한다. 예컨대, 《禮記·祭義》의 "선왕은 다섯 가지 방법으로 세상을 다스리는데, 귀유덕, 귀귀, 귀로, 경노, 자유가 그것이다(先王之所以治天下者五: 貴有德, 貴貴, 貴老, 敬老, 慈幼)."

道而[行]焉, 故谓之行. "贵贵,其等尊贤, 义也", 贵贵者, 贵众贵也. 贤贤, 长长, 亲亲, 爵爵, 选贵者无私焉. 其等尊贤, 义也. 尊贤者, 言等贤者也, 言选贤者也, 言加诸上位. 此非以其贵也, 此其义也. 贵贵而不尊贤, 未可谓义也.

《中庸》에도 "무릇 천하를 다스리는데 9가지 도리가 있는데, 존현이 두 번째이다(凡爲天下國家有九經, 尊賢列居其二)."《荀子·大略》에도 "귀귀, 존존, 현현, 노노, 장장은 인륜이다"라고 기록하고 있어 상통하는 점이 발견된다.

<案>: 義는 강경함을 의미한다고 보아야 한다. 말하자면 높은 지위에 있는 사람을 존중하고, 그 다음으로 현자를 존중하는 것이 의를 실현하는 것으로, 이것이 바로 '尊賢'의 근본임을 지적한 것이다. 같은 맥락에서 서술되고 있는 언설이 43-44간에서도 "군자가 현자를 알아 등용하는 것이 현자를 존중하는 것이다. 또 군자가 현자를 따라 그를 받드는 것도 현자를 존중하는 것이다. 전자는 왕공이 현자를 존중하는 방법이고, 후자는 사가 현자를 존중하는 방법이다

(君【43】子智(知)而與(举)之, 胃(谓)之陴(尊)臤(贤); 知而事之, 胃(谓)之陴(尊)臤(贤)者也. [前, 王公之陴(尊)臤(贤)者也] 後, 士之陴(尊)臤(贤)者也.■【44】)"라고 언급되고 있다.

<案>: 이를 근거로 보면 帛書本에서는 '義'를 '尊賢'과 연관시켜 설명하였음을 알 수 있다. 즉 '높은 지위에 있는 사람을 존중하고 그 다음으로 현자를 존중하는 것이 의를 실현하는 것이다'에서, '高高'란 높은 지위에 있는 많은 사람을 존중한다는 의미이다. 즉 현자를 현자로 대우하고, 연장자를 연장자로 공경하며, 친속은 친속으로 대접하고, 작위 있는 사람을 작위자로 존경하여, 높은 직위에 있는 자를 발탁할 때는 공평무사하게 해야만 하는 것을 의미한다. '그 다음으로 현자를 존중하는 것이 의를 실현하는 것이다'에서 '尊賢'이란 현자의 등급을 정하는 것을 가리킨다. 즉 현자를 발탁하여 등용한다는 것을 의미하며, 발탁한 현자를 높은 지위에 오르게 한다는 것을 뜻하는 것인데, 이것은 그가 지위가 높기 때문이 아니라 (현명한 자를 존중함으로써) 의를 실현하기 위함이라고 설명하고 있다. 다시 말해 治者(

王公)가 높은 지위에 있는 사람을 존중하면서 현자를 존중하지 않는다면, 아직 의가 실현되고 있다고 말할 수 없다는 것이다.

主旨: 尊賢은 義를 행동으로 실천하는 것

(14) 經 21장

사람과 진심으로 사귀지 않는다면 멀어질 수 밖에 없다. 소원하면서도 장중하면 공경하게 된다. 공경하면서도 게으르지 않으면 위엄이 있게 된다. 위엄이 있으면서도 경외하면 존귀하게 여기게 된다. 존귀히 여기면서도 교만하지 않으면 받들게 된다. 공경하면서도 넓게 사귀는 것을 예라고 한다.

(以其外心與人交, 远也. 遠而䏡(莊)之, 敬也. 敬而不𨛜(懈), 严也. 严而畏【36】之, 障(尊)也. 障(尊)而不喬(骄), 共(恭)也. 共(恭)而尃(博·愽)交, 豊(禮)也.■)[328]

【주석】

'䏡'은 음성이 '뉘'이고 의미가 '首'이다. '莊'과 서로 통한다. 帛書本說에도 '莊'으로 되어 있다. '𨛜'자는 의견이 분분하다. 李寧은 이 글자

328)【说21】"以其外心与人交, 远也." 外心者, 非有他心也. 同此心也, 而有谓外心也, 而有谓中心. 中心者, 婐然者；外心者也, 其==廓然者也, 言此心交远者也. "远而庄之, 敬也." 敬者, ㅁㅁㅁㅁㅁㅁ. "敬而不懈, 严也." 严者, 敬之不懈者, ㅁ之积者也, 是厌ㅁㅁㅁㅁㅁㅁ "严而威之, 尊也." ㅁ之又从而畏忌之, 则夫间何由至乎哉？是必尊矣. "尊而不骄, 恭也."言尊而不有ㅁㅁ已事君与骄者, 弗谓恭矣.故厮役人之道ㅁㅁ恭焉. 恭生于尊者也. "恭而博交, 礼也." 博者, 辩也, 言其能柏(?)然后礼也.

를 '懈'로 읽는 것에 의문을 제기하였고, 李家浩는 '懈'의 이체자가 확실하다고 주장하였으며, 裘錫圭는 죽간본의 필사자가 착오로 잘못 쓴 글자이므로 재고해야 한다고 하였다. 백서본에는 '解(懈)'로 쓰고 있기 때문에, 여기서는 일단 '懈'로 해석하기로 한다. 즉 대의는 "禮란 교제에 있어 공경, 위엄, 존중, 공손함을 가리킨다."로 파악될 수 있겠다.

主旨: 벗과의 교제는 예를 갖춰 행해야 한다

(15) 經 22장

단호하지 않으면 시행할 수 없다. 사소한 것을 숨겨주지 않는다면 도를 살필 수 없다. 큰 죄를 범한 사람은 중형으로 다스리는데 이것을 단호함(剛簡)이라 한다. 사소한 작은 죄는 사면해줄 수 있는데, 이것을 숨겨준다고 하는 것이다. 큰 죄를 중형으로 단호히 다스리지 않는다면 법을 집행할 수 없는 것이다. 사소한 작은 죄를 사면하지 않는다면 도를 밝힐 수 없는 것이다.

(不柬〈柬(简)〉, 不行. 不匿, 不戔(察)【37】於道. 又(有)大皐(罪)而大豉(诛)之, 柬〈柬(简)〉也. 又(有)少(小)皐(罪)而亦(赦)之, 匿也. 又(有)大皐(罪)而弗大【38】豉(诛)也, 不行也. 又(有)少(小)皐(罪)而弗亦(赦)也. 弗亦(赦)也, 不戔(察)於道也.■)[329]

【주석】

329)【说22】"不简不行." 简也, 简则行矣. "不匿, 不辨于道." 匿者, 言人行小而轸者也. 小而实大, 大之口者也.《世子》曰: "知轸之为轸也, 斯公然得矣." 轸者, 多也; 公然者, 心道也. 不周于匿者, 不辨于道也. "有大罪而大诛之, 简; 有小罪而赦之, 匿也. 有大罪而弗口诛, 不行也. 有小罪而弗赦, 不辨于道也.

'匿'은 첫째, 숨기다의 의미, 둘째, 친근하다(暱 혹은 昵)의 의미로 볼 수 있다. 郭舍人은 '작은 것을 숨기다(藏微)'로 해석하였다. 여기에서는 뒤에 "작은 죄는 용서해준다(有小罪而赦之)"라는 의미를 살린다는 측면에서 곽사인의 해석을 참고하고자 한다. '詧(察)' 중의 '言'방이 생략된 형태이나 같은 자이다. 즉 대의는 "하늘의 이치(天道)는 강경하면서도 너그럽다."로 해석할 수 있다.

主旨: 天道는 단호하되 자비로운 것이다

3) 君子論 - 溫柔敦厚, 尊賢, 心身의 主宰者

(1) 經 23장

단호함이란 도로써 바르게 하는 강건함을 말한다. 크면서도 적은 것을 가리킨다. 숨긴다는 것은 용서하여 허락한다는 것을 말한다. 작으면서도 많은 것을 가리킨다. 단호함은 의를 행하는 도리이고, 관용은 인을 행하는 도리이다. 강건함은 의를 행하는 도리이고, 온유함은 인을 행하는 도리이다.《詩經·商頌·長髮》에 "다투거나 비굴하지 않고, 강하거나 유하지도 말거라"라고 한 말은 곧 이것을 가리킨다.

(柬〈柬(简)〉之为言猷(猶)练【39】也, 大而晏者也. 匿之练言也猷(猶)匿匿也, 少(小)而訪〈訡(軫)〉者也. 柬〈柬(简)〉, 义之方也. 匿,【40】悬(仁)之方也. 彊(强), 义之方. 矛(柔), 悬(仁)之方也. "不彊(競·强)不梂(渌?), 不彊(刚)不矛(柔)", 此之胃(谓)【41】也.■)[330]

330)【说23】"简为言, 犹衡也, 大而罕者." 直之也. "匿为言也, 犹匿慝, 小而轸者." 直

【주석】

'練'은 '군더더기 없이 간결함'을 가리킨다. <五行箋證>에서는 '諫'으로 읽고 '正'으로 해석한다. 鄭玄은《周禮·地官·序官》의 注에서 "諫을 道로써 사람의 행위를 바르게 하는 것(諫, 猶正也. 以道正人行)."이라고 풀이했다.

<案>: 연구자는 두 해석 모두 가능하다고 본다. 첫째 '簡'의 의미가 '간결하다, 간단명료하다'이므로, 사소한 일에 반하여 큰 일에 대하여는 관용을 베풀지 말고 강력하고 단호한 결단을 내려야만 된다는 것이다. 둘째, '練'의 의미는 그러한 결단은 옳은 원칙과 규범, 즉 '正道'에 따라야만 한다는 것을 가리킨다. 따라서 첫 번째 簡 을 '剛簡'으로 두 번째 '練'을 '正'으로 해석하고자 한다. '晏'을 帛書本은 '罕'으로 쓰고 있다. '訪'은 '診'을 잘못 쓴 것이며, '診'자는 '軫'의 의미로 쓰이고 있다. '軫'은 수레를 총칭하는 말로 수레가 많이 있음을 비유하고 있다. '梂'는 분명하지 않지만 '浗' 혹은 '絿'로 읽을 수 있으며, 여기서는 앞의 '彊(竞)'과 관련지어 후자의 의미를 택하기로 한다. 즉《詩經·商頌·長髮》의 "교만한 마음으로 다투거나 비굴한 마음으로 아첨하지 않는 것"을 군자의 성품으로 비유한 것과도 통한다고 본다. 아울러 군자의 도는 하늘의 도를 따르는 것에 맞춰있으며, 천도의 성품은 극단을 포괄하여 다양하므로 강하면서도 온유하고 관용을 베풀면서도 권위를 잃지 않는 경지, 즉 仁義를 보유하고 있는 것이다. 天道는 仁義를 본질적으로 함유하고 있고, 君子가 걸어야 하는 길은 이러한 仁義를 실천함으로써 천도와 합일 될 수 있으며, 이것이 智慧와 聖

之也."简, 义之方也；匿, 仁之方也." 言仁义之用心之所以异也. 义之尽, 简也；仁之尽, 匿. 大义加大者大仁加小者, 故义取简而仁取匿. "《诗》云：不竞不求浗, 不刚不柔, 此之谓也." 竟者强也, 浗者急也, 非强之也, 非急之也, 非刚之也, 非柔之也, 言无所争焉也. 此之谓者, 言仁义之和也.

明을 가진 군자만이 걸을 수 있는 올바른 인간의 길인 것이다. 天과 君子가 갖춰야할 仁義를 설명하고 있으며, 16장의 智와 聖의 개념, 17장의 聖人의 정의, 24장의 '集大成'의 의미와도 일맥상통한다. 한마디로 군자는 하늘의 이치를 올바로 보고 들어 통달한 자로서 智慧와 聖明을 축적하고 체화시켜 강경과 온유를 겸비함으로써 仁義를 실행하는 자이다.

主旨: 군자의 성품은 强溫하고, 順天道, 行仁義한다

(2) 經 24장

군자는 소리로 말하면 종소리와 옥소리, 혹은 강약으로 말하면 강함과 부드러움 모두를 집대성한 자이다. 도를 향해 앞으로 정진해 나아가면 군자가 될 수 있으며, 만약 군자가 될 수 없으면 각각 도달한 곳에 멈추어 머물 수 밖에 없게 된다. 크면서 작은 것을 취할 수도 있고, 적으면서도 많은 것을 취할 수도 있다. 군자의 도를 밝게 비추는 것(혹은 군자의 도를 쉽게 이루는 것)을 '賢'이라 하고, 군자가 현인을 이해하고 이를 추천하는 것은 尊賢이라하고 현인의 지혜를 깨닫고 받드는 것을 尊賢하는 사람이라 부른다. [전자는 왕공의 존현자이고] 후자는 사의 존현자이다.

(君子集大成. 能进之为君子, 弗能进也, 各止於其里. 大而【42】晏者, 能又(有)取安(焉), 少(小)而軫者, 能又(有)取安(焉).[331] 疋(胥?)肤肤达者(諸?)君子道, 胃(谓)之𡋲(贤). 君【43】子智(知)而與(举)之, 胃(谓)

331)《簡帛書法選》(2002. 12)에서 발행한 사진 확대본 <五行>과는 문자의 순서가 다르게 되어 있다.《郭店楚墓竹簡》의 순서를 기준으로 배열하기로 한다.

之障(尊)臤(贤); 知而事之, 胃(谓)之障(尊)臤(贤)者也. [前, 王公之障(尊)臤(贤)者也] 後, 士之障(尊)臤(贤)者也.■【44】)[332]

【주석】

'里'는 '머무르다(居止)'의 의미로 쓰였다. '晏'은 '罕'의 의미로 쓰였다.

<案>: '疋'은 첫째, '赫'으로 읽고 원의는 '태양이 밝게 빛난다'는 의미를 가리키는데, 그렇다면 여기에서는 '찬란하게 빛나는 모습'을 형용한 것이 아닐까 추정해본다. 둘째, '疋膚膚'를 백서본 경에서는 '索纑纑'로 되어 있는데, '纑纑'는 힘들지 않고 쉽게 실행하는 모습을 가리킨다. 백서본 설에서는 '疋膚膚'를 '仁義를 수행함으로써 군자의 도에 도달하는 것'으로 설명하고 있다. 諸는 '之於'로 풀이된다. 해석의 관건은 '賢'을 무엇으로 정의하느냐에 달려있다. 첫 번째 의미를 살린다면, 군자의 도를 밝게 비추는 일을 가리킬 것이고, 두 번째의 의미를 살린다면 군자의 도를 쉽게 실행하는 것을 뜻할 것이지만, 정확한 뜻을 확정짓기는 어렵다. 그렇다면 첫째, 군자가 집대성자라는 것은 무엇을 의미하는 것일까? 시와 종, 강과 유, 대와 소를 겸비한 자

332)【说24】"君子集大成."成也者, 犹造之也, 犹具之也. 大成也者, 金声玉振之也. 唯金声而玉振之者, 然后己仁而以人仁, 己义而以人义. 大成至矣, 神耳矣! 人以为弗可为也, 无由至焉耳, 而不然. "能进之, 为君子, 弗能进, 各止于其里." 能进端, 能充端, 则为君子耳矣. 弗能进, 各各止于其里. 不藏欲害人, 仁之理也; 不受吁嗟者, 义之理也. 弗能进也, 则各止于其里耳矣. 充其不[藏]欲害人之心, 而仁覆四海; 充其不受吁嗟之心, 而义襄天下. 仁覆四海, 义襄天下, 而诚由中心行之, 亦君子已! "大而晏者, 能有取焉."大而晏者, 言义也, 能有取焉也者, 能行之也."小而轸者, 能有取焉."小而轸者, 言仁也; 能有取焉者也, 能行之也."胥肤肤达诸君子道, 谓之贤." 胥肤肤也者, 言其达于君子道也. 能仁义而遂达于君子道, 谓之贤也."君子知而举之, 谓之尊贤." 君子知而举之者, 犹尧之举舜, 商汤之举伊尹也. 举之也者, 诚举之也. 知而弗举, 未可谓尊贤. "君子从而事之"也者, 犹颜子,子路之事孔子也. 事之者, 诚事之也. 知而弗事, 未可谓尊贤也. "前, 王公之尊贤者也, 后, 士之尊贤者也."直之也. 이승률 <郭店楚簡唐虞之道의 尊賢사상과 先秦儒國의 尙賢論>(《동양사학연구》 제78집. 2002) 참조.

를 가리킨다고 본다. 한마디로 도덕적 도량이 넓은 행위의 주체자를 가리킨다고 하겠다. 둘째, 존현의 구체적인 의미는 무엇일까? 죽간의 저자는 이중적인 관점에서 정의를 내리고 있는데, 그것은 우선 정치적 측면에 있어 지도자는 현인을 알아보고 존귀한 자리에 높이는 것을 존현이라고 하고, 학문적 측면에 있어 제자는 스승의 도리를 깨달아 좇고 섬기는 것, 혹은 존경할 대상을 만났을 때 거침없이 그의 가르침을 배우고 따르는 것을 존현이라고 규정하고 있는 것이다.

<案>: 군자가 현자를 알고 발탁하여 등용하는 것이 존현이다.'에서 '군자가 현자를 알아보고 등용하다'란 요가 순을 천거하고 탕이 이윤을 천거한 것이 그 예이다. '천거한다'라는 것은 진실로 현자를 알아보고 등용한다는 말이다. 현자를 알고도 등용하지 않는다면 아직 현자를 존중한다고 할 수 없는 것이다. '군자가 현자를 따라 그를 받든다'란 안자나 자로가 공자를 따라 그를 받든다는 것과 같은 예이다. 받든다는 것은 진실로 현자를 받든다는 의미이다. 현자임을 알면서도 그를 받들지 않는다면, 아직 현자를 존중한다고 말할 수 없다는 것이다. '전자는 왕공이 현자를 받드는 방법이고, 후자는 사부가 현자를 받드는 방법이다.'란 바로 이것을 두고 가리키는 것이다. <五行>에서 주장하고 있는 군자 '尊賢'론의 특징은 첫째, 貴貴와 尊賢을 義의 실현으로 간주하였다는 점, 둘째, 왕공(知擧)과 사(從事)의 구분을 제시하는 점, 셋째, 王公의 '知擧'를 禪讓과 관련시켰다는 점이고, 士의 '從事'를 師承관계로 이해하였다는 점, 넷째, 賢의 의미를 仁義禮智聖의 五行을 실현하는 군자도와 관련하여 그 사람의 윤리성를 가리키는 것으로 인식하고 있다는 점이다.

主旨: 尊賢의 주체와 대상, 왕의 尊賢과 군자의 尊賢

(3) 經 25장

귀 눈 코 입 손과 다리(耳目鼻口手足) 여섯 가지 감각 기관은 마음이 시키는 일을 감당한다. 마음이 맞다 하는 것을 몸이 감히 틀렸다고 말할 수 없고, 마음이 반응하는 것에 몸이 감히 반응하지 않을 수 없다. 마음이 전진하고자 하는데 몸이 감히 앞으로 나가지 않을 수 없고, 마음이 후진하고자 하는데 몸이 감히 뒤로 가지 않을 수 없으며, 마음이 깊다고 하는데 몸이 감히 깊지 않다고 할 수 없고, 마음이 얕다고 하는데 몸이 감히 얕지 않다고 할 수 없는 것이다. 耳目鼻口手足이 서로 조화롭게 화합하는 것을 仁義라고 하고 마음과 하나가 되면 이것을 善이라고 한다.

(耳目鼻口手足六者, 心之所䢐(役)也. 心曰唯, 莫敢不唯; [心曰]如(诺), 莫敢不如(诺); [心曰]【45】进, 莫敢不进; [心曰]後(帛書本은 '退'로 쓰고 있다.), 莫敢不後; [心曰]深, 莫敢不深; [心曰]濮(浅), 莫敢不濮(浅). 和则同, 同则善.■)[333]【46】

【주석】

[心曰]은 모두 帛书本을 참고하여 보충한 것이다. 이하 같음. 46

333) 【说25】"耳目鼻口手足六者, 心之所役也", 耳目者, 悦声色者也; 鼻口者, 悦臭味者也; 手足者, 悦佚愉者也. 心也者, 悦仁义者也. 此数体者皆有悦也, 而六者为心役, 何也? 曰: 心贵也. 有天下之美声色于此, 不义, 则不听弗视也. 有天下之美臭味于此, 不义, 则弗求弗食也. 居而不間尊长者, 不义, 则弗为之矣. 何居? 曰: 几不[胜] □, 小不胜大, 贱不胜贵也哉! 故曰心之役也. 耳目鼻口手足六者, 人□□, [人]体之小者也. 心, 人□□, 人体之大者也, 故曰君也. "心曰唯, 莫敢不唯", 心曰唯, 耳目鼻口手足声貌色皆唯, 是莫敢不唯也. 诺亦然, 退亦然. "心曰深, 莫敢不深; 心曰浅, 莫敢不浅", 深者甚也, 浅者不甚也, 深浅有道矣. 故父呼, 口[含]食则吐之, 手执业则投之, 唯而不诺, 走而不趋, 是莫敢不深也. 于兄则不如是其甚也, 是莫敢不浅也. "和则同", 和也者, 小体恋恋然不患于心也, 和于仁义. 仁义, 心[也]. 同者, 与心若一也, □約也, 同于仁[义. 仁义, 心也, 同则善耳.

간의 '[心曰]後'에서 '後'를 帛书本은 '退'로 쓰고 있다. '退'는 오른쪽 편방은 '殳'형에 가깝다. 따라서 '役'자로 해석하기로 한다. 백서본도 '役'으로 쓰고 있다. 裘注는 '潒'를 '淺'으로 해석하고 있다. 오른쪽 편방이 '察'자와 유사하다. '察'은 '竊'과 음성이 서로 통하고, '竊'은 '淺'의 의미로 쓰인다. '唯'는 대답하는 소리를 가리키는데, 《禮記·曲禮上》에 "아버지께서 부르시면 머뭇거리지 말고, 선생님께서 부르시면 머뭇거리지 말고 즉시 대답하여 일어나라. 정현은 注에서, 대답하는 말 중에서 '唯'는 '諾'보다 더 공손한 표현이다 라고 했다(父召無諾, 先生召無諾, 唯而起. 鄭注: 應辭'唯'恭於'諾').", 《詩經魯頌：宮》에 "어찌 대답하지 않으리요(莫敢不諾)"의 예들을 근거로 볼 때, '唯'는 공손히 대답하여 "허락하다"라는 뜻으로 쓰였음을 알 수 있다. '如'는 통가자 '諾'으로 읽는다. 마음은 감각기관의 주재자라는 것이다.

<案>: 죽간의 필자는 군자의 마음과 몸의 관계를 설명하고 있는 심신론을 전개하고 있는데, 즉 여기서는 마음으로부터 조화롭게 행동으로 표출하는 것을 선이라고 규정한 것을 거듭 부연설명하고 있다.

主旨: 심신의 관계, 마음은 몸의 주인이다.

4) 經 26장

눈으로 살펴보고 이해할 수 있는 것을 道를 향해 앞으로 나아간다고 말하고, 효시하여 이해할 수 있는 것을 道를 향하여 앞으로 나아간다고 말한다. 비유하여 알 수 있는 것을 道를 향하여 나아간다고 한다. 미세한 징조로도 아는 것은 天이다. 《詩經·大雅·大明》에서 "하느님이 너희에게 임하실 때, 변심하지 않도록 조심하라"고 한 말이 바로 이것이다.

(目而智(知)之胃(谓)之进之. 𠥁〈喻〉而智(知)之, 胃(谓)之進之. 辟(譬)而智(知)之, 胃(谓)之进之.【47】幾而智(知)之, 天也. "上帝贤(臨)女(汝), 毋貳衆心", 此之胃(谓)也.■)[334]

【주석】

帛书본에는 죽간본 47간의 "𠥁〈喻〉而智(知)之, 胃(谓)之進之. 辟(譬)而智(知)之, 胃(谓)之进之." 두 문장의 순서가 거꾸로 되어 있다. 여기에서 '目'은 '살펴 비교하다'는 동사적 의미로 해석하기로 한다. '進'은 앞의 42간 "君子集大成. 能进之为君子, 弗能进也, 各止於其里."에서 '앞으로 나아가다(指向)'의 의미로 해석하였다. '𠥁'는 '喻'의 이체자로 추정되며, 이 경우 '曉示하다'의 의미로 볼 수 있다. <五行箋證>에서는 이 글자가 백서본에 '諭'로 되어 있는 것을 근거로 '喻'의 오자일 것이라고 지적하고, '깨닫다(曉)·밝히다(明)'로 해석하였다. '辟'은《荀子非相》"분별하여 비유하고, 비유하여 밝게 한다(分別以

334)【说26】"目而知之, 谓之进之", 弗目也, 目则知之矣, 知之则进耳.目之也者, 比之也."天监在下, 有命既集"者也, 天之监下也, 集命焉耳.循草木之性, 则有生焉, 而无好恶. 循禽兽之性, 则有好恶焉, 而无礼义焉. 循人之性, 则巍然知其好仁义也. 不循其所以受命也, 循之则得之矣, 是目之已. 故目万物之性而[知人]独有仁义也, 进耳. "文王在上, 于昭于天", 此之谓也.文王源耳目之性而知其好声色也, 源鼻口之性而知其好臭味也, 源手足之性而知其好佚愉也, 源心之性则巍然知其好仁义也. 故执之而弗失, 亲之而弗离, 故卓然见于天, 著于天下, 无他焉, 目之也, 故目人体而知其莫贵于仁义也, 进耳."譬而知之, 谓之进之."弗譬也, 譬则知之矣, 知之则进耳. 譬丘之与山也, 丘之所以不口名山者, 不积也. 舜有仁, 我亦有仁, 而不如舜之仁, 不积也. 舜有义, 而我亦有义, 而不如舜之义, 不积也. 譬比之而知吾所以不如舜, 进耳. "所而知之, 谓之进之."弗喻也, 喻则知之矣, 知之则进耳.喻之也者, 自所小好喻乎所大好. "窈窕淑女, 寤寐求之."思色也."求之弗得, 寤寐思服." 言其急也. "优哉游哉, 辗转反侧." 言其甚急也. 如此其甚也, 交诸父母之侧, 为诸? 明有死弗为之矣. 交诸兄弟之侧, 亦弗为也. 交诸邦人之侧, 亦弗为也. 畏父兄, 其杀畏人, 礼也. 由色喻于礼, 进耳. "几而知之, 天也." 几也者, 賚数也. 唯有天德者, 然后几而知之. "上帝临汝, 毋貳尔心."上帝临汝, 口几之也; 毋貳尔心, 俱几之也.

喩之, 譬稱以明之)"에서 '譬', '喩'의 의미와 같다. '幾'는 《周易繫辭下》 "기미(幾微)란 미세하게 움직이는 것으로 선견지명을 뜻한다(幾者, 動之微, 告之先見者也)."의 예와 같이 아주 미세한 징조, 조짐 같은 것을 의미한다.

<案>: 연구자는 裘注에서는 帛書本을 참고하여 '䁂'을 '臨'의 오자일 것이라고 주장하였으며, 정리자는 시경의 원의를 살펴 '賢'으로 해독한 이 글자를 원래 '䁂'으로 隸定해야 한다고 판단하고 있지만, 정확한 뜻을 추단하기에는 오류의 가능성을 배제하기 어렵기 때문에 현재 보류의 의견을 제시하고자 한다. 다만 '䁂'을 죽간의 정리자(賢), 백서본, 裘注(臨) 등을 근거로 살펴볼 때, 여기에서는 '지켜보다' 정도의 의미로 쓰였을 것으로 잠정 추정한다. 이러한 해석을 적용해 본다면, 하늘의 도는 시공을 초월하여 우리를 미세하게 지켜보고 계시므로 한시도 딴 마음을 품지 말고, 마음과 뜻과 정성을 다하여 정진하라는 것이다. 앞의 '愼獨', 도와 한 순간도 떠나지 말 것(道也者, 不可須臾離也, 可離非道也)을 주장하는 中庸의 논조와도 정확히 일치한다. 이 부분의 문의는 군자는 하늘의 조짐을 살펴보는 지혜로운 자이며, 하늘의 길을 따르는 자임을 주장한 것으로 본다.

主旨: 군자는 하늘의 이치를 듣고 따른다.

4) 天道와 人道

(1) 經 27장

하늘이 사람에게 베풀어준 것을 천성이요, 자연이라 한다. 사람이 다른 사람에게 행동하는 것을 익숙한 습성이라 한다.

(大〈天〉墜(施)者(诸)其人, 天也. 其【48】人墜(施)者(诸)人, 𢼛(狎)也.■)[335]

【주석】

<五行箋證>에서는 帛书本은 '天'으로, 죽간본은 '大'라고 쓰고 있으며, 의미상 '大'는 '天'의 오자라고 주장하고 있다. '墜'는 '施'의 통가자로 쓰였다. '天施'는 《周易益卦彖傳》 "하늘이베풀고 땅이 낳으니 그 이익이 널리 미친다(天施地生, 其益無方)", 《荀子·大略》 "왕은 먼저 인을 행하고 나중에 예를 행하는데, 이는 하늘이 주는 그대로이다(王者先仁而後禮, 天施然也)."의 예와 같이 하나의 개념어, 즉 '天命'의 의미로 사용되었다. '𢼛'를 李零은 '狎'으로 해석하고 있다. '狎'은 '習'의 의미로 습성이나 습관을 가리킨다.

<案>: 천성과 습성을 천도와 인도를 구분하여 설명하고 있는데, 이는 저자가 서두에서도 강조한 덕행(마음으로부터 인의예지성의 조화로운 행위)과 선행(마음으로부터 인의예지의 조화로운 행위)의 구분하여 가리키는 것이 아닌가 싶다. 이렇게 추정할 경우, 천도는 천명처럼 불변하는 것으로 간주하고, 인도는 인간의 습성에 의한 것으로 후천에 의한 가변적인 것으로 규정한 것으로도 볼 수 있겠다. 이는 孔子의 "性相近, 習相遠", 즉 하늘로부터 부여받은 천성은 본질적으로 근사한 것이지만 후천적인 습관에 의하여 멀어지게 되었다는 관점과 孟子의 '天人之分論'과도 깊은 관련이 있다고 본다. 즉 하늘은 정해진 지향점을 향해 운행하는 것이고, 사람은 부여된 시공의 환경 속에서 매순간 쾌락과 기쁨을 통해 체화된 관성(학습경험)에 따라 살아가는 존재라는 것이다.

335) 【说27】"天生诸其人, 天也."天生诸其人也者, 如文王者也. "其人施诸人"也者, 如文王之施诸闳夭,散宜生也."其人施诸人, 不得其人不为法." 言所施之者, 不得如散宜生, 闳夭者也, 则弗为法也矣.

主旨: 천성과 습성, 하늘의 운행과 사람이 걸어야하는 길

(2) 經 28장

도를 듣고 기뻐하는 사람은 인을 좋아하는 사람이라고 하고, 도를 듣고 경외하는 사람을 의를 추구하는 사람이라 하고, 도를 듣고 공경하는 사람을 예를 선호하는 사람이라고 부르며, 도를 듣고 기뻐하는 사람을 덕을 애호하는 사람이라 한다.

(聳(闻)道而兌(悅)者, 好悬(仁)者也. 聳(闻)道而畏者, 好【49】义者也. 聳(闻)道而共(恭)者, 好豊(禮)者也. 聳闻道而樂(乐)者, 好悳(德)者也.■【50】)[336]

【주석】

'聳(闻)道'를 帛书本에는 "聞君子道"로 쓰여 있다. '畏'는 공포에 의

336) 【說28】"闻君子道而悦者, 好仁者也."道也者, 天道也, 言好仁者之闻君子道而以之其仁也, 故能悦. 悦也者, 形也. "闻君子道而威, 好义者也."好义者之闻君子道而以之其义也, 故能威. 威也者, 形也. "闻道而恭, 好礼者也."言好礼者之闻君子道而以之其礼也, 故能恭. 恭者, 形也. "闻道而乐, 有德者也."道也者, 天道也, 言好德者之闻君子道而以夫五也为一也, 故能乐, 乐也者和, 和者德也("도를 듣고 기뻐하는 자는 인을 좋아하는 자이다."에서 도란 천도를 가리킨다. 즉 인을 사랑하는 자는 군자가 하늘의 도를 듣고 인을 실행하기 때문에 기뻐 할 수 있다는 것을 말한다. 기뻐한다 라는 것은 내면에 만들어지는 것이다. "군자가 하늘의 도를 듣고 위엄을 세우는 것은 의를 좋아하기 때문이다."에서 의를 좋아한다는 것은 군자가 하늘의 도를 듣고 그것으로 의를 행하게 되므로 위엄을 갖게 될 수 있다는 것이다. 위엄은 내면에 형성되는 것이다. "도를 듣고 공경하는 것은 예를 좋아하는 것이다"란 예를 좋아하는 자가 군자가 하늘의 도를 듣고 예를 시행하므로 공경할 수 있다는 말이다. 공경이란 내면에 형성되는 것이다. "하늘이 도를 듣고 즐거워하는 것은 덕을 갖고 있음을 말한다"에서 도란 하늘의 도를 가리키며, 이는 덕을 좋아하는 사람이 군자가 하늘의 도를 듣고 다섯 가지 五行을 하나로 만드는 것을 말한다. 따라서 즐거울 수 있고, 즐거우면 조화를 이룬다. 조화를 이루는 것이 바로 덕이다).

한 두려움이라기 보다는, '敬畏'의 의미로 근본적으로 공경의 뜻을 포함하고 있으며, 《禮記·曲禮上》 "두려워하면서도 사랑한다. 畏는 마음으로부터 복종하는 것을 말한다(畏而愛之. 注; 心服曰畏)"라고 한 것처럼 여기에서는 '두려워하되 마음으로부터 복종하는 것'을 뜻한다.

主旨: 仁(聞道而悅), 義(聞道而畏), 禮(聞道而恭), 德(聞道而樂)

관련 참고자료

1. 1차 자료

荊門市博物館編《郭店楚墓竹簡》, 文物出版社, 1998. 5.
馬承源 主編《上海博物館藏戰國楚竹書(一)》, 上海古籍出版社, 2001. 11.
簡帛書法選編輯組編, 郭店楚墓竹簡　性自命出 (北京: 文物出版社, 2002),

2. 2차자료

1) 단행본

王忠林 譯註《新譯荀子讀本》, 三民出版社, 1977.
王聘珍《大戴禮記解詁》(王文錦點校), 中華書局出版社, 1983.
徐復觀《中國人性論(先秦篇)》, 臺北臺灣商務印書館, 1987.
徐復觀, 中國人性論史　先秦篇 (臺北: 商務印書館, 1969 초판:1984 제7판)
王夢鷗 註譯《禮記今註今譯》, 臺灣商務印書館, 1990.
袁華忠·方家常 譯註《論衡全譯(上卷)》, 貴州人民出版社, 1993 3.
蔣人傑《說文解字集注》, 上海古籍出版社, 1996. 10.
湯可敬《說文解字今譯》, 嶽麓書社, 1997. 7.
丁四新《郭店楚墓竹簡思想硏究》, 東方出版社, 2000.10.
梁 濤 郭店楚簡與思孟學派 (北京: 中國人民大學出版社, 2008)
湯餘惠 主編《戰國文字編》, 福建人民出版社, 2001.12.
朱淵淸 廖名春 主編《上海博物館藏楚竹書硏究》, 上海書店出版社, 2002. 3.
李 零《郭店楚簡校讀記》, 北京大學出版社, 2002. 3.
何琳儀《戰國文字通論》上下冊, 江蘇教育出版社, 2003. 1.
陳 偉《郭店竹書別釋》, 湖北教育出版社, 2003. 1.
李天虹《郭店竹簡〈性自命出〉硏究》, 湖北教育出版社, 2003. 1.
新書(程榮本) (臺北: 世界書局, 1989 第4版)
閻振益 ■ 鍾夏 校注 新書校注 (北京: 中華書局, 2000)
李爾鋼 譯注 新書全譯 (貴州: 貴州人民出版社, 1998)
王淵明 徐超 校注, 賈誼集校注 (北京: 人民文學出版社, 1996)
饒東原 注譯, 黃沛榮 校閱, 新譯新書讀本 (臺北: 三民書局,1998)
馮友蘭 박성규 옮김, 중국철학사(하) (서울: 까치, 1999)
費孝通 이경규 역, 중국사회의 기본 구조 (서울: 일조각, 1995
大島正二 장원철 옮김, 한자에 도전한 중국 (서울 : 산처럼, 2002)
池田知久 (《馬王堆漢墓帛書五行篇硏究》 東京, 汲古書院, 1993).
龐 朴 帛書五行篇硏究 (濟南: 齊魯書社, 1980 제1판: 1988 제2판)
龐 朴 <馬王堆帛書解開了思孟五行說之謎—帛書〈老子〉甲本卷后古佚书之一的

初步研究>文物》1977.第10期(《馬王堆漢墓硏究》湖南省博物館編, 湖南人民出版社 1981.8 ;《當代學者自選文庫 龐朴卷》安徽敎育出版社 1999.9. 及下列第6第14第49)
龐 朴《帛書〈五行篇〉校注》, 《中華文史論叢》1979年第4輯, 1979.10(下列第6第14)
龐 朴《帛書五行篇硏究》第1版, 齊魯書社, 1980.7.
龐 朴《帛書五行篇硏究》第2版, 齊魯書社1988.8.
龐 朴《竹帛〈五行〉篇校注及硏究》, 萬卷樓圖書有限公司2000年6月
蒙培元 中國心性論 (臺北: 學生書局, 1990)
勞思光 新編中國哲學史(二) (臺北: 三民書局, 1981, 제1판 :1990, 增訂五版)
王興國 賈誼評傳 (南京: 南京大學出版社, 1992)
池田知久 馬王堆漢墓帛書五行篇硏究 (東京: 汲古書院, 1993)
阮 元「性命古訓」, 揅經室集 (北京: 中華書局, 1993)
李天虹 郭店楚簡 性自命出 硏究 (武漢: 湖北敎育出版社, 2002)
陳 來 竹帛 五行 與簡帛硏究 (北京: 三聯書店, 2009)
梁 濤 郭店楚簡與思孟學派 (北京: 中國人民大學出版社, 2008),
淺\野裕一編 古代思想史と郭店楚簡 (東京: 汲古書院, 2005)
任繼愈主編《思孟學派考辨》, 《中國哲學發展史》(先秦), 人民出版社 1983.10.
李耀仙《子思,孟子五行說考辨 》, 《抖擻》第45期, 1981.
趙光賢《新五行說商榷》, 《文史》第14輯, 1982.
魏啓鵬《簡帛〈五行〉箋釋》, 萬卷樓圖書有限公司, 2000年7月.
魏啓鵬《簡帛文獻五行箋證》中華書局, 2005.
劉信芳《簡帛〈五行〉解詁》, 藝文印書館2001年12月.
가의, 박미라 역 신서 (서울: 소명출판, 2007)
金學主 옮김《荀子》乙酉文化社 2002.10
金學主 譯註《論語》서울대학교출판부 2007. 3
姜秉昌 譯註《新完譯 孟子》明文堂 2005. 9
李相玉 譯著《新完譯 禮記(上,中,下)》明文堂 2003.10
楊祖漢 著, 황갑연 옮김《중용철학》, 서광사, 1999.
劉昕嵐《郭店楚簡〈性自命出〉篇箋釋》(《郭店楚簡國際學術硏討會論文集》, 湖北人民出版社, 2000. 5)
丁四新《郭店楚墓竹簡思想硏究》, 東方出版社, 2000.10.
馬承源 主編《上海博物館藏戰國楚竹書(一)》, 上海古籍出版社, 2001. 11.
湯餘惠 主編《戰國文字編》, 福建人民出版社, 2001.12.
朱淵淸 廖名春 主編《上海博物館藏楚竹書硏究》, 上海書店出版社, 2002. 3.
吳辛丑《簡帛典籍異文硏究》, 中山大學出版社, 2002.10.
李 零《郭店楚簡校讀記》, 北京大學出版社, 2002. 3.
何琳儀《戰國文字通論》上下冊, 江蘇敎育出版社, 2003. 1.
陳 偉《郭店竹書別釋》, 湖北敎育出版社, 2003. 1.
李天虹《郭店竹簡〈性自命出〉硏究》, 湖北敎育出版社, 2003. 1.
劉信芳〈郭店簡'善述者不說'及其相關問題〉, 上海古籍出版社, 2003. 3.
張守中 張小滄 郝建文 撰集,《郭店楚簡文字篇》, 文物出版社, 2000. 5.

丁四新《郭店楚墓竹簡思想硏究》, 東方出版社, 2000.10.
涂宗流·劉祖信《郭店楚簡先秦儒家佚書校釋》, 臺北, 萬卷樓, 2001.
郭 沂《郭店楚簡與先秦學術思想》, 上海敎育出版社, 2001.
馬承源 主編《上海博物館藏戰國楚竹書(一)》, 上海古籍出版社, 2001. 11.
湯餘惠 主編《戰國文字編》, 福建人民出版社, 2001.12.
廖名春 <郭店楚簡<性自命出>篇探原>(《清華大學思想文化硏究所輯刊》第2輯), 清華大學出版社, 2002.
朱淵淸 廖名春 主編《上海博物館藏楚竹書硏究》, 上海書店出版社, 2002. 3.
李 零《郭店楚簡校讀記》, 北京大學出版社, 2002. 3.
何琳儀《戰國文字通論》上下冊, 江蘇敎育出版社, 2003. 1.
陳 偉《郭店竹書別釋》, 湖北敎育出版社, 2003. 1.
李天虹《郭店竹簡〈性自命出〉硏究》, 湖北敎育出版社, 2003. 1.
金 槿 역주《呂氏春秋》, 民音社, 1994.2.
임형석《중국 간독시대, 물질과 사상이 만나다》, 책세상, 2002.
이민수 옮김《孔子家語》, 을유문화사, 2003.7.
李相玉 譯著《新完譯 禮記(上中下)》, 明文堂 2003.10.
신동준 역주《좌구명의 국어國語》, 도서출판 인간사랑, 2005. 3.
成百曉 譯註《詩經集傳》, 傳統文化硏究會, 2005. 3.
姜秉昌 譯註《新完譯 孟子》, 明文堂, 2005. 9.
김경수《출토문헌을 통해서 본 중국 고대 사상》, 심산출판사, 2008.
崔南圭(共著)《동양철학과 문자학 - 유가철학의 주요개념의 형성과 변천》아카넷, 2003.10.
최남규《郭店楚墓竹簡》臨書와 考釋, 신성출판사, 2005.

2) 논문

李學勤《帛書〈五行〉与〈尙書·洪范〉》, 《學術月刊》1986. 第11期(《李學勤集》, 黑龍江敎育出版社1989;《簡帛佚籍及學術史》, 時報文化出版, 1994.12.
李學勤:《從簡帛佚籍〈五行〉談到〈大學〉》, 《孔子硏究》1998年第3期, 1998年9月25日(复印報刊資料《中國哲學》1998－12, 1999年2月.
黃俊杰:《孟子后學對身心關系的看法－以馬王堆漢墓帛書〈五行篇〉爲中心》, 《清華學報》新20卷第1期, 1990年6月(收入:《孟子思想史論》卷一, 東大圖書公司, 1991年10月).
黃俊杰:《荀子非孟的思想史背景——論〈思孟五行說〉的思想內涵》, 《國立台湾大學歷史學系學報》第15期, 1990年12月(收入:《孟學思想史論》卷二, 中央硏究院中國文哲硏究所籌備處, 1997年6月).
黃俊杰:《馬王堆帛書〈五行篇〉"形于內"的意涵—孟子后學身心觀中的一个關鍵問題》, 《孟學思想史論》卷一, 東大圖書公司, 1991年10月.
李景林:《思孟五行說与思孟學派》《吉林大學社會科學學報》1997年1月(复印報刊資料《中國哲學》1997－3, 1997年5月).
王 博:《帛書〈五行〉与先秦儒家〈詩〉學》, 達慕思會議論文, 1998年5月
邢 文:《郭店楚簡〈五行〉試論》, 達慕思會議論文, 1998年5月(《楚簡〈五行〉試論》, 《文物》1998年第10期, 夏印報刊資料《先秦

秦漢史》1999－1, 1999年2月).
邢文：《〈孟子 万章〉与楚簡〈五行〉》, 《郭店楚簡研究》(《中國哲學》第20輯), 1999年1月.
潘小慧：《〈五行篇〉的人學初探—以"心—身"關系的考察爲核心展開》, 《本世紀出土思想文獻与中國古典哲學研究論文集》上冊, 輔仁大學出版社1999年4月；《哲學与文化》第26卷第5期, 1999年5月.
陳麗桂：《從郭店竹簡〈五行〉檢視帛書〈五行〉說文對經文的依違情況》, 《本世紀出土思想文獻与中國古典哲學研究論文集》上冊, 輔仁大學出版社1999年4月；《哲學与文化》第26卷第5期, 1999年5月.
郭梨華：《簡,帛〈五行〉的禮樂考述》, 《本世紀出土思想文獻与中國古典哲學研究論文集》下冊, 輔仁大學出版社1999年4月；《哲學与文化》第26卷第5期, 1999年5月.
宋啓發：《從〈論語〉到〈五行〉－孔子与子思的几点思想比較》, 《安徽大學學報》哲學社會科學版1995年第5期, 1995年9月.
郭梨華：《竹簡〈五行〉的"五行"研究》, 《郭店楚簡國際學術研討會(論文匯編)》第1冊, 1999年10月.
郭梨華：《〈德之行〉与〈行〉的哲學意義》, 台湾中國文化大學史學系主辦第一屆學術討論會論文, 1999年12月.
廖名春：《思孟五行說新解》, 《哲學研究》1994年第11期.
廖名春：《郭店楚簡儒家著作考》, 《孔子研究》1998年第3期, 1998年9月25日(复印報刊資料《中國哲學》1999－1, 1999年3月).
廖名春：《楚簡〈五行〉篇引〈詩〉說〈詩〉考》, 《李學勤先生從事學術活動45周年紀念文集》, 上海人民出版社2000年.
郭齊勇：《郭店楚簡〈五行〉的心術觀》, 网上首發欄, 2000年5月3日.
羅新慧：《從郭店楚簡看孔,孟之間的儒學變遷》, 《中國哲學史》2000年第2期, 2000年5月25日(复印報刊資料《中國哲學》2000－11).
丁四新：《略論郭店楚簡〈五行〉思想》, 《孔子研究》2000年第3期, 2000年5月25日(复印報刊資料《中國哲學》2000－7).
丁四新：《簡帛〈五行〉經說研究》, 《郭店楚墓竹簡思想研究》, 東方出版社2000年10月.
郭 沂, 「德欲之爭」, 孔子研究 (山東: 中國孔子基金會, 2005), 第5期,
龐 朴, 「孔孟之間—郭店楚簡中的儒家心性說」, 中國社會科學 (北京:中國社會科學院, 1998) 第5期
陳 來, 「郭店楚簡之 性自命出 篇初探」, 孔子研究 (山東:中國孔子基金會, 1998), 제3期
錢 遜, 「 六德 諸篇所見的儒學思想」, 中國哲學 (沈陽:遼東教育出版社, 1999), 第20輯
末永高康, 「性卽氣-郭店楚簡 性自命出 の性說」, 鹿兒島大學敎育學部研究紀要 (鹿兒島市: 2000), 第51卷
城山陽宣, 「賈誼 新書 成立說に關する史料批判的研究」, 西大學中國文學會紀要 (關西: 關西大學中國文學會, 2001), 第22號
城山陽宣, 「賈誼 新書 の成立」, 日本中國學會報 , (東京:日本中國學會, 2004),

第56號
성태용,「순자의 인성론」, 동양철학연구 (서울: 동양철학연구회,1995), 제15집
이연승,「 賈誼新書 에 나타난 새로운 제국 질서의 사상적 기초」, 철학사상 (서울: 서울대 철학사상연구소, 2009), 제31집
임형석,「유가 심성론의 계보」, 한국철학논집 (서울: 한국철학사연구회, 2005), 제17집
장원태 <전국시대 본성론 형성의 배경>(《東亞文化》 제41집)
장원태 <告子의 性無善無惡說을 중심으로 본 仁內義外 논변>, 서울대학교 규장각 한국학연구원, 규장각, 제25집 2002.12, 227-251.
장원태 <신독에 관한 고찰>, 범한철학회, 범한철학, 2011.
姜信碩 <先秦 楚竹簡에 반영된 人性論 小考>(《中國語文學誌》 제23집, 2007.4.
박동인 <「악기(樂記)」 인성론의 맹(孟),순(荀) 종합적(綜合的) 특성(特性)> (《退溪學報》 제122집)
李承律《郭店楚墓竹簡儒家思想硏究》, 東京大學博士論文 2001.2.
李承律 <郭店楚簡《唐虞之道》의 '尊賢'思想과 先秦儒國의 尙賢論>, 동양사학회, 동양사학연구, 제78집. 2002.4.
李承律 <新發見 楚簡과 楚簡 硏究方法論에 관한 一考察>, 서지학회, 서지학연구, 제24집. 2002.12.
李承律 <[원로 학자를 찾아서] 이케다 도모히사(池田知久)>, 예문동양사상연구원, 오늘의동양사상, 제9호 2003.9, 76-99.
李承律 <간백 연구서설>, <간백 발견의 역사>, <서사재료의 관점에서 본 간백 I II III>, <초간의 종류와 내용 I II>, 예문동양사상연구원, 오늘의 동양사상, 제15호 - 21호. 2006.10 - 2010.4.
김백희《노자해석의 두 시각, 본체생성론과 상관대대론-곽점초간본에서 왕필주까지》, 한국학대학원박사논문 2001.
김백희 <곽점초묘죽간의 철학적 검토>, 동서철학연구 제27호 2003.
김백희 <新出土《郭店楚墓竹簡》譯註연구(1)> 한국학중앙연구원, 정신문화연구, 제27권 제4호 (통권 97호) 2004.12, 263-306.
朴倖住 <郭店楚簡의 君臣論과 그 楚國史的 意味>, 동양사학연구, 제78집. 2002.
황희경 <곽점 출토 유가문헌의 사상사적 의의와 그 한계>(시대와 철학 제18권 3호) 2007.
島森哲男：《馬王堆出土儒家古佚書考》, 《東方學》第56輯, 1978.7.
島森哲男：《愼獨の思想》, 《文化》第42卷第3 4号, 1979.3.
影山輝國：《思孟五行說—その多様なる解釋と龐朴說》, 東京大學教養學部《人文科學科紀要》第81輯, 1985年3月.
淺野裕一：《帛書〈五行篇〉の思想史的位置—儒家による天への接近》, 《島根大學教育學部紀要》第19卷(人文 社會科學編), 1985.12(《黃老道の成立と展開》, 創文社1992.11.25.).
池田知久：《荊門市博物館〈郭店楚墓竹簡〉筆記》(《五行》)達慕思會議論文, 1998年4月(增補版, 1998年5月).
池田知久：《郭店楚墓竹簡〈五行〉譯注》, 《郭店楚簡の思想史的硏究》第一卷, 1999年11月1日.
池田知久：《郭店楚簡"五行"の硏究》, 《郭店楚簡の思想史的硏究》第二卷,

1999年12月15日；《郭店簡與儒學 研究》(《中國哲學》第21輯), 2000年1月.
齋木哲郎：《先秦·秦漢期の陰陽五行思想と自然認識》(上)(下), 《鳴門敎育大學硏究紀要》(人文 社會科學編)第5－6卷, 1990－1991年3月.
齋木哲郎：《郭店楚簡〈五行篇〉覺書》, 《東洋古典學硏究》第8集, 1999年10月.
齋木哲郎：《長沙馬王堆漢墓出土〈帛書五行篇〉新解－秦儒との關系を中心として－》《中國出土資料硏究》第2号, 1998年3月.

3) 웹사이트

梁濤：《郭店楚簡与“君子愼獨”》, 网上首發欄. www.bamboosilk.org网上首发栏.
梁濤：《簡帛〈五行〉“經文”比較》, 网上首發欄. www.bamboosilk.org 网上首发栏.
梁濤：《簡帛〈五行〉新探》, 网上首發欄. www.bamboosilk.org 网上首发栏.
梁濤：《荀子對思孟“五行”說的批判》, 网上首發欄. www.bamboosilk.org 网上首发栏.
郭沂：《〈五行〉考略》, 网上首發欄. www.bamboosilk.org 网上首发栏.
陶磊：《子思五行考》, 學術爭鳴. http://www.bamboosilk.org/ 学术争鸣.
李天虹 <性自命出>与傳世先秦文獻‘情’字解詁, http://www.bsm.org.cn/, 武漢大學簡帛硏究中心, 2005.11.
丁四新 <論郭店楚簡‘情’的內涵>, http://www.bsm.org.cn/, 武漢大學簡帛硏究中心, 2005.11.21.

부록

1. 郭店楚簡 연구자료 목록(Ⅰ) - 廖名春 자료제공

1) 단행본

1. 荊門市博物館編：《郭店楚墓竹簡》, 北京：文物出版社, 1998年5月.
2. 郭店老子國際學術研討會論文, 美國達慕思大學, 1998年5月.
3. 崔仁義：《荊門郭店楚簡〈老子〉研究》, 北京：科學出版社, 1998年10月.
4. 丁原植：《郭店竹簡〈老子〉釋析与研究》, 台北：万卷樓圖書有限公司, 1998年9月.
5. 姜广輝主編：《郭店楚簡研究》(《中國哲學》第20輯), 沈陽：遼宁教育出版社, 1999年1月.
6. 劉信芳：《郭店楚簡〈老子〉解詁》, 台北：藝文印書館, 1999年1月.
7. 丁四新：《郭店楚墓竹簡思想研究》, 武漢大學博士學位論文, 1999年4月.
8. 張光裕主編：《郭店楚簡研究》第一卷《文字編》, 台北：藝文印書館, 1999年1月.
9. 陳福濱主編：《本世紀出土思想文獻与中國古典哲學論文集》(上,下冊), 台北：輔仁大學出版社, 1999年4月.
10. 魏啓鵬：《楚簡〈老子〉柬釋》, 台北：万卷樓圖書有限公司, 1999年8月.
11. 陳鼓應主編：《道家文化研究》第17輯("郭店楚簡"專号), 北京：三聯書店, 1999年8月.
12. 高定彝：《老子道德經研究》, 北京广播學院出版社, 1999年6月.
13. 《郭店楚簡國際學術研討會論文匯編》第一,二冊, 武漢大學中國文化研究院等, 1999年10月.
14. 侯才：《郭店楚墓竹簡〈老子〉校讀》, 大連出版社, 1999年9月.
15. 彭浩：《郭店楚簡老子校讀》, 湖北人民出版社, 2000年1月.
16. 東京大學郭店楚簡研究會編：《郭店楚簡思想史的研究》第一卷, 1999年11月.
17. 《中國哲學》編輯部,國際儒聯學術委員會合編：《郭店簡与儒學研究》(《中國哲學》第21輯), 沈陽：遼宁教育出版社, 2000年1月.

2) 논문

1. 《我國考古史上的又一重大發現——最早竹簡〈老子〉等典籍在荊門出土》, 1994年12月15日《湖北日報》.
2. 《荊門出土戰國時期五部典籍》, 1995年1月25日《中國文化報》.
3. 何鋒,徐義德：《荊門出土〈老子〉等五部竹簡典籍爲我國目前發現最早,最完整,數量最多的楚簡》, 《人民日報》海外版1995年2月7日.
4. 劉祖信,梅訓安：《荊門出土我國最早竹簡》, 《人民日報》海外版1995年2月8日.

5. 何鋒,徐義德：《荊門出土〈老子〉等五部竹簡典籍》，《中國文物報》1995年3月19日.
6. "Bamboo Ships of Classics Unearthed",Beijing Review ,April 13-16,1995
7. 左鵬：《荊門竹簡〈老子〉出土意義》，1995年6月25日《中國文物報》.
8. 劉祖信,崔仁義：《荊門竹簡〈老子〉并非對話体》，《中國文物報》1995年8月20日.
9. 劉祖信：《荊門楚墓的惊人發現》，《文物天地》1995年第6期.
10. Huang Paulos：《湖北荊門郭店1号楚墓發現的〈老子〉竹簡：老子其書其人》,The Finnish Oriental Society,Helsinki,1996年.
11. 崔仁義：《試論荊門竹簡〈老子〉的年代》，《荊門大學學報》1997年2期.
12. 崔仁義：《荊門楚墓出土的竹簡〈老子〉初探》，《荊門社會科學》1997年5期.
13. 湖北省荊門市博物館：《荊門郭店一号楚墓》，《文物》1997年第7期.
14. 廖名春：《從荊門楚簡論先秦儒家与周易的關系》，第二届易學与当代文明研討會論文，1997年10月西安交通大學；《國際易學研究》第四輯，309-322,華夏出版社，1998年5月.
15. 李學勤：《荊門郭店楚簡中的〈子思子〉》，《文物天地)1998年第2期，28-30；《郭店楚簡研究》(《中國哲學》第20輯)，75-80，遼宁教育出版社1999年1月版.
16. 李學勤：《荊門郭店楚簡所見關尹遺說》，《中國文物報》1998年4月8日；《郭店楚簡研究》(《中國哲學》第20輯)，160-164,遼宁教育出版社1999年1月版.
17. 劉祖信：《荊門郭店楚簡一号墓概述》，達慕思會議論文，1998年5月.
18. 彭浩：《關于郭店楚簡〈老子〉整理工作的几点說明》，達慕思會議論文，1998年5月.
19. 李零：《讀郭店楚簡〈老子〉》，達慕思會議論文，1998年5月.
20. 裘錫圭：《以郭店〈老子〉簡爲例談談古文字考釋》(資料摘要)，達慕思會議論文，1998年5月；《郭店簡与儒學研究》(《中國哲學》第21輯)，180-188，遼宁教育出版社，2000年1月.
21. 李零：《三一考》，達慕思會議論文，1998年5月；陳福濱主編：《本世紀出土思想文獻与中國古典哲學論文集》(上冊)，台北：輔仁大學出版社，1999年4月.
22. 羅浩：《郭店〈老子〉對文中的一些方法論問題》，達慕思會議論文，1998年5月；《道家文化研究》第17輯(“郭店楚簡”專号)，197-207,三聯書店，1999年8月.
23. 雷敦龢：《郭店〈老子〉及〈太一生水〉英譯》，達慕思會議論文，1998年5月.
24. 池田知久：《荊門市博物館〈郭店楚墓竹簡〉筆記》(《老子》甲)，達慕思會議論文，1998年5月.
25. 池田知久：《荊門市博物館〈郭店楚墓竹簡〉筆記》(《老子》乙)，達慕思會議論文，1998年5月.
26. 池田知久：《荊門市博物館〈郭店楚墓竹簡〉筆記》(《老子》丙)，達慕思會議論文，1998年5月.
27. 池田知久：《荊門市博物館〈郭店楚墓竹簡〉筆記》(《五行》)，達慕思會議論文，改訂版，1998年4月；增補版，1998年8月.
28. 譚朴森(PM Thompsen):老子古本校對說明，達慕思會議論文，1998年5月.

29. William G.Boltz:中國古代手寫本整理校訂工作的九項基本原則，達慕思會議論文，1998年5月.
30. 王博：《帛書〈五行〉与先秦儒家〈詩〉學》，達慕思會議論文，1998年5月.
31. 王博：《郭店〈老子〉爲什么有三組》，達慕思會議論文，1998年5月.
32. 王博：《荊門郭店楚簡与先秦儒家經學》，達慕思會議論文，1998年5月；《中國傳統哲學新論——朱伯崑教授75壽辰紀念文集》，九洲出版社，1999年3月.
33. 邢文：《郭店楚簡〈五行〉試論》，達慕思會議論文，1998年5月.
34. 劉信芳：《郭店竹簡文字考釋拾遺》，紀念徐中舒先生誕辰100周年暨國際漢語古文字學研討會論文，1998年成都四川大學.
35. 李學勤：《先秦儒家著作的重大發現》，《人民政協報》1998年6月8日；《郭店楚簡研究》(《中國哲學》第20輯)，13-17,遼宁教育出版社1999年1月版.
36. 龐朴：《儒聯召開"郭店楚簡"研討會》，《國際儒學聯合會簡報》1998年第2期,1998年6月28日.
37. 《"儒學的人論"國際學術研討會述要》，《國際儒學聯合會簡報》1998年第2期,1998年6月28日.
38. 《美國郭店〈老子〉國際研討會》，《國際儒學聯合會簡報》1998年第2期,1998年6月28日.
39. 學勤：《釋郭店簡祭公之顧命》，《文物》1998年第7期, 44-5；《郭店楚簡研究》(《中國哲學》第20輯)，335-338,遼宁教育出版社1999年1月版.
40. 陳來：《郭店簡可称"荊門礼記"》，《人民政協報》1998年8月3日.
41. 廖名春：《楚文字釋讀三篇》，《漢字与文化國際學術研討會論文集》，1998年8月.
42. 躍進：《振奮人心的考古發現——略説郭店楚簡的學術史意義》，《文史知識》1998年8期.
43. 李學勤：《從簡帛佚籍〈五行〉談到〈大學〉》，《孔子研究》1998年第3期，47-51.
44. 陳來：《郭店楚簡之〈性自命出〉篇初探》，《孔子研究》1998年第3期；《郭店楚簡研究》(《中國哲學》第20輯)，293-314,遼宁教育出版社1999年1月版.
45. 郭沂：《郭店楚簡〈天降大常〉〈誠之聞之〉篇疏証》，《孔子研究》1998年第3期.
46. 廖名春：《郭店楚簡儒家著作考》，《孔子研究》1998年第3期；中國人民大學報刊夏印資料《中國哲學史》1999年第1期.
47. 姜广輝：《郭店楚簡与〈子思子〉》，《哲學研究》1998年第7期；《郭店楚簡研究》(《中國哲學》第20輯)，81-92,遼宁教育出版社1999年1月版.
48. 郭沂：《從郭店楚簡〈老子〉看老子其人其書》，《哲學研究》1998年第7期.龐朴：《孔孟之間--郭店楚簡的思想史地位》，《中國社會科學》1998年第5期；《郭店楚簡研究》(《中國哲學》第20輯)，22-35，遼宁教育出版社1999年1月版.
49. 邢文：《郭店楚簡研究述評》，《民族藝術》1998年3期.
50. 許抗生：《初談郭店竹簡〈老子〉》，《宗教哲學)第4卷第4期，1998年10月；《郭店楚簡研究》(《中國哲學》第20輯)，93-102,遼宁教育出版社1999年1月版.
51. 馬宝珠：《郭店楚簡：終于揭開一个迷——訪龐朴》，《光明日報》1998年10月29

日第2版.
52. 龐朴：《古墓新知——漫談郭店楚簡》, 《讀書》1998年第9期；《郭店楚簡研究》(《中國哲學》第20輯), 7-12,遼宁教育出版社1999年1月版.
53. 龐朴：《初讀郭店楚簡》, 《歷史研究》1998年第4期.
54. 陳來：《〈性自命出〉：沉睡了兩千余年的文獻》, 《文史知識》1999年9期.
55. 邢文,李縉云：《郭店〈老子〉國際研討會綜述》, 《文物》1998年第9期；《郭店楚簡研究》(《中國哲學》第20輯), 402-407,遼宁教育出版社1999年1月版.
56.鼓應：《初讀簡本〈老子〉》, 《文物》1998年第10期, 55-56；達慕思會議論文, 1998年5月.
57. 邢文：《楚簡〈五行〉試論》, 《文物》1998年第10期,57-61.
58. 龐朴：《孔孟之間——郭店楚簡的思想史地位》, 《中國社會科學》1998年5期.
59. 李澤厚：《初讀郭店竹簡印象紀要》, 《世紀新夢》, 合肥：安徽文藝出版社, 1998年10月；《道家文化研究》第17輯("郭店楚簡"專号), 412-422, 三聯書店, 1999年8月.
60. 吳曉萍,卜憲群：《二十世紀末簡牘的重大發現及其价值》, 《光明日報》1998年10月23日.
61. 高明：《讀郭店〈老子〉》, 《中國文物報》1998年10月28日.
62. 馬宝珠：《郭店楚簡：終于揭開一个迷——訪龐朴》, 《光明日報》1998年10月29日2版.
63. 彭浩：《談郭店〈老子〉分章和章次》, 《中國文物報》1998年10月28日；《簡帛研究》第3輯, 广西教育出版社, 1998年版.
64. 李家浩：《關于郭店〈老子〉乙組一支殘簡的拼接》, 《中國文物報》1998年10月28日.
65. 郭沂：《試談楚簡〈太一生水〉及其与簡本〈老子〉的關系), 《中國哲學史》1998年第4期.
66. 李學勤：《郭店簡与〈礼記〉》, 《中國哲學史》1998年第4期,29-32.
67. 陳宁：《〈郭店楚墓竹簡〉中的儒家人性言論初探》, 《中國哲學史》1998年第4期.
68. 邢文：《郭店楚簡与國際漢學》, 《書品》1998年4期.
69. 李存山：《先秦儒家的政治倫理教科書——讀楚簡〈忠信之道〉及其他》, 《中國文化研究》1998年冬之卷(總第22期)；《郭店楚簡研究》(《中國哲學》第20輯), 263-277,遼宁教育出版社1999年版1月；中國人民大學報刊▩印資料《中國哲學史》1999年第1期.
70. 陳偉：《郭店楚簡別釋》, 《江漢考古》1998年第4期.
71. 張立文：《論郭店楚竹簡的篇題和天人有分思想》, 《傳統文化与現代化》1998年6期.
72. 廖名春：《楚簡老子校釋之一》, 《華學》第3輯, 189-211,紫禁城出版社, 1998年11月.
73. 廖名春：《楚簡老子校釋》(二), 《簡帛研究》第3輯, 50-76,广西教育出版社, 1998年12月.
74. 李學勤：《說郭店簡"道"字》, 《簡帛研究》第3輯, 广西教育出版社, 1998年12月.
75. 周鳳五：《郭店楚簡〈忠信之道〉考釋》, 《中國文字》新24期, 121-128,

1998年12月；《郭店簡与儒學硏究》(《中國哲學》第21輯), 137-145, 遼宁教育出版社, 2000年1月.
76. 廖名春：《楚文字考釋三則》, 《吉林大學古籍整理硏究所建所十五周年紀念論文集》, 吉林大學出版社, 1998年12月.
77. 黃德寬,徐在國：《郭店楚簡文字考釋》, 《吉林大學古籍整理硏究所建所十五周年紀念論文集》, 吉林大學出版社, 1998年12月.
78. 饒宗頤：《從新資料追踪先代耆老的"重言"一一儒道學脉試論》, 1998年12月香港中文大學"中國文化与二十一世紀"國際學術硏討會論文；《中原文物》1999年4期60-62.
79. 季旭升：《讀郭店楚墓竹簡札記：卞絶爲弃詐,民复季子》, 《中國文字》新24期, 台北：藝文印書館, 1998年12月.
80. 魏啓鵬：《"大成若詘"考辨——讀楚簡〈老子〉札記之一》, 1998年12月羅浮山道家會議論文.
81. 杜維明：《郭店楚簡与先秦儒道思想的重新定位》, 《郭店楚簡硏究》(《中國哲學》第20輯), 1-6,遼宁教育出版社1999年1月版.
82. 李學勤：《郭店楚簡与儒家經籍》, 《郭店楚簡硏究》(《中國哲學》第20輯), 18-21,遼宁教育出版社1999年1月版.
83. 廖名春：《荊門郭店楚簡与先秦儒學》, 《郭店楚簡硏究》(《中國哲學》第20輯), 36-74,遼宁教育出版社1999年1月版.
84. 王中江：《郭店竹簡〈老子〉略說》, 《郭店楚簡硏究》(《中國哲學》第20輯), 103-117,遼宁教育出版社1999年1月版.
85. 郭沂：《楚簡〈老子〉与老子公案》, 《郭店楚簡硏究》(《中國哲學》第20輯), 118-147,遼宁教育出版社1999年1月版.
86. 廖名春：《〈老子〉"无爲而无不爲"說新証》, 《郭店楚簡硏究》(《中國哲學》第20輯), 148-159,遼宁教育出版社1999年1月版.
87. 邢文：《論郭店〈老子〉与今本<老子〉不屬一系——楚簡〈太一生水〉及其意義》, 《郭店楚簡硏究》(《中國哲學》第20輯), 165-186, 遼宁教育出版社1999年1月版.
88. 李存山：《從郭店楚簡看早期道儒關系》, 《郭店楚簡硏究》(《中國哲學》第20輯), 187-203,遼宁教育出版社1999年1月版；《道家文化硏究》第17輯("郭店楚簡"專号), 423-439,三聯書店, 1999年8月.
89. 周桂鈿：《荊門竹簡〈緇衣〉校讀札記》, 《郭店楚簡硏究》(《中國哲學》第20輯), 204-216,遼宁教育出版社1999年1月版.
90. 張立文：《〈窮達以時〉的時与遇》, 《郭店楚簡硏究》(《中國哲學》第20輯), 217-220,遼宁教育出版社1999年1月版.
91. 龐朴：《竹帛五行篇比較》, 《郭店楚簡硏究》(《中國哲學》第20輯), 221-227,遼宁教育出版社1999年1月版.
92. 邢文：《<孟子 万章〉与楚簡〈五行〉》, 《郭店楚簡硏究》(《中國哲學》第20輯), 228-242,遼宁教育出版社1999年1月版.
93. 陳明：《〈唐虞之道〉与早期儒家的社會理念》, 《郭店楚簡硏究》(《中國哲學》第20輯), 243-314,遼宁教育出版社1999年1月版；《原道》第五輯, 貴陽：貴州人民出版社, 1999年4月.

94. 郭沂：《郭店楚簡〈成之聞之〉篇疏証》, 《郭店楚簡研究》(《中國哲學》第20輯), 278-292,遼宁教育出版社1999年1月版.
95. 彭林：《郭店楚簡〈性自命出〉補釋》, 《郭店楚簡研究》(《中國哲學》第20輯), 315-320,遼宁教育出版社1999年1月版.
96. 錢遜：《〈六德〉諸篇所見的儒學思想》, 《郭店楚簡研究》(《中國哲學》第20輯), 321-326,遼宁教育出版社1999年1月版.
97. 龐朴：《〈語叢〉臆說》, 《郭店楚簡研究》(《中國哲學》第20輯), 327-330,遼宁教育出版社1999年1月版.
98. 張立文：《〈郭店楚墓竹簡〉的篇題》, 《郭店楚簡研究》(《中國哲學》第20輯), 331-334,遼宁教育出版社1999年1月版.
99. 李家浩：《讀〈郭店楚墓竹簡〉瑣議》, 《郭店楚簡研究》(《中國哲學》第20輯), 339-358,遼宁教育出版社1999年1月版.
100. 劉樂賢：《讀郭店楚簡札記三則》, 《郭店楚簡研究》(《中國哲學》第20輯), 359-364,遼宁教育出版社1999年1月版

2. 郭店楚簡 연구자료 목록 (Ⅱ)

101. 龐朴：《撫心曰辟》, 《郭店楚簡研究》(《中國哲學》第20輯), 365, 遼宁教育出版社1999年1月版.
102. 王葆玹：《試論郭店楚簡各篇的撰作時代及其背景--兼論郭店及包山楚墓的時代問題》, 《郭店楚簡研究》(《中國哲學》第20輯), 366-389,遼宁教育出版社1999年1月版.
103. 劉宗漢：《有關荊門郭店一号楚墓的兩个問題--墓主人的身份与儒道兼習》, 《郭店楚簡研究》(《中國哲學》第20輯), 390-395,遼宁教育出版社1999年1月版.
104. 姜广輝：《郭店一号墓墓主是誰》, 《郭店楚簡研究》(《中國哲學》第20輯), 396-398,遼宁教育出版社1999年1月版.
105. 際儒聯首次楚簡研討會》, 《郭店楚簡研究》(《中國哲學》第20輯), 399-400,遼宁教育出版社1999年版1月版.
106. 《〈郭店楚墓竹簡〉學術研討會述要》, 《郭店楚簡研究》(《中國哲學》第20輯), 407-411,遼宁教育出版社1999年1月版.
107. 陳高志：《〈郭店楚墓竹簡 緇衣篇〉部分文字隶定檢討》, 《張以仁先生七秩壽慶論文集》, 台北：學生書局, 1999年1月.
108. 顔世鉉：《郭店楚簡淺釋》, 《張以仁先生七秩壽慶論文集》, 379-396 台北：學生書局, 1999年1月.
109. 廖名春《楚簡老子校詁》(上), 台湾《大陸雜志》98卷1期, 37-48,1999年1月.
110. 廖名春楚簡老子校詁》(下), 台湾《大陸雜志》98卷2期, 22-30,1999年2月.
111. 袁國華：《郭店楚簡文字考釋十一則》, 台湾《中國文字》新24期.
112. 劉昕嵐：《郭店楚簡〈性自命出〉篇箋釋》(上), 《北京大學研究生學志》1999年第1期.
113. 張立文：《略論郭店楚簡的"仁義"思想》, 《孔子研究》1999年第1期.
114. 徐洪興：《疑古与信古——從郭店竹簡本〈老子〉出土回顧本世紀關于老子其

人其書的爭論》,《夏旦學報》1999年第1期, 60—66, 73；中國人民大學報刊▩印資料《中國哲學史》1999年第3期；陳福濱主編：《本世紀出土思想文獻与中國古典哲學論文集》(下冊), 台北：輔仁大學出版社, 1999年4月.
115. 向世陵：《郭店竹簡“性”“情”說》,《孔子研究》1999年第1期.
116. 周桂鈿：《〈郭店楚墓竹簡 · 緇衣〉研究札記》,《孔子研究》1999年第1期.
117. 姜广輝：《郭店楚簡与原典儒學--國內學術界關于郭店楚簡的研究(一)》,《書品》1999年第1期；《郭店簡与儒學研究》(《中國哲學》第21輯), 263—273, 遼宁教育出版社, 2000年1月.
118. 董鐵柱：《從〈唐虞之道〉談“禪讓”》,《學園》1999年第1期.
119. 廖名春：《楚簡老子校釋》(五),《中國傳統哲學新論--朱伯崑教授75壽辰紀念文集》, 九洲出版社, 1999年3月.
120. 李學勤：《天人之分》,《中國傳統哲學新論--朱伯崑教授75壽辰紀念文集》, 九洲出版社, 1999年3月.
121. Huang Paulos：The Guodian Bamboo slip Texts and theLaozi,〔日〕中國出土資料學會：《中國出土資料研究》第3号, 1999年3月.
122.李建民:《太一新証——以郭店楚簡爲線索》,〔日〕中國出土資料學會：《中國出土資料研究》第3号, 1999年3月.
123. 陸正明：《“老子”何許人, “竹簡 ”辨眞身》,《文匯報》1999年3月24日.
124.張光裕：《〈郭店楚簡研究〉第一卷〈文字編〉緒說》,《中國出土資料研究》第3号, 1999年3月31日.
125.顔世鉉：《郭店楚墓竹簡儒家典籍文字考釋》,《經學研究論叢》第6輯171～188頁1999年3月.
126. 郭沂：《從郭店竹簡看先秦哲學發展脉絡》,《光明日報》1999年4月23日.
127. 姜广輝：《郭店楚簡与早期道家——國內學術界關于郭店楚簡的研究(二)》,《書品》1999年第2期；《郭店簡与儒學研究》(《中國哲學》第21輯), 274—280, 遼宁教育出版社, 2000年1月.
128. 羅熾：《郭店楚墓竹簡印象》,《湖北大學學報》1999年第2期.
129. 郭齊勇：《郭店儒家簡的意義与价値》,《湖北大學學報》1999年第2期.
130. 陳偉：《文本▩原是一項長期艱巨的工作》,《湖北大學學報》1999年第2期.
131.劉澤亮：《從郭店楚簡看先秦儒道關系的演變》,《湖北大學學報》1999年第2期.
132. 丁四新：《略論郭店簡本〈老子〉甲乙丙三組的歷時性差异》,《湖北大學學報》1999 年第2期.
133. 羅運环：《郭店楚簡的年代,用途及意義》,《湖北大學學報》1999年第2期.
134. 白于藍：《〈郭店楚墓竹簡〉釋文正誤一例》,《吉林大學社會科學學報》1999年2期.
135. 張桂光：《〈郭店楚墓竹簡 老子〉釋注商榷》,《江漢考古》1999年2期.
136. 張吉良：《從老聃〈老子〉到太史儋〈道德經〉》,《江西社會科學》1999年2期.
137. 王葆玹：《試論郭店楚簡的抄寫時間与庄子的撰作時代--兼論郭店与包山楚墓的時代 問題》,《哲學研究》, 1999年4期, 18—29.
138. 尹振环：《也談楚簡〈老子〉其書》,《哲學研究》, 1999年4期, 30—35.

139. 李縉云：《郭店楚簡研究近況》, 《古籍整理出版情況簡報》1999年第4期(總341期).
140. 劉煥藻：《郭店楚簡〈老子〉研究》, 《理論月刊》(武漢)1999.5.38-41；中國人民大學報刊▩印資料《中國哲學》1999.7.49-52.
141. 韓東育：《郭店楚簡太一生水篇与老子的几个問題》, 《社會科學》1999年2期.
142. 丁原植：《從出土〈老子〉文本看中國古典哲學的發展》, 《哲學与文化》26卷第4期；陳福濱主編：《本世紀出土思想文獻与中國古典哲學論文集》(上冊), 台北：輔仁大學出版社, 1999年4月.
143. 沉清松：《郭店竹簡〈老子〉的道論与宇宙論——相關文本的解讀与比較》, 《哲學与 文化》26卷第4期；陳福濱主編：《本世紀出土思想文獻与中國古典哲學論文集》(上)台北：輔仁大學出版社, 1999年4月；《郭店簡与儒學研究》(《中國哲學》第21輯), 146—179, 遼宁教育出版社, 2000年1月.
144. 陳麗桂：《從郭店竹簡〈五行〉檢視帛書〈五行〉說文對經文的依違情況》, 《哲學与 文化》26卷第5期；陳福濱主編：《本世紀出土思想文獻与中國古典哲學論文集》(上) 台北：輔仁大學出版社, 1999年4月.
145. 龐朴：《竹帛〈五行〉篇与思孟五行說》, 《哲學与文化》26卷第5期；陳福濱主編：《本世紀出土思想文獻与中國古典哲學論文集》(上冊), 台北：輔仁大學出版社, 1999年4月；《中國哲學的詮釋和發展——張岱年先生90壽慶紀念文集》, 14-22, 北京大學出版社, 1999年.
146. 叶烟海：《〈太一生水〉与庄子的宇宙觀》, 《哲學与文化》26卷第4期；陳福濱主編：《本世紀出土思想文獻与中國古典哲學論文集》(上冊), 台北：輔仁大學出版社, 1999年4月；《郭店簡与儒學研究》(《中國哲學》第21輯), 198-211, 遼宁教育出版社, 2000年1月.
147. 庄万壽：《太一与水之思想探究——〈太一生水〉楚簡之初探》, 》, 《哲學与文化》26卷第5期；陳福濱主編：《本世紀出土思想文獻与中國古典哲學論文集》(下冊), 台北：輔仁大學出版社, 1999年4月.
148. 李學勤：《太一生水的數術解釋》, 陳福濱主編：《本世紀出土思想文獻与中國古典哲 學論文集》(上冊), 台北：輔仁大學出版社, 1999年4月；
149. 郭梨華：《簡帛〈五行〉的礼樂考述》, 《哲學与文化》26卷第5期；陳福濱主編：《本世紀出土思想文獻与中國古典哲學論文集》(上冊), 台北：輔仁大學出版社, 1999年4月.
150. 彭浩：《郭店一号墓的年代及相關的問題》, 陳福濱主編：《本世紀出土思想文獻与中國古典哲學論文集》(下冊), 台北：輔仁大學出版社, 1999年4月.
151. 潘小慧：《〈五行篇〉的人學初探》, 《哲學与文化》26卷第5期；陳福濱主編：《本世紀出土思想文獻与中國古典哲學論文集》(上冊), 台北：輔仁大學出版社, 1999年4月.
152. 雷敦龢：《郭店〈老子〉：一些前提的討論》, 陳福濱主編：《本世紀出土思想文獻与中國古典哲學論文集》(下冊), 台北：輔仁大學出版社, 1999年4月；《道家文化研究》第17輯(“郭店楚簡”專号), 118-130,三聯書店, 1999年8月.
153. 趙建偉：《郭店楚簡〈老子〉校釋》, 陳福濱主編：《本世紀出土思想文獻与中國古典哲學論文集》(上冊)，台北：輔仁大學出版社，1999年4月；《道家文化研究》第17輯("郭店楚簡"專号)，60-296,三聯書店，1999年8月.
154. 一文：《郭店楚簡的發現是否改變先秦學術思想史》，1999年5月8日《人民日報》.
155. 廖名春：《楚簡老子校詁》(二)(上)，《大陸雜志》98卷第5期,40—48,1999年5月.
156. 廖名春：《楚簡老子校詁》(二)(下)，《大陸雜志》98卷第6期,40—48,1999年6月.
157. 干春松：《郭店楚簡研究--中國社科院哲學所'99第一次學術新進展報告會紀要》，《哲學動態》1999.6.11-15.
158. 王博：《關于〈唐虞之道〉的几个問題》，《中國哲學史》1999年2期.
159. 趙建偉：《郭店竹簡〈忠信之道〉,〈性自命出〉校釋》，《中國哲學史》1999年2期.
160. 黃德寬,徐在國：《郭店楚簡文字續考》，《江漢考古》1999年2期75-77.
161. 張桂光：《〈郭店楚墓竹簡 · 老子〉釋注商榷》，《江漢考古》1999年2期72-74.
162. 劉信芳：《荊門郭店楚簡〈老子〉文字考釋》，《中國古文字研究》第1輯，吉林大學出版社，1999年6月.
163. 白于藍：《〈郭店楚墓竹簡〉讀后記》，《中國古文字研究》第1輯，吉林大學出版社，1999年6月.
164. 郭洪新：《中國哲學史應当改寫--郭沂訪談彔》，《北京日報》1999年6月9日.
165. 谷口滿：《郭店楚簡老子的作者和成書時代》，第44屆國際東方學論文，日本，1999年6月.
166. 黃占竹：《戰國楚簡和楚國歷史地理》，第44屆國際東方學論文，日本，1999年6月.
167. 李承律：《郭店楚簡〈魯穆公問子思〉的忠臣觀》，第44屆國際東方學論文，日本，1999年6月；東京大學郭店楚簡研究會編：《郭店楚簡思想史的研究》第一卷，136-150,1999年11月
168. 彭浩：《望山,包山,郭店楚墓的發掘与楚文化》，第44屆國際東方學論文，日本，1999年6月.
169. 平勢隆郎：《從太歲議論的出現看郭店楚簡〈太一生水〉》，第44屆國際東方學論文，日本，1999年6月.
170. W.Wagner,Rudolf G.:The Impact of Conceptions of Rhetoric and Styleupon the Formation of Early Laozi Editions.Evidence from Guodian,Mawangduiand the Wang Bi Laozi, 第44屆國際東方學論文，日本，1999年6月.
171. 鄭良樹：《〈老子〉嚴遵本校記》，《書目季刊》1999年6月28日.
172. 高正：《論屈原与郭店楚墓竹書的關系》，《光明日報》1999年7月2日.
173. 谷萍,喩少柏：《"郭店楚簡"研究走向世界》，《長江日報》1999年7月11日.
174. 劉 釗：《讀郭店楚簡字詞雜記(一)》，中國語言學會第10屆學術會暨國際中國語文研討會論文，1999年7月.
175. 叶坦：《儒家"无爲"說——從郭店楚簡談開去》，《哲學研究》1999年第7期，57—61.
176. 廖名春：《楚簡老子校詁》(三)(上)，《大陸雜志》99卷第1期,1999年7月.
177. 廖名春：《楚簡老子校詁》(三)(中)，《大陸雜志》99卷第2期,42-48,1999年8月.
178. 王博：《美國達慕思大學郭店〈老子〉國際學術討論會紀要》，《道家文化研究》第17輯("郭店楚簡"專号)，1-12,三聯書店，1999年8月.

179. 彭浩：《郭店一号墓的年代与簡本〈老子〉的結构》，《道家文化研究》第17輯("郭店楚簡"專号)，13-21,三聯書店，1999年8月.
180. 王博：《張岱年先生談荊門郭店竹簡〈老子〉》，《道家文化研究》第17輯("郭店楚簡"專号)，22-24,三聯書店，1999年8月.
181. 裘錫圭：《郭店〈老子〉簡初探》，《道家文化研究》第17輯("郭店楚簡"專号)，25-63,三聯書店，1999年8月.
182. 陳鼓應：《從郭店簡本看〈老子〉尚仁及守中思想》，《道家文化研究》第17輯("郭店楚簡"專号)，64-80,三聯書店，1999年8月.
183. 丁原植：《就竹簡資料看〈文子〉与解〈老〉傳承》，《道家文化研究》第17輯("郭店楚簡"專号)，81-117,三聯書店，1999年8月.
184. 張立文：《論簡本〈老子〉与儒家思想的互補互濟》，《道家文化研究》第17輯("郭店楚簡"專号)，131-148,三聯書店，1999年8月.
185. 王博：《關于郭店楚墓竹簡〈老子〉的結构与性質——兼論其与通行本〈老子〉的關系》，《道家文化研究》第17輯("郭店楚簡"專号)，149-167,三聯書店，1999年8月.
186. 池田知久：《尚處形成階段的〈老子〉最古文本——郭店楚簡〈老子〉》，《道家文化研究》第17輯("郭店楚簡"專号)，167-181,三聯書店，1999年8月.
187. 韓祿伯：《治國大綱——試讀郭店〈老子〉甲組的第一部分》，《道家文化研究》第17輯("郭店楚簡"專号)，182-196,三聯書店，1999年8月.
188. 魏啓鵬：《楚簡〈老子〉柬釋》，《道家文化研究》第17輯("郭店楚簡"專号)，208-259,三聯書店，1999年8月.
189. 龐朴：《一种有机的宇宙生成圖式——介紹楚簡〈太一生水〉》，《道家文化研究》第17輯("郭店楚簡"專号)，301-305,三聯書店，1999年8月.
190. 許抗生：《初讀〈太一生水〉》，《道家文化研究》第17輯("郭店楚簡"專号)，306-315,三聯書店，1999年8月.
191. 李零：《讀郭店楚簡〈太一生水〉》，《道家文化研究》第17輯("郭店楚簡"專号)，316-331,三聯書店，1999年8月.
192. 賀碧來：《論〈太一生水〉》，《道家文化研究》第17輯("郭店楚簡"專号)，332-339,三聯書店，1999年8月.
193. 戴卡琳：《〈太一生水〉初探》，《道家文化研究》第17輯("郭店楚簡"專号)，340-352,三聯書店，1999年8月.
194. 强昱：《〈太一生水〉与古代的太一觀》，《道家文化研究》第17輯("郭店楚簡"專号)，353-379,三聯書店，1999年8月.
195.趙建偉：《郭店楚墓竹簡〈太一生水〉疏証》，《道家文化研究》第17輯("郭店楚簡"專号)，380-392,三聯書店，1999年8月.
196. 陳鼓應：《〈太一生水〉与〈性自命出〉發微》，《道家文化研究》第17輯("郭店楚簡"專号)，393-411,三聯書店，1999年8月；《東方文化》1999年5期.
197. 李澤厚：《初讀郭店竹簡印象紀要》，《道家文化研究》第17輯("郭店楚簡"專号)，412-421,三聯書店，1999年8月；《郭店簡与儒學研究》(《中國哲學》第21輯)，1-12, 遼宁教育出版社，2000年1月.
198. 白奚：《郭店楚簡与戰國黃老思想》，《道家文化研究》第17輯("郭店楚簡"專号)，440-454,三聯書店，1999年8月.

199. 李零：《郭店楚簡校讀記》, 《道家文化研究》第17輯(“郭店楚簡”専号), 455-542三聯書店, 1999年8月.
200. 廖名春：《楚簡老子校詁》(三)(下), 《大陸雜志》99卷第3期,1999年9月.
201. 廖名春：《郭店楚簡〈成之聞之〉,〈唐虞之道〉与〈尙書〉》, 《中國史硏究》1999第3期.
202. 高晨陽：《郭店楚簡〈老子〉的眞相及其与今本〈老子〉的關系--与郭沂先生商討》, 《中國哲學史》1999年3期.
203. 尹振环：《論〈郭店楚墓竹簡老子〉--簡帛〈老子〉比較硏究》, 《文獻》1999年第3期, 4—28.
204. 周鳳五：《郭店楚墓竹簡〈唐虞之道〉新釋》, 《中央硏究院歷史語言硏究所集刊》第70本第3分, 739-759,1999年9月.
205. 廖名春：《楚簡老子校釋》(七), 武漢大學《人文論叢》1999年卷, 1999年10月.
206. 陳偉：《郭店楚簡〈六德〉諸篇零釋》, 《武漢大學學報》(哲社版)1999年2期.
207. 陳偉：《讀郭店竹書〈老子〉札記(四則)》, 《江漢論壇》1999年第10期.
208. 吳根友：《道論在簡本〈老子〉中的地位及道德等槪念在簡帛王本中的含義异同初探》, 《江漢論壇》1999年第10期.
209. 丁四新,劉琛：《楚簡〈語叢〉前三篇思想論析》, 《江漢論壇》1999年第10期.
210. 郭齊勇：《郭店儒家簡与孟子心性論》, 《武漢大學學報》(哲社版)1999年5期.
211. 鄧建鵬：《略論〈唐虞之道〉的思想及其學派性質》, 《武漢大學學報》(哲社版)1999年5期.
212. 丁四新：《〈性自命出〉与公孫尼子的關系》, 《武漢大學學報》(哲社版)1999年5期.
213. 龔建平：《郭店簡与礼記二題》, 《武漢大學學報》(哲社版)1999年5期.
214. 劉國胜：《郭店竹簡釋字(八則)》, 《武漢大學學報》(哲社版)1999年5期.
215. 宋启發：《從〈論語〉到〈五行〉, 孔子与子思的几点思想比較》, 《安徽大學學報》(哲社版)1999年5期.
216. 龐朴：《“太一生水”說》, 《東方文化》1999年5期；《郭店簡与儒學硏究》《中國哲學》第21輯), 189-197, 遼宁教育出版社, 2000年1月.
217. 周鳳五：《讀郭店楚簡〈成之聞之〉札記》, 《古文字与古文獻》試刊号, 42-54, 1999年10月.
218. 龐朴：《“使由使知”解》, 《文史知識》1999年9期；《紀念孔子誕辰2550周年國際學術討論會論文》837-877,1999年10月北京.
219. 錢遜：《對堯舜禪讓意義的認識》, 《紀念孔子誕辰2550周年國際學術討論會論文》821-828,1999年10月北京.
220. 王葆玹：《晩出的“子曰”及其与孔氏家學的關系》, 《紀念孔子誕辰2550周年國際學術討論會論文》927-931,1999年10月北京.
221. 廖名春：《六經次序探源》, 《紀念孔子誕辰2550周年國際學術討論會論文》1064-1076,1999年10月北京.
222. 呂紹綱：《紀念孔子誕辰2550周年國際學術討論會論文》,1999年10月北京.
223. 龐朴：《郢燕書說--郭店楚簡中山三器心旁文字試說》, 《郭店楚簡國際學術硏討會論文匯編》第一冊, 6-11,1999年10月武漢大學.
224. 龐朴：《天人三式--郭店楚簡所見天人關系試說》, 《郭店楚簡國際學術硏討會論文匯編》第一冊, 1-5,1999年10月武漢大學.
225. 劉釗 :《讀郭店楚簡字詞札記》, 《郭店楚簡國際學術研討會論文匯編》第一冊, 12-18,1999年10月武漢大學.
226. 李天虹 :《郭店楚簡文字雜釋》, 《郭店楚簡國際學術研討會論文匯編》第一冊, 19-24,1999年10月武漢大學.
227. 顔世鉉 :《郭店楚簡散記(一)》, 《郭店楚簡國際學術研討會論文匯編》第一冊, 25-38,1999年10月武漢大學.
228. 郭梨華 :《竹簡〈五行〉的"五行"研究》, 《郭店楚簡國際學術研討會論文匯編》第一冊, 39-56,1999年10月武漢大學.
229. 劉樂賢 :《郭店楚簡〈六德〉初探》, 《郭店楚簡國際學術研討會論文匯編》第一冊, 57-63,1999年10月武漢大學.
230. 徐少華 :《〈六德〉思想及其▩源初探》, 《郭店楚簡國際學術研討會論文匯編》第一冊, 64-67,1999年10月武漢大學.
231. 彭邦本 :《郭店〈唐虞之道〉初論》, 《郭店楚簡國際學術研討會論文匯編》第一冊, 68-76,1999年10月武漢大學.
232. 丁四新 :《愛賢与尊親的統一——郭店簡書〈唐虞之道〉思想論析》, 《郭店楚簡國際學術研討會論文匯編》第一冊, 78-90,1999年10月武漢大學.
233. 李景林 :《從郭店簡看思孟學派的性与天道論——兼談郭店簡儒家類著作的學派歸屬問題》, 《郭店楚簡國際學術研討會論文匯編》第一冊, 91-101,1999年10月武漢大學.
234. 陳來 :《儒家系譜之重建与史料困境之突破——郭店楚簡儒書与先秦儒學研究》, 《郭店楚簡國際學術研討會論文匯編》第一冊, 102-109,1999年10月武漢大學.
235. Jeffrey Riegel(王安國):The Guodian "ZIYI"--New Evidence for the ZiSi School of EarlyConfucianism?《郭店楚簡國際學術研討會論文匯編》第一冊, 110-120,1999年10月武漢大學.
236. 黃錫全 :《讀郭店楚簡〈老子〉札記三則》, 《郭店楚簡國際學術研討會論文匯編》第一冊, 121-124,1999年10月武漢大學.
237. 連劭名 :《郭店楚簡〈老子〉中的"恒"》, 《郭店楚簡國際學術研討會論文匯編》第一冊, 125-135,1999年10月武漢大學.
238. 程水金 :《時間 變化 對策——老子哲學思想研究導論》, 《郭店楚簡國際學術研討會論文匯編》第一冊, 135-150,1999年10月武漢大學.
239. 劉澤亮 :《郭店〈老子〉所見儒道關系及其意義》, 《郭店楚簡國際學術研討會論文匯編》第一冊, 151-155,1999年10月武漢大學.
240. 谷中信一 :《從郭店〈老子〉看今本〈老子〉的完成》, 《郭店楚簡國際學術研討會論文匯編》第一冊, 156-169,1999年10月武漢大學.
241. 唐明邦 :《竹簡〈老子〉与通行本〈老子〉比較研究》, 《郭店楚簡國際學術研討會論文匯編》第一冊, 170-176,1999年10月武漢大學.
242. 黃釗 :《竹簡〈老子〉應爲稷下道家傳本的摘抄本》, 《郭店楚簡國際學術研討會論文匯編》第一冊, 177-182,1999年10月武漢大學.
243. 魏啓鵬 :《〈太一生水〉札記》, 《郭店楚簡國際學術研討會論文匯編》第一冊, 183-191,1999年10月武漢大學.

244. 顔世安：《道与自然知識——談〈太一生水〉在道家思想上的地位》, 《郭店楚簡國際學術硏討會論文匯編》第一冊, 192-196,1999年10月武漢大學.
245. 彭浩：《一种新的宇宙生成理論——讀〈太一生水〉》, 《郭店楚簡國際學術硏討會論文匯編》第一冊, 197-201,1999年10月武漢大學.
246.熊鐵基：《對"神明"的歷史考察》, 《郭店楚簡國際學術硏討會論文匯編》第一冊, 202-205,1999年10月武漢大學.
247.張思齊：《太一生水与道教玄武神格》, 《郭店楚簡國際學術硏討會論文匯編》第一冊, 206-226,1999年10月武漢大學.
248.劉昕嵐：《郭店楚簡〈性自命出〉篇箋釋》, 《郭店楚簡國際學術硏討會論文匯編》第一冊, 227-259,1999年10月武漢大學.
249.李維武：《〈性自命出〉的哲學意蘊初探》, 《郭店楚簡國際學術硏討會論文匯編》第一冊, 260-265,1999年10月武漢大學.
250. 高華平：《論述〈郭店楚墓竹簡 性自命出〉的道家思想》, 《郭店楚簡國際學術硏討會論文匯編》第一冊, 19-24,1999年10月武漢大學.

3. 郭店楚簡 연구자료 목록 (Ⅲ)

251. Donald Harper(夏德安):Reading Comprehension and Writing States (as Evidenced in the GuodianManuscripts), 《郭店楚簡國際學術硏討會論文匯編》第一冊, 272-287,1999年10月武漢大學.
252. 李存山：《郭店楚簡硏究散論》, 《郭店楚簡國際學術硏討會論文匯編》第一冊, 286-294,1999年10月武漢大學.
253. 郭沂：《郭店竹簡与中國哲學》, 《郭店楚簡國際學術硏討會論文匯編》第一冊, 295-309,1999年10月武漢大學.
254. 丁四新：《郭店簡書的天人之辯》, 《郭店楚簡國際學術硏討會論文匯編》第一冊, 310-316,1999年10月武漢大學.
255. 胡治洪：《試論郭店楚簡的文化史意義》, 《郭店楚簡國際學術硏討會論文匯編》第一冊, 317-322,1999年10月武漢大學.
256. 郭齊勇：《郭店楚簡的硏究現狀》, 《郭店楚簡國際學術硏討會論文匯編》第一冊, 323-335,1999年10月武漢大學.
257. 饒宗頤：《從郭店楚簡談古代樂教》, 《郭店楚簡國際學術硏討會論文匯編》第二冊, 16,1999年10月武漢大學.
258. 劉釗：《讀郭店楚簡字詞札記(二)》, 《郭店楚簡國際學術硏討會論文匯編》第二冊, 7-13,1999年10月武漢大學.
259. 劉信芳：《郭店簡〈緇衣〉解詁》, 《郭店楚簡國際學術硏討會論文匯編》第二冊, 14-32,1999年10月武漢大學.
260. 邢文：《楚簡〈緇衣〉与先秦礼學》, 《郭店楚簡國際學術硏討會論文匯編》第二冊, 33-42,1999年10月武漢大學.
261. 袁國華：《〈郭店楚墓竹簡 唐虞之道〉"弓爲天子而不驕"句"弓"字考釋》, 《郭店楚簡國際學術硏討會論文匯編》第二冊, 43-47,1999年10月武漢大學.
262. 歐陽楨人：《超越窮達》, 《郭店楚簡國際學術硏討會論文匯編》第二冊, 48-

54,1999年10月武漢大學.
263. 東方朔：《〈性自命出〉篇的心性觀念初探》, 《郭店楚簡國際學術硏討會論文匯編》第二冊, 43-47,1999年10月武漢大學.
264. 歐陽■人：《在摩蕩中弘揚主体——郭店楚簡〈性自命出〉的認識論檢析》, 《郭店楚簡國際學術硏討會論文匯編》第二冊, 87-95, 1999年10月武漢大學.
265. 林素清：《郭店竹簡〈語叢四〉箋釋》, 《郭店楚簡國際學術硏討會論文匯編》第二冊, 96-109,1999年10月武漢大學.
266. 陳偉：《〈語叢〉一,三中有關“礼”的几條簡文》, 《郭店楚簡國際學術硏討會論文匯編》第二冊, 110-114,1999年10月武漢大學.
267. 廖名春：《郭店楚簡引〈書〉,論〈書〉考》, 《郭店楚簡國際學術硏討會論文匯編》第二冊, 115-136,1999年10月武漢大學.
268. 王葆玹：《郭店楚簡的時代及其与子思學派的關系》, 《郭店楚簡國際學術硏討會論文匯編》第二冊, 137-164,1999年10月武漢大學.
269. 郭齊勇：《郭店楚簡身心觀發微》, 《郭店楚簡國際學術硏討會論文匯編》第二冊, 165-173,1999年10月武漢大學.
270. 龔建平：《郭店楚簡中的儒家礼樂思想述略》, 《郭店楚簡國際學術硏討會論文匯編》第二冊, 174-179,1999年10月武漢大學.
271. 程一凡：《墨孟之間：以智性資源觀念看郭簡儒籍》, 《郭店楚簡國際學術硏討會論文匯編》第二冊, 180-187,1999年10月武漢大學.
272. 劉國胜：《郭店〈老子〉札記一篇》, 《郭店楚簡國際學術硏討會論文匯編》第二冊, 189-198,1999年10月武漢大學.
273. 李若暉：《郭店〈老子〉校注簡論(上)》, 《郭店楚簡國際學術硏討會論文匯編》第二冊, 195-231,1999年10月武漢大學.
274.李若暉：《郭店老子偶札》, 《郭店楚簡國際學術硏討會論文匯編》第二冊, 232-235, 1999年10月武漢大學.
275. 黃人二：《讀郭簡〈老子〉幷論其爲鄒齊儒者之版本》, 《郭店楚簡國際學術硏討會論文匯編》第二冊, 236-266,1999年10月武漢大學.
276. 李零：《郭店楚簡硏究中的兩个問題--美國達慕思學院郭店楚簡〈老子〉國際學術討論會感想》, 《郭店楚簡國際學術硏討會論文匯編》第二冊, 267-272,1999年10月武漢大學.
277. 蕭漢明：《論庄生的性命說与道性二重觀》, 《郭店楚簡國際學術硏討會論文匯編》第二冊, 273-290,1999年10月武漢大學.
278. 丁原植：《解〈老〉傳承与文子》, 《郭店楚簡國際學術硏討會論文匯編》第二冊, 291-312,1999年10月武漢大學.
279. 陳松長：《〈太一生水〉考論》, 《郭店楚簡國際學術硏討會論文匯編》第二冊, 313-317,1999年10月武漢大學.
280. 陳偉：《〈太一生水〉篇校讀幷論与〈老子〉的關系》, 《郭店楚簡國際學術硏討會論文匯編》第二冊, 318-321,1999年10月武漢大學.
281. 彭林：《論郭店楚簡中的礼容》, 《郭店楚簡國際學術硏討會論文匯編》第二冊, 328-337,1999年10月武漢大學.
282. 周鳳五：《郭店竹簡的形式特征及其分類意義》, 《郭店楚簡國際學術硏討會論文匯編》第二冊, 338-356,1999年10月武漢大學.

283. 張正明：《郭店楚簡的几点啓示》,《郭店楚簡國際學術硏討會論文匯編》第二冊, 357-360,1999年10月武漢大學.

284. 丁四新：《郭店楚墓竹簡硏究文獻目录》,《郭店楚簡國際學術硏討會論文匯編》第二冊, 361-371,1999年10月武漢大學.

285. 劉釗：《讀郭店楚簡字詞札記(三)》, 郭店楚簡國際學術硏討會論文, 1-7,1999年10月武漢大學.

286. 裘錫圭：《糾正我在郭店〈老子〉簡釋讀中的一个錯誤——關于“絶僞弃詐”》, 郭店楚簡國際學術硏討會論文, 1-5,1999年10月武漢大學.

287. 楊儒賓：《郭店出土儒家竹簡与思孟學派》, 郭店楚簡國際學術硏討會論文, 1-12,1999年10月武漢大學.

288. 羅運环：《郭店楚簡有關君臣論述的硏究——兼論〈語叢四〉的問題》, 郭店楚簡國際學術硏討會論文, 1-5,1999年10月武漢大學.

289. 陳明：《民本政治的新論証——對〈尊德義〉的一种解讀》, 郭店楚簡國際學術硏討會論文, 1-7,1999年10月武漢大學.

290. 艾蘭：《太一 水 郭店〈老子〉》, 郭店楚簡國際學術硏討會論文, 1-10, 1999年10月 武漢大學. 店竹簡与楚文化》, 郭店楚簡國際學術硏討會論文, 1-7, 1999年10月武漢大學.

292. Annping Chin:Chengzhiwenzhi in light of theShangshu, 郭店楚簡國際學術硏討會論文, 1-17,1999年10月武漢大學.

293. Rudolf G. Wangner:The Guodian MSS and the "Units of thought" in Early Chinese Philosophy,郭店楚簡國際學術硏討會論文, 1-17,1999年10月武漢大學.

294. 陳昭瑛：《性情中人--試從楚文化論〈郭店楚簡 性情篇〉》, 郭店楚簡國際學術硏討會論文, 1-7,1999年10月武漢大學.

295. 王博：《“槁木三年, 不必爲邦旗”釋》, 郭店楚簡國際學術硏討會論文, 1999年10月武漢大學.

296. 饒宗頤：《詩言志再辨——以郭店楚簡資料爲中心》, 郭店楚簡國際學術硏討會論文, 1999年10月武漢大學.

297. 翁賀凱：《兩漢〈礼記〉源流新考——從〈郭店簡与礼記〉談起》,《北京大學硏究生學志》1999年3期, 63-70.

298. 尹振环：《楚簡〈老子〉“絶智弃辯”思想及其發展演變》,《中國文化硏究》1999年冬之卷18-24.

299. 尹振环：《惊人之筆, 惊人之誤, 惊人之訛》,《夏旦學報》, 1999年第6期.

300. 羅新慧：《郭店楚簡与〈曾子〉》,《管子學刊》1999年3期64-67.

301. 羅新慧：《郭店楚簡与儒家的仁義之辨》,《齊魯學刊》1999年5期27-31.

302. 解光宇：《郭店竹簡〈老子〉硏究綜述》,《學術界》1999年第5期13-16.

303. 方旭東：《郭店一号楚墓墓主身份考异》,《北京大學學報》(哲社版)1999年6期148-151.

304. 李承律：《郭店楚簡〈魯穆公問子思〉譯注》, 東京大學郭店楚簡硏究會編：《郭店楚簡思想史的硏究》第一卷, 10-17,1999年11月.

305. 池田知久：《郭店楚簡〈五行〉譯注》, 東京大學郭店楚簡硏究會編：《郭店楚簡思想史的硏究》第一卷, 18-51,1999年11月.

306. 李承律：《郭店楚簡〈唐虞之道〉譯注》, 東京大學郭店楚簡研究會編：《郭店楚簡思想史的研究》第一卷, 52-104,1999年11月.
307. 王必胜,崔仁義：《春秋〈老子〉及其人物論--兼論郭店竹簡〈老子〉的命名》, 東京大學郭店楚簡研究會編：《郭店楚簡思想史的研究》第一卷, 106-115,1999年11月.
308. 林亨錫：《郭店楚簡〈太一生水〉篇与緯書》, 東京大學郭店楚簡研究會編：《郭店楚簡思想史的研究》第一卷, 116-135,1999年11月.
309. 侯才：《老子及其學說的再發現》,《光明日報 理論周刊》, 1999年11月5日.
310. 李學勤：《郭店簡与〈樂記〉》,《中國哲學的詮釋和發展——張岱年先生90壽慶紀念文集》, 23-28, 北京大學出版社, 1999年.
311. 郭梨華：《"德之行"与"行"的哲學意義》, 台湾中國文化大學史學系主辨第一屆簡帛學術討論會論文, 1-11, 1999年12月.
312. 蔣義斌：《郭店楚簡〈六德〉的仁与圣》, 台湾中國文化大學史學系主辨第一屆簡帛學術討論會論文, 1-18, 1999年12月.
313. 周鳳五：《楚簡文字瑣記(三則)》, 台湾中國文化大學史學系主辨第一屆簡帛學術討論會論文, 1-9, 1999年12月.
314. 陳錫勇：《〈老子〉通行本謬誤舉証》, 台湾中國文化大學史學系主辨第一屆簡帛學術討論會論文, 1-14, 1999年12月.
315. 姜广輝：《郭店楚簡与道統攸系——儒學傳統重新詮釋論綱》,《郭店簡与儒學研究》(《中國哲學》第21輯), 13-40, 遼宁教育出版社, 2000年1月.
316. 彭林：《郭店楚簡与《礼記》的年代》,《郭店簡与儒學研究——中國哲學》21輯, 41-59, 遼宁教育出版社, 2000年1月.
317. 陳來：《郭店竹簡与儒家記說續探》,《郭店簡与儒學研究》(《中國哲學》第21輯), 60-91, 遼宁教育出版社, 2000年1月.
318. 池田知久：《郭店楚簡〈五行〉研究》,《郭店簡与儒學研究》(《中國哲學》第21輯), 92-133, 遼宁教育出版社, 2000年1月.
319. 陳金生：《郭店楚簡〈緇衣〉校讀札記》,《郭店簡与儒學研究》(《中國哲學》第21輯), 134—136, 遼宁教育出版社, 2000年1月.
320. 邢文：《〈太一生水〉与〈淮南子〉,〈干鑿度〉再認識》,《郭店簡与儒學研究》(《中國哲學》第21輯), 212—226, 遼宁教育出版社, 2000年1月.
321. 鐘肇鵬：《郭店楚簡略說》,《郭店簡与儒學研究》(《中國哲學》第21輯), 227—236, 遼宁教育出版社, 2000年1月.
322. 陳高志：《讀〈郭店楚墓竹簡〉札記》,《郭店簡与儒學研究》(《中國哲學》第21輯), 237—246, 遼宁教育出版社, 2000年1月.
323. 王博：《關于郭店楚墓竹簡分篇与連綴的几点想法》,《郭店簡与儒學研究》(《中國哲學》第21輯), 247—262, 遼宁教育出版社, 2000年1月.
324. 羅運环：《論郭店一号楚墓四出漆耳杯文及墓主和竹簡的年代》,《考古》2000年1期6 8-71.
325. 廖名春：《郭店楚簡〈緇衣〉篇引〈書〉考》,《西北大學學報》2000年1期.
326. 姚才剛：《郭店楚簡國際學術研討會紀要》,《中國哲學史》2000年1期18-21.
327. 任継愈：《郭店竹簡与楚文化》,《中國哲學史》2000年1期22-23.
328. 魏啓鵬：《〈太一生水〉札記》,《中國哲學史》2000年1期24-30.

329. 蔣瑞：《說郭店簡本〈老子〉“大器曼成”》，《中國哲學史》2000年1期31-34.
330. 李若暉：《郭店楚簡“꾀ㄹㅎ”字略考》，《中國哲學史》2000年1期35-40.
331. 侯才：《郭店楚墓竹簡老子的特色》，《中共中央党校學報》，2000年第1期.
332. 尹振环：《重寫老子其人，重釋〈老子〉之書》，《中州學刊》2000年第2期60-65.
333. 丁巍：《郭店楚墓竹簡中外研究述略》，《中州學刊》2000年第2期70-74.
334. 龐樸：《三重道德論》，http://www.bamboosilk.org，2000年2月.
335. 錢遜：《“使由使知”与“可道不可强”》，http://www.bamboosilk.org，2000年2月.
336. 歐陽■人：《從〈魯穆公問子思〉到〈孟子〉》，http://www.bamboosilk.org，2000年3月.
337. 張丰干：《關于郭店竹簡〈老子〉与今本〈老子〉的關系－－就教于郭沂先生》，http://www.bamboosilk.org，2000年3月.
338. 李存山：《“窮達以時”与“大德者必受命”》，http://www.bamboosilk.org，2000年3月.
339. 劉樂賢：《〈性自命出〉与〈淮南子· 称〉論“情”》，清華大學簡帛講讀班 2000年2月26日.
340. 李天虹：《從〈性自命出〉談孔子与詩書礼樂》，清華大學簡帛講讀班 2000年3月11日.
341. 李天虹：《〈性自命出〉的編聯及分篇》，清華大學簡帛講讀班 2000年3月11日.
342. 韓星：《郭店楚簡儒家天道觀述略》，《西北大學學報》(哲社版) 2000年第2期.
343. 梁濤：《郭店楚簡与〈中庸〉公案》(提綱)，http://www.bamboosilk.org，2000年4月.
344. 郭齊勇：《郭店楚簡〈性自命出〉的心術觀》，http://www.bamboosilk.org，2000年4月.
345. 陳偉：《關于郭店楚簡〈六德〉諸篇編連的調整》，http://www.bamboosilk.org，2000年4月.
346. 廖名春：《郭店楚簡〈性自命出〉下篇校釋札記》，清華大學簡帛講讀班 2000年4月8日.

4. 郭店楚簡〈性自命出〉研究論著 目录

1) 基礎資料：

1.荊門市博物館編：《郭店楚墓竹簡》，北京：文物出版社，1998年5月.
2.張光裕主編：《郭店楚簡研究》第一卷《文字編》，台北：藝文印書館，1999年1月.

2) 考釋：

1.陳偉：《郭店楚簡別釋》，《江漢考古》1998年4期,70
2. 黃德寬,徐在國：《郭店楚簡文字考釋》，《吉林大學古籍整理研究所建所十五周年紀念論文集》, 105,吉林大學出版社, 1998年12月.
3. 李家浩:《讀〈郭店楚墓竹簡〉瑣議》, 《郭店楚簡研究》(《中國哲學》第20輯), 346-347,遼宁教育出版社1999年1月版.
4. 顔世鉉:《郭店楚簡淺釋》, 《張以仁先生七秩壽慶論文集》, 386,395,394, 台北 貉昫丅■榫鄭?999年1月.
5. 國華:《郭店楚簡文字考釋十一則》, 台湾《中國文字》新24期.
6. 張光裕:《〈郭店楚簡研究〉第一卷〈文字編〉緒說》, 《中國出土資料研究》第3号3-14,1999年3月31日.
7. 陳偉:《文本复原是一項長期艱巨的工作》, 《湖北大學學報》1999年第2期.
8. 黃德寬,徐在國:《郭店楚簡文字續考》, 《江漢考古》1999年2期75-77.
9. 李零:《郭店楚簡校讀記》, 《道家文化研究》第17輯("郭店楚簡"專号), 504-511, 三聯書店, 1999年8月.
10. 陳偉:《郭店楚簡〈六德〉諸篇零釋》, 《武漢大學學報》(哲社版)1999年2期, 30-31.
11. 劉國胜:《郭店竹簡釋字(八則)》, 《武漢大學學報》(哲社版)1999年5期,42-43.
12. 李天虹:《郭店楚簡文字雜釋》, 《郭店楚簡國際學術研討會論文匯編》第一册, 22,1999年10月武漢大學.
13. 劉釗:《讀郭店楚簡字詞札記(二)》, 《郭店楚簡國際學術研討會論文匯編》第二册, 9-10,1999年10月武漢大學.
14. 周鳳五:《郭店竹簡的形式特征及其分類意義》, 《郭店楚簡國際學術研討會論文匯編》第二册, 338-356,1999年10月武漢大學.
15. 周鳳五,林素清:《郭店竹簡編序复原研究》, 《古文字与古文獻》試刊号56頁, 1999
16. 劉釗:《讀郭店楚簡字詞札記(三)》, 郭店楚簡國際學術研討會論文, 3-4,1999年10月武漢大學

3) 傍系研究:

1. 廖名春:《荊門郭店楚簡与先秦儒學》, 《郭店楚簡研究》(《中國哲學》第20輯), 58-61,遼宁教育出版社1999年1月版.
2. 楊儒賓:《郭店出土儒家竹簡与思孟學派》, 郭店楚簡國際學術研討會論文, 1-12,1999年10月武漢大學.
3. 李存山:《郭店楚簡研究散論》, 《郭店楚簡國際學術研討會論文匯編》第一册, 286-294,1999年10月武漢大學.
4. 陳來:《儒家系譜之重建与史料困境之突破--郭店楚簡儒書与先秦儒學研究》, 《郭店楚簡國際學術研討會論文匯編》第一册, 102-109,1999年10月武漢大學.
5. 李景林:《從郭店簡看思孟學派的性与天道論--兼談郭店簡儒家類著作的學派歸屬問題》, 《郭店楚簡國際學術研討會論文匯編》第一册, 91-101,1999年10月武漢大學.
6. 向世陵:《郭店竹簡"性""情"說》, 《孔子研究》1999年第1期.
7. 郭齊勇:《郭店儒家簡与孟子心性論》, 《武漢大學學報》(哲社版)1999年5期,24-26.

8. 陳宁：《〈郭店楚墓竹簡〉中的儒家人性言論初探》，《中國哲學史》1998年第4期.
9. 李存山：《先秦儒家的政治倫理教科書--讀楚簡〈忠信之道〉及其他》，《中國文化研究》1998年冬之卷(總第22期)；《郭店楚簡研究》(《中國哲學》第20輯)，263-277,遼宁教育出版社1999年版1月；中國人民大學報刊复印資料《中國哲學史》1999年?期.

4) 笺释：

1. 劉昕嵐：≪郭店楚簡〈性自命出〉篇箋釋≫(≪郭店楚簡國際學術研討會論文集≫, 湖北人民出版社, 2000. 5)
2. 彭林：《郭店楚簡〈性自命出〉補釋》，《郭店楚簡研究》(《中國哲學》第20輯)，315-320,遼宁教育出版社1999年1月版.
3. 趙建偉：《郭店竹簡〈忠信之道〉,〈性自命出〉校釋》，《中國哲學史》1999年2期36-39.

5) **專門研究**：

1. 陳來：《郭店楚簡之〈性自命出〉篇初探》，《孔子研究》1998年第3期52-60；《郭店楚簡研究》(《中國哲學》第20輯)，293-314,遼宁教育出版社1999年1月版.
2. 陳來：《〈性自命出〉：沉睡了兩千余年的文獻》，《文史知識》1999年9期.
3. 李學勤：《郭店簡与〈樂記〉》，《中國哲學的詮釋和發展——張岱年先生90壽慶紀念文集》，23-28,北京大學出版社1999年版.
4. 丁四新：《〈性自命出〉与公孫尼子的關系》，《武漢大學學報》(哲社版)1999年5期38-41.
5. 李維武：《〈性自命出〉的哲學意蘊初探》，《郭店楚簡國際學術研討會論文匯編》第一册，260-265,1999年10月武漢大學.
6. 高華平：《論述〈郭店楚墓竹簡·性自命出〉的道家思想》，《郭店楚簡國際學術研討會論文匯編》第一册，19-24,1999年10月武漢大學.
7. 東方朔：《〈性自命出〉篇的心性觀念初探》，《郭店楚簡國際學術研討會論文匯編》第二册，43-47,1999年10月武漢大學.
8. 歐陽■人：《在摩蕩中弘揚主体--郭店楚簡〈性自命出〉的認識論檢析》，《郭店楚簡國際學術研討會論文匯編》第二册，87-95,1999年10月武漢大學.
9. 陳昭瑛：《性情中人——試從楚文化論〈郭店楚簡 性情篇〉》，郭店楚簡國際學術研討會論文，1-7,1999年10月武漢大學.
10. 劉樂賢：《〈性自命出〉与〈淮南子 謬称〉論“情”》，清華大學“簡帛講讀班”第一次研討會宣讀，2000年2月26日.
11. 李天虹：《〈性自命出〉的編聯及分篇》，清華大學“簡帛講讀班”第二次研討會宣讀，2000年3月11日.
12. 李天虹：《從〈性自命出〉談孔子与詩書礼樂》，清華大學“簡帛講讀班”第二次研討會宣讀，2000年3月11

5. 〈五行〉研究論文 目录（2001.4.10.修訂本） 影山輝國 자료제공

1. 龐朴：《馬王堆帛書解開了思孟五行說之謎--帛書〈老子〉甲本卷后古佚書之一的初步研究》，《文物》1977年第10期(收入：《馬王堆漢墓研究》湖南省博物館編，湖南人民出版社1981年8月；《当代學者自選文庫龐朴卷》安徽教育出版社1999年9月；及下列第6第14第49)
2. 島森哲男：《馬王堆出土儒家古佚書考》，《東方學》第56輯，1978年7月
3. 島森哲男：《愼獨の思想》，《文化》第42卷第3 4号，1979年3月
4. 龐朴：《帛書〈五行篇〉校注》，《中華文史論叢》1979年第4輯，1979年10月(收入：下列第6第14)
5. 龐朴：《思孟五行新考》，《文史》第7輯.1979年12月(收入：下列第6第14第49)
6. 龐朴：《帛書五行篇研究》第1版，齊魯書社，1980年7月
7. 李耀仙：《子思.孟子五行說考辨》，《抖擻》第45期，1981年
8. 趙光賢：《新五行說商榷》，《文史》第14輯，1982年
9. 《思孟學派考辨》，任継愈主編《中國哲學發展史》(先秦)，人民出版社1983年10月
10. 影山輝國：《思孟五行說——その多様なる解釋と龐朴說》，東京大學教養學部《人文科學科紀要》第81輯，1985年3月
11. 淺野裕一：《帛書〈五行篇〉の思想史的位置——儒家による天への接近》，《島根大學教育學部紀要》第19卷(人文 社會科學編)，1985年12月(收入：《黄老道の成立と展開》，創文社1992年11月25日)
12. 李學勤：《帛書〈五行〉与〈尙書 洪范〉》，《學術月刊》1986年第11期(收入：《李學勤集》，黑龍江教育出版社1989年；《簡帛佚籍及學術史》，時報文化出版，1994年12月)
13. 龐朴：《〈五行篇〉評述》，《文史哲》1988第1期(收入：《稂莠集－中國文化与哲學論集》上海人民出版社1998年3月，及下列第14第49)
14. 龐朴：《帛書五行篇研究》第2版，齊魯書社1988年8月
15. 魏啓鵬：《思孟五行說的再思考》，《四川大學學報》(哲社)1988年第4期，1988年12月(收入：下列第21第50)
16. 池田知久：《〈馬王堆漢墓出土老子甲本卷後古佚書五行篇〉譯注》(1)(2)(3)(4)《二松學舍大學論集》第32－35号，1989－1992年3月，(5)二松學舍馬王堆帛書研究會，1992年10月(收入：下列第23)
17. 齋木哲郎：《先秦 秦漢期の陰陽五行思想と自然認識》(上)(下)，《鳴門教育大學研究紀要》(人文 社會科學編)第5－6卷，1990－1991年3月
18. 黄俊杰：《孟子后學對身心關系的看法－以馬王堆漢墓帛書〈五行篇〉爲中心》，《清華學報》新20卷第1期，1990年6月(收入：《孟子思想史論》卷一，東大圖書公司，1991年10月)
19. 黄俊杰：《荀子非孟的思想史背景——論〈思孟五行說〉的思想內涵》，《國立台湾大學歷史學系學報》第15期，1990年12月(收入：《孟學思想史論》卷二，中央研究院中國文哲研究所籌備處，1997年6月)
20. 池田知久：《〈馬王堆漢墓帛書五行篇〉所見的身心問題》，台湾清華大學"中國古代思想中之气論及身体觀國際研討會"1991年5月(收入：

《馬王堆漢墓研究文集－1992年馬王堆漢墓國際學術討論會論文選》，湖南省博物館編，湖南出版社1994年5月；《道家文化研究》第3輯 1993年8月；及下列第23)
21. 魏啓鵬：《德行考釋》，巴蜀書社1991年8月(收入：下列第50)
22. 黃俊杰：《馬王堆帛書〈五行篇〉“形于內”的意涵——孟子后學身心觀中的一个關鍵問題》，《孟學思想史論》卷一，東大圖書公司1991年10月
23. 池田知久：《馬王堆漢墓帛書五行篇研究》，汲古書院1993年2月
24. 廖名春：《思孟五行說新解》，《哲學研究》1994年第11期
25. 李景林：《思孟五行說与思孟學派》《吉林大學社會科學學報》1997年1月(▩印報刊資料《中國哲學》1997－3，1997年5月)
26. 齋木哲郎：《長沙馬王堆漢墓出土〈帛書五行篇〉新解－－秦儒との關系を中心として－－》《中國出土資料研究》第2号，1998年3月
27, 池田知久：《荊門市博物館〈郭店楚墓竹簡〉筆記》(《五行》)達慕思會議論文，1998年4月(增補版，1998年5月)
28. 王博：《帛書〈五行〉与先秦儒家〈詩〉學》，達慕思會議論文，1998年5月
29. 邢文：《郭店楚簡〈五行〉試論》，達慕思會議論文，1998年5月(又,《楚簡〈五行〉試論》，《文物》1998年第10期，夏印報刊資料《先秦秦漢史》1999－1，1999年2月)
30. 李學勤：《從簡帛佚籍〈五行〉談到〈大學〉》，《孔子研究》1998年第3期，1998年9月25日(夏印報刊資料《中國哲學》1998－12，1999年2月)
31. 廖名春：《郭店楚簡儒家著作考》，《孔子研究》1998年第3期，1998年9月25日(夏印報刊資料《中國哲學》1999－1，1999年3月)
32. 龐朴：《竹帛〈五行篇〉比較》，《郭店楚簡研究》(《中國哲學》第20輯)，1999年1月(收入：下列第48)
33. 邢文：《〈孟子 · 万章〉与楚簡〈五行〉》，《郭店楚簡研究》(《中國哲學》第20輯)，1999年1月
34. 龐朴：《竹帛〈五行篇〉与思孟五行說》，《本世紀出土思想文獻与中國古典哲學研究論文集》上冊，輔仁大學出版社1999年4月；《哲學与文化》第26卷第5期，1999年5月(收入：下列第49)
35. 潘小慧：《〈五行篇〉的人學初探——以“心——身”關系的考察爲核心展開》，《本世紀出土思想文獻与中國古典哲學研究論文集》上冊，輔仁大學出版社1999年4月；《哲學与文化》第26卷第5期，1999年5月
36. 陳麗桂：《從郭店竹簡〈五行〉檢視帛書〈五行〉說文對經文的依違情况》，《本世紀出土思想文獻与中國古典哲學研究論文集》上冊，輔仁大學出版社1999年4月；《哲學与文化》第26卷第5期，1999年5月
37. 郭梨華：《簡,帛〈五行〉的礼樂考述》，《本世紀出土思想文獻与中國古典哲學研究論文集》下冊，輔仁大學出版社1999年4月；《哲學与文化》第26卷第5期，1999年5月
38. 丁四新：《簡帛〈五行〉經說研究》，《郭店楚墓竹簡思想研究》武漢大學博士學位論文，1999年4月18日(收入：下列第52)
39. 宋啓發：《從〈論語〉到〈五行〉－－孔子与子思的几点思想比較》，《安徽大學學報》哲學社會科學版1995年第5期，1995年9月

40. 郭梨華：《竹簡〈五行〉的“五行”研究》, 《郭店楚簡國際學術研討會(論文匯編)》第1冊, 1999年10月
41. 齋木哲郎：《郭店楚簡〈五行篇〉覺書》, 《東洋古典學研究》第8集, 1999年10月
42. 池田知久：《郭店楚墓竹簡〈五行〉譯注》, 《郭店楚簡の思想史的研究》第一卷, 1999年11月1日
43. 池田知久：《郭店楚簡“五行” の研究》, 《郭店楚簡の思想史的研究》第二卷, 1999年12月15日；《郭店簡与儒學 研究》(《中國哲學》第21輯), 2000年1月
44. 郭梨華：《〈德之行〉与〈行〉的哲學意義》, 台湾中國文化大學史學系主辦第一屆學術討論會論文, 1999年12月
45. 龐朴：《三重道德論》, www.bamboosilk.org网上首發欄, 1999年12月12日(收入：下列第49)
46. 廖名春：《楚簡〈五行〉篇引〈詩〉說〈詩〉考》, 《李學勤先生從事學術活動45周年紀念文集》, 上海人民出版社2000年
47. 郭齊勇：《郭店楚簡〈五行〉的心術觀》, www.bamboosilk.org网上首發欄, 2000年5月3日
48. 羅新慧：《從郭店楚簡看孔,孟之間的儒學變遷》, 《中國哲學史》2000年第2期, 2000年5月25日(夏印報刊資料《中國哲學》2000－11)
49. 龐朴：《竹帛〈五行〉篇校注及研究》, 万卷樓圖書有限公司2000年6月
50. 魏啓鵬：《簡帛〈五行〉箋釋》, 万卷樓圖書有限公司2000年7月
51. 丁四新：《略論郭店楚簡〈五行〉思想》, 《孔子研究》2000年第3期, 2000年5月25日(夏印報刊資料《中國哲學》2000－7)
52. 丁四新：《簡帛〈五行〉經說研究》, 《郭店楚墓竹簡思想研究》, 東方出版社2000年10月
53. 梁濤：《郭店楚簡与“君子慎獨”》, www.bamboosilk.org网上首發欄
《郭店楚簡与“君子慎獨”》, 《光明日報》2000年9月15日(夏印報刊資料《中國哲學》2000－11)
54. 郭沂：《〈五行〉考略》, www.bamboosilk.org网上首發欄
55. 梁濤：《簡帛〈五行〉“經文”比較》, www.bamboosilk.org网上首發欄
56. 梁濤：《簡帛〈五行〉新探》, www.bamboosilk.org网上首發欄
57. 劉信芳：《簡帛〈五行〉仁義礼智圣研究》, www.bamboosilk.org网上首發欄(收入：下列第62)
58. 劉信芳：《釋〈五行〉与〈系辭〉之型》, www.bamboosilk.org网上首發欄(收入：下列第62)
59. 梁濤：《荀子對思孟“五行”說的批判》, www.bamboosilk.org网上首發欄
60. 劉信芳：《“金聲玉振之”及其相關問題》, www.bamboosilk.org网上首發欄(收入：下列第62)
61. 劉信芳：《簡帛〈五行〉慎獨及其相關問題》, www.bamboosilk.org网上首發欄(收入：下列第62)
62. 劉信芳：《簡帛〈五行〉解詁》, 藝文印書館2001年12月
63. 陶磊：《子思五行考》, http://www.bamboosilk.org/學術爭鳴

강신석

국립 군산대학교 동아시아학부 중국학 전공 교수

죽간에 나타난 원시 유가의 인성론

– 군자론의 관점에서 본 인성에 대한 성찰

초판 1쇄 발행 _ 2016년 9월 30일

저　　자 · 강 신 석
발 행 인 · 정 현 걸
발　　행 · 신 아 사
인　　쇄 · 예지인쇄
출판등록 · 1956년 1월 5일 (제9–52호)
주　　소 · 서울시 은평구 통일로 59길 4(2F)
전　　화 · 02)382–6411 · 팩스 02)382–6401
홈페이지 · www.shinasa.co.kr
E–MAIL · shinasa@daum.net

ISBN 978–89–8396–955–2(93720)

정가 15,000원